中美贸易争端：
法律视角
——高永富国际贸易法文集

高永富 著

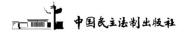
中国民主法制出版社

图书在版编目(CIP)数据

中美贸易争端:法律视角:高永富国际贸易法文集/
高永富著 . —北京:中国民主法制出版社,2024.4

ISBN 978-7-5162-3558-4

Ⅰ.①中…　Ⅱ.①高…　Ⅲ.①中美关系—双边贸易—
贸易法—文集　Ⅳ.①D971.222.9-53②D922.29-53

中国国家版本馆 CIP 数据核字(2024)第 059313 号

图书出品人:刘海涛
责 任 编 辑:李　郎

书名/中美贸易争端:法律视角——高永富国际贸易法文集
作者/高永富　著

出版·发行/中国民主法制出版社
地址/北京市丰台区右安门外玉林里 7 号(100069)
电话/(010)63055259(总编室)　63058068　63057714(营销中心)
传真/(010)63055259
http://www.npcpub.com
E-mail:mzfz@npcpub.com
经销/新华书店
开本/16 开　710 毫米×1000 毫米
印张/20.5　**字数**/315 千字
版本/2024 年 7 月第 1 版　2024 年 7 月第 1 次印刷
印刷/北京建宏印刷有限公司

书号/ISBN 978-7-5162-3558-4
定价/80.00 元

　　1985 年 12 月至 1986 年 7 月期间,在美国旧金山大学法学院作为访问教授讲授"Chinese Legal System and Business Law"课程。此讲学为"中国上海市与美国旧金山市友好城市"文化交流项目之一部分。讲学期间,受 USF Law Review 编辑部约稿,发表了"Economic Contract Laws in China"(见文集附录一 国外发表论文)。作者在旧金山大学法学院楼前留影(1986 年 1 月 15 日)

　　1996 年 5 月,在上海浦东新区召开有关中国入世国际研讨会,会议邀请我国入世谈判代表谷永江副部长参加。作者与谷永江先生(前排左二)等人在会议前合影,左后方为皮耐安同志(时任上海对外贸易学院党委书记)和姜斯宪同志(时任徐汇区区长)

　　1996年9月,参加在山东济南举行的"华东地区第十三次律师实务经验交流会",其间与上海市司法局王文正副局长合影

　　2001年初,候任WTO总干事素帕猜先生(前排一)访问上海WTO事务咨询中心,作者(后排中,时任该中心总裁助理)陪同王新奎总裁(现为咨询中心理事长)接待总干事参观访问

2001 年 6 月，美国商务部在华盛顿举办有关知识产权执行研讨会，上海 WTO 事务咨询中心派人参加，本文集《评美国贸易代表对 301 条款调查申请的拒绝》一文对此有涉及。会议结束后作者与工作人员留影

2001 年 8 月，在中国入世前，上海 WTO 事务咨询中心在上海市委党校举办 50100 WTO 专业培训班，作者在该班授课

　　2001 年下半年，在上海浦东新区国际会议中心举办有关 WTO 的研讨会，作者应邀在会议上就相关主题发言

　　2002 年 12 月，借用中国驻美大使馆经商处办公地点，为上海 WTO 事务咨询中心 50100 WTO 培训班学员在美国华盛顿实习结束后举行答谢晚会。作者与驻美使馆经商处负责人戴云楼公使衔参赞（左二）及美国客人（美中贸易委员会负责人，右二）和其家人合影

　　2003 年 9 月，韩国司法部和 KDI School 联合举办"WTO 与东亚研讨会"，来自瑞士、美国、荷兰、中国、韩国和日本的专家和学者参加。中国有三人参加：作者（前排右一）、张玉卿（后排右二，现为张玉卿律师事务所主任）和杨国华（后排左三，现为清华大学法学院教授）。前排左一为 WTO 前上诉机构主席松下满雄先生（日本）。会议结束时，与会人员合影

　　2004 年 5 月，WTO 上海研究中心和上海海关高等专科学校（现上海海关学院）联合举办"中国对外贸易法制与 WTO 规则融合国际研讨会"，作者（中）应邀在研讨会上发言。主持人唐小兵（左一）和上海对外贸易学院（现上海对外经贸大学）党委书记皮耐安教授（右一）

　　上海对外贸易学院举办国际经济法学 1986 级研究生毕业典礼,作者(后排左三)参加。名誉院长、研究生导师裘劭恒教授(前排左四)参加。坐在前排的还有:王钟武院长(左三)、封福海副院长(右四)、陈雍教授(左二)、施精华副教授(研究生处负责人,左一)、刘桂芸副教授(女,右三)、张敏惠副教授(女,右二)、朱兆敏老师(右一)

　　2000 年 9 月,上海对外贸易学院法学院举行 2000 级研究生拜师会。作者在会上与国际法专业新生朱秋沅同学(现为上海海关学院法学院教授)握手致意

    2004 年 5 月，厦门大学法学院举办"坎昆会议后 WTO 法制的走向和中国的对策"专家研讨会，作者在研讨会上发言

    上海对外贸易学院举办学校 2006 届研究生毕业典礼，作者与法学院毕业的研究生郭茜同学（女，现为上海对外经贸大学党委常委、党委宣传部部长、国际经贸学院党委书记）会后合影

　　2014年6月,作者年届70岁,超期服"役"后,正式退休。上海对外经贸大学法学院召开"庆祝高永富教授光荣退休暨学术成果研讨会",会上,法学院院长陈晶莹教授(右一)和党委书记乔宝杰教授(左一,现任法学院院长)向作者赠送退休纪念品。本文集序言一为院长乔宝杰教授所作

　　2014年6月21日,作者夫妇参加了由昔日弟子和尚在读的研究生为作者退休而举办的联谊活动。当晚在上海浦江游轮上,50余位老师和同学参加,大家相聚一堂,畅叙师生情、同学情。联谊活动合影的四名坐者为:陈百俭老师(法学院前党委书记,右一),作者夫妇高永富教授和戴芷华副研究员(右二和右三)以及大弟子刘永伟教授(左一)

在 2014 年 6 月 21 日晚的联谊活动中,作者获赠由刘永伟教授书就的"德艺双馨"条幅。刘永伟教授是本文集序言二的作者之一

在 2014 年 6 月 21 日晚的联谊活动中,作者与方健律师合影。方健律师(现为美国华平投资集团董事总经理、总法律顾问)也是本文集序言二的合作作者

　　2018 年 11 月，上海市法学会国际法研究会在上海对外经贸大学综合楼（古北校区），召开纪念中国改革开放 40 周年主题年会。作者应邀作"亲历改革开放 40 年与国际法的发展"发言

　　2023 年 11 月，几位老师和昔日弟子共 10 多人，在上海长乐路一饭店为作者 80 岁生日庆贺。晚宴后的合影中前排坐者从左到右依次为：方健（1991 级）、王火灿老师（副研究员）、高永富教授、蔡缨（1990 级，导师是周汉民教授）、邓旭副教授（1992 级，现在本校任教，导师是周汉民教授）；后排站者从左到右依次为：张志诚（2000 级）、闵雪松（1994 级）、戴正青（2003 级）、倪建林（1993 级，导师是周汉民教授）、张忠钢（2000 级）、李广益（2008 级）和成裔容（2003 级）

序 言 一

    大学、大楼与大师,梅贻琦先生之论一语中的。仅就大师而言,一般须有两大标志性成就,一为桃李天下,二为著作等身。高永富教授自 1978 年在上海对外经贸大学(原上海对外贸易学院)法学院任教,以其四十多年的法学教育经历和卓越贡献,完美达到了这一难以企及的高度:在四十多年的默默耕耘中,高教授以仁爱之心关注每一位学生的成长,与学生像朋友一样相处,像父母对待子女一般关心,因材施教,培养了刘永伟教授、方健律师等一批国内外著名的法学家和实务专家,可谓桃李天下,春晖四方;同时,高教授以"勤奋学习、专题研究、服务实践、深化提高"自勉,长期聚焦于美国贸易法、WTO 规则等领域的理论与实务研究,承担了 30 余项国家社科基金、国务院原法制办公室、商务部(原外经贸部)、上海市人民政府、上海 WTO 事务咨询中心以及国际企业等的研究课题,并在国内外《法学评论》、《国际贸易》、《世界经济研究》、*USF Law Review*、*China Journal* 等刊物发表论文 110 余篇,成为我国著名的国际法学专家,堪称学贯中西,著作等身。高永富教授具有"心有大我、至诚报国的理想信念,言为士则、行为世范的道德情操,启智润心、因材施教的育人智慧,勤学笃行、求是创新的躬耕态度,乐教爱生、甘于奉献的仁爱之心,胸怀天下、以文化人的弘道追求",真正诠释和展现了中国特有的教育家精神。

    2024 年是上海对外经贸大学法学院成立四十周年,也是高永富教授八十寿辰。高教授见证了法学院从无到有、由弱变强的发展历程。双喜临门之际,法学院与高教授的弟子一起,精心撷取高教授关于中美贸易法律领域的部分文章并整理付梓,借此聊表对高教授的感恩之情。百年未有之大变局之形势下,中美两个大国的对立或合作,对于世界政治经济都具有巨大的影响——加强团结合作,携手应对全球性挑战,就能够促进世界安全和繁荣;反之,抱持零和思维,挑动阵营对立，则会让世界走向动荡和分裂。中美经贸既是中美关系的压舱石，更是中美关系的晴雨表。本文集收录的这些关于中美贸易法律领域和 WTO 规则等方面的系列著述虽成文并发表于多年以前，但是文章所提出的诸多建议和方案仍有极大的参考价值，依然对于认识中美经贸关系具有重要的指导意义，可以为我国现时面临的许多问题提供决策思考和应对思路。

本人于 2004 年从中国人民大学法学院博士毕业进入上海对外经贸大学工作至今，高永富教授一直给予诸多期许与无私的帮助，是我在高校工作的引路人。在高永富教授文集出版之际，本人敢竭鄙诚，恭疏短引，谨代表上海对外经贸大学法学院向高永富教授表达崇高的敬意，并祝高永富教授身体康泰，鹤寿松龄。

是为序。

上海对外经贸大学法学院　院长

乔宝杰　教授

二〇二四年一月

序 言 二

编辑出版这本文集的想法提出伊始,导师就布置任务要我们两个学生为文集写序,听此,我们都甚为惶恐。作为学生,我们于导师只有学习和仰望之份,实在没有资格给导师的著作写序,但师令难违,在导师的几度坚持下,只好谨书片言,亦借此聊表感恩之心。

我们俩虽非同届,但均自进入上海对外经贸大学本科即有幸接受导师的教导,两年半的研究生期间更是与导师形影少离,而毕业后也一直保持密切联系和互动,追随导师已有三十余年。于我们,虽然学生时代导师讲台上洋洋洒洒的形象仍历历在目,毕业后也未曾中断品读导师不时新创的著述及聆听导师的谆谆教导,但导师本身已然是一本引导我们的最好著作,而"德艺双馨"是导师这本大作最恰当的书名和关键字。

导师为人正直、待人坦荡诚挚、对同事一直谦让和支持,对学生和后辈总是耐心教导和热心提携,而对于同行始终保持敬重,深为同事、学生和同行的爱戴和尊敬。导师于 20 世纪 80 年代中即开始教授国际经济法课程,是改革开放以后我国最早研究国际贸易法和国际经济法的专家之一,特别是对美国反倾销法和反补贴法的研究,导师是国内的先行者和知名专家。几十年来,导师始终站在国际经济法学研究的前沿阵地,孜孜不倦地为中国涉外法治建设著书立传、建言献策。导师学贯中西,对中国和域外法律均有很深的研究,但从不迷崇西方,而是精于汲取他人精华为我所用,为我国企业因应他国法律以及我国涉外立法接轨国际作出了杰出贡献。导师注重理论与实践的结合,在潜心于法学理论研究的同时,投入大量时间从事涉外律师实务工作,曾远离家人到美国、我国香港等地的律师事务所交流工作,这使得导师的研究成果和立法建议皆言之有据、有血有肉,既有理论高度又切实可行。

我们深知,并不是每一个人都和我们一样幸运,可以在导师的身边接受导师的言传身教,所以一直有想法将导师的学术论文编辑成册以供更多的人学习,而今得以实现实为欣喜。文集收集了导师在不同时期发表的论文,虽然因篇幅限制不得不忍痛割舍导师的很多其他著述,所幸文集的内容仍极具代表性,涵盖了导师研究的重点领域,并鲜明地呈现导师的学术思想和学术观点。导师主张法学研究不是纯理论探讨,要紧随时代,依据国家在不同历史阶段的需要有的放矢,导师著述的选题时时体现这一主张。导师认为,虽然其他国家和地区的法律因社会制度、历史和意识形态的不同与我国法律存在很大差异,但有许多方面值得我们借鉴和学习,可以为我所用,而只有对其深入研究才能知己知彼、以子之矛攻子之盾,最大限度地保护我们国家和企业的利益,导师在这方面不仅是倡导者更是践行者。导师强调案例的价值和作用,注重将案例融于法学理论的教学和研究中,让学生和读者易于理解深奥的法学概念和理论。导师的著述更是特点鲜明,直面问题深入分析并提出独到见解和应对方案,而非泛泛而谈或仅作原则探讨。我们相信,通过文集更多的人可以认识导师,理解导师的学术思想和观点,而文集也会激励更多的有志之士更积极地投身到我国涉外法治和涉外法律服务的研究和建设以及涉外法律人才的培养中来。

文集选取的系导师就美国贸易法、WTO 规则、美国对我国对外贸易采取的歧视政策及其实际案例所撰写的系列著述,均写于多年以前,有的甚至在二三十年之前,但是今天读来,不仅没有过时,反而有些切中时势,为我国现时面临的许多问题提供决策思考和应对思路。近年来,随着美国贸易保护主义的盛行,美国政府逆全球化大潮,背离 WTO 框架,基于其国内法律单方面对中国不断施加贸易制裁和限制,引发中美贸易争端不断、WTO 所奠定的多边国际贸易体系受到严重挑战,这似乎将中美贸易和国际贸易的时钟拨回到中国加入 WTO 的前后,而文集收录的著述大多出于当时的背景和环境下。我们今天面临的具体问题和形势可能和当时有所不同,但其实质并无差异,均深深地根植于美国单边主义立法及其在国际秩序中的"霸凌"思维,导师在其著述中提出的诸多建议和方案仍有极大的参考价值。

今年是导师八十华诞,文集的出版可谓恰逢其时,是对导师八十岁生日的最好庆祝,作为学生我们亦借此感谢导师这么多年的培养和教导,并祝愿导师和师母身体健康、寿比南山!

学生:刘永伟[1]、方健[2]

二〇二四年一月

---

[1] 刘永伟,安徽财经大学法学院二级教授。

[2] 方健,美国华平投资集团董事总经理、总法律顾问。

自　序

中美两国自 1979 年建交以来,两国之间的贸易取得了长足发展。40 多年来,尽管两国贸易之路并不平坦,时有争议发生,但在美国前总统特朗普上台前,总体上,两国间的互补性贸易关系仍在前行,贸易额还在增长。[1] 特朗普上台后不久,利用美国的 301 条款,挑起中美之间的贸易争端,导致两国贸易受挫。[2] 继任者总统拜登执政,推行并执行所谓"脱钩断链"的经贸政策,严重阻碍了中美贸易的进一步发展。[3]

随着中美贸易的不断发展和贸易额的快速增长,两国间贸易争端的产生和扩大,从一定程度上来说,也是一种客观甚至是一种必然的现象。只要双方本着解决问题的原则,认真研究争端本身和实质,通过协商和谈判,从维护中美关系大局出发,就不难找出解决问题的途径和方法。

正是基于上述的基本认识,本人接受并感谢上海对外经贸大学法学院领导和部分同学的提议,将我多年前公开发表的有关论文,出版一本以中美贸易争端为主要内容的国际贸易法文集。

文集涉及中美贸易中诸多贸易争端,从 20 世纪 80 年代初产生的反倾销到后来的反补贴争端("双反"),这两类争端反复出现,成了中美贸易争端的重要方面;20 世纪 90 年代又产生了以所谓公平贸易为主题的知识产权保护争议,即301 条款的争端,后通过双方的艰苦谈判,数次达成谅解备忘录而化解(特朗普上台后据此演变成以关税为主的贸易争端);21 世纪初,在中美达成关于中国

---

〔1〕　2017 年中美贸易额为 6359.7 亿美元,同比增长 10%。(数据来源:中国商务部)

〔2〕　美国前总统特朗普 2018 年初点燃贸易战后,2019 年中美贸易额为 5588.7 亿美元,同比下降15.3%。(数据来源:中国商务部)

〔3〕　2023 年前 10 个月中美贸易额为 5507.7 亿美元,同比下降 13.2%。(数据来源:中国商务部)

加入 WTO 的协议之后,中美贸易争端又扩大到新的领域,如涉及货物贸易的特别保障措施,有关货币的人民币汇率问题,有关美方的贸易逆差问题等。文集主要论文对这些争端均有涉及,除介绍各个争端的基本情况外,还对它们进行了具体的分析、研究和评析,对有些争端还提出了解决途径和方法的建议。

文集涉及的中美贸易争端,从法律角度看,美国对绝大多数争端是以其国内法为基础来认定和处理的,在中国 2001 年加入 WTO 后,美国处理争端的法律和做法是否符合 WTO 规则(即"合规性")面临挑战,如美国贸易法 301 条款,美国国会关于人民币汇率的立法,中国的"非市场经济"问题等,文集对此均有涉及,也有基本的论述和评析。而对中美将贸易争端提到 WTO 争端解决机制层面上解决的案件,因种种主客观方面的原因,文集涉及的不多。而中美在 WTO 层面上处理的争端是中美贸易争端的重要方面,因此,文集在此方面有所欠缺。

文集收集的论文,均发表在多年前,有些论文甚至发表在二三十年前,在收入本文集时,除个别错别字修正外,均不作改动,保持原貌。文集还收录了本人在美国旧金山大学法学院和新加坡国立大学讲学期间发表的有关中国对外贸易方面的两篇文章,作为文集的附录。所有文中的数据、事实、论述和评析均反映了当时的实际;作者在文中所持的立场与观点,均采取客观和实事求是的原则,是否如此,任凭读者评判。

文集的出版发行,目的之一,是为从事研究中美贸易的学者、主管部门的官员,从事中美贸易的企业界人士和学习国际贸易法专业的学生提供一个历史性的素材,为防止和减少贸易争端的产生提供一定的参考,同时为解决贸易争端提供一些思路、途径和方法。如能如此,文集的价值也就有了,目的也达到了。

当前中美贸易关系的现状和困境,主要是由美国前总统特朗普及其继任者拜登政府违反自由贸易原则、推行贸易保护主义的政策和做法造成的。作为长期研究中美贸易关系的法律学者,我认为,这种状况,在经济全球化(尽管当前对此有不同看法)的今天,不可能也不会维持很长的时间。当然,中美贸易争端的解决,并不完全取决于贸易本身,还要看整体中美关系,如政治外交关系、社会人文关系、国际环境和地缘政治,乃至于军事等关系。但中美贸易关系是中美关系的压舱石,这一论断并未过时,因为处理好贸易关系,是两国基本利益之所在。正如美国前总统布什在否决多起对华特别保障措施案时认为,提供进口救济"不符合美国的国家经济利益"[4]。

中美贸易争端将来还会存在,作为世界上第一和第二大经济体的美国和中国,正确和妥善处理好两国的经贸关系,是两国根本利益之所在。相信中美贸易关系会在一段时间后,克服障碍,逐步恢复正常,进而迎来中美贸易的全面发展!

二〇二四年一月于上海

---

〔4〕 参见本文集《浅析美国总统布什对对华特别保障措施案的否决》。

CONTENTS 目录

开 篇

诉讼之邦——美国 *

前　言

　　1985 年底至 1986 年 7 月,我在美国旧金山大学法学院讲学。讲学之余,除选学一些美国法律课程外,还有机会接触了各界人士,并多次与法学院教授、律师事务所的律师以及政界、商界从事法律工作的人士进行座谈讨论;又应邀在加州的旧金山、洛杉矶、长滩、圣迭戈等城市的一些律师事务所作了多次专题演讲,后又参加了美中关系全国委员会专为中国法律学者组织的东部参观访问团,在美国东部的威廉斯堡、华盛顿、费城、纽约等城市进行了广泛的参观访问。这一切,使我加深了对美国的了解与认识。由于职业关系,我的注意力较多地集中在美国司法及与其有关的方面,包括立法机构运转、法院体系、律师制度、法律教育、经济贸易法律以及执行情况等。现根据有关资料和所见所闻,作一些点滴的介绍。

一、惊人的数字

　　1667 年,处于英国殖民地的美国卡罗来纳州在起草宪法时,起草人约翰·洛克[1]在草拟的条文里写下这样的话:"为金钱或图报酬而出庭辩护,实属卑鄙可耻之举。"然而,20 世纪以来的美国讼事之烈有如发生爆炸。倘若殖民时代的先人犹在,真会吓坏他们。请看下列几组数字:

　　目前美国的律师人数已超过六十万,比二十年前翻了一番多;同期内,全国法学院的学生也增加了近百分之二百。所以,现在不足四百个人就摊到一个律师(相比之下,五百人才有一个医生),以人数计算,此为英国的三倍,日本的二十倍。

---

　　* 本文发表于《上海法苑》1987 年第 2 期。
　　〔1〕 约翰·洛克(John Locke,1632—1704)是英国哲学家,他反对"君权神授",主张自由与宽容,提出分权说,拥护代议制度,其学说对美国人的思想影响很大。

案件数也上升很快。1960 年，全国各地联邦法院所受理的民事案件总数为五万九千件；1980 年为十六万八千件，即二十年间增长了一点八五倍。同期，各联邦上诉法院所受理的案件总数则从三千九百件上升到二万三千二百件——增长了五倍。各州法院受理诉讼的案件大致相仿。二十年来，各州上诉法院受理的案件每年至少递增百分之十一。针对这种情形，二年前，沃伦·伯格[2]慨乎言之：“快了，总有一天，我们会被像铺天盖地的蝗虫般大群大群的律师，以及千军万马般数目难以想象的法官搞垮完事。”

美国目前全年的法律事务费用，据称占整个国民生产总值的百分之二，竟凌驾于三大工业支柱之一的整个钢铁业之上。

美国目前正在经历一种很独特的、凡事都要“法律化”的过程。不管遇到什么问题，都要立一个法或打一场官司。当然，这种处处以法律为先的想法并非新鲜事。生于英国的美国政治思想家托马斯·潘恩[3]早就声称：“在美国，法律就是皇上。”美国人历来就是世界上嗜法成性的人。只是这十几年来，他们诉诸法律、对簿公堂的劲头——甚至鸡毛蒜皮的小事都闹上法庭——更是到了犯上瘟疫的程度。

总之，在美国，每日每时都有一些人看来在挖空心思把形形色色的纠纷争执捏成一件件官司。美国的《审判》杂志就登过诸如“体育比赛的观众如何做原告”，“裁判员权利指南”，甚至还劝教士们最好购买渎职保险之类的文章。美国电视中也有一个叫作“人民法庭”（People's Court）的专题节目，每天播放半小时，专门报道法官裁决人们各式各样的小额请求诉讼的案件，如产品质量、服务质量、邻里经济赔偿纠纷等。节目主持人在每次播放后，总要号召人们有纠纷就到法院去。

美国，堪称诉讼之邦。

二、原因在哪里

造成目前这种状况的原因是什么呢？

---

　〔2〕　沃伦·伯格（Warren Burger）是美国最高法院首席大法官，1986 年被原最高法院法官伦奎斯特取代。

　〔3〕　托马斯·潘恩（Thomas Paine，1737—1809）是出生在英国的美国政治思想家及作家，曾发表著名的小册子《常识》，号召美洲殖民地反抗英国统治。

一是政府的活动极大地增加。就联邦政府而言，它的行动涉及美国人民生活的范围越来越广，堪称空前。规章条例也以创纪录的速度增加，国会在1974年至1984年间就创设了七个监督执行的机构。《联邦法典》(the United States Code)这部登录新规章新条例的专书，自1970年至1980年间，从已经很可观的每年增添一万页，猛增到年近八万页。若欲领略其中意义，且看科罗拉多大学一份调研材料提供的数字：一份汉堡包的夹心，从牛肉长在牛身，到煎成肉饼待用，理论上要受到大约四万一千种联邦和地方规章条例的约束。总之，规矩越定越繁就造成官司越打越多。于是，便又有一批管制性的机构应运而生，并由他们制定另外的程序来裁决一些互相矛盾的裁定。似此法界森严，程序烦琐，自然而然使美国首都华盛顿成了律师们纵横角逐之场。该地律师协会成立于1972年，会员总数迄今增加了两倍多，达三万五六千人，足抵首都总人口的百分之五。

20世纪70年代初崛起的"公共利益法律事务所"(Public Interest law Firm)总数目前已经增至一百三十家左右，而其影响则远远超过这一数字上的分量。这种事务所的主要任务就是提出诉讼，要求法庭在重大问题上执行法律及规章，或扩大执法的范围。因此，不少著名的案子都由公共利益法律事务所出庭。例如，阿拉斯加铺设油管工程就曾因在法庭上辩论环境保护问题而拖延施工达四年之久。后来到1974年，听取了一家公益法律事务所的意见（站在"保守性"的公益立场），对原方案进行了重大调整和改线之后，才得以着手施工。

二是社会上提供法律援助的组织增多，这是造成美国目前"无事不言法"的现象日益普遍的另一个原因。这个局面是联邦最高法院促成的，因为它在1963年裁决，刑事重案被告如无力自聘律师辩护，则必须由法院免费提供法律辩护人。这个裁决一出（随后又扩大而适用于轻案），不久各地便成立了法律援助处，由各州和地方政府、律师协会以及大学等出钱维持。

司法行动主义的泛滥也是重要原因。

三、司法行动主义

法律之繁，诉讼之多，只是问题的一面，问题的另一面是司法的性质实际上也起了变化。现在，打官司已经成了提出政治要求的一种方式了。

目前，法官断案范围日渐扩大，法院可下令学校用校车接送学童，重新划分选民区,采取"肯定性行为"(Affirmation Action)[4]等,例子不胜枚举。1976 年,联邦法官弗兰克·约翰逊在著名的亚拉巴马州一案中竟裁决:无论费用多少,该州当局必须另建设备较佳的新监狱,以使在押犯每人得有六十平方英尺(约五点五平方米)之活动面积,一日三餐要合乎"卫生营养"标准,并要向他们提供各种娱乐与社会公益服务的机会。我们在参观弗吉尼亚州的一所郡监狱时,就发现有的牢房内的在押犯谈笑风生,有时还与我们扯谈几句,个别的还向我们一行中的几个女学者挤眉弄眼。监狱当局在向我们介绍时说,犯人常就食堂卫生、洗衣服务等问题与他们交涉,并扬言若不解决,要上诉法院。

　　然而,这种法律干预的理论基础有时并不明确。有些法官则反对这种"司法部门权力至上"的现象。大法官雨果·布莱克在一篇文章里谈到有人控告某校限制男学生的头发长短时说,他简直不能想象,美国宪法"竟要我们法院负起监督公立学校学生头发长短的责任"。实际上司法干预的程度可深可浅,主要还得看法官本人如何。哈伦·斯通法官有一次这样说:"行政和立法两方面如果有滥用权力的违宪行为,就由司法方面来纠正,而制约我们司法方面的滥用权力则只有靠我们本身的自制了。"

　　总之,联邦最高法院俨然成为前所未见的解决种种社会问题的中心。

四、后果与对策

　　现在律师日多,讼事日繁,司法行动主义愈演愈烈,许多问题越来越纳入"司法化"的范围。于是,法院成了争取一时一事之利的角逐场,未必在伸张正义。因而,只要有一个最微不足道的借口就可以对簿公堂。只要钱多,又有人出谋献策,官司就可以任它旷日持久地打下去,而不求其速判。事实上,就是有人一件接一件向法院递状子,硬是要把对方拖垮了事。好多官司就是这样盘算着打的。

　　官司越多,法官干预人们的事情便越多。由法院来为大学、监狱、福利机构或其他团体等立规章、定条例,这就抢掉了立法机关的任务。由于法院本身的局限,一个法官难于,且又无权像立法议员那样惯于在相持的政治利益和经济

　　〔4〕　指美国政府为了认可少数民族和妇女的权利,规定政府机构、大学和企业在招工招生时应给这些人以一定的名额。

利益之间发挥折中持平的作用，而却有权下命令拨巨额公款来执行他的判决，于是，结果无非是纳税人又得破财，否则就挤掉了别项公共计划的经费。

有什么办法能减少诉讼案件产生的机会呢？不少美国政界、法律界人士也都在考虑这一问题。有几个州已经在尝试制定一些法律，目的在于减少诉讼。例如，马萨诸塞和纽约两州都通过了"不论过失保险法"（无论责任何在，保险公司都要赔偿），就是想减少因为汽车事故而打官司。

另一种办法是改进法院本身。首席大法官伯格就年复一年地呼吁改革法院。前不久他说，案子越来越多，难于应付，我们可以增设法官，可以改进法院的职能和有关体制，可以改进办事程序；不过，"最重要的一项因素，还在于法官和他们左右的人要有服务精神"。

美国今天的司法实践，与大约二百年前亚历山大·汉密尔顿[5]在《联邦党人文集》一书中所述的真是天壤之别。司法部门对"武力和财力都无影响，掌握不了社会的力量和财富；什么大问题都解决不了。真可谓既无实力，又无意志，只有一点空言评断的功夫"。

---

〔5〕 亚历山大·汉密尔顿（ Alexander Hamilton，1755—1804）是美国开国元勋之一，联邦论的鼓吹者，首任美国财政部长。

301 条款

评美国贸易代表对 301 条款
调查申请的拒绝[*]

摘　要：美国贸易法 301 条款是美国国际贸易法的重要组成部分,它的产生和发展对维护美国国家经济利益起着重要的作用。本文以 WTO 规则为依据,分析 301 条款的性质、地位和作用,结合中美近三年来有关 301 条款的劳工权利和人民币汇率特定争端案件的具体内容,分析美国贸易代表驳回调查申请的表面理由和内在原因,提出应对 301 条款的一些观点和建议,并对 301 条款的发展前景作了预测,得出了 301 条款未来发展的基本轨迹。

关键词：美国 301 条款　劳工权力　人民币汇率　前景

前　言

美国贸易法 301 条款经由 20 世纪 70 年代到 90 年代初二十余年的发展,形成了以"一般 301 条款"[1]、"特别 301 条款"[2]、"超级 301 条款"[3]和"电信

---

　　* 本文发表于《世界贸易组织动态与研究》2007 年第 2 期。

　　〔1〕　也有人将其称为"正常 301 条款"（normal Section 301）,引自美国"Memorandum by Alan Dunn and Bill Fennell at Law Office of Stewart and Stewart"第 1 页,它是指《1988 年综合贸易与竞争法》第 1301 节,它反映了《1974 年贸易法》第 301 条款的基本精神,即针对外国违反贸易协定,限制美国商业,损害美国贸易协定的权利或利益的歧视性做法实施制裁。

　　〔2〕　"特别 301 条款",也称"特殊 301 条款"。它规定,对确定未能给予美国知识产权充分有效的保护,未能给予美国有关企业市场准入的重点国家,在短期内迅速调查,以决定采取报复措施。其基本目的是加强美国谈判能力,以改进外国对美国知识产权的保护。

　　〔3〕　美国"超级 301 条款",是指《1988 年综合贸易与竞争法》第 1310 节,它是作为"一般 301 条款"的补充而制定的。"超级 301 条款"是暂时生效的条款,但可以根据总统行政令恢复其效力。克林顿总统曾两次签署行政令延长,直至 2001 年有效,之后至今未作新的行政令恢复生效。See *Section* 301 *of the1974 Trade Laws* by Jean Heilman Grier at http://www. osec. doc. gov/ogc/occic/301. html.

301 条款"[4]以及"外国政府采购做法"[5]为主要内容的美国 301 条款体系。

美国贸易法 301 条款对维护美国的经济利益,推行美国所宣称的"公平贸易"起着十分重要的作用,具有非常重要的影响,使得与美国进行贸易的许多国家,包括中国在内,不得不引起高度重视。正是基于这一认识,本文从维护中美贸易的健康发展出发,以世界贸易组织(WTO)规则为基础,结合近三年来涉及中国的有关 301 条款的案件(如劳工权利和人民币汇率案)来评析美国的 301 条款。

一、美国 301 条款的性质和特征

美国 301 条款具有保护主义的性质,其目的是迫使贸易伙伴对其开放市场,维护美国的国家利益。301 条款是美国贸易法的重要组成部分,是美国对外贸易的有力工具,具有很强的威慑力。美国 301 条款具有以下一些主要特征。

(一)体系的完整性

美国 301 条款从最初的单一条款,发展到后来的 6 个条款,再发展到目前的 10 个条款;从最初只是规范货物贸易,后来扩大到服务贸易,又发展到直接投资领域;从最初的一般 301 条款,发展到"特别 301 条款"、"电信 301 条款"和"超级 301 条款";从经济贸易领域扩大到政治的某些方面(如劳工权利等),最终形成了目前一个相当完整的 301 条款法律体系。

(二)内容的广泛性

美国 301 条款的内容非常广泛,如前所述,它包括外国政府在货物贸易、服务贸易,直至直接投资领域内的所有不公平、不公正的行为、政策和做法。世贸组织成立后,美国又将 301 条款的适用范围扩大到几乎所有领域,包括国外的关税约束、外国政府的补贴等内容。

---

〔4〕 美国"电信 301 条款",也称"通信 301 条款",是指《1988 年综合贸易与竞争法》第 1377 节规定。其主要目的是确保与美国订有协议的国家履行其开放电信市场的承诺。

〔5〕 "外国政府采购做法"是指《1988 年综合贸易与竞争法》第七篇对《购买美国产品法》(Buy American Act)修改后的内容。该款规定,美国总统在每年 4 月 30 日以前,应向参、众两院的有关委员会递交报告,说明关贸总协定《政府采购协定》成员方遵守协定的情况、关于外国政府采购的做法,及其对美国的影响等。

(三)措施的攻击性

美国 301 条款的另一主要特征是具有很强的攻击性。根据该条款规定,一旦美国贸易代表决定发起 301 条款调查,很快就要与受调查国进行谈判,逼迫该国取消或改变做法,或修改政策或法律,否则就以制裁和报复相威胁,直至最终采取事实上的制裁和报复措施。就是在 301 条款的文本中或在介绍 301 条款的文件或文章中,我们经常可以看到这些具有攻击性的英文词语,如 restriction(限制)、withdraw(撤销)、sanction(制裁)、retaliation(报复)等,可见其攻击力之强。

(四)条文的针对性

美国 301 条款所针对的是其所称的"影响美国贸易的外国不公平贸易做法",其范围是针对货物贸易、服务贸易和投资领域。不仅如此,它还有针对特定领域和具体经济部门的规定,如针对知识产权领域的"特别 301 条款",针对电信部门的"电信 301 条款",甚至还有针对政府采购部门的规定。[6] 世贸组织成立后,又将任何违反 WTO 规则的行为和做法纳入 301 条款的范围内。[7]

(五)报复的单向性

即只能是美国对其所认为的外国违反了贸易协定的义务、侵犯了美国的权利实施报复,而不容许外国对它实施报复,除非该外国不惜与美国打贸易战。

(六)规则的霸权性

美国的霸权主义不仅表现在它的政治军事和外交方面,而且也表现在立法里。301 条款及其实践中也有这种霸权主义的体现。比如,劳工标准问题,各国因政治体制和经济发展水平不同,发展中国家在工人的工资待遇和劳动环境方面当然与发达国家有差距,而 301 条款将其称之为否认劳工权利[8],视为不合

---

[6] *Trade Remedies Practice* from Law Office of Stewart and Stewart in Washington D. C. of the United States at http://www. Stewart law. com/section301. html.

[7] 同上。

[8] B. Discretionary Retaliatory Action from *Section 301 of the 1974 Trade Laws* by Jean Heilman Grier at http://www. osec. doc. gov/ogc/occic/301. html.

理的做法;又如,在知识产权保护方面,某外国已根据 WTO 的《与贸易有关的知识产权协定》(TRIPS 协定)履行了所规定的义务,该国仍能被确定为"未能给予美国知识产权充分有效的保护",被视为不合理的做法[9]。这种将美国的法律凌驾于别国和国际条约之上的规定和做法,不是霸权主义又是什么呢?

二、美国提起 301 条款调查申请的基本情况

中美贸易 50 多年来经历了风风雨雨,发生了极其重大的变化。美国对中国的政策从封锁禁运到开始接触,最后发展到相互之间成为各自的主要贸易伙伴。2005 年,美国成为我国的第二大贸易伙伴,中国也成为美国第四大贸易伙伴。然而,两国之间的贸易纠纷也愈演愈烈,中美之间关于 301 条款的纠纷就是其中之一。本文就近三年来美国提起 301 条款调查申请[10]作些分析与评析。

(一)美国一些组织和人士提起 301 条款调查申请的背景

中美贸易进入 21 世纪以来,发展很快。根据中国统计,2004 年,中美贸易总额为 1696.3 亿美元,比上年增加 34.3%;2005 年,中美贸易总额为 2116.3 亿美元,比上年增加 24.8%,为中国第二大贸易伙伴;2006 年上半年,中美贸易额达到 1196.6 亿美元,比上年同期增加 24.4%。美国对中国贸易也是快速增长。2001 年至 2005 年,两国贸易额年均增长 27.4%,美对华出口年均增长 21.5%。2005 年美对华出口比 2001 年增长 118%,是美对全球出口增幅的 4.9 倍,远高于美对其他所有主要出口市场的增长率。2005 年,中国由 2001 年美第九大出口市场跃升为第四大出口市场,成为带动美出口增长的主要因素。[11] 然而,除了中美之间政治上的"人权""中国威胁论"的分歧外,中国对美国的贸易顺差、人民币汇率和劳工问题成了某些美国国会组织和人士以及一些社会组织提起301 条款调查申请的直接原因。

---

〔9〕 同前注〔8〕。

〔10〕 不包括美国贸易代表在 20 世纪 90 年代主动对中国进行的"特别 301 条款"的调查。

〔11〕 引自中国国务院副总理吴仪访美时于 2006 年 4 月 3 日在夏威夷的一次讲话"关键三条化解中美贸易摩擦"。她还说,美国是中国最大的外资来源地之一。截至 2005 年底,美在华累计设立企业近5 万家,涉及几乎所有领域。目前,中国已成为美企业海外利润的主要来源地之一,与此同时,美企业通过投资不断扩大在中国市场的占有率,仅 2004 年在中国市场的销售额就超过 750 亿美元。参见《第一财经日报》,2006 年 4 月 5 日。

(二)对中国提起 301 条款调查申请的简要情况

1. 2004 年 3 月 16 日,美国劳工联盟和国会产业组织(the American Federation of Labor and Congress of Industrial Organizations)向美国贸易代表提出了以劳工权利为主要内容的投诉,认为中国政府的某些有关国内工人的法令、政策以及做法是不合理的,违反了美国贸易法 301 条款,限制了美国的商业,加重了美国贸易的负担,要求进行调查并采取措施。[12]

2. 2004 年 9 月 9 日,美国中国货币联盟(China Currency Coalition)向美国贸易代表提出了以人民币汇率为主要内容的投诉,认为中国政府的一些关于人民币汇率的法令、政策及做法否认、侵犯了美国的合法权利,限制了美国的商业贸易[13],要求进行调查并采取措施。

3. 2004 年 9 月 30 日,就在美国中国货币联盟向美国贸易代表提出了上述投诉三周之后,由美国 22 个众议员和 12 个参议员为主组成的美国国会中国货币行动联盟(the Congressional China Currency Action Coalition)也向美国贸易代表提出了同样以人民币汇率为主要内容的投诉,其基本事实与依据与前面美国中国货币联盟向美国贸易代表提出的投诉内容基本相同[14],要求进行调查并采取措施。

---

〔12〕 根据美国"联邦纪事"所载,其提起投诉的依据主要包括:(1)中国政府的某些有关国内加工制造业的工人的法令、政策以及做法是不合理的,违反了美国贸易法(1974 年修订版)中 301 条款的(d)(3)(B)(ⅲ)款,而这些违反美国贸易法的法令、政策以及做法限制了美国的商业,加重了美国贸易的负担。(2)中国政府的法令、政策和做法构成以下违法行为:(ⅰ)否认工人的自由联合、组织集会,与雇主交涉的权利;(ⅱ)认可强迫劳动;(ⅲ)工人的最低工资、劳动时间、健康福利以及安全的工作环境不符合美国贸易法的有关规定。(3)中国政府通过这些法令、政策、做法以压低中国劳工工资来追求产品的低成本,直接导致本国的产品价格优势,而使美国失去原有的制造业市场,而美国制造业的工人正面临着失业。See Federal Register/Vol. 69, No. 91/Tuesday, May 11,2004/Notices.

〔13〕 根据美国"联邦纪事"所载,其提起投诉的依据主要包括:(1)中国政府的一些关于人民币汇率的法令、政策及做法否认、侵犯了美国的合法权利,这些不公正的法令、政策以及做法限制了美国的商业贸易。(2)尤其是,中国政府采取人民币对美元汇率的外汇制度,直接导致人民币币值低于其应该有的正常价值。(3)这些固定汇率的法令,政策以及做法所产生的结果类似于 1994 年关贸总协定下第 6、16 条规定的禁止性出口补贴;也违反了 1994 年关贸总协定下第 15 条——以汇率行为来逃避 1994 年关贸总协定第 1、2、3 和 11 条规定,从而使这些规定没有达到原有的目的。(4)同时,该出口补贴行为也与中国在农产品协议第 3、9、10 条中的承诺相违背。(5)中国政府的这些法令、政策以及做法侵害了美国在国际货币基金组织协议下的第 4、8 条规定,致使美国国内制成品消费受到压抑,使美国的出口贸易增长情况恶化。See Federal Register/Vol. 69, No. 250/Thursday, December. 30,2004/Notices.

〔14〕 同上,See Federal Register/Vol. 69, No. 250/Thursday, December 30,2004/Notices.

4. 2005 年 4 月 20 日,美国国会中国货币行动联盟在其上一次投诉被驳回不到半年,再一次向美国贸易代表提出了以人民币汇率为主要内容的投诉,但其基本事实与依据与第二起美国中国货币联盟向美国贸易代表提出的投诉相同,指中国保留让人民币同美元挂钩的固定汇率制度,借此操控人民币汇率,获取对外贸易的利益[15],要求对贸易不公的中国实施经济制裁。

5. 2006 年 6 月 8 日,美国劳工联盟及产业工会联合会(AFL-CIO)向美国贸易代表提出了以劳工权利为主要内容的投诉,认为中国政府的某些有关国内工人的法令、政策以及做法是不合理的,违反了美国贸易法 301 条款,限制了美国的商业,加重了美国贸易的负担,要求进行调查并采取措施,具体内容参见本节第一起案件的注释。

(三)对美国一些组织和人士提起 301 条款调查的评析

上述五次要求对中国进行 301 条款调查的申请,主要是由两个组织发起并提出的,一是美国的劳工联盟及产业工会联合会,它是一个强大的美国劳工组织,代表了美国部分产业工人和组织的利益。客观地说,中国大量产品出口美国,给美国的经济、社会发展和广大消费者带来了刺激和实惠,但对一些竞争力较弱的生产厂商也不可避免地带来了一定的负面影响。二是美国国会人士组成的组织。由于历史和政治上的原因,美国的参、众两院中的不少人还对中国持不友好和怀疑甚至敌视的态度。他们中的有些人还在国会内提出针对中国的议案,如下文提及的人民币汇率议案。因此,由这样一些人士组成的组织提出 301 条款的调查申请也就不足为怪了。

此五次提起调查的申请,主题十分明确和集中,即针对我国的所谓劳工权利问题和人民币汇率问题。中美有关劳工方面的争议由来已久,早在 20 世纪 80 年代,有关中国劳改产品出口问题就引起争执。随着中美贸易的不断发展,中国输美产品大量增加,引起了美国一些生产厂商的不满和恐慌,他们在频频使用反倾销等手段的同时,也千方百计地寻找其他救济方法,301 条款无疑是他们很好的选择。中美有关人民币汇率的争端,时间虽不长,但发展很快,来势很猛。[16] 尤

---

〔15〕　See Federal Register/Vol. 70,No. 152/Tuesday,August 9,2005/Notices.

〔16〕　有关我国人民币汇率问题,是 21 世纪初由欧盟和日本首先提出的,不久,美国也加入了这一"大合唱",而且,声音越来越高,甚至取代了欧、日。后来,竟成为中美之间一个很大的问题,不仅仅表现在贸易方面,两国国家最高领导人也都谈到这一问题。

其是中美之间贸易逆差的扩大,更是像火上浇油,使这一问题似乎越来越难解决。美国两名参议员舒默和格拉姆,从 2003 年开始就人民币汇率问题提出提案,要求中国将人民币大幅升值,否则将对中国商品征收 27.5% 的关税。[17] 如此,美国国会有关中国货币组织在短期内三次向美国贸易代表提出人民币汇率同一主题的 301 条款的调查申请,也就不难理解了。

三、美国贸易代表对 301 条款调查申请的拒绝

美国贸易代表对上述五起申请,毫无例外地都予以拒绝。

(一)对以劳工权利为主要内容的调查申请的拒绝

美国劳工联盟及产业工会联合会和国会产业组织两次提起以劳工权利为主要内容的申诉,但都遭到了美国贸易代表的拒绝。

2004 年 4 月 28 日,美国贸易代表第一次驳回了美国劳工联盟和国会产业组织提起的申诉,其拒绝理由主要是:美国贸易代表决定不就该申诉进行调查,因为展开调查并不能解决案件涉及的问题(如中国政府的法令、政策、习惯做法等)。目前美国行政部门正在和中国政府就案中提到的相关劳工问题进行密切的磋商,共同努力以求找到两全之策。所以,现在开展调查不仅不会使问题得到改善,反而会使情况变得更糟。因此,美国贸易代表决定不开展调查。[18]

2006 年 7 月 21 日,美国贸易代表再一次驳回了美国劳工联盟及产业工会联合会提起的申诉,除上述相同理由外,美国贸易代表办公室还说,鉴于美国劳工部和其他机构通过与中国有关部门合作,在中国为增进劳动场所安全和劳动者权利所做的努力,美国贸易代表办公室已决定驳回美国"劳联—产联"(AFL-

---

〔17〕 该提案的表决已经作了四次的推迟。2006 年 3 月,两位议员(舒默是民主党参议员,格拉姆是共和党参议员)访问了中国,回美国后,举行记者会宣布第四次推迟表决,将期限延至 2006 年 9 月 29 日,也即美国本届国会改选前的最后会期。参见《第一财经日报》"美议员再次威胁人民币升值,或将表决报复性提案",2006 年 7 月 28 日。

〔18〕 See Federal Register/Vol. 69, No. 91/Tuesday, May 11, 2004/Notices.

CIO）根据《1974 年贸易法》第 301 条款提出的申诉。[19]

（二）对以人民币汇率为主要内容的调查申请的拒绝

美国中国货币联盟和美国国会中国货币行动联盟先后三次提起的以人民币汇率为主要内容的调查申请，也都遭到了美国贸易代表的拒绝。因这些申请的事实与依据基本相同，故美国贸易代表拒绝的理由也基本相同，主要是：展开调查并不能解决案件涉及的问题（如中国政府的法令、政策、习惯做法等）。目前美国行政部门正在和中国政府就案中提到的相关人民币汇率问题进行密切的磋商，共同努力以求找到两全之策。所以，现在开展调查不会使人民币汇率钉住美元现状得到改善。因此，根据 301 条款对此采取行动，不是实现这一目标的适当和有效的方式，美国贸易代表决定不开展调查。[20]

（三）对美国贸易代表拒绝的评价

美国贸易代表对五起申请毫无例外地都予以拒绝，其理由简单而且明确，即：（1）展开调查并不能解决案件涉及的问题；（2）目前美国行政部门正在和中国政府就相关问题进行密切的磋商以求解决；（3）根据 301 条款对此采取行动，不是实现这一目标的适当和有效的方式。因此，美国贸易代表决定不开展调查。美国贸易代表列举的理由是桌面上的，表面上是合理的，也有一定的事实依据，但好像言犹未尽，缺少了些什么，笔者在此稍作分析。

"展开调查并不能解决案件涉及的问题"，的确有点道理。劳工权利和人民币汇率虽然与贸易有联系，但毕竟不纯粹是贸易问题，301 条款是美国贸易法的一部分，它要解决的应该是贸易问题。如果美国贸易代表据此进行调查并采取

---

〔19〕 引自 2006 年 7 月 24 日美国国务院国际信息局《美国参考》"美中两国继续合作加强劳工保护"一文。该文还列举了一些材料：两年来，劳工部与中华人民共和国加强了几个保护劳工的战略领域，其中包括雇佣标准、外地民工、养老金以及卫生和安全——特别是矿井安全。例如，在参与这个安全项目的煤矿中，工伤率从 2003 年的 7.7‰下降到 2004 年的 2.6‰。在 2005 年上半年，工伤率进一步下降到 1.8‰。向外地民工宣讲他们在工作场所应享有的权利的努力也取得了成功。在参加由劳工部主办的法治项目的外地民工中，能说出三项或三项以上在劳动场所应享有的权利的民工比例在 2006 年第一季度达到 96%，而在 2005 年比例是 23%。根据劳工部的统计，至少知道一个提供法律帮助的机构的民工比例在同一时期也从 12% 上升到 99%。中国政府目前正在修改加强劳动保障的法规。在美国的帮助下，中国正在制定《劳动合同法》以及解决纠纷的法规和社会保障法规。

〔20〕 See Federal Register/Vol. 69, No. 250/Thursday, December 30, 2004/Notices; Federal Register/Vol. 70, No. 152/Tuesday, August 9, 2005/Notices.

措施,那么,必然引起中国方面的强烈不满和反弹,这是美国所不愿看到的,也是有所顾忌的。

"目前美国行政部门正在和中国政府就相关问题进行密切的磋商以求解决",这是事实。既然 301 条款的调查不能解决问题,但强调维护美国利益的行政部门还是要解决问题的,因此磋商以求解决成了最好的选择。因而,美国劳工部、财政部、美国贸易代表等部门和人士多次与中国有关部门进行沟通和磋商,以图解决问题。

"根据 301 条款对此采取行动,不是实现这一目标的适当和有效的方式",美国贸易代表的这一理由道出了问题的实质,但语句比较隐晦,似有"犹抱琵琶半遮面"之嫌。美国 301 条款是有关于劳工权利的规定的[21],美国贸易代表接受申请并进行调查,符合美国法律;301 条款虽没有有关外国汇率可进行调查的规定,但美国贸易代表可以将"人民币汇率低估"认定为 301 条款所指的"不公正和不合理的做法",从而进行调查。为什么美国贸易代表可为而不为呢?其实,美国贸易代表是心知肚明的。众所周知,按照目前的国际规则,如 WTO 协议,和中美两国有关协议规定,并没有关于劳工权利和人民币汇率方面的规则和规定,美国如进行调查并采取措施,是很难站得住脚的,也必然会受到中国强烈的抵制和不满。美国 301 条款在 WTO 内已受到多次起诉,虽然胜诉了,但属于"险胜",使得美国不得不在 301 条款实施上小心谨慎,如履薄冰。事实上,在这些组织要提起 301 条款调查申请之前,美国政府有关部门领导,如美国财政部长,包括美国贸易代表本人,就已表示将拒绝接受这种调查申请。笔者认为,这才是美国贸易代表拒绝申请的真正原因。

美国贸易代表对五起 301 条款调查申请的拒绝,并不表明中美两国在劳工权利和人民币汇率问题上的争议解决了,美国不会再动用 301 条款或其他方面的手段来针对中国。笔者认为,短期来看,即使再有组织和人士提起类似主题的 301 条款的调查申请,美国贸易代表仍然会加以拒绝。但从长期来看,这种想法就不切实际了。美国政府和美国国会以及相关组织还会以种种方法和手段,甚至动用 301 条款来针对中国。目前,尤其值得引起我们高度重视的是美国国会针对中国的立法和立法活动,一旦有关针对中国的议案得到通过,那么,情况就要变得复杂得多,矛盾会更加尖锐。

---

[21] 《1974 年贸易法》301 条款的(d)(3)(B)(ⅲ)款。

四、美国贸易法 301 条款的前景

美国贸易法 301 条款是美国在国际经贸活动中开拓他国市场同时维护自己经济利益的强有力的武器和工具,但由于其本身所具有的性质和特点,它又是一项极富争议的贸易法规。

有人说,美国贸易法 301 条款已经存在并使用了 30 余年,欧盟也于 1999 年在 WTO 内告了美国,WTO 专家组认定美国 301 条款并不与 WTO 规则不一致,2000 年,欧盟再次在 WTO 内告了美国,也未见欧盟胜诉的说法。因此,美国 301 条款可以"万岁"了,任由美国一家在世界上到处使用了。笔者对此不敢苟同。

首先,301 条款具有不尊重乃至干涉他国国家经济主权的嫌疑。

众所周知,当代国际法的基本原则之一,就是国家不分大小和强弱,各国主权一律平等。同样众所周知的是,国家经济主权是国家主权的重要组成部分。美国对国家主权,包括经济主权的认同,较之其他国家,是有过之而无不及的。[22] 有关国家主权包括国家经济主权的这一共识已经体现在众多的国际法的文件中,如《联合国宪章》、《关于自然资源永久主权的宣言》、《建立国际经济新秩序行动纲领》以及《各国经济权利和义务宪章》和《WTO 协定》等等。

国家经济主权具体内容包括:国家有权完全独立自主地选择本国的经济制度,不受任何外来干涉;有权完全独立自主地控制和处置本国境内的一切自然资源;有权完全独立自主地管理和监督本国境内的一切经济活动;有权完全独立自主地以平等主体的法律地位参与世界性经济事务的决策。[23]

各国对于本国内部以及本国涉外的一切经贸事务,享有完全、充分的独立自主的权利,不受任何外来的干涉,这是国家经济主权的重要方面。根据这一原则,美国 301 条款是美国制定的涉外经贸法律,别人不能也无权对它评头品足、说三道四。如果美国 301 条款仅仅是规范其国内经贸活动,不涉及他国的

---

〔22〕　美国国会在讨论和批准美国《1994 年乌拉圭回合贸易协定法》过程中,一部分议员认为乌拉圭回合达成的争端解决协定"侵害了美国的主权",主张不批准美国政府提交的《1994 年乌拉圭回合贸易协定法》。后在激烈的辩论以及有关专家作证表明美国国家主权不会受到侵害后,才艰难地通过了该法。有关这一问题的更多具体内容,请参见陈安教授的《世纪之交在经济主权上的新争议与"攻防战":综合评析十年来美国单边主义与 WTO 多边主义交锋的三大回合》,载《国际经济法学刍言》(上卷)一书,北京大学出版社 2005 年版,第 108—141 页。

〔23〕　参见陈安主编:《国际经济法学》(第三版),北京大学出版社 2004 年版,第 61 页。

主权和利益，即使 301 条款问题多多，也与他国无关。问题是，美国 301 条款所针对的是他国的国内经贸法律和做法，一旦美国认为某国的法律和做法违反了 301 条款，它就要进行调查并采取制裁措施。这种将一国法律凌驾于他国法律之上、只考虑自己利益而不考虑他人利益的做法，除了是不尊重甚至干涉他国国家经济主权又是什么呢？

为了使国际经贸活动健康有序地进行，需要制定国际条约和多边或双边协定，以便国际社会成员共同遵守。国际条约和多边或双边协定，从国家经济主权角度来说，是各缔约方放弃一部分国家经济主权，为了大家的共同利益而制定的规则。只要缔约方遵守了这种规则，就不能被视为违反了国际条约和多边或双边协定，也不能被视为违反了某一缔约方的法律和政策，当然更不能采取任何调查和制裁措施。然而，美国 301 条款认为，如果一国的行为、政策和做法，即使与该国承担的国际条约义务相一致，也可以进行调查并采取制裁措施。这种将一国法律凌驾于国际条约之上、只考虑自己利益的做法，是明显违反国际规则的。

其次，301 条款认为的"合理""公平"标准未必就是合理、公平的。

美国 301 条款的实质，按照美国的说法，就是针对外国政府的"不合理、不公平"的政策、措施、立法和做法。何为不合理和不公平，其要求和标准按美国的说法就是一旦美国贸易代表确定以下情况，就应采取报复行动：美国以依据任何贸易协定所享有的权利正在遭到否定；外国的某项立法、政策或做法违反了贸易协定，与贸易协定不一致，否定了美国以任何贸易协定所享有的利益，或者是不公正的，从而给美国商业造成了负担或限制。[24] 可见，美国完全是以自己为中心来衡量是否合理和公平的。

从理论上来说，合理和公平是人类社会一直孜孜以求并希望达到的目标。然而，在当前国际社会内，由于各国的政治制度、历史发展、经济水平、文化背景、价值理念等各异，人们对合理和公平可以有数种甚至数十种解释和标准。同时，它还会受到时间和空间的影响，在这一时间内某种行为、政策、法律是合理和公平的，过了这段时间或在这段时间之前，它就是不合理和不公平的；同样，某种行为、政策、法律在一地（或一国）是合理和公平的，在另一地（或一国）就是不合理和不公平的，这种道理是不难理解的。因此，要正确认识和把握合

---

〔24〕 参见杨国华：《美国贸易法"301 条款"研究》，法律出版社 1998 年版，第 46 页。

理和公平,恰当制定其标准。从当前的现实出发,各国要互相尊重,平等协商,确定共同的标准,达成并制定合理和公平的共同规则,才是更好甚至是唯一的选择。当前世界各国所达成的众多国际条约包括国际贸易领域的规则,就充分证明了这一点。

美国 301 条款虽未完全背离上述理论和原则,但它过分地强调自身的利益,而未能"合理""公平"地考虑别国的利益。如果各国都像美国一样采取这一态度和标准,那么,美国所主张的合理和公平在这个世界上就根本不存在。如前所述,301 条款规定的即使某外国已根据 WTO 的《与贸易有关的知识产权协定》履行了所规定的义务,该国仍能被确定为"未能给予美国知识产权充分有效的保护",被视为不合理做法的规定,是与之矛盾的,也是背离上述理论和原则的。

再次,日本和欧共体三次在 WTO 内挑战美国 301 条款[25],一次达成协议,一次失败,一次未见结果,不能据此认为美国 301 条款可以长命百岁,可以任由美国一家在世界上到处使用。笔者认为,欧盟诉美国 301 条款"失败"一案有以下几点值得深思。其一,WTO 专家组并未完全认为美国 301 条款与 WTO 规则完全一致,相反,专家组认为该条款的某些措施用语是与规则不符的[26];其二,专家组得出美国 301 条款并不与 WTO 规则不一致是有前提的,并不是对美国的全面肯定[27];其三,美国 301 条款的"胜诉",《政府行政声明》(SAA)帮了大忙[28],而《政府行政声明》却有不少被质疑之处[29];其四,对专家组报告本身存

---

〔25〕 日本诉美国 301 和 304 条款案,编号为 WT/DS6,该案最后双方达成协议;欧共体诉美国 301—310 条款案,编号为 WT/DS152,该案美国"胜诉";欧共体诉美国 306 条款案,编号为 WT/DS200,该案至今未见结果。

〔26〕 根据《维也纳条约法公约》第 31 条规定的条约解释通则,对照 DSU 第 23 条第 2 款(a)项条文、上下文及其立法宗旨,专家组认定:《美国贸易法》第 304 条的措辞用语至少可以作为"初步证据"(prima facie),证明它并不符合 DSU(《关于争端解决规则与程序的谅解》)第 23 条第 2 款(a)项的规定。请参见陈安教授的《世纪之交在经济主权上的新争议与"攻防战":综合评析十年来美国单边主义与 WTO 多边主义交锋的三大回合》,载《国际经济法学刍言》(上卷)一书,北京大学出版社 2005 年版,第 129 页。

〔27〕 专家组称,根据 WTO 规则,他们的职责是司法上的,即:第一,不对美国的"301 条款"是否违反 WTO 体制作出全面评估;第二,除欧共体的具体指控外,不审查"301 条款"的其他方面;第三,不审查美国在若干具体案件中实施"301 条款"的所作所为。同上,第 129 页。

〔28〕 专家组认定,美国当局在 SAA 中已经承诺排除了美国贸易代表在 DSU 程序终结之前,未经DSU 授权即径自作出单边判断和径自采取报复制裁的自由裁量权。一旦美国政府或其分支机构以任何形式背弃了这一承诺和前提条件,则上述认定即归无效,"301 条款"的继续存在就违反了美国在 WTO 体制中承担的国际义务,美国就将承担由此引起的国家责任。同上,第 133 页。

〔29〕 同上,第 134—138 页。

在着道义上和理论上不同的评价。[30] 正因为如此,美国若再对其他国家实施301 条款的调查进而采取制裁报复措施,不得不三思而行。事实上,笔者认为,美国自 21 世纪以来,301 条款调查大量减少,实施制裁报复更是寥寥无几,不能不说欧盟诉美国 301 条款一案给美国以很大的警示。从这个角度来说,欧盟虽败犹荣。难怪当时欧盟贸易专员拉米先生(Mr Pascal Lamy)感到满意。[31]

当然,现在预言美国 301 条款已经日薄西山,奄奄一息,很快就要寿终正寝,还为时尚早。因为美国 301 条款"大棒"的效应还在,它对维护美国利益的作用还在,更何况它以美国强大的国力为后盾,其效果也是其他法律不能相比的,美国是决不会轻易放弃它的。然而,美国 301 条款的臭名昭著已是不争的事实,其违背当前世界的潮流、违反多边贸易体制的基本精神,受到"全世界"一致反对,也是不争的事实,"多行不义必自毙",从这个角度来说,301 条款的寿命是不会长久的,退出历史舞台是必然的。

五、几点结论

1. 美国实施 301 条款的实践时间不短,经验也是相当丰富的,适用范围相当广泛,不难看出,301 条款实际上是美国在贸易关系方面最具政治性的补救方法之一。这一条款适用于美国根据国际贸易协定所应享有的权益受到威胁或其他国家从事不正当、不合理或歧视性活动的状况下,为私有企业向政府提出申述并要求政府为它们的利益而与外国政府进行谈判提供了途径,同时,也为美国政府自身主动调整与外国的经济贸易乃至于政治和外交关系提供了法律上的依据,它是美国特有的一种制度。

2. 美国贸易法 301 条款为与美国进行经贸往来的外国官员和学者提供了一个非常有价值的课题,在纷纷谴责美国 301 条款霸权性和单边主义的同时,

---

〔30〕 朱榄叶教授认为:"从欧共体提出的申诉来看,其诉请还是很有道理的。"见其编著的《世界贸易组织国际贸易纠纷案例评析》,法律出版社 2000 年版,第 570—571 页。陈安教授认为,专家组专家"缺乏刚正不阿、秉公执法胆魄",并对专家组的一些判断提出了具有说服力的质疑,见陈安教授的《世纪之交在经济主权上的新争议与"攻防战":综合评析十年来美国单边主义与 WTO 多边主义交锋的三大回合》,载《国际经济法学刍言》(上卷)一书,北京大学出版社 2005 年版,第 135—141 页。

〔31〕 拉米先生(Mr Pascal Lamy)当时为欧盟贸易专员,在 1999 年 12 月 23 日的"新闻公告"中,他宣称:"欧盟满意地注意到专家组现已公布'301 条款案件'的审结报告",它"对欧盟对多边贸易体制都是上好的结果"。同上,陈安教授一文,第 133 页。

我们也应当承认其在战略上和在运用策略上体现了相当的智慧,301 条款在不同的历史时期,在维护美国国家经济利益方面都发挥着重要的作用。说到底,美国敢于使用受到纷纷谴责的 301 条款,是美国强大的国力使然。因此,各国发展本国经济,使本国经济变得强大,是应对 301 条款的关键因素。

3. 美国应以平等态度对"人",不应以单方制裁报复相威胁,动辄采取"大棒"政策。美国 301 条款,完全从本国利益出发,对其认为有不公平、不合理的政策法律和做法的国家,就要进行调查并以制裁报复相威胁,要求别国修改法律或取消所谓的"不公平不合理"的做法,这种居高临下、高人一等的态度,实在面目可憎。国际规则早已认定,主权国家之间,国家不分大小强弱,一律平等。这种凌驾于他国之上,动辄以报复制裁相威胁,与解决国与国之间纠纷动辄以武力或武力相威胁不是如出一辙吗? 我们并不否认美国是世界上最强大的国家,我们也不否认美国法律应该保护美国的利益,我们所反对的是美国高人一等的态度和"大棒"政策。

4. 美国的 301 条款是与当今世界潮流格格不入的。WTO 多边贸易体制为美国带来了许多利益,但同时,也对美国起到了一定的削约,美国 301 条款调查案件自 WTO 成立以来大量下降或多或少说明了这个问题。[32] 美国 301 条款不会"万岁",但也不会马上"寿终正寝"。

5. 美国不会主动放弃 301 条款,其他国家只有不断地与之进行"有理、有利、有节"的斗争,才是上上之策。一方面对其正当和合理要求,应予以接受并改进;另一方面,在谈判中,又要与美国假借 301 条款蛮横地干涉别国的内政的无理而不切实际的要求进行毫不示弱地斗争,决不能忍气吞声,件件照办。如果忍气吞声,唯唯诺诺,很可能达不成协议或达成对自己很不利的协议。

6. 当前国际经贸领域内的重大任务,就是建立国际经济新秩序,建立一个不仅是理论上而且是事实上的真正合理和公平的世界贸易体系,这不仅是各国发展经济所依靠的重要的国际环境,也是防止和应对个别国家,如美国,利用貌似公平合理,实质是霸权主义的手段和工具进行威胁或讹诈的需要。因此,尽快完善 WTO 多边贸易体制是当务之急。当然,解决这一问题并非一日之功,所以,各国应对美国 301 条款还有较长的一段路要走。

---

〔32〕 美国自 WTO 成立以来的 11 年(1995 年 1 月—2006 年 1 月)内,共进行了 25 起 301 条款的调查,只相当于 20 世纪 80 年代到 90 年代初 11 年(1981 年 1 月—1992 年 1 月)67 起的 37.3%。

美国贸易法 301 条款与中美贸易争端 *

摘　要:301 条款是美国贸易法的重要组成部分,在中美贸易关系中频频引发争议。本文首先分析了 301 条款的基本特征,随后分别介绍并分析了美国针对中国发动"一般 301 条款调查"及"特别 301 条款调查"的具体情况。

前　　言

美国贸易法 301 条款经由 20 世纪 70 年代到 90 年代初二十余年的发展,形成了以"一般 301 条款"、"特别 301 条款"、"超级 301 条款"和"电信 301 条款"以及"外国政府采购做法"为主要内容的 301 条款体系。301 条款具有单边保护主义的性质,目的在于迫使贸易伙伴开放市场,维护美国的国家利益。

一、美国 301 条款的基本特征

美国贸易法 301 条款形成目前庞大的 301 条款体系是与全球经济贸易格局的变化息息相关的:

首先,自 1948 年 GATT(关税及贸易总协定)生效到 1995 年 WTO 成立前,国际贸易基本是在 GATT 框架下进行的。在自由贸易政策的支配下,美国积极参与并推动了 GATT 多个回合的谈判。但是,到了 20 世纪 60 年代中后期,美国越来越认为其贸易利益并未在 GATT 框架之下得到有效的保护。

其次,GATT 争端解决机制存在的缺陷使得胜诉方很难实施贸易报复措施。其原因是,专家小组的裁决只有在 GATT 全体缔约方都同意采纳的情况下才具有法律效力,因此任何一个缔约方,包括贸易争端的败诉方都可能提出反对意见,以阻止专家小组裁决的通过。并且,即使全体缔约方都采纳了专家小组的裁

---

* 本文发表于《国际经济法学刊》2007 年第 1 期。

决,但如果败诉方不遵守有关的义务,胜诉方也难以有效地实施贸易报复措施。

在此背景下,美国国会考虑在 GATT 框架之外另行制定保护美国贸易利益的国内法律,以便美国在认为某一贸易伙伴的做法阻碍美国商品的输入,损害美国的贸易利益时,可以撤回对该贸易伙伴的贸易减让和贸易优惠条件,从而促使贸易伙伴改变不公平贸易的做法,赋予美国以同等的贸易减让和贸易优惠条件。

美国贸易法 301 条款具有以下一些主要特征。

第一,体系的完整性。301 条款从最初的单一条款发展到后来的 6 个条款,再发展到 10 个条款;从最初只是规范货物贸易,后来扩大到服务贸易,直到发展到直接投资领域;从最初的"一般 301 条款",发展到"特别 301 条款"、"电信 301 条款"和"超级 301 条款";从经济贸易领域扩大到政治的某些方面(如劳工权利等),最终形成了目前相当完整的 301 条款法律体系。这在西方发达国家中是不多见的。

第二,内容的广泛性。301 条款广泛针对外国政府在货物贸易、服务贸易乃至直接投资领域内的不公平、不公正的行为、政策和做法。它所认为的不合理的做法包括:未能给予美国企业以公平合理的开业权;未能给予美国知识产权充分有效的保护;未能给予美国产品和服务以公平合理的市场机会。WTO 成立后,美国又将 301 条款的适用范围扩大到几乎所有领域,包括国外的关税约束,外国政府的补贴,与 WTO《实施卫生与植物卫生措施协定》有关的卫生与植物卫生措施,与 WTO《技术性贸易壁垒协定》有关的标准认证,未履行 WTO《服务贸易总协定》有关服务的承诺等,甚至还包括 WTO《政府采购协定》及其他 WTO 协定的内容。

第三,措施的攻击性。301 条款具有很强的攻击性。一旦美国贸易代表(USTR)决定发起 301 条款调查,很快就要求与受调查国进行谈判,逼迫该国取消或改变做法,或修改政策或法律,否则就以制裁和报复相威胁,直至最终采取事实上的制裁和报复措施。在制裁和报复措施方面,美国不仅可能在同一经济领域实施,也可能在其他经济领域实施。

第四,处理的政治性。《1974 年贸易法》最显著的特征之一是,区分美国与一般国家的贸易和与"共产主义国家"的贸易。比如,关于保障措施规定,一般国家适用该法 201 条款,共产主义国家则适用 406 条款。作为该法组成部分的 301 条款中虽未出现"共产主义国家"的措辞,但同样蕴含有这种区分精神。比如,301 条款规定,出于美国国家安全考虑,可以放弃对外国的报复措施以及可以对某一特定外国实施报复的措施,这就给美国贸易代表以较大的自由裁量权,可以从政治或意识形态方面考虑给予某国以报复、豁免或选择某国加以报复。

第五,规则的霸权性。美国的霸权主义不仅表现在它的政治、军事和外交方面,也表现在贸易立法中。301 条款及其实践中也有这种霸权主义的体现。比如,关于劳工标准问题,各国因政治体制和经济发展水平的不同,发展中国家在工人的工资待遇和劳动环境方面当然与发达国家有所差距,301 条款武断地将其称为否认劳工权利,视为不合理的做法。又如,在知识产权保护方面,即使某外国已根据 TRIPS 协定履行了所规定的义务,该国仍可能被确定为"未能给予美国知识产权充分有效的保护",被视为不合理的做法。其霸权主义行径,暴露无遗。

美国正式实施以 301 条款为核心内容的法律是从《1974 年贸易法》生效开始,至少对其他国家发起了 121 起 301 条款调查。[1] 不过,WTO 成立后,301 条款调查案件不断减少。1995 年至 2006 年 6 月,美国贸易代表进行了 25 起调查,并且在前三年(1995—1997 年)中有 19 起。进入 21 世纪以来,301 条款调查更是明显减少。2001 年到 2006 年 6 月间,只针对乌克兰进行过一次调查。

二、美国针对中国的"一般 301 条款"调查

(一)美国一些组织和人士提起"一般 301 条款"调查申请的背景

进入 21 世纪以来,中美贸易发展很快。根据中国统计,2004 年,中美贸易总额为 1696.3 亿美元,比上年增加 34.3%;2005 年,中美贸易总额为 2116.3 亿美元,比上年增加 24.8%,美国成为中国第二大贸易伙伴;2006 年上半年,中美贸易额达到 1196.6 亿美元,比上年同期增加 24.4%。2001 年至 2005 年,两国贸易额年均增长 27.4%,其中美国对华出口年均增长 21.5%。尤其是 2005 年,美国对华出口比 2001 年增长 118%,是美国对全球出口增幅的 4.9 倍,远高于美国对其他所有主要出口市场的增长率。2005 年,中国由 2001 年美国第九大出口市场跃升为第四大出口市场,成为带动美国出口增长的主要因素。然而,

---

〔1〕 此数据是根据美国贸易代表办公室历年公开发表的文件统计而来。

除了中美之间政治上的"人权""中国威胁论"的分歧外,中国对美国的贸易顺差、人民币汇率和劳工问题也成了某些美国组织和人士提起"一般301条款"调查申请的直接原因。

（二）对中国提起"一般301条款"调查申请的简要情况

下表为美国一些组织和人士提起"一般301条款"调查申请以及美国贸易代表拒绝调查申请的简表:

提起时间	提起的组织	结果		主题
2004年3月16日	美国劳工联盟和国会产业组织	2004年4月28日	驳回	劳工权利
2004年9月9日	美国中国货币联盟	2004年11月12日	驳回	人民币汇率
2004年9月30日	美国国会中国货币行动联盟	2004年11月12日	驳回	人民币汇率
2005年4月20日	美国国会中国货币行动联盟	2005年5月27日	驳回	人民币汇率
2006年6月8日	美国劳工联盟及产业工会联合会	2006年7月21日	驳回	劳工权利

具体情况是:

（1）2004年3月16日,美国劳工联盟和国会产业组织（the American Federation of Labor and Congress of Industrial Organizations）向美国贸易代表提出以劳工权利为主要内容的投诉,认为中国政府的某些有关国内工人的法令、政策及做法是不合理的,违反了美国贸易法301条款,限制了美国的商业,加重了美国贸易的负担,要求进行调查并采取措施。[2]

---

　　〔2〕　其提起投诉的依据主要包括:(1)中国政府的某些有关国内加工制造业的工人的法令、政策及做法不合理,违反了美国贸易法301条款的有关内容。这些违反美国贸易法的法令、政策及做法限制了美国的商业,加重了美国贸易的负担。(2)中国政府的法令、政策和做法构成以下违法行为:（i）否认工人的自由联合、组织集会及与雇主交涉的权利;（ii）认可强迫劳动;（iii）工人的最低工资、劳动时间、健康福利及安全的工作环境不符合美国贸易法的有关规定。(3)中国政府通过这些法令、政策、做法以压低中国劳工工资来追求产品的低成本,直接导致本国产品获得价格优势,而使美国失去原有的制造业市场,美国制造业的工人正在面临着失业。See Federal Register,Vol. 69,No. 91,May 11,2004.

（2）2004年9月9日,美国中国货币联盟（China Currency Coalition）向美国贸易代表提出以人民币汇率为主要内容的投诉,认为中国政府的一些关于人民币汇率的法令、政策及做法否认、侵犯了美国的合法权利,限制了美国的商业贸易[3],要求进行调查并采取措施。

（3）2004年9月30日,由美国22个众议员和12个参议员为主组成的美国国会中国货币行动联盟（the Congressional China Currency Action Coalition）同样以人民币汇率为由向美国贸易代表提出投诉,其基本事实与依据同前面美国中国货币联盟向美国贸易代表提出的投诉内容基本相同[4],要求进行调查并采取措施。

（4）2005年4月20日,美国国会中国货币行动联盟在其上一次投诉被驳回不到半年后,以人民币汇率问题为由再次向美国贸易代表提出投诉,但基本事实与依据与第二起美国中国货币联盟向美国贸易代表提出的投诉相同,指控中国保留让人民币同美元挂钩的固定汇率制度,以此操纵人民币汇率,获取对外贸易利益[5],要求对贸易不公的中国实施经济制裁。

（5）2006年6月8日,美国劳工联盟及产业工会联合会（AFL-CIO）向美国贸易代表提出了以劳工权利为主要内容的投诉,认为中国政府的某些有关国内工人的法令、政策及做法不合理,违反了美国贸易法301条款,限制了美国的商业,加重了美国贸易的负担,要求进行调查并采取措施。

（三）美国贸易代表对"一般301条款"调查申请的拒绝

美国贸易代表对上述五起申请悉数予以拒绝。

1. 对以劳工权利为主要内容的调查申请的拒绝

美国劳工联盟及产业工会联合会和国会产业组织分别在2004年3月16日

---

〔3〕 其提起投诉的依据主要包括:(1)中国政府的一些人民币汇率的法令、政策及做法否认、侵犯了美国的合法权利,这些法令、政策及做法限制了美国的商业贸易;(2)尤其是,中国政府采取人民币对美元汇率的外汇制度直接导致人民币币值低于其应该有的正常价值;(3)这些固定汇率的法令、政策及做法产生的结果类似于GATT1994第6、16条规定的禁止性出口补贴,也违反了GATT1994第15条,从而使这些规定没有达到原有的目的;(4)该出口补贴行为也与中国在农产品协定第3、9、10条中的承诺相违背;(5)中国政府的这些法令、政策及做法侵害了美国在国际货币基金组织协定第4、8条项下的权利,致使美国国内制成品消费受到压抑,出口贸易增长情况恶化。See Federal Register, Vol. 69, No. 250, Dec. 30, 2004.

〔4〕 Ibid.

〔5〕 Federal Register, Vol. 70, No. 152, Aug. 9, 2005.

和 2006 年 6 月 8 日提起以劳工权利为主要内容的申诉都遭到美国贸易代表的拒绝。2004 年 4 月 28 日，美国贸易代表第一次驳回了美国劳工联盟和国会产业组织提起的申诉，主要理由是：开展调查不能解决案件所涉问题（如中国政府的法令、政策，习惯做法等）。在美国行政部门正在和中国政府就案中提到的相关劳工问题进行密切磋商，共同努力以求找到两全之策之际，现在开展 302 条款[6]调查不仅不会使问题得到改善，反而会使情况变得更糟。因此，美国贸易代表决定不开展调查。[7] 2006 年 7 月 21 日，美国贸易代表再一次驳回了美国劳工联盟及产业工会联合会提起的申诉，除上述相同理由外，美国贸易代表还指出，鉴于劳工部和其他机构通过与中国有关部门合作，在中国为增进劳动场所安全和劳动者权利所做的努力，美国贸易代表已决定驳回美国劳工联盟及产业工会联合会（AFL-CIO）根据《1974 年贸易法》第 301 条提出的申诉。[8]

2. 对以人民币汇率为主要内容的调查申请的拒绝

美国中国货币联盟和美国国会中国货币行动联盟先后三次提起的以人民币汇率为主要内容的调查申请，也都遭到了美国贸易代表的拒绝。由于这些申请的事实与依据基本相同，因而美国贸易代表的拒绝理由也基本相同。[9]

（四）评论

第一，五次要求对中国进行 301 条款调查的申请主要由两个组织发起并提出，一是美国劳工联盟及产业工会联合会。该组织是一个强大的美国劳工组织，代表了美国产业工人和组织的利益。从一定意义上来说，中国大量产品出口美国，给美国的经济、社会发展和广大消费者带来了刺激和实惠，但对一些竞争力较弱的生产厂商也不可避免地带来了一定的影响。二是美国国会人士组成的组织。由于历史和政治上的原因，美国的参、众两院中的不少人还对中国持不友好和怀疑甚至敌视的态度。他们中的有些人还在国会内提出针对中国的议案。因此，由这样一些人士组成的组织提出 301 条款的调查申请也就不足为奇了。

第二，五次申请调查的主题十分明确和集中，即针对我国的所谓劳工权利

---

〔6〕 该节是规范进行 301 条款调查的程序性规定，即通常所说的"301 调查条款"。

〔7〕 See Federal Register, Val. 69, No. 91, May 11, 2004.

〔8〕 引自 2006 年 7 月 24 日美国国务院国际信息局《美国参考》所载《美中两国继续合作加强劳工保护》一文。

〔9〕 See Federal Register, Vol. 69, No. 250, Dec. 30, 2004; Federal Register, Vol. 70, No. 152, Aug. 9, 2005.

问题和人民币汇率问题。首先,关于劳工问题。中美有关劳工方面的争议由来已久,早在 20 世纪 80 年代,这一问题在美国国内就已经引发了关注。随着中美贸易不断发展,中国输美产品大量增加,引起了美国一些生产厂商的不满和恐慌,他们在频频使用反倾销等手段的同时,也千方百计地寻找其他救济方法,301 条款是其中之一。其次,关于人民币汇率问题。该问题出现的时间虽然较晚,但在中美贸易逆差问题日益增大的情况下更为突出。2003 年以来,参议员舒默和格拉姆开始就人民币汇率问题提出提案,要求中国将人民币大幅升值,否则将对中国商品征收 27.5% 的关税。如此,美国国会有关中国货币组织在短期内三次就人民币汇率问题向美国贸易代表提出调查申请,也就不难理解了。

第三,美国贸易代表拒绝五起 301 条款调查申请并不表明中美两国在劳工权利和人民币汇率问题上的争议得到了解决,美国不会再动用 301 条款或其他方面的手段来针对中国。短期来看,即使再有其他组织和人士提起类似主题的301 条款的调查申请,美国贸易代表仍然会加以拒绝。但从长期来看,这种想法就不切实际了。美国政府和美国国会及相关组织还会以种种方法和手段,对中国使用 301 条款。

三、美国针对中国的"特别 301 条款"调查

"特别 301 条款"是专门针对那些美国认为对其知识产权没有提供充分有效保护的国家和地区的,它规定美国贸易代表可以对上述国家和地区进行认定、调查和采取报复措施,要求美国贸易代表办公室每年 4 月 30 日前向国会提交有关报告(《特别 301 报告》),并根据该法的第 302 条进行相关调查。

自从 1989 年第一次颁布以来,《特别 301 报告》就与中国结下了"不解之缘",中国每年都被列入所谓的"黑名单"。

(一)中美关于知识产权的第一次争端及其解决

1989 年,中国被美国首次列入"观察国家"名单,第二年,中国被列入"重点观察国家"名单,在 1991 年美国贸易代表第一次确定"重点外国"时,中国就是其中之一。1991 年 4 月 26 日,美国对中国发起"特别 301 调查"。为在随后进行的磋商中增加谈判筹码,美国于同年 12 月 3 日公布价值 15 亿美元的报复清单。中国政府不屈服于美国的压力,在中国谈判代表赴美磋商前针锋相对地于

同日公布对美实施价值 12 亿美元的反报复清单。由于双方存在很大差异而步履维艰,中美第一次知识产权谈判历时将近一年,最终于 1992 年 1 月 17 日签订了第一个有关知识产权保护的协议,即《中华人民共和国政府与美利坚合众国政府关于保护知识产权的谅解备忘录》。美国贸易代表宣布,由于有关问题已经取得了令人满意的解决,终止对中国的调查并取消对中国的"重点外国"的确定。然而,该备忘录的签订只是让中美知识产权争端得到暂时缓解,由于美国不仅要求中国改变知识产权立法,更重要的是要求把法律落到实处,从而有效地保护美国的知识产权,并为美国知识产权所有人提供市场准入的机会。美国并不满意中国知识产权法的执法水平,并由此引发了中美知识产权新一轮谈判的到来。

（二）中美关于知识产权的第二次争端及其解决

1994 年 6 月 30 日,美国再次把中国列入"重点外国"名单,重新对中国发起"特别 301 调查"。同样为了给随后进行的磋商增加谈判筹码,美国故伎重演,于 1994 年 12 月 31 日公布价值 28 亿美元的预备性报复清单。相应地,中国政府于同日公布对美贸易预备性反报复清单。美国拟实施的报复措施为报复性关税,价值高达 28 亿美元,是美国政府历来采取的最大规模的贸易报复,中国拟定的反报复措施也令美国工商界人士忧心忡忡。在此情形下,中美双方重新开始谈判,最终于 1995 年 2 月 26 日达成了《中美关于保护知识产权的协议》。美国贸易代表宣布,由于中美两国就知识产权的保护和有关的市场准入达成了协议,终止对中国的调查和对中国实施贸易制裁的命令,把中国从"重点外国"名单中取消。至此,中美两国知识产权的第二次争端得以化解。

（三）中美关于知识产权的第三次争端及其解决

虽然中美第二次达成了保护知识产权的协议,但美国对于中方执行协议的状况仍然表示不满。1996 年 4 月 30 日,美国再次将中国列为"重点外国",第三次宣布对中国进行"特别 301 调查"。美国贸易代表的理由是,中国没有认真执行 1995 年达成的《中美关于保护知识产权的协议》,在知识产权和相关的市场准入方面存在严重的问题。1996 年 5 月 15 日,美国贸易代表拟定了价值 30 亿美元的报复清单,中国原外经贸部立即发表声明,并宣布对美实施反报复清单。1996 年 6 月,中美达成了第三个知识产权协议,美国贸易代表再次把中国从"重点外国"名单中取消。

此后,中美两国在知识产权方面基本没有发生较大的正面冲突,但矛盾很难说得到了根本解决。1997 年后,美国又提出了中国知识产权保护问题。在1998 年《国别贸易评估报告》中,美国贸易代表声称在保护知识产权方面,中国"尽管取得了进展,但仍然存在严重的执法问题"。1997 年《特别 301 报告》更是首创"306 条款监督",把中国置于"306 条款"监督之下[10],以确保中国真正实施已经达成的协议。1998 年至 2006 年间,中国每年都被列入"306 条款监督"名单中。

2005 年 4 月 29 日,美国公布 2005 年度《特别 301 报告》[11],中国再次被列入"重点观察国家"名单。美国贸易代表宣布,虽然中国高层领导作出了努力,但由于中国仍然没有对知识产权提供有效的保护,也未兑现将大幅减少侵权现象的承诺,因此把中国上升为"重点观察国家",要求中国必须采取措施制止盗版和伪造状况,包括增加知识产权犯罪的案件数量,并进一步对合法的版权制品和其他产品开放市场。2006 年《特别 301 报告》再次将中国列入"重点观察国家"名单,并继续置于"306 条款监督"下。[12] 因此,自 2005 年起,中国是被列入"重点观察国家"和"306 条款监督国家"名单的唯一国家。

(四)评论

中美关于知识产权的争端从一个侧面反映了各国之间有关知识产权的斗争,特别是发达国家和发展中国家间的斗争。美国前贸易代表罗伯特·佐力克(Robert B. Zoellick)说:"美国人是世界上的主要创新力量,我们的观点是,知识财产是使我们具有竞争力和繁荣发展的一个关键因素。美国十分重视对美国的创造力给予有效的知识产权保护。"[13]

---

〔10〕 "306 条款监督国家"依据的是美国《1974 年贸易法》的"306 条款"。依据该条款,如果没有令人满意地实施与美国签订的相关协议,美国对被列入"306 条款"监督名单的国家,可以不经谈判直接采取包括贸易制裁在内的措施。"306 条款监督国家"的地位仅稍逊于"重点外国",排在"重点观察国家"和一般"观察国家"之前。

〔11〕 在 2005 年度《特别 301 报告》中,乌克兰被列为"重点外国",14 个国家(地区)被列入"重点观察国家"名单,36 个国家(地区)被列入"观察国家"名单,中国和巴拉圭被列为"306 条款监督国家"名单。

〔12〕 2006 年《特别 301 报告》审查了 87 个国家和地区的知识产权保护状况,并将其中 48 个国家和地区列入了"特别 301 条款"、"重点观察国家"名单、"观察国家"名单或"306 条款监督国家"名单。该年度报告未列入"重点外国"。

〔13〕 参见美国贸易代表 2004 年 5 月 3 日就发表关于保护知识产权的"特别 301 条款"("Special 301")年度报告发布的新闻公报。

但是,美国在知识产权保护问题上不能不考虑到各种客观情形,一味地急于求成。众所周知,由于各国经济发展的不平衡,不可能要求包括中国在内的广大发展中国家在极短的时间内,像美国或其他发达国家那样建立起完善的立法和完备的执法体系。事实上,西方发达国家也是经过两三百年的时期才建立起较为完善的知识产权保护立法和较为完备的执法体系。而绝大多数发展中国家,长期以来一直处于西方国家的殖民地或半殖民地或附属国的地位,在知识产权保护立法及执法方面要达到或接近达到美国这样的水平和程度,必须假以时日。事实上,保护知识产权是各国都面临的共同问题,美国也不例外,可以说对知识产权的保护不足和执法不力是一个全球性问题。[14] 在这个过程中,动辄以单方制裁报复相威胁的做法显然是不合理的。

从发展中国家方面看,包括中国在内的发展中国家也应该充分认识保护知识产权的重大意义和作用,认识到建立和完善知识产权保护的法律体系,加强严格执法,才能有效地鼓励发明创造和科技进步,推动经济健康快速发展。更好和有效地保护知识产权,不仅仅是美国或西方国家对发展中国家的要求,更是发展中国家自身发展的需要,特别是经济发展的需要。客观地说,中美两国知识产权争端的过程,在一定程度上就是中国知识产权制度不断发展和完善的过程。当然,对于美国或其他个别国家假借知识产权保护名义,蛮横地干涉别国的内政,提出无理且不切实际的要求,应该据理力争。比如,美国要求中国在某月某日必须颁布什么法律,中国代表予以坚决地驳回,因为作为一个主权国家,任何外国无权指示他国在何时立什么法律;更何况,政府不应也无权指示人大在何时立什么法。

---

〔14〕 本文作者 2002 年 10 月参加了美国商务部举办的有关知识产权保护的讲习班,不少美国政府官员和企业界人士也抱怨美国国内知识产权侵权事件屡禁不止。

货币与贸易逆差

评美国贸易代表对人民币汇率
调查申请的拒绝*

摘　要:人民币汇率问题已经成为当前中美贸易中的一个非常突出的问题。美国国内尤其是美国国会内的一些人,经常拿这一问题来说事。近几年来,他们多次以中国操纵货币、中国汇率制度违反 1974 年美国贸易法 301 条款为由,向美国贸易代表提出调查申请,但均遭到拒绝。本文以 WTO 规则为依据,分析 301 条款的性质、地位和作用,结合中美贸易的实践,特别是近几年来有关 301 条款的人民币汇率特定争端案件的具体内容,分析了美国贸易代表驳回调查申请的表面理由和内在原因,并提出了应对 301 条款的一些观点和建议。

关键词:301 条款　操纵货币　美国国会提案　人民币汇率

前　言

　　美国贸易法 301 条款经由 20 世纪 70 年代到 90 年代二十余年的发展,形成了以"一般 301 条款"[1]、"特别 301 条款"[2]、"超级 301 条款"[3]和"电信 301

---

　　* 本文与冯军合作,发表于《世界经济研究》2008 年第 10 期。

　　〔1〕 也有人将其称为"正常 301 条款"(normal Section 301)。引自美国"Memorandum by Alan Dunn and Bill Fennell at Law Office of Stewart and Stewart"第 1 页,它是指《1988 年综合贸易与竞争法》第 1301 节,反映了《1974 年贸易法》第 301 条款的基本精神,即针对外国违反贸易协定,限制美国商业,损害美国贸易协定权利或利益的歧视性做法实施制裁。

　　〔2〕 "特别 301 条款"也称"特殊 301 条款"。它规定,对确定未能给予美国知识产权充分有效的保护,未能给予美国有关企业市场准入的重点国家,在短期内迅速调查,以决定采取报复措施。其基本目的是加强美国的谈判能力,以改进外国对美国知识产权的保护。

　　〔3〕 美国"超级 301 条款"是指《1988 年综合贸易与竞争法》第 1310 节,它是作为"一般 301 条款"的补充而制定的。"超级 301 条款"是暂时生效的条款,但可以根据总统行政令恢复其效力。克林顿总统曾两次签署行政令予以延长,直至 2001 年有效,之后至今未作新的行政令恢复生效。See Section 301 of the 1974 Trade Laws by Jean Heilman Grier at http://www.osec.doc.gov/ogc/occic/301.html.

条款"[4]，以及"外国政府采购做法"[5]为主要内容的美国301条款体系。

美国301条款是美国《1974年贸易法》的重要内容，它对维护美国的经济利益，推行美国所宣称的"公平贸易"起着十分重要的作用，具有非常重要的影响，使得与美国进行贸易的许多国家，包括中国在内，不得不引起高度重视。正是基于这一认识，本文从维护中美贸易的健康发展目的出发，以世界贸易组织（WTO）规则为基础，结合近五年来涉及中国的有关301条款人民币汇率特定案例，来评析美国的301条款以及美国贸易代表对该方面申请的拒绝。

一、美国301条款的性质与特征

美国301条款具有保护主义的性质，其目的是迫使贸易伙伴对美国开放市场，维护美国的国家利益。301条款是美国对外贸易的有力工具，具有很强的威慑力。美国301条款具有以下三大特征。

1. 体系的广泛完整性

美国301条款从最初的单一条款，发展到后来的6个条款，再发展到10个条款[6]；从最初只是规范货物贸易，后来扩大到服务贸易，直到发展到直接投资领域；从最初的"一般301条款"，发展到"特别301条款"、"电信301条款"和"超级301条款"；从经济贸易领域扩大到政治的某些方面（如劳工权利等）。世贸组织成立后，美国又将301条款的适用范围扩大到几乎所有领域，包括国外的关税约束，外国政府的补贴等内容，最终形成了目前一个内容相当广泛完整的301条款法律体系。

2. 措施的攻击针对性

美国301条款的另一主要特征是具有很强的攻击针对性。该条款所针对的"影响美国贸易的外国不公平贸易做法"，其范围是针对货物贸易、服务贸易和投资等领域。一旦美国贸易代表决定发起301条款调查，很快就要与受调查

---

〔4〕 美国"电信301条款"也称"通信301条款"，它是指《1988年综合贸易与竞争法》第1377节规定。其主要目的是确保与美国订有协议的国家履行其开放电信市场的承诺。

〔5〕 "外国政府采购做法"是指《1988年综合贸易与竞争法》第七篇对《购买美国产品法》（*Buy American Act*）经修改后的内容。该款规定，美国总统在每年4月30日以前，应向参、众两院的有关委员会递交报告，说明关贸总协定《政府采购协定》成员方遵守协定的情况、关于外国政府采购的做法及其对美国产生的影响等。

〔6〕 美国《1974年贸易法》310条款目前已失效，实际有效的为301—309这9个条款。

国进行谈判,逼迫该国取消或改变做法,或修改政策或法律,否则就以制裁和报复相威胁,直至最终采取事实上的制裁和报复措施。而且,它还有针对特定领域和具体经济部门的规定,如针对知识产权领域的"特别301条款",针对电信部门的"电信301条款",甚至还有针对政府采购部门的规定。[7] 世贸组织成立后,美国又将任何违反 WTO 规则的行为和做法都纳入 301 条款的范围。[8]

3. 规则的霸权性

美国的霸权主义不仅表现在它的政治军事和外交方面,而且也表现在立法里。301 条款及其实践中也有这种霸权主义的体现。比如,劳工标准问题,各国因政治体制和经济发展水平不同,发展中国家工人的工资待遇和劳动环境方面当然与发达国家有差距,而 301 条款将其称之为否认劳工权利[9],视为不合理的做法。又如在知识产权保护方面,某外国已根据 WTO 的《与贸易有关的知识产权协定》(TRIPS)履行了所规定的义务,该国仍能被确定为"未能给予美国知识产权充分有效的保护",被视为不合理的做法[10],进而对该国实施报复,而不容许外国对美国实施报复,除非该国不惜与美国打贸易战。

二、美国提起 301 条款人民币汇率调查申请的基本情况

中美贸易近 60 年来经历了风风雨雨,发生了重大、深刻的变化。美国对中国的政策从封锁禁运到开始接触,最后发展到相互之间成为各自的主要贸易伙伴。2007 年,中美双边贸易额已超过 3000 亿美元,美国成为我国的第二大贸易伙伴,中国也成为美国第三大贸易伙伴。[11] 然而,两国之间的贸易纠纷也愈演愈烈,中美之间关于"人民币汇率"的纠纷就是其中之一。本文仅就近五年来美国对关于人民币汇率调查申请的拒绝情况作些分析与评析。

---

〔7〕 *Trade Remedies Practice* from Law Office of Stewart and Stewart in Washington D. C. of the United States, at http://www. stewartlaw. com/section301. html.

〔8〕 同上。

〔9〕 B. Discretionary Retaliatory Action from *Section 301 of the 1974 Trade Law* by Jean Heilman Grier at http://www. osec. doc. gov/ogc/occic/301. html.

〔10〕 同上。

〔11〕 根据美国商务部统计,中国是美国的第二大贸易伙伴,超过墨西哥,仅次于加拿大。数据来源:美国商务部网站。

1. 美国一些组织和人士提起 301 条款调查申请的背景

中美贸易进入 21 世纪以来发展很快。根据中国统计,中美贸易额从 2001 年的 804.8 亿美元,增加到 2007 年的 3020.8 亿美元,增长了 375% 以上。美国成为我国的第二大贸易伙伴,仅次于欧盟。然而,中美之间除了政治上的"人权""宗教""中国威胁论"等分歧,伴随着双边贸易额的快速增长,贸易纠纷也日益增多。其中,以所谓中国操纵货币[12] 而导致美国对中国的贸易呈现巨额逆差问题,成了某些美国国会人士以及一些社会组织提起 301 条款人民币汇率调查申请的最直接原因。

2. 对中国提起 4 次 301 条款调查申请的简要情况

(1)2004 年 9 月 9 日,美国中国货币联盟(China Currency Coalition)向美国贸易代表提出了以人民币汇率为主要内容的投诉,认为中国政府的一些关于人民币汇率的法令、政策及做法,否认、侵犯了美国的合法权利,限制了美国的商业贸易[13],要求进行调查并采取措施。

(2)2004 年 9 月 30 日,就在美国中国货币联盟向美国贸易代表提出了上述投诉三周之后,由美国 22 个众议员和 12 个参议员为主组成的美国国会中国货币行动联盟(the Congressional China Currency Action Coalition),也向美国贸易代表提出了同样以人民币汇率为主要内容的投诉,其基本事实与依据与前面美国中国货币联盟提出的投诉内容基本相同[14],要求进行调查并采取措施。

---

[12] 实际是指中国原来的钉住美元的汇率制度。但是正如美国 Daniel Griswold, director of the Cato Institute's Center for Trade Policy Studies(见 July 11, 2006 Trade Briefing Paper no. 23)在其文章 "Who's Manipulating Whom? China's Currency and the U. S. Economy" 中所说的,选择保持固定汇率并不是生来错误的。最主要的西方工业国家,包括美国,在 19 世纪 50 年代到 70 年代的布雷顿森林体系下都采用固定汇率。现在,国际货币基金组织中有约一半(187 中有 89 个)的成员国保持固定汇率(包括钉住一种主要货币,或"一篮子"货币),中国是其中之一。另外有 1/3 的成员国维持当局可以定期干涉的浮动制度。只有 36 个货币当局(约 1/6 的成员国)在充分的时间段中允许其货币完全自由浮动。

[13] 根据美国"联邦纪事"所载,其提起投诉的依据主要包括:(1)中国政府的一些关于人民币汇率的法令、政策及做法否认、侵犯了美国的合法权利,这些不公正的法令、政策以及做法限制了美国的商业贸易;(2)尤其是,中国政府采取人民币汇率钉住美元的外汇制度,直接导致人民币币值低于其应该有的正常价值;(3)这些固定汇率的法令、政策以及做法所产生的结果类似于 1994 关总协定下第 6、16 条规定的禁止性出口补贴,同时也违反了 1994 关贸总协定下第 15 条——以汇率行为来逃避 1994 关贸总协定第 1、2、3、11 条规定,从而使这些规定没有达到原有的目的;(4)同时,该出口补贴行为也与中国在农产品协议第 3、9、10 条中的承诺相违背;(5)中国政府的这些法令、政策以及做法侵害了美国在国际货币基金组织协议下的第 4、8 条规定,致使美国国内制成品消费受到压抑,使美国的出口贸易增长情况恶化。See Federal Register/Vol. 69, No. 250/Thursday, Dec. 30, 2004/Notices.

[14] 同上。

（3）2005 年 4 月 20 日，美国国会中国货币行动联盟在其上一次投诉被驳回不到半年，再一次向美国贸易代表提出了以人民币汇率为主要内容的投诉[15]，但其基本事实与依据同第二次美国中国货币联盟向美国贸易代表提出的投诉相同，都是指责中国保留让人民币同美元挂钩的固定汇率制度，借此操控人民币汇率，获取对外贸易的利益[16]，要求对贸易不公的中国实施经济制裁。

（4）2007 年 5 月 17 日，时隔两年之后，美国国会中国货币行动联盟又一次向美国贸易代表提出了以人民币汇率为主要内容的投诉，但其基本事实与依据与其前两次向美国贸易代表提出的投诉仍然基本相同，指责中国保留让人民币同美元挂钩的固定汇率制度，借此操控人民币汇率，获取对外贸易的利益。此外，还指责中国汇率政策与国际货币组织规则不一致，要求对贸易不公的中国实施经济制裁，并要求美国贸易代表在 WTO 内针对中国启动争端解决程序。[17]

由于历史和政治上的原因，美国的参、众两院中的不少人一直对中国持不友好的怀疑甚至敌视的态度，他们中的有些人还在国会内也提出不少针对中国的人民币汇率议案。

此 4 次提起调查的申请，主题十分明确和集中，即指控中国操纵货币，实质就是针对我国的人民币汇率问题。中美有关人民币汇率的争端，时间虽不长，但发展很快，来势很猛。[18] 尤其是中美之间贸易逆差的扩大[19]，更是像火上浇油，使得中美贸易摩擦越来越难解决。此外，从 2003 年以来，美国国会的某些议员除向政府提出指控中国政府操纵货币外，还在国会内提出许多有关所谓操纵汇率的议案，其中大多数都针对中国。例如，美国两名参议员舒默和格拉姆就人民币汇率问题提出提案，要求中国将人民币大幅升值，否则将对中国商品

---

〔15〕 2004 年 9 月 30 日，美国国会中国货币行动联盟向美国贸易代表提出了以人民币汇率为主要内容的投诉，同年 11 月 12 日，美国贸易代表拒绝了该申请，2005 年 4 月 20 日，美国国会中国货币行动联盟再一次提出了投诉，前后时间不足半年。参见美国贸易代表网站："美国贸易代表发言人 Neena Moorjane 关于中国货币体制的 301 条款申诉的声明"，2004 年 11 月 12 日。

〔16〕 同前注〔12〕，See Federal Register/Vol. 70，No. 152/Tuesday，Aug. 9，2005/Notices.

〔17〕 参见美国贸易代表 2007 年 6 月 13 日在美国华盛顿发布的声明："Administration Declines Section 301 Petition on China's Currency Policies"。

〔18〕 有关我国人民币汇率问题，是 21 世纪初由欧盟和日本首先提出的，不久，美国也加入了这一"大合唱"，而且声音越来越大，甚至取代了欧、日。后来，中美两国多次在高层经济战略对话、商贸联合委员会涉及这一问题，而且，两国国家最高领导人也都谈到这一问题。

〔19〕 2002 年，美方贸易逆差为 427 亿美元，2004 年为 802.7 亿美元，2007 年达到 1633.2 亿美元。但美方统计的数字与中方存在很大差距，例如美方统计 2007 年美方贸易逆差为 2562.7 亿美元，与中方统计的相差近 930 亿美元。数据来源：中国海关统计和美国商务部统计。

征收 27. 5% 的关税。[20] 仅在 2007 年,美国第 110 届国会就有 5 个所谓操纵汇率的议案提出,其基本内容都直接针对中国或与中国有关。[21] 由于本文着重评述美国贸易代表对人民币汇率调查申请的拒绝,故不对美国国会所谓操纵汇率的议案加以分析和评论,我们将会另外撰写文章评述。

三、美国贸易代表对 301 条款人民币汇率调查申请的拒绝

美国贸易代表对上述 4 起申请,毫无例外地都予以拒绝。

1. 关于对 2004 年 9 月 9 日和 2004 年 9 月 30 日两次申请的拒绝

2004 年 9 月 9 日,美国贸易代表在收到调查申请的当天就驳回了美国中国货币联盟提起的申诉。美国贸易代表拒绝的理由主要是:展开调查并不能解决案件涉及的问题(如中国政府的法令、政策、习惯做法等)。目前美国行政部门正在和中国政府就案中提到的相关人民币汇率问题进行密切的磋商,共同努力以求找到两全之策。所以,现在开展调查不会使人民币汇率钉住美元现状得到改善。因此,根据 301 条款对此采取行动,不是实现这一目标的适当和有效的方式,美国贸易代表决定不开展调查。[22] 美国贸易代表在收到 2004 年 9 月 30 日调查申请的当天,其发言人表示,要对国会参议员和众议员组成的中国货币行动联盟提出的调查申请与国会进行磋商。2004 年 11 月 12 日,美国贸易代表发言人表示拒绝该申请。拒绝该申请的理由除与前述类似外,还认为:"目前采取 301 条款行动,对美国政府在处理人民币汇率问题上没有帮助,而且会是弊大于利。"[23]

---

〔20〕 该提案的表决已经作了 4 次推迟。2006 年 3 月,两位议员(舒默是民主党参议员,格拉姆是共和党参议员)访问了中国,回美国后,经美国总统布什的劝说,他们举行记者会宣布第四次推迟表决参议院 S. 295 号议案,将期限延至 2006 年 9 月 28 日,也即美国第 109 届国会改选前的最后会期。参见 Wayne M. Morrison 和 Marc Labonte "China's Currency:Economic Issues and Options for U. S. Trade Policy",第 CRS—50 页,2008 年 1 月 9 日。

〔21〕 这 5 个议案是:(1)美国参议院 S. 1607 号"Currency Exchange Rate Oversight Reform Act of 2007";(2)美国参议院 S. 1677 号"Currency Reform and Financial Markets Access Act of 2007";(3)美国众议院 H. R. 782 号"Fair Currency Act of 2007";(4)美国参议院 S. 796 号"Fair Currency Act of 2007";(5)美国众议院 H. R. 2942 号"Currency Reform for Fair Trade Act of 2007"。见 Wayne M. Morrison 和 Marc Labonte "China's Currency:Economic Issues and Options for U. S. Trade Policy",第 CRS—51 页,2008 年 1 月 9 日。

〔22〕 See Federal Register/Vol. 69,No. 250/Thursday, Dec. 30,2004/Notices.

〔23〕 美国贸易代表网站:"美国贸易代表发言人 Neena Moorjane 关于中国货币体制的 301 条款申诉的声明",2004 年 11 月 12 日。

2. 关于对 2005 年 4 月 20 日申请的拒绝

2005 年 5 月 27 日，在收到美国国会中国货币行动联盟的调查申请一个多月后，美国贸易代表又一次拒绝了以人民币汇率为主要内容的调查申请。美国贸易代表发言人在其声明中首先说，这一次的调查申请与 2004 年 9 月的由工会、其他人士以及国会议员提起的两次调查申请大体上一样。并说，布什政府在中国汇率政策的立场上是一贯的，即中国必须采取灵活和以市场为基础的汇率政策。中国官员已公开承诺他们将向更灵活的汇率体制行动。美国贸易代表认为，301 条款行动并不是一个"合适的和卓有成效的达到这一目标的方法"，如启动这一调查，将会妨碍而不是推动政府在中国汇率政策方面的努力，因而再次拒绝了这一次的调查申请。[24]

3. 关于对 2007 年 5 月 17 日申请的拒绝

在收到美国国会中国货币行动联盟的调查申请后不足一个月，美国贸易代表于 2007 年 6 月 13 日第四次拒绝了以人民币汇率为主要内容的调查申请。美国贸易代表在其声明中说，这一次的调查申请与 2004 年 9 月和 2005 年 4 月提起的几次调查申请内容相似。并重申了布什政府在中国汇率政策上的立场。美国贸易代表说，她赞赏保尔森部长在美中高层有关经济和人民币汇率问题对话上强有力的领导，她认为"这次 301 条款申诉看来并不是一个最富有成效的确保中国向灵活货币方向发展的方法"，因此又一次拒绝了调查申请。[25]

综上所述，美国贸易代表对 4 起申请毫无例外地都予以拒绝，其所用的三条理由，简单而且明确，即：(1)展开调查并不能解决案件涉及的问题；(2)目前美国行政部门正在和中国政府就相关问题进行密切的磋商以求解决；(3)根据 301 条款对此采取行动，不是实现这一目标的适当和有效的方式。因此，美国贸易代表决定不开展调查。美国贸易代表列举的理由是桌面上的，表面上是合理的，也有一定的事实依据，但并没有针对调查申请中涉及的几个具体问题表示意见，如中国政府操纵汇率、中国汇率政策与国际货币组织规则不一致、要求在 WTO 内针对中国启动争端解决程序等问题。总之，好像言犹未尽，似有所缺。

---

〔24〕 参见美国贸易代表网站："美国贸易代表发言人 Richard Mills 关于中国货币体制的 301 条款申诉的声明，"2005 年 5 月 27 日；Federal Register/Vol. 70，No. 152/Tuesday，Aug. 9，2005/Notices。

〔25〕 参见美国贸易代表 2007 年 6 月 13 日在美国华盛顿发布的声明："Administration Declines Section 301 Petition on China's Currency Policies"。

四、评美国贸易代表对人民币汇率调查申请的拒绝

首先需要明确,美国贸易代表拒绝美国中国货币联盟和美国国会中国货币行动联盟的 301 条款调查申请,并不是说美国政府和上述两个组织以及国会、工会和相关人士在人民币汇率问题上的立场有什么不同,他们之间认为人民币汇率低估、要求改变人民币汇率制度的认识是基本一致的。美国贸易代表之所以不愿启动美国贸易法 301 条款的调查,是因为"展开调查并不能解决案件涉及的问题",这的确有点道理。美方要解决的是美中贸易中美方的逆差问题。但是,正如中国美国商会 2008 年白皮书中所说,人民币的汇率不是美国同中国贸易赤字的主要原因,美国不应该期待人民币的升值可以减少美国对华贸易上的困难。[26] 人民币汇率虽然与贸易有较密切的联系,但毕竟不纯粹是贸易问题,如反倾销问题等,其范围更广也更复杂。更为重要的是,在 WTO 争端解决案子中,美国贸易法 301 条款单边主义的做法早已经受过日本和欧共体的挑战,虽然美国没有败诉,但也对美国继续任意使用 301 条款敲响了警钟。[27] 如果美国贸易代表据此进行调查并采取措施,那么,在事关中国重大利益的问题上,必然会引起中国方面的强烈不满和反弹,其结果必然是中国会就此类争议诉诸 WTO 争端解决机制,这是美国政府有所顾忌,也是不愿看到的。

美国贸易代表拒绝调查的第二个理由是"目前美国行政部门正在和中国政府就相关问题进行密切的磋商以求解决",这是事实。既然 301 条款的调查不能解决问题,但强调维护美国利益的行政部门还是要解决问题的,因此,磋商以求解决成了最好的选择。因而,美国财政部、商务部、美国贸易代表等部门和人士多次与中国有关部门进行沟通和磋商,以图解决问题。在中美双方的高层战略经济对话以及商贸联席会议上,除讨论双方许多经济贸易问题外,也多次谈及人民币汇率问题。对此,中国以务实的态度,表示要进行金融体制改革,包括调整和改善中国的汇率制度。事实上,中国政府已为此尽了很大的努力。2005 年 7 月,中国政府将人民币汇率钉住美元的政策改变成"一篮子"货币政策,此

〔26〕 中国美国商会 2008 年白皮书,第 21 页:货币制度。

〔27〕 指在 WTO 争端解决机制中的以下 3 起案件:(1)日本诉美国 301 条款和 304 条款案,编号为 WT/DS6,该案最后双方达成协议;(2)欧共体诉美国 301—310 条款案,编号为 WT/DS152,该案美国"胜诉";(3)欧共体诉美国 306 条款案,编号为 WT/DS200,该案至今未见结果。

后,人民币一直处于上升通道中。[28] 应当说,中美双方通过协商来解决问题,这样做对双方来说代价和风险最小。美国政府拒绝进行301条款调查是务实的,美国政府认为通过"协商解决"人民币汇率问题是于己有利,也是有效的。更为重要一点是,美国政府的这种做法得到了美国在华企业的广泛支持。中国美国商会2008年白皮书认为:"美国政府应该继续通过战略经济对话促使人民币的估值更加市场化,取消利率管制并强化中国人民银行的货币政策工具。"[29]

美国贸易代表拒绝调查的第三个理由是:"根据301条款对此采取行动,不是实现这一目标的适当和有效的方式"。美国贸易代表的这一理由道出了问题的实质。虽然美国贸易代表可以将"人民币汇率低估"认定为301条款所指的"不公正和不合理的做法",接受申请并进行调查,但为什么美国贸易代表可为而不为呢? 其实,美国贸易代表对此心知肚明。众所周知,目前的国际规则,如WTO规则,以及中美两国有关协议,其中都没有关于货币汇率方面的规则和规定,而中国现行的汇率制度并未违反国际货币基金组织关于其成员货币的规则[30],因此美国如进行调查并采取措施,是很难站得住脚的,也必然会受到中国强烈的抵制和挑战。前已提及,美国301条款在WTO内已受到多次挑战,虽

---

〔28〕 自2005年7月中国人民币汇率改革以来,到2008年6月底,人民币兑美元的汇率已从8.27:1上升到6.84:1,三年期间,人民币兑美元的汇率已升值21%。

〔29〕 同前注〔26〕。

〔30〕 资料来源:国际货币基金组织网站。在国际货币基金组织(IMF)管辖领域我国外汇措施(包括汇率)主要受IMF协定第四条和第八条约束。由于我国是"第八条成员国",我国应当承担经常项目外汇自由兑换的义务。IMF协定也准许成员国对资本项目外汇作出"必要的限制",但根据IMF协定第四条的规定,我国外汇管理措施应在"是否影响汇率义务"方面接受IMF的审查监督。我国已经实现了经常项目外汇的自由流入与流出,这与IMF、WTO的相关规定并行不悖。我国加入WTO后根据服务业具体承诺表的规定,已逐步实现了我国在"商业存在"项下的市场开放及相关的资本项目可兑换。2005年9月12日发布的"国际货币基金组织执董会结束与中国的第四条磋商"文件中,基本肯定了中国改革后的人民币汇率政策。国际货币基金组织执董们指出:过去两年里经常账户顺差扩大,加上持续强劲的资本流入导致国际储备大量积累,并使得货币政策的执行复杂化。基于这一背景,执董们欢迎汇率体制发生的变化,认为这是朝着更灵活的汇率体制迈出的重要一步,并鼓励当局利用新安排所赋予的灵活性。执董们指出,较有把握地为中国确定一个"均衡"汇率有难度。他们同时认为,更灵活的汇率,而不是简单的币值重估对于提高货币政策的独立性和提高经济抵御外部冲击的能力至关重要。展望未来,为了与金融部门改革和资本账户放开保持协调,并为中国经济作出调整和进一步发展市场工具赢得时间,许多执董支持采取渐进和谨慎的方法进一步提高汇率的灵活性。然而,也有一些执董则建议当局允许汇率更快地变化到能更好地反映基本市场力量的水平。

然"胜诉",但属于"险胜"[31],这使得美国不得不在301条款实施上小心谨慎,如履薄冰。事实上,在这些组织要提起301条款调查申请之前,美国政府有关部门领导,如美国财政部长,包括美国贸易代表本人,就已表示将拒绝接受这种调查申请。笔者认为,这才是美国贸易代表拒绝申请的真正原因。

美国贸易代表对4起301条款调查申请的拒绝,并不表明美国在人民币汇率问题上会保持缄默,不会再动用301条款或其他方面的手段来针对中国。笔者认为,短期来看,即使再有组织和人士提起类似主题的301条款的调查申请,美国贸易代表仍然会加以拒绝。但从长期来看,这种想法就不切实际了。美国政府和美国国会以及相关组织还会以种种方法和手段来针对中国。目前,尤其值得引起我们高度重视的是美国国会针对中国的立法和立法活动,一旦有关针对中国的议案(包括有关人民币汇率的议案)得到通过,那么,情况就要变得复杂得多,矛盾会更加尖锐。

五、几点结论

1. 美国实施301条款的实践时间较长,贸易法律制度较为完善,其利用法律制度的经验也相当丰富,适用范围相当广泛。不难看出,301条款实际上是美国在贸易关系方面最具政治性的补救方法之一,它是美国特有的一种制度。

2. 美国贸易法301条款在不同的历史时期在维护美国国家经济利益方面发挥着重要的作用。说到底,美国敢于使用受到纷纷谴责的301条款,是美国

---

[31] 之所以认为是"险胜",有下述一些理由:首先,WTO专家组并未完全认为美国301条款与WTO规则完全一致,相反,专家组认为该条款的某些措辞用语是与规则不符的。根据《维也纳条约法公约》31条规定的条约解释通则,对照DSU第23条第2款(a)项条文及其立法宗旨,专家组认定:《美国贸易法》第304条的措辞用语至少可以作为"初步证据"(prima facie),证明它并不符合DSU第23条第2款(a)项的规定。其次,专家组得出美国301条款并不与WTO规则不一致是有前提的,但这并不是对美国的全面肯定。专家组称,根据WTO规则,他们的职责是司法上的,即:第一,不对美国301条款是否违反WTO体制作出全面评估;第二,除欧共体的具体指控外,不审查"301条款"的其他方面;第三,不审查美国在若干具体案件中实施"301条款"的所作所为。再次,美国301条款的"胜诉"是由于美国的《政府行政声明》(SAA)帮了大忙,而《政府行政声明》却有不少被质疑之处。专家组认定,美国当局在SAA中已经承诺排除了美国贸易代表在DSU程序终结之前,未经DSU授权即径自作出单边判断和径自采取报复制裁的自由裁量权。一旦美国政府或其分支机构以任何形式背弃了这一承诺和前提条件,则上述认定即归无效,"301条款"的继续存在就违反了美国在WTO体制中承担的国际义务,美国就将承担此引起的国家责任。可参见陈安教授的《世纪之交在经济主权上的新争议与"攻防战":综合评析十年来美国单边主义与WTO多边主义交锋的三大回合》,载《国际经济法学刍言》(上卷)一书,北京大学出版社2005年版。

强大的国力使然。因此,各国发展本国经济,使本国经济变得强大,是应对301条款的最关键因素。

3. 美国301条款完全从本国利益出发,尤其是美国的一些组织、议员和国会发出的这些喧嚣,对其认为有不公平、不合理的政策法律和做法的国家,动辄进行调查并以制裁报复相威胁,要求别国修改法律或取消所谓的"不公平不合理"的做法,这往往是议会政治的需要,作为一种政治姿态来取悦选民。这种居高临下、高人一等的态度,实在面目可憎。虽然有时候在某种程度上也对美国的贸易伙伴起到了一种威慑作用,但美国的霸权主义行径更得到了充分暴露。对此我们要有一个清醒的认识。事实上,国际规则早已认定,主权国家之间,国家不分大小强弱,一律平等。我们并不否认美国是世界上最强大的国家,我们也不否认美国法律应该保护美国的利益,我们所反对的是美国高人一等的态度和"大棒"政策。

4. 美国不会主动放弃301条款,其他国家只有不断地与之进行"有理、有利、有节"的斗争[32],才是上上之策。一方面,对其正当和合理要求应予以接受并改进;另一方面,在谈判中,又要与美国假借301条款蛮横地干涉别国内政的无理而不切实际的要求,毫不示弱地据理进行斗争。如果忍声吞气,唯唯诺诺,很可能达不成协议或达成对自己很不利的协议。

5. 当前国际经贸领域内的重大任务,是建立一个不仅在理论上而且在事实上真正"公平"的世界贸易体系,这不仅是各国发展经济所依靠的重要的国际环境,也是防止和应对个别国家,如美国,利用貌似公平合理,实质是霸权主义的手段和工具进行威胁或讹诈的需要。尽管WTO多哈回合多边谈判最近又遭遇挫折[33],但是,就目前而言,如何完善WTO多边贸易体制需要各成员方都采取务实和灵活的态度,建立一个为大多数WTO成员普遍愿意接受的多边贸易规则仍然是各成员方应共同努力的目标和当务之急。一个日益成熟、有效的多边贸易体制,将会对美国的301条款产生更大的制约。

---

〔32〕 事实上,美国自21世纪以来301条款调查大量减少,实施制裁报复更是寥寥无几,不能不说欧盟诉美国301条款一案给美国以很大的警示。美国自WTO成立以来的11年(1995年1月—2006年1月)内,共进行了25起301条款的调查,只相当于20世纪80年代到90年代初11年(1981年1月—1992年1月)67起的37.3%。2006年以后,301条款的调查数量更少。

〔33〕 指世界贸易组织2008年7月举行的小型部长级会议,打算在2008年底完成多哈回合谈判。然而,在7月29日会议上,未能就多哈回合农业和非农产品市场准入等争议问题取得突破,谈判最终破裂。见新华网(http://www.sina.com.cn)"世贸组织多哈回合谈判关键一搏最终失败",2008年7月30日。

中美贸易不平衡问题及其解决途径研究 *

前　　言

中美双边贸易[1]的平衡问题一直是双方极为关注的焦点。长期以来,虽然两国政府对贸易不平衡问题都想方设法加以解决,但双方在逆差产生、逆差幅度、产生原因以及解决办法等方面还存在巨大的分歧,还需双方继续努力以达成共识。本文就中美贸易不平衡的相关问题进行分析与评述,以试图寻求解决这一问题的途径。

一、中美贸易的历史回顾与发展

新中国成立以来的近 60 年期间,中美贸易大体上可划分为以下四个时期:

1. 封锁、禁运时期(1949—1971 年)

众所周知,1949 年 10 月 1 日中华人民共和国正式成立,此后不久,朝鲜战争爆发。鉴于对新中国的敌视和对中国实行的"抗美援朝、保家卫国"而出兵朝鲜的不满,美国对中国实施了封锁和禁运的政策,使得中美贸易处于完全割裂的状态,两国之间根本谈不上有什么正式的贸易往来,这一状况基本上一直持续到 1971 年。

2. 坚冰突破时期(1972—1978 年)

1971 年 7 月,基辛格秘密访华,拉开了中美关系正常化的序幕。不久后的 1972 年 2 月,当时的美国总统尼克松访华,与中国总理周恩来签署了举世闻名的《上海公报》,中美政治上的坚冰被打破,也使中美贸易得以翻开了新的历史

---

　*　本文发表于《国际贸易》2009 年第 2 期,收录于《国际贸易法论丛》第 4 卷,北京大学出版社 2009 年版。

　〔1〕　本文所提及和论述的贸易,除文字另有说明外,均指货物贸易。

篇章,中美贸易的航船正式起航。[2] "1972 年中美贸易几乎从零开始",[3] 经过中美两国的共同努力,到中美建交的前一年 1978 年,双边的贸易额已达 9.9亿美元。尽管贸易额不大,但在双方历史上敌视而且两国尚未建交的情况下,能做到这样,实属不易。

3. 正常贸易发展时期(1979—1992 年)

1978 年 7 月美国本着务实的态度正式与中国举行建交谈判,并很快达成协议。1979 年 1 月,两国正式建立大使级外交关系。同年 7 月 7 日,中美签署《中美贸易协定》,该协定规定了两国相互给予最惠国待遇的范围,在征收关税方面,规定了在货物的报关、仓储、转运、国内销售、分配和使用等规章程序以及发放进出口许可证的行政手续方面双方都给予最惠国待遇。在金融业务方面,协定中明确规定向对方的商号、公司、贸易组织以及建立在其本国领土内的另一方的金融机构所提供的待遇不低于给予任何第三国或地区[4]的待遇。该协定奠定了中美经贸往来的法律基础,使两国贸易进入了正常的贸易时期。尽管在这十多年期间,中美两国关系发展有所波动,[5]贸易摩擦也时有发生,但总的来说,贸易发展比较正常。到 1992 年,中美两国之间的贸易总额已达 174.9 亿美元。然而,双方有关贸易不平衡的分歧也初见端倪。[6]

---

〔2〕 在 1972 年中美两国在上海签署并发布的《上海公报》中,中美双方一致认为,平等互利的经济关系符合两国人民利益。双方同意为逐步发展两国间的贸易提供便利。

〔3〕 参见《中国对外经济贸易年鉴》编辑委员会编:《中国对外经济贸易年鉴(1987 年)》,中国展望出版社 1987 年版,第 347 页。

〔4〕 从 1989 年开始,美国以"人权"为借口,对中国实行长达数年的"经济制裁"。直至 1994 年当时的美国总统克林顿和中国国家主席江泽民在亚太经济合作组织会议上会晤后,美国对中国实行的"经济制裁"才逐步消除。美国对中国的"经济制裁"影响了中美贸易的正常发展。

〔5〕 当时双方贸易中产生的问题主要集中在反倾销、最惠国待遇、限制高技术对华出口、知识产权、纺织品转口、劳改产品出口以及市场准入等方面。经中美双方努力,部分问题得到了初步解决,如双方于 1992 年签订了《关于保护知识产权的谅解备忘录》和《关于市场准入的谅解备忘录》。

〔6〕 例如,据中国海关统计,1991 年中美贸易总额达 142 亿美元,比 1990 年增长 20.6%,其中中国向美国出口 61.9 亿美元,比上年增长 19.5%;自美国进口 80.1 亿美元,比上年增长 21.5%。中方贸易逆差 18.2 亿美元。据美国海关统计,1991 年美国对华出口 62.87 亿美元,自华进口 189.76 亿美元,进出口额都较上年增长两成以上。据中国海关统计,1992 年中美贸易总额达 174.9 亿美元,比上年增长 23.2%。其中,中国向美国出口 85.9 亿美元,比上年增长 39.5%;自美国进口 89 亿美元,比上年增长 11.1%。中方贸易逆差 3.1 亿美元。据美国海关统计,1992 年美中双边贸易额达 332 亿美元,比上年增长 31%。其中,美对华出口 74.7 亿美元,自华进口 257.3 亿美元,美方贸易逆差 182.6 亿美元。资料来源分别为1991 年和 1992 年《中国对外经济贸易年鉴》第 383 页和第 425—426 页。

4. 贸易快速增长时期(1993年至今)

1992年,克林顿政府上台后,出于务实和美国自身利益的考虑,美国逐步解除了对中国实施的"经济制裁",并进而提出与中国建立"战略伙伴关系"的主张。这与中国在20世纪90年代后实行的对外政策不谋而合。中美两国的贸易总额已从1992年的174.9亿美元增长到2001年的804.8亿美元,是中美建交前一年1978年的81.3倍,比1992年也增长了3.6倍。布什2001年刚上台时,公开抛弃了克林顿时代与中国建立"战略伙伴关系"的主张,然而不久,美国"9·11"事件的发生,布什总统同样出于务实和美国自身利益的考虑,很快调整了美国对华政策。可以说,正是中美两国在此近16年期间内维持着正常和良好的合作关系,中美贸易进入了快速增长时期,尽管在此期间产生并存在着越来越多的贸易摩擦和贸易争端。两国的贸易总额也从1993年的276.5亿美元[7]增长到2007年的3020.8亿美元[8],增长了9.9倍,是中美建交前一年1978年的305倍。当然,随着贸易的快速增长,中美之间贸易不平衡问题就越来越突出,例如,就2006年而言,中美双方关于美方的贸易逆差统计就相差近1000亿美元。[9] 美国国内的一些人,尤其是美国国会一些议员先生们,经常拿这一问题以及与此相关的人民币汇率问题来说事。[10]

---

〔7〕 据中国海关统计,1993年中美贸易总额达276.5亿美元,比上年增长37%。其中,中国对美出口169.6亿美元;自美进口106.9亿美元,比上年增长约17%。各方向对方的出口都有较大幅增长。美国是中国第三大贸易伙伴。参见1993年《中国对外经济贸易年鉴》,第454页。

〔8〕 据中国海关统计,2007年中美贸易总额达3020.8亿美元,比上年增长15%。其中,中国对美出口2327亿美元,比上年增长14.4%;自美进口693.8亿美元,比上年增长17.2%。资料来源:http://zhs.mofcom.gov.cn/aarticle/Nocategory/200802/20080205374215.html,2008年7月17日访问。

〔9〕 据中国海关统计,2006年中美货物贸易总额达2636亿美元,同比增长24.2%。其中,中国自美进口592亿美元,同比增长21.8%;对美出口2034亿美元,同比增长24.9%。中方顺差1442亿美元,同比增长26.4%。但是,据美国商务部统计,这一年美中货物贸易总额达3429.97亿美元,较上年增长20.2%。其中,美国对华出口552.24亿美元,增长31.7%;自华进口2877.73亿美元,增长18.2%。美国对华贸易逆差创2325.49亿美元的历史新高。参见2006年《中国对外经济贸易年鉴》,第732页。

〔10〕 "2007年5月29日,美国众议院筹款委员会致函美国国际贸易委员会,对美中贸易不平衡和中国政府是否采取各种政府措施干涉投资、就业和出口以及干涉程度进行深度分析,并将出具3份报告。"参见《美国国际贸易委员会将提交第二份美中贸易关系报告并举行听证会》(2007-07-30)。"随着美中贸易逆差的不断增加,美国纺织业和其他受进口影响的行业再次提出通过立法解决贸易逆差问题。"参见《美中贸易逆差引发美产业界立法呼声》(2007-07-20)。"近来,美国一些议员出于政治目的,频频利用中美之间贸易顺差高对中国进行指责,认为中国人为操纵汇率,并威胁要推动一系列报复中国的法案。"参见《指责和攻击中国只是保护主义的借口》(2007-07-25)。以上均引自中国贸易救济网站。

二、中美贸易不平衡问题的产生与发展

中美贸易不平衡问题的产生与发展大体上可划分为以下几个阶段:

1. 中美建交之前

如前所述,中美两国在 1972 年才开始进行贸易。在中美建交前,从 1972—1978 年两国贸易发展很快,因总体上规模不大,在贸易逆差问题上矛盾也不突出。在此期间两国贸易额的具体变化可参见表 1[11]。

表 1　1972—1978 年中国对美商品进出口

单位:万美元

年份	进出口总额	出口额	进口额
1972 年	1288	957	331
1973 年	26038	3972	22066
1974 年	47571	10286	37285
1975 年	47071	12888	34183
1976 年	31668	15604	16064
1977 年	29425	17963	11462
1978 年	99177	27067	72110

从表 1 可以看出,在这一阶段,中美贸易的发展极不稳定。1972 年中美贸易总额约 0.13 亿美元,1974 年急增到 4.75 亿美元,在 1977 年又回落到 2.94 亿美元。1978 年美国放宽对中国的出口管制以及中美两国为双方建交作出友好姿态,所以当年双边贸易总额又升至 9.92 亿美元。在此期间,我国大部分年份都处于逆差地位,其中 1978 年贸易逆差最高达至 4.5 亿美元。

2. 中美建交—1992 年

中美双方在美方逆差何时产生的问题上认识并不一致。中方统计,中美建交以来,从 1979—1992 年的 14 年里,中方一直为逆差,自 1993 年转为顺差。而美方统计,中美贸易中,1983 年前美方顺差,到 1983 年美方转为逆差,1986 年

---

〔11〕　资料来源:1984 年《中国对外经济贸易年鉴》。

逆差增强,以后逐年扩大。中美双方关于贸易逆差的分歧开始显现。表2[12]和表3[13]反映了双方之间的分歧。

表2 1979—1989 年中美贸易额

单位:亿美元

年份	进出口总额	出口额	进口额	进出口差额(+ 、-)
1979 年	24.52	5.95	18.57	- 12.62
1983 年	40.24	17.02	23.22	- 6.20
1986 年	59.94	24.66	35.27	- 10.61
1989 年	99.89	38.68	61.21	- 22.53

表3 1990—1992 年中美贸易额不同统计

单位:亿美元

年份	中方统计				美方统计			
	贸易总额	自美进口	对美出口	差额	贸易总额	自华进口	对华出口	差额
1990 年	117.7	65.9	51.8	- 14.1	200.3	152.2	48.1	- 104.1
1991 年	142.0	80.1	61.9	- 18.1	252.7	189.8	62.9	- 126.9
1992 年	174.9	89.0	85.9	- 3.1	332.0	257.3	74.7	- 182.6

从上述统计可以看出,中美双方在美方贸易逆差产生和规模上存在着分歧,但由于中美两国之间贸易总额还不大,贸易逆差相对于美日之间而言,也还不突出[14],所以,当时中美之间关于贸易逆差的矛盾还不是很尖锐。

3.1993—2001 年

1992 年克林顿上台后,尽管中美两国之间关系发展磕磕碰碰,但从总体上

[12] 资料来源:根据 1984—1990 年《中国对外经济贸易年鉴》整理而成。

[13] 资料来源:根据 1991—1993 年《中国对外经济贸易年鉴》整理而成。表中美方统计数据与美国商务部国际贸易署发布的数据核对一致。

[14] 根据美国商务部国际贸易署发布的资料,1992 年,美日双边贸易中,美国对日本贸易逆差为 494.2 亿美元。1992 年至今,美日双边贸易中,美国一直保持着对日的贸易逆差地位。即使按美方统计,美国对华贸易逆差为 182.6 亿美元,亦仅为美日之间贸易逆差的 37%。资料来源:美国商务部国际贸易署发布的数据。

来看,中美贸易发展还算顺利。[15] 按中方统计,1993 年双边贸易额从 276.5 亿美元增加到 2001 年的 804.8 亿美元,增长了 1.9 倍;美方贸易逆差从该年的 62.7 亿美元增加到 2001 年的 280.8 亿美元,增长了约 3.5 倍;而按美方统计,1993 年双边贸易额从 403 亿美元增加到 2001 年的 1215.2 亿美元,增长了 2 倍多;美方贸易逆差从该年的 227.7 亿美元增加到 2001 年的 830.5 亿美元,增长了 2.6 倍多。2000 年,中国开始取代日本,成为美国贸易逆差的最大对象国。[16] 中美双方在贸易额和美方贸易逆差方面的矛盾和分歧明显加大。表 4[17] 反映了这一时期双方在贸易额和美方贸易逆差方面的情况。

表 4　1993—2001 年中美贸易额

单位:亿美元

年份	中方统计				美方统计			
	贸易总额	自美进口	对美出口	差额	贸易总额	自华进口	对华出口	差额
1993 年	276.5	106.9	169.6	62.7	403.0	315.3	87.7	-227.7
1996 年	428.4	161.5	266.9	105.4	634.7	515.0	119.8	-395.2
1999 年	614.3	194.8	419.7	224.7	949.0	817.9	131.2	-686.7
2001 年	804.8	262.0	542.8	280.8	1215.2	1022.8	192.3	-830.5

---

〔15〕 1992 年克林顿上台后,对华摆出了强硬的姿态。这具体表现在:将中国的最惠国待遇与"人权改善"挂钩,对华商品动用"超级 301 条款",单方面宣布对中国商品实行贸易报复,以中国企业非法转口纺织品为由而单方面扣减中国 1996 年 13 个类别的纺织品配额等。然而,克林顿总统连任后发现,与中国保持良好的合作关系更能维护美国的利益。他开始频频向中国示好,并提出美中两国建立"战略伙伴关系"的主张。中国也作出积极反应。1997 年,随着克林顿访华成功,中美关系有了很大的改善。中美两国纺织品代表团经过谈判,正式签署了纺织品协议。1999 年,中美双方就中国"入世"问题举行谈判,取得了双方满意的结果。由此,中美贸易继续健康稳步发展。

〔16〕 根据美国商务部国际贸易署发布的资料,2000 年,美国对日本贸易逆差为 813.2 亿美元,而美国对华贸易逆差为 838.1 亿美元。2000 年到 2007 年,中国一直是美国贸易逆差的最大对象国。资料来源:美国商务部国际贸易署发布的数据。

〔17〕 资料来源:根据 1994—2002 年《中国对外经济贸易年鉴》和美国商务部国际贸易署发布的数据整理而成。

表 5　2002—2007 年中美贸易额

单位:亿美元

年份	中方统计				美方统计			
	贸易总额	自美进口	对美出口	差额	贸易总额	自华进口	对华出口	差额
2002 年	971.8	272.3	699.3	427.0	1472.2	1251.7	220.5	-1031.2
2004 年	1696.2	446.8	1249.5	802.7	2314.2	1967.0	347.2	-2314.2
2007 年	3020.8	693.8	2327.0	1633.2	3867.5	3215.1	652.4	-2562.7

4. 2002—2007 年

2001 年小布什上台后不久,美国发生了"9·11"事件,出于美国的国家利益的需要,布什总统很快改变了对华的强硬立场,尽管中美两国之间贸易摩擦和贸易纠纷不断,但中美贸易仍然得到了很快的发展。按中方统计,2002 年双边贸易额从 971.8 亿美元增加到 2007 年的 3020.8 亿美元,增长了 2.1 倍;美方贸易逆差从该年的 427 亿美元增加到 2007 年的 1633.2 亿美元,增长了 2.8 倍多。而美方的统计在双边贸易额和美方贸易逆差方面与中方的统计差距进一步扩大,双方的矛盾更加突出和尖锐。表 5[18] 说明了这一方面的情况。

综上所述,中美两国之间的贸易逆差问题一直伴随着中美贸易的整个过程,并随着中美贸易的发展而发展,而且矛盾日益突出和尖锐,已经成了中美两国之间贸易争议的焦点。尽管中美两国政府,尤其是中国政府为解决这一问题作了很大的努力,但至今成效甚微。笔者认为,要解决好中美之间贸易逆差的问题,首先必须找出这一问题存在的基本原因,并对此加以深入分析,才可能较好地解决。

三、中美贸易不平衡问题产生的主要原因

中美贸易不平衡问题的产生非常复杂,因素也很多。笔者认为,中美贸易不平衡问题的产生的主要原因有以下六个方面。

1. 中美双方的贸易统计口径不同

中美两国对双方之间的贸易统计口径不同是造成这一问题不同认识的重

---

〔18〕　资料来源:根据 2003—2005 年《中国对外经济贸易年鉴》、中国商务部网站综合司商务统计资料和美国商务部国际贸易署发布的数据整理而成。

要原因,美国著名国际贸易专家韦恩·M. 莫里森(Wayne M. Morrison)也持类似看法。早在 1991 年,在其向美国国会提交的《中美贸易问题》报告中提到过中美双方对逆差认识不同的原因是双方统计方法不同。[19] 美国政府把运到中国香港并转口至美国的中国内地货物视为从中国内地进口的货物,然而中国的贸易统计却把它们视为从中国香港出口的货物。可见,在统计原则和统计方法上,虽然中美双方均采用国际标准,即进口货物统计原产国,出口货物统计消费国。但是,这种国际通行的统计原则对于转口贸易和加工贸易的统计存在着一定的漏洞,各国在制定自己的规则时,标准不一。这样就造成了美国对中国贸易逆差被严重夸大。中美统计数据差别较大主要存在于两个领域,一是转口贸易,二是加工贸易。按照中国统计方法,如果一批货物在其出口时已知其消费国是美国,就应列入对美的出口统计,如果一批货物在出口时不知其是被转运至美国,则不能计入对美出口。而美国对只要是原产于中国内地的货物,无论其是从中国内地直接运入还是经中国香港转口运入,一律列入自中国内地的进口额,但是,对中国香港从美国进口再转卖到内地的商品,它们就不统计成美国对中国内地的出口。这两个统计口径的不一致,加大了逆差。实际上中国内地很大一部分出口到美国的商品都是经中国香港转口到美国的,双方计算的标准不同也就产生了双方统计上的巨大出入。

2. 对加工贸易的认识

另一个方面是加工贸易问题。中国内地对美国出口的产品多为加工产品[20],即中国内地(大陆)企业从中国香港、中国台湾、东南亚地区进口原材料加工生产后通过中国香港出口到美国,只收取部分加工费,对其余进口原料和配件的价值,并未取得实际外汇收入,所以不能算中国内地对美国的出口。1996 年 9 月 22 日美国《洛杉矶时报》刊载的《芭比娃娃与世界经济》中所举的例子,就是一个很好的说明。[21] 这篇文章说,从中国进口的"芭比娃娃"玩具,

---

[19] See Wayne M. Morrison: *China-U. S. Trade Issues*, Washington D. C. : Congressional Research Service, Foreign Affairs, Defense, and Trade Division, 1991.

[20] 中国国务院前总理朱镕基在 1999 年访美时在麻省理工学院专门作了一次演讲,对中美贸易逆差谈了三点看法:一是中美贸易逆差的数据被大大夸大了;二是中国对美国的出口并没有与美国的产业形成竞争,相反还有利于美国的经济调整;三是由于中国对美国的出口 70% 以上是加工贸易,中美贸易逆差的增加只是日、韩等国对美出口的一种转移。他的观点得到了世界和美国许多著名经济学家和政府官员的赞同。

[21] 参见黄菊英、丁智勇:《中美经贸二十年》,载《商界名家》2002 年第 12 期。

在美国的零售价为 99.9 美元,而从中国的进口价仅为 2 美元。在这 2 美元中,中国只获得 35 美分的劳务费,其余 65 美分用于进口原材料,1 美元是运输和管理费用。按原产地统计,将这 2 美元全部计为中国对美国的出口,显然是不合理的。但由于货物在中国发生了实质性改变,便将中国列为原产国,按原产地统计,就算作中国对美国的出口。笔者同意这样一种观点,即随着全球一体化的趋势加快,生产已经是世界性的生产,严格按照原产地统计进出口贸易的方法,难以准确反映国家间的贸易状况,很可能扭曲双方的贸易平衡状态。一个国家加工贸易越发达,转口贸易越多,出现这种扭曲的可能性也就越大。

3. 中美经济贸易的互补性

20 世纪 90 年代前,中国主要向美国出口纺织品、服装、鞋、玩具、家用电器和旅行包等劳动密集型产品以及机床、小水电设备、千斤顶、抽油机、汽车零件、飞机零件、电子元件和其他各种工具等,其中,纺织品、服装成了出口商品中的排头兵,1989 年占中国对美的出口总值的 44.8%。20 世纪 90 年代后中国对美出口产品构成有所变化,例如,2002 年中国对美出口排在前五项的商品分别是杂项制品(18.44%)、办公用机械及自动数据处理设备(11.7%)、电信及声音的录制及重放装置设备(10.74%)、鞋靴(8.7%)、电力机械器具(8.09%),单从以上数据看,计算机通信类产品的出口份额在上升。但其中一个很重要的问题是中国高新技术产品出口的主流仍然是加工贸易方式,具体说加工贸易方式出口额占高新技术产品出口总额的 89.65%,因此,在实质上中国对美出口仍然是以劳动密集型产品为主。[22] 美国主要向中国出口飞机、电子器件、化工和先进技术设备(包括石油勘探、乙烯、化肥设备、大马力内燃机车、大型运输客机、通信卫星地面站、红外线遥感、无线电干扰系统、夜视仪、精密数据机床、大型电子计算机、30 万和 60 万瓦发电机组等)等资本技术密集型产品以及粮食、棉花等农产品。例如,2006 年美国对中国出口排在前三项的商品分别是,集成电路、微电子组件及航空航天器及运载工具、机器、设备及其部件等(25.7%)、钢铁、铜、铝废碎料(8.4%)、大豆、棉花(8.3%),对中国出口机电产品 178.8 亿美元,增长 35.1%。[23] 美对华产品出口明显属于高技术设计与营销为主的技术密集型、资本密集型产品以及具有较强国际竞争力的农产品。

---

〔22〕 资料来源:根据 2002 年《中国对外经济贸易年鉴》和中国商务部网站国别贸易报告的数据整理而成。

〔23〕 资料来源:根据中国商务部网站国别贸易报告《美国经贸形势及中美贸易关系》的数据整理而成。

综上所述,不难看出,中国对美出口以劳动密集型产品为主,体现了我国劳动力资源丰富,成本低廉的优势;而美国对中国出口以资本和技术密集型产品为主,附加值高。由此可见,中美贸易有明显的互补性,使得中美贸易发展十分迅速,双方都从双边贸易中获益,[24]但是,由于中美之间存在着下述一些因素的影响,导致贸易不平衡的矛盾更加突出,成为美国对中国贸易今后一段时期的焦点问题。[25]

4. 美国的出口贸易管制和经济制裁

由于美国对中国出口的有竞争力的商品通常为高科技的技术密集型和资本密集型的产品,而美国政府出口贸易管制以及单方面对中国进行制裁,限制这类商品出口到中国,缺少帮助企业扩大对华出口的财政支持,也是造成了美国对中国贸易逆差的另一个重要原因。不可否认,当前美国政府的出口管制较20世纪有所放宽,但实质上并未根本改变。例如,2006 年 7 月 6 日,美国商务部公布了对华出口管制新规定,在稍微放宽了对美国安全影响不大的高科技产品管制的同时,又将 40 多项新技术纳入出口管制清单中。[26] 美国政府,尤其是美国国会的某些人常以政治问题为借口,对中国实施制裁。例如,1989 年春夏之交北京发生的反革命暴乱被平息后,美国以"人权"为借口,对中国实行"经济制裁",使得中美之间理应得到快速发展的贸易出现倒退。1990 年中美进出口贸易额为 98.08 亿美元,比 1989 年的 99.89 亿美元减少了 18.1%。其中,中国自美国进口 49.93 亿美元,比 1989 年下降了 18.41%。[27]

5. 美国的贸易赤字政策

美国是世界上政治、军事和经济大国、强国,美国的贸易在世界上也一直处于领先地位。正因为如此,长期以来美国奉行的是赤字贸易政策。表 6[28]是最近几年来美国贸易赤字的简要情况。

---

〔24〕 美国贸易代表 Schwab 女士在 2007 年 10 月 11 日就关于美国贸易赤字发表声明称:"目前强劲的出口增长正在给予美国经济以巨大支持。出口占过去四个季度经济增长的 40%。与去年相比,今年美国贸易赤字也已下降了 9%。"

〔25〕 美国副贸易代表 Bhatia 在就"关于对华贸易的报告"问题向美国国会作证时说,布什政府决定加强和改进与中国的贸易联系。关于对中国的美国贸易政策评估报告表明,美中两国都从中国经济改革中获益,两国关系已经进入了一个聚焦于双边贸易更加平衡和更加公平的时期。资料来源:美国贸易代表网站,2008 年 12 月访问。

〔26〕 参见中国商务部网站国别贸易报告《美国经贸形势及中美贸易关系》中的"关注中美贸易不平衡"专栏。

〔27〕 资料来源:根据 1989—1990 年《中国对外经济贸易年鉴》整理而成。

〔28〕 资料来源:根据美国商务部国际贸易署发布的数据整理而成。因四舍五入关系,数字稍有差异。

表 6　2002—2007 年美国贸易逆差情况

单位:十亿美元

	2002 年	2003 年	2004 年	2005 年	2006 年	2007 年
进口	1163.55	1259.40	1469.67	1670.94	1855.12	1953.70
出口	693.25	723.75	817.95	904.38	1037.14	1162.70
贸易逆差	−470.30	−535.65	−651.72	−766.56	−817.98	−791.00

美国采取赤字贸易政策,自有其考虑,[29]也是一国主权范围内的事,他人本不该说三道四,但美国将与他国的贸易逆差完全怪罪于他人(就如中美之间的贸易逆差问题,美国认为是中国人民币汇率、中国市场准入造成的),则他人当然有权来说清楚问题。笔者认为,如果美国改变其赤字贸易政策,美国是完全有能力做到贸易基本平衡的,至少不至于存在如此大的贸易逆差。因此,中美之间的贸易逆差问题存在,不能不说与美国采取赤字贸易政策有关。

6. 中国国内的某些因素

中国长期以来主张"进出平衡"的贸易政策,并不刻意追求贸易顺差。但由于我国 1978 年改革开放以来,主要执行的是"引进外资""出口导向""鼓励出口创汇"等具体方针,不仅促进了中国经济贸易的快速发展,也带来了中国贸易上较大的顺差。由于中国国内经济调整,财政信贷紧缩和人民币汇率下调[30]等原因,也导致一段期间中国从美国进口下降。中美贸易之间的中方顺差也是在这样的情况下产生和发展的。

四、中美贸易不平衡问题解决的主要途径

国际贸易是在比较优势理论的基础上产生和发展起来的,因此,各国之间贸易不平衡是国际贸易中常见和必然的现象,各国都应正确对待。即使贸易不

---

〔29〕　在服务贸易领域,美国长期存在着顺差,这也是美国采取并能面对和处理贸易赤字的重要因素。例如,2007 年,美国服务贸易顺差 1191.2 亿美元。实际上,美国当年的逆差就不足 7000 亿美元了。资料来源:根据美国商务部国际贸易署发布的数据整理而成。

〔30〕　根据中国海关的统计,美元兑人民币汇率 1984 年为 1∶2.3270,1989 年为 1∶3.7651,1991 年为 1∶5.7620,1997 年为 1∶8.2898,这以后直至 2005 年一直在 1∶8.3000 以下波动。2005 年 7 月以后,人民币兑美元的汇率开始上升。到 2008 年 6 月 30 日,美元兑人民币汇率为 1∶6.8591。目前,人民币兑美元的汇率仍在上升通道中。

平衡成了国与国之间必须解决的问题,也要实事求是地分析,共同寻求正确的解决方法和途径。

中美贸易不平衡问题已经存在了较长一段时间,形成的原因也很复杂,因此,中美贸易不平衡问题的解决绝不是一朝一夕的事,需要一个较长的过程;解决的方法和途径也是多方面的,要靠双方的共同努力。依笔者之见,中美贸易不平衡问题解决的方法和途径主要有以下几个方面。

1. 协商解决贸易统计口径问题

如前所述,双方贸易统计口径的不同,是造成中美双方关于贸易逆差存在巨大差异的根本原因,因此,双方首先要协商解决贸易统计口径问题。应该说,在这方面,双方之间已经达成了一定的共识。

首先,为了弄清中美两国贸易统计差异过大的原因,中美两国早在 1994 年在中美商贸联委会下成立双边贸易统计小组,进行专题研究,双方经过仔细的研究后,根据翔实的数据形成了《中美商贸联委会贸易和投资工作组贸易统计小组工作报告》。报告认为,美方统计的对华贸易在以下几个方面高估了:(1)美方的进口统计,因忽视转口和转口增加值而高估了从中国的进口;(2)美方的出口统计,因忽视转口而低估了对中国的出口;(3)美国确定货物的原产地所采取的方法导致双方统计的差异。现在的问题是,如何拿出具体的解决方法,包括制定和修改相关的规则和方法,探讨制定共同的贸易统计方法、手段、标准和程序,这对两国政府人员的水平和能力是一个非常大的考验,仅仅停留在认识上是远远解决不了问题的。

其次,美国方面应认识到,美国的整体贸易逆差并没有因为中美之间贸易逆差的扩大而扩大。这是因为在中国引进的外资中,相当多的来自日本、韩国、东盟等一些国家和地区。这些国家和地区在中国大陆建立的外资企业,把原来对美贸易顺差的产品转移到中国大陆来生产,导致了中国对美国贸易顺差的扩大,而中国(大陆)对日本、韩国、中国台湾地区、东盟这些国家和地区的贸易逆差也相应扩大。因此,美国的整体贸易逆差并没有大的变化。[31] 例如,2005 年

---

[31] 美国前财长鲁宾也承认:"虽然美国对华贸易赤字一直在以很快的速度增加,但同一时期美国对亚洲贸易的总赤字大致没有变化。贸易赤字的构成之所以向中国倾斜,大体上是因为亚洲其他国家和地区把他们的生产活动向中国转移的缘故。"美国国际经济研究所研究员凯瑟琳·L. 曼女士经过研究得出结论:"中美贸易逆差不是个大问题。现在中美贸易赤字大,是因为若干年前美国从其他国家和地区进口产品,而现在改为从中国进口。"

中国对美国的顺差是 1142 亿美元,而中国(大陆)对日本、韩国、中国台湾地区、东盟这些国家和地区的逆差,却达到了 1400 亿美元。[32]

2. 美国贸易政策的调整

美国贸易政策的调整是解决中美贸易逆差问题的又一重要途径。

首先,美国需要调整和改变其采取的赤字贸易政策。众所周知,一国的贸易政策是指导其贸易实践的。采取赤字贸易政策,必然导致其存在贸易逆差。要真正解决中美贸易逆差问题,美国应该调整和改变其采取的赤字贸易政策,否则,只能是纸上谈兵,解决不了问题。

其次,美国需要调整和改变其长期以来的对中国实行的出口管制法律和政策。这一问题,美方实际上是认识到了的。尽管一段时间以来美国政府在一定程度上放宽了某些对中国高科技产品出口的限制,但其限制仍然很严格,不时又会增加新的限制。

再次,美国政府,尤其是美国国会,应将政治与经济问题分开,彻底抛弃"冷战思维"和"中国威胁论"。只有这样,才能改变对中国实行的出口管制法律和政策,才能较好、较快解决中美贸易逆差问题。美国应该看到美国从中美双边贸易中获取了重大的经济利益,美国的消费者由于能够使用物美价廉的中国商品,而提高了生活质量,降低了生活成本。此外,中国对美国出口的绝大部分商品,并不对美国本土制造的商品构成直接威胁,美国市场和消费者对中国商品有很大需求。

最后,美国也应调整其国内某些产业政策。在美国一些人的眼中,美国是强国,似乎美国在世界上什么都强。美国是经济强国,这并没有人否认,但并不是说在经济领域,美国什么都强。我们完全可以说,在劳动密集型产业和产品方面,总体上美国并不强,与中国相比,这些产业和产品在国际上的竞争力是不如中国的。理由很简单,这是因为中国的劳动力成本较之美国具有十分明显的优势。[33] 美国必须承认这些,出于美国自身利益,美国也应调整国内这方面的产业政策。应该说,解决中美贸易逆差问题,"主动权在美国手里"[34]。

---

〔32〕 参见《经济半小时:中美贸易,谁得到实惠多》(采访周世俭教授),载新华网,2008 年 12 月 18 日访问。

〔33〕 中国的比较优势是劳动力便宜、价格低廉、整个服务设施便宜。按照美国 USTR 贸易代表办公室的统计,中国沿海地区平均每个工人 1 小时的收入是 0.5 美元,1 个月算下来是 1000 元人民币左右,而美国的产业工人 1 小时的最低收入是 18 美元,整整差了 36 倍。见前注〔32〕。

〔34〕 同前注〔32〕。

3. 中国某些经济、贸易政策的调整

中国在解决中美贸易逆差问题上也是可以有所作为的。笔者认为，我国改革开放 30 年以来，中国社会发生了巨大的变化，经济贸易得到了快速的发展，人民生活获得了普遍的提高，我们必须坚持这一"强国富民"的总政策。但在某些具体经济、贸易方针上也应作必要的调整。随着中国经济进一步融入全球经济，就解决中美贸易逆差问题而言，笔者认为，主要是涉及"引进外资""出口导向""鼓励出口创汇"以及人民币汇率等具体方针。

事实上，出于经济全球化和中国经济贸易自身利益的考虑，中国在多年前就已经着手调整和改变某些经济、贸易政策和方针。在 2007 年 12 月举行的中央经济工作会议上，提出了"控总量、稳物价、调结构、促平衡"十二字方针，将继续为我国的经济更好更快地发展打下基础。特别是"调结构、促平衡"是跟"引进外资""出口导向""鼓励出口创汇"以及人民币汇率等具体方针直接有关，笔者有理由相信，中国将会为解决中美贸易逆差问题继续努力。

中国不仅在调整和改变某些经济、贸易政策和方针上作出努力，而且多次采取主动措施，组织国内企业赴美采购。例如，2006 年 4 月 6 号，中美项目采购签约仪式在美国洛杉矶举行，采购的商品涉及农产品、飞机、软件、汽车及零部件、电子器件、通信产品和医疗设备等价值超过 162 亿美元的商品，而这只是中国减少对美国逆差努力的一部分。[35] 又如，2008 年 6 月，率领中国企业代表团的中国商务部有关负责人说，此次来美的中国企业共有 120 家，在美期间总共将和美国企业界签署 70 多项采购和对美投资协议，总金额超过 136 亿美元。[36]

4. 坚持互利双赢、协商解决争议的原则

三十多年来，中美贸易的恢复和发展，促进了两国关系的健康发展，改善了两国人民的生活质量和水平，这一双赢的结果，是符合世界发展潮流的。中美两国在贸易上产生一些问题和摩擦，这也是正常的，从某种意义上说，也是必然的。只要双方坚持互利双赢、协商解决争议的原则，从实际出发，认真调查研究，任何问题和摩擦原则上都是不难解决的，有关双方的贸易逆差问题也不例外。然而，由于美国国内贸易保护主义的抬头，某些人，特别是美国国会的一些

---

〔35〕 同前注〔32〕。

〔36〕 参见邱江波：《中美企业在华盛顿签署 83 亿美元贸易投资合作合同》，载中国新闻网，2008 年 12 月 18 日访问。

人,将贸易问题政治化,提出种种针对中国的提案,[37] 使问题扩大化、复杂化。这不利于中美之间贸易逆差问题的解决。事实上,中美贸易中产生的许多问题有不少都是通过协商解决了,如关于知识产权谅解备忘录、关于 WTO 补贴争端案的谅解备忘录等。笔者认为,只要双方坚持互利、合作、认真协商,双方采取切实有效的措施,有关美国贸易逆差问题是可以解决的,当然,这需要一个较长的时间过程。

五、结论

中美贸易不平衡问题既是在中美贸易中产生和发展起来的一个问题,也是中美贸易诸多争议中的突出问题,两国政府都十分重视和关心。第一,中美贸易的快速发展,是因为两国贸易有着较强的互补性,有益于两国和两国人民。双方应继续努力,排除干扰,坚定不移地发展中美贸易。第二,中美贸易不平衡问题产生的历史较久,成因也很复杂,双方对此问题的看法在一些方面有共识,但分歧依然存在,再加上美国国内贸易保护主义的抬头,更使这一问题扩大化和复杂化,增加了双方解决这一问题的难度。第三,解决中美贸易不平衡问题的关键是美国自身,只要美国能够改变美国贸易政策和对中国高技术产品的出口限制,这一问题就可以逐步得到解决。也就是说,主动权在美国手里。第四,中美贸易不平衡问题的解决,涉及两国国内贸易政策法规的变化、产业政策的调整以及许多具体贸易方针和措施的改变,因此,解决这一问题,需要一个较长的过程。第五,中美贸易不平衡问题的解决只能通过平等、合作和互利双赢的

---

〔37〕 从 2003 年起,宾夕法尼亚州的议员菲尔·英格利希(Phil English)就开始不断提出有关中国的贸易提案。在提案中,他先是迫使中国执行贸易协定,然后要求指控中国操纵汇率,并以此为由对中国商品征收关税。2005 年 6 月 21 日,英格利希要求美国财政部对人民币汇率进行审查,如果证明中国操纵汇率,将对中国商品全面征收关税。2005 年 7 月 14 日,他又提出一个内容广泛的综合性方案,即《美国贸易权利执行法案》,要求扩大反补贴法的适用范围,使之可以应用到中国等“非市场经济国家”的商品。2005 年 7 月 27 日,美国众议院议长宣布旨在对中国商品征收反补贴税的《美国贸易权利执行法案》以 255∶168 的投票结果获得通过。2006 年 6 月,美国劳工联盟及产业工会联合会(AFL-CIO)向美国贸易代表提出了以劳工权利为主要内容的投诉,认为中国政府的某些有关国内工人的法令、政策以及做法是不合理的,违反了美国贸易法,限制了美国的商业,加重了美国贸易的负担,要求进行调查并采取措施。在 2008 年 2 月 14 日美国商务部公布 2007 年贸易逆差数据后不久,美国货币行动联盟开始新一轮的施压,要求立法遏制从中国进口产品。参见高永富:《中美反补贴争端的起源与发展趋势》,载《世界经济研究》2007 年第 10 期;《美国货币行动联盟要求控制从中国进口》,载中国贸易救济网站,2008 年 12 月 18 日访问。

原则,而不能通过动辄采取经济制裁或单方面报复的方法来解决。中国政府不希望看到这种情况的出现,因为中国政府在事关重大的原则和国家利益问题上,是决不会屈服于任何外来压力的。中国政府更不希望看到由于美国的经济制裁或单方面报复而出现两败俱伤的局面。

WTO 规则与中美贸易

中国入世法律文件中若干
对华不利条款评析 *

摘　要：中国加入世贸组织(以下简称入世)是中国政府的重大决策,其对中国经济以及对世界贸易的影响将会越来越明显地显示出来。本文基于这一理念,从一个侧面就中国入世法律文件中的若干对华不利条款(非市场经济条款、特定产品过渡性保障措施条款、纺织品特别保障措施条款和过渡性审议机制条款)进行初步解读与评析。

前　言

中国入世已经进入了第三个年头,入世前的很多预测并没有真正出现,尤其是当时两种较为对立的预测并没有真正出现。一是认为,入世后,中国由于获得诸多优惠,特别是发展中国家的优惠,中国经济将会出现很大的发展;二是认为,中国入世将会给经济带来极大的冲击,尤其是农业、服务业、汽车工业等,即所谓的"狼来了""羊入虎口"论。但是,两年多来的事实证明,这两种情况都没有出现。中国经济的发展比较正常,对外贸易的快速发展并不主要是入世带来的,而主要依赖于自身改革开放以及政策得当;"狼来了"的情况也毫无踪影。中国入世是中国政府的重大决策,随着时间的推移,其影响将会越来越明显地显示出来。本文基于这一理念,从一个侧面就中国入世法律文件中的若干对华不利条款进行评析。

一、反倾销"非市场经济"的 15 年[1]

中国入世法律文件中,《中国加入世贸组织议定书》(以下简称《入世议定

---

　*　本文发表于《国际经济法学刊》2004 年第 4 期。

　〔1〕《中国加入世贸组织议定书》第 15 条是关于"确定补贴和倾销时的价格可比性"的规定。为研究需要,笔者将其重点突出,简化为此标题。具体内容请参见对外贸易经济合作部世界贸易组织司译:《中国加入世界贸易组织法律文件》,法律出版社 2002 年版,第 10—11 页,《中国加入世贸组织议定书》第 15 条。

书》）与《中国加入工作组报告书》（以下简称《工作组报告书》）是最重要的两份文件。《入世议定书》第 15 条就是关于反倾销"非市场经济"的 15 年的规定。

（一）目前中国在国际贸易中面临的反倾销挑战

五十多年来，我国对外贸易取得了令人瞩目的成就。进出口贸易额在新中国成立之初的 1950 年为 5.36 亿美元，到 1978 年上升到 206 亿多美元。改革开放以来的 25 年，其发展速度之快，更是令人惊叹不已。2003 年进出口贸易额已高达 8500 多亿美元。[2] 中国已成为当今世界少数几个贸易大国之一。然而，随着我国对外贸易的广泛开展，贸易额的迅速增长，各国包括西方发达国家对我国开始密切关注，我国与一些西方大国以及部分发展中国家之间的贸易纠纷与贸易摩擦也随之增加。我国出口产品频繁遭受国外厂商的反倾销投诉就是其中之一，而且是众多贸易纠纷与贸易摩擦的主要形式，这已成了我国进一步扩大产品出口的主要障碍之一。

我国出口产品在国外招致反倾销投诉始于 20 世纪 80 年代（80 年代前，仅有个别案件）。自 20 世纪 90 年代以来，这十多年中，我国已成为国际上遭受反倾销投诉的首要对象国，取代了之前的日本作为反倾销投诉的主要对象国的地位。自我国改革开放初首次遭受反倾销投诉以来，25 年期间，对我国出口产品进行反倾销和保障措施调查的案件总数，截至 2003 年 9 月，已达 590 件。[3] 发达国家中，美国、欧盟是对我国产品进行反倾销投诉最多的国家和地区，分别均超过 100 起，占我国所受投诉案的 40% 以上。加拿大、澳大利亚也占一定比例。1995 年以来，印度、阿根廷、墨西哥等发展中国家也针对中国的产品进行反倾销投诉，其投诉案件增长之快、范围之广，十分引人注目。

当前，我国出口产品遭受国外反倾销投诉具有以下一些基本特点。

第一，案件数总体上不断上升。自 20 世纪 90 年代以来，平均每年达 30 起，远高于之前的 10 起左右的水平。如 2002 年有 47 起。[4]

〔2〕 根据中国海关的统计，2003 年中国进出口贸易总额为 8512.1 亿美元，比 2002 年增长 37.1%。其中，出口为 4383.7 亿美元，进口为 4128.4 亿美元，比上年分别增长 34.6% 和 39.9%。At http://www.customs.gov.cn,2004 年 1 月 16 日。

〔3〕 商务部副部长于广洲受国务院的委托，于 2003 年 12 月 25 日向全国人大常委会的报告。参见《全国人大常委会听取国务院关于我国加入世贸组织以来有关情况的报告》，载上海 WTO 事务咨询中心编制：《WTO 快讯》2004 年第 62 期，第 4 页。

〔4〕 同上。

第二,对我国出口产品投诉的范围不断扩大。我国有三千多种税则号的产品遭到了反倾销投诉,包括许多机电产品和高科技产品。

第三,对我国出口产品进行投诉的国家增多。除传统的美、欧、加、澳等发达国家和地区外,不少发展中国家也加入了该行列。截至 2003 年 9 月,世界上已有 33 个国家(地区)对我国产品进行过反倾销调查。[5]

第四,我国有些出口产品同时或分别在多个国家受到反倾销投诉,如电视机、钢铁、电风扇、猪鬃、铅笔、自行车等。

第五,不少国家在对我国产品进行反倾销调查时采取了"替代国"的方法。这种歧视性的做法严重损害了我国被诉企业的利益。本文将重点对此进行论述。

第六,我国在反倾销诉讼中胜诉率不高。近期虽有所提高,但仍无根本改变。[6]

第七,不少国家对我国产品征收的反倾销税税率较高,造成我国产品出口非常困难,甚至无法出口。例如,墨西哥对我国出口鞋征收 1105% 的反倾销税,这种产品还有出口墨西哥的可能吗?

由此可见,我国出口产品面临的反倾销形势十分严峻,我国出口公司和企业必须认真对待、迎接挑战。

(二)反倾销的构成与认定

在国际贸易中,倾销与反倾销的斗争是经常发生的。对倾销性质的看法,历来存在着不同的认识。一种意见认为,倾销是出口商在贸易中的一种竞争手段,它能促进经济的发展,达到资源更好地优化配置,特别是对消费者有利;另一种意见认为,倾销是一种不公平的贸易手段,它扭曲了产品的市场价格,破坏了市场竞争秩序,因而要反对倾销。从当前现实情况来看,后一种看法占了主导地位。[7] 因此,一百多年来,越来越多的国家通过制定自己的反倾销法,对

---

〔5〕 同前注〔3〕。

〔6〕 反倾销应诉案件总体平均胜诉率仅为 35.5%,败诉率为 64.5%。参见人民网记者詹新慧、刘韬对北京师范大学经济与资源管理研究所所长李晓西的采访报道:《中国是"非市场经济国家"?》,at ht-tp://www.people.com.cn/GB/guandian/183/6103/6104/20030414/971643.html,2003 年 4 月 14 日。

〔7〕 之所以这样说,是因为原关税与贸易总协定和现世界贸易组织(WTO)都采取这一立场,而且,WTO 的成员方几乎有一半都有国内反倾销立法,反对进口产品在本国倾销。但在理论上和学术上来说,并不表明后一种看法是完全正确的,尤其是从经济学理论上来说,情况如此。

进口产品在本国市场上的倾销加以限制、禁止并采取经济上的处罚,即对倾销的进口产品征收反倾销税。

一般国家的反倾销法都就对进口的倾销产品征收反倾销税规定了一些实体上的条件和程序上的要求。其核心内容如下。[8]

第一,对倾销下了一个明确的概念。倾销是指在正常贸易过程中,一国产品在另一国市场上以低于正常价值销售的行为,也即一产品的出口价格低于其正常价值,就构成了倾销(正常价值高于出口价格)。

第二,各国反倾销法对倾销的认定规定了三种基本方法:

一是以出口国国内市场价格作为正常价值,即该出口产品的国内市场价格高于其出口价格就构成倾销;

二是在不存在该产品的国内市场价格时,可用该产品向第三国出口价格作为正常价值,即向第三国出口的价格高于向该进口国的出口价格就构成倾销;

三是在不存在上述两种价格时,可用该产品在原产国的生产成本加上合理的管理、销售等费用和利润来确定。

第三,仅仅是进口产品构成倾销,并不必然被征收反倾销税。如要对进口倾销产品征收反倾销税,除需认定构成倾销外,还需认定进口国生产相同产品的产业受到了损害以及倾销与损害之间存在因果关系,三者缺一不可。在有些国家和地区,还应具备第四个条件,即征收反倾销税要符合公共利益的要求,如加拿大、欧盟等。

第四,各国反倾销法还对反倾销调查作了较严格的程序上的规定,如对反倾销投诉的主体资格、受理案件的机构与条件、主管机关所作的倾销与损害初步裁定与最终裁定、采取临时措施的条件与时间、征收反倾销税程序与税额等。此外,对反倾销的行政复审和司法审查也作了较为具体的规定。

第五,各国反倾销法还对征收反倾销税的方法、期限、"日落"复审以及反规避、反吸收等内容作了规定。

值得注意的是,不少国家,尤其是西方一些国家,在确定中国产品是否构成倾销的问题上,并不采用上述提及的三种基本方法,而是采用"替代国"的规定。我们对此必须引起足够的重视。

---

[8]　高永富、张玉卿主编:《国际反倾销法实用大全》,立信会计出版社 2001 年版,第 15—20 页;高永富等:《WTO 与反倾销、反补贴争端》,上海人民出版社 2001 年版,第 46—60 页。

(三)"非市场经济"的歧视性规定

我国出口产品所面临的反倾销的严峻形势，固然有种种原因，如我国出口产品价格较低，产品出口增长过快，但欧美和其他一些国家在反倾销问题上将我国视为"非市场经济"(non-market economy)国家的不合理的规定与做法不能不说也是重要原因之一。[9]

欧美等一些国家对中国等非市场经济的规定，不仅仅是经济领域的概念，历史上也含有很强的政治背景。其根源来自美国的《1974 年贸易法》(*Trade Act of 1974*)。[10] 该法规定，当时苏联、东欧一些国家以及中国等"共产主义的国家"(communist countries)，不适用美国贸易法的一般规定，而适用特别规定，包括不得享受贸易的无歧视待遇以及普遍优惠制待遇等。[11] 20 世纪 70 年代末，美国贸易立法将其改为"国家控制经济"(state-controlled economies)的国家，20世纪 80 年代，在反倾销问题上开始对中国等国家适用"替代国"(surrogated country)的标准。美国《1988 年综合贸易与竞争法》将"国家控制经济"的国家又修改为"非市场经济"国家，适用所谓的"市场导向产业"等规定。

中国的改革开放，尤其是经济体制和价格体制的改革，加上中国政府与企业在反倾销问题上不断地说理斗争，美国以及欧盟等的法律也发生了变化。

美国对中国等一些国家的经济体制和价格体制的改革，在其《1988 年综合贸易与竞争法》中也有了反映。该法首次对"非市场经济"下了定义，认为所谓的非市场经济，是指"不能以成本或价格构成的市场原则运行的任何国家，在这些国家的产品销售不能反映产品的一般价值"[12]。并订立了"市场导向产业"(market oriented industry, MOI)的六条标准，即所谓的 MOI 条款，用规定的六项

---

〔9〕 参见高永富、张玉卿主编：《国际反倾销法实用大全》，立信会计出版社 2001 年版，第 108—109页；高永富等：《WTO 与反倾销、反补贴争端》，上海人民出版社 2001 年版，第 309—312 页。

〔10〕 参见《高永富谈反倾销与歧视性"非市场经济"规定》，at http://211.161.160.16/newspage.aspx? id=20040115000184，2004 年 1 月 15 日。

〔11〕 美国《1974 年贸易法》在"与某些国家贸易关系"部分规定：为确保美国对基本人权的持续贡献，自 1975 年 1 月 3 日起，任何来自共产主义国家(现已改为非市场经济国家)的产品应无资格得到非歧视待遇(现已改为正常贸易关系)，该国并且不得直接或间接地参与美国政府的任何信贷计划、信贷担保或投资担保。从该法的修改记录可以看出，当时的社会主义国家几乎都出现在该记录中，包括中国在内。该法的"普遍优惠制"部分仍然存在如下规定："总统不得指定任何共产主义国家为受惠的发展中国家，除非……"

〔12〕 同前注〔9〕。

标准来决定受调查的产品所在的产业是否符合市场经济的条件[13];如符合这些条件,则不用"替代国"方法;反之,则用"替代国"方法来决定是否构成倾销。该法还要求美国商务部针对中国每年进行调查,并向国会提交这方面的报告。然而,之后的十多年来,在反倾销案中,美国商务部几乎没有在一件案件中认定我国符合"市场导向产业"的标准,均适用"替代国"方法。[14]

与美国一样,欧盟也将当时的"共产主义国家"列在它的"黑名单"上。[15]直到 20 世纪 80 年代末东欧发生剧变,才将一些东欧国家从其"黑名单"中划出。至于中国和俄罗斯,则迟至 1998 年 4 月才从其"黑名单"中划出,同时,修改了其颁布不久的新的反倾销条例。但这并不意味着中国就属于市场经济国家了。欧盟仿照美国,搞了套衡量市场经济的五条标准[16],但在反倾销案的实际处理上,与美国相比,近三四年来,欧盟已给予了中国某些产品"市场经济"待遇。[17]

最近几年来,在此问题上,一些国家和地区(如澳大利亚、新西兰、泰国、欧盟等)在处理涉及中国的反倾销案中,在有关市场经济的问题上都有松动的情况,但美国无此变化。

中国入世的法律文件就反倾销中的非市场经济问题专门作出了规定,其主要内容是:在确定补贴和倾销时的价格可比性时应符合:(1)如具备市场经济条件,WTO 进口成员应使用受调查产业的中国价格或成本;如不具备市场经济条件,WTO 进口成员应可使用不依据与中国国内价格或成本进行严格比较的方

---

〔13〕 MOI 条款的六条标准可概括为:(1)该国货币可自由兑换的程度;(2)工人工资水平是否由自由谈判来决定以及其程度;(3)建立合营企业或进行投资的准入程度;(4)政府所有或控制生产方式的程度;(5)政府控制企业资源分配和产品价格以及产业政策的程度;(6)(主管当局认为适当的)其他因素。参见高永富、张玉卿主编:《国际反倾销法实用大全》,立信会计出版社 2001 年版,"倾销的确定"一章,第 29 页。

〔14〕 2002 年 10 月,笔者在华盛顿曾拜访过美国商务部的负责官员,据他介绍,在美国,确定一个国家是否是非市场经济国家由该部决定,而且该决定不受司法审查。因此,若不改变此决定,中国在反倾销问题上将长期(中国入世之日起的 15 年之内)被适用"替代国"标准。

〔15〕 欧盟以通过理事会条例的方式,将当时属于共产党领导的国家列在其名单上。在其最初的名单上,几乎与美国一样,包括了当时的所有社会主义国家。

〔16〕 欧盟理事会通过了理事会第 905/98 号条例,规定中国与俄罗斯公司可以申请个案的市场经济待遇,欧洲理事会将对这些申请作独立考虑。申请者需符合理事会所订立的五项准则,该五项准则主要是:(1)该公司的决策没有受到政府的重大影响;(2)会计账目需经合乎国际会计标准的独立审核程序审核;(3)该公司的生产成本与财务状况,并未因受到计划经济制度、易货贸易或债务补偿的影响而出现偏差;(4)该公司受破产及财产权法律法规的规范与管辖;(5)货币汇率以市场汇率汇兑。

〔17〕 参见《我国两家企业在欧盟甲基苯酚反倾销案中获得"市场经济"待遇》,at http://www. cacs. gov. cn,2002 年 10 月 23 日。截至当时,欧盟实际上已授予中国 13 家反倾销涉案企业市场经济地位。

法。(2)关于补贴……(略)。(3)WTO 进口成员应将适用(1)、(2)的情况通知有关委员会。(4)无论任何关于非市场经济的规定应在(中国)加入之日起 15 年终止。[18]

这一条款,从消极方面来看,有以下几个方面的影响:一是表明中国政府正式接受了一些 WTO 成员在对中国产品反倾销问题上适用"替代国"的做法,尽管这种接受是无奈的、被迫的、强加的;二是在国际法层面上承认了一些 WTO 成员在对中国产品反倾销问题上适用"替代国"的做法的合法性;三是时间上长达 15 年。应该说这是中国为入世所付出的重大代价之一,对其可能产生的负面影响不可等闲视之。

关于当前反倾销中的非市场经济问题,笔者认为,虽然仍有政治因素在起作用,但已不像 20 世纪七八十年代那样,更重要的是经济范畴的事,即我国的现行经济体制与制度的事。根据欧美反倾销法律中衡量中国是否属于市场经济国家的标准,目前我国主要存在以下几个方面的问题:

一是企业的产权制度。国有企业产权不明晰是被视为非市场经济的根本原因。国有企业应实行产权的多元化、股权化,大力发展民营企业。

二是处理好政府与企业之间的关系。政府不应直接管理企业,政企不仅要在法律上真正分开,更要在事实上和实际操作上真正分开,让企业真正成为市场经济的"主人",自主经营,自我决策,自负盈亏。

三是构建市场经济的价格体系。

在以后涉及反倾销的问题上,如前所述,尽管有在中国入世后 15 年内仍存在被视为非市场经济国家的限制,但我们仍应坚持说理斗争,用我们改革开放的事实,争取市场经济待遇,政府和涉案的企业都不能放弃。当然,这一问题的彻底解决,在很大程度上仍取决于我们在上述几个主要问题上的突破,取决于时间!

(四)反倾销诉讼对国内相关行业发展的影响

如前所述,反倾销是国际贸易发展过程中出现的一种现象,今后只要存在着国际贸易,这一现象就不会消失。一方面,从国际和国家层面上看,尽管国际上针对中国产品的反倾销诉讼的形势是严峻的,但它并没有在整体上影响我国

---

〔18〕《入世议定书》第 15 条"确定补贴和倾销时的价格可比性",参见对外贸易经济合作部世界贸易组织司译:《中国加入世界贸易组织法律文件》,法律出版社 2002 年版,第 10—11 页。

对外贸易的快速发展;另一方面,从企业以及相关行业发展的层面上看,反倾销诉讼情况及其影响就不完全一样了。

由于许多国家对我国出口产品提起反倾销诉讼,而这些国家又往往是我国的主要贸易对象国,这就造成涉案产品很难再向这些国家出口。如我国 20 世纪 80 年代出口的猪鬃分别在加拿大、美国、欧共体、澳大利亚受到反倾销投诉,导致该产品的出口市场迅速减小。

我国出口产品中相当一部分都受到过反倾销投诉,如五金矿产品、化工产品、机械产品、家电产品、轻工产品、纺织品、土畜产品,还有不少高科技、高附加值的产品,如电脑磁盘、彩电、电风扇、微波炉等。涉案企业面广量大,这导致了我国相关产品出口的正常发展受到限制,使我国减少甚至退出有关国家的市场,也直接或间接地影响了我国制造业及相关行业的发展。

针对我国某些产品的反倾销案,往往不断地引发连锁反应,使其负面影响不断扩大。例如,我国自行车及其配件自 20 世纪 90 年代以来,不断遭到一些国家或地区的反倾销投诉,如加拿大、欧共体、墨西哥、土耳其、巴西等,使得该产品出口面临极其严峻的形势。

反倾销诉讼案产生后,我国的产品又极易被认定构成倾销,从而被征收反倾销税,而且税额一般都较高,从百分之几十到百分之一二百,甚至最高的达到百分之一千以上[19],使产品的竞争力大大削弱。即使我们有时与进口国达成价格承诺协议,不被征收反倾销税,但我们要履行义务,提高产品价格,这就势必削弱我国产品的价格竞争力,或者限制我国产品出口,这些都会对涉案企业产生直接影响。

反倾销案一旦产生,就会对涉案企业产生影响,因为案件调查处理通常都需要一年或一年以上的时间。[20] 在此期间,该产品进口商一般都不会大量订货,如果初步裁定构成倾销,进口商需在进口产品时缴纳保证金或被征收临时反倾销税,这些都会对出口该产品的企业带来直接影响。

反倾销诉讼案的发生还会对其他方面产生影响。如出口产品被征收反倾销税后,由于出口受阻,就会返销国内,冲击国内市场,使国内市场供求失衡或

---

〔19〕 例如,前文提及的墨西哥于 20 世纪 90 年代初对我国出口鞋进行反倾销调查,最终对鞋征收高达 1105% 的反倾销税。

〔20〕 按照欧美反倾销法的规定,一个反倾销案从立案到结束,少则 280 多天,多则 18 个月。我国和其他很多国家的反倾销法的规定基本上也是如此。

物价非正常波动,影响国内相关行业的正常发展;或者改向其他国家出口,导致该国市场竞争加剧,被迫削价,从而又可能被指控倾销。

综上所述,反倾销诉讼发生后,不论以后是否胜诉,都会对涉案企业和国内相关行业的发展产生不利的影响。因此,防止和减少反倾销诉讼案的产生,是我国有关企业和相关行业必须认真研究的。

(五)我国出口企业应采取的策略

我国出口企业应注意反倾销诉讼的可能性,最好是防患于未然,避免反倾销诉讼的发生;如若产生,也必须正确处置,争取胜诉。

1. 关于防止和减少反倾销案发生的因应策略

除在政府层面上加强宏观调控、实施出口多元化战略、推进产业结构调整、加速外贸体制改革、建立出口价格协调机制之外,出口企业应采取以下因应策略:

(1)正确掌握并制定产品价格。要转变观念,摈弃廉价低质竞争的思想与做法,树立以质取胜的思想。合理定价避免低价是防止案件产生的根本措施。

(2)密切关注进口国相同产业经济状况的变化,做好市场调研,适时改变出口策略。

(3)合理控制出口产品数量,避免在短期内集中向某一国家大量出口,以防止对进口国厂商产生冲击,从而导致反倾销案件产生,或者被视为造成进口国产业受到损害的证据,被征收反倾销税。

(4)制定正确的出口战略,开拓新的出口市场,避免将某一产品集中于单一市场是化解反倾销诉讼的基本方法,也是一旦发生反倾销诉讼避免遭受更大损失的主要手段。

(5)努力在国外建立稳固的销售渠道,减少中间环节,避免出口产品售价过低,这是防止反倾销诉讼的又一基本策略。

(6)建立、健全企业的财务、会计制度,防止一旦被诉而因企业财务、会计制度问题而抗辩无力,轻易败下阵来。

(7)积极援用我国的反倾销法,针对外国产品在我国倾销进行申诉,以便启动我国自己的反倾销调查,这一针对性强的做法会在一定程度上起到威慑作用。

2. 关于正确处置业已发生的反倾销诉讼的因应策略

(1)要积极应诉。反倾销诉讼发生后,涉案企业如不应诉,几乎都没有好结果,不但不能胜诉,而且还会被征收最高额的反倾销税。

（2）要争取市场经济的待遇。在目前一些国家国内立法未作改变的情况下，要避免适用"替代国"的做法，我国企业和相关行业必须用具体事实证明，自己是按市场化运作的，包括企业股权制度、生产投资决策、产品定价、财务会计制度等。尽管目前还有很大难度，但也有不少成功的先例，我们不应放弃这一努力。

（3）尽可能聘请有能力并对我国友好的律师，这是取得反倾销案应诉成功的重要条件。

（4）全力争取进口商的合作。进口商在反倾销诉讼中与我们的利益是完全一致的。进口商对其国内经济情况熟悉，对相关产业了解，他们的参加，包括提供证据材料、出庭作证等都对我们处理好反倾销案、争取有利结果十分有好处。

（5）抓住关键，慎重回答调查问题，出席听证会，从各个方面为自己辩护，批驳申诉方的材料。争取主动，是反倾销诉讼中的重要方面，一定要认真做好。

（6）对进口国调查当局的现场核查工作，要认真准备，积极配合，尤其要在律师指导下，运用合理的材料，尤其是财务会计材料。

二、"特别保障措施"的 12 年[21] 和纺织品"特保"的 8 年[22]

中国入世法律文件中的"特别保障措施"（以下简称"特保措施"或"特保条款"）是一种不同于 WTO 法律框架下的一般保障措施的贸易保护手段，中国入世承诺中接受"特保措施"是中国入世所付出的代价。这种"特保措施"一旦被 WTO 其他成员方利用来限制中国产品出口，将极不利于我国国际贸易的发展，也会对我国经济发展产生一定的影响。与此相关的还有纺织品与服装的"特保措施"，包括《入世议定书》第 16 条与《工作组报告书》中所规定的两种期限不一的"特保措施"。[23]

---

〔21〕《入世议定书》第 16 条是关于"特定产品过渡性保障机制"的规定，《工作组报告书》第 245—250 段是关于"过渡性保障措施"的规定。为研究需要，笔者将其重点突出，简化为此标题。具体内容请参见对外贸易经济合作部世界贸易组织司译：《中国加入世界贸易组织法律文件》，法律出版社 2002 年版，第 11—13 页、第 816—818 页。

〔22〕 理由同上。具体内容请参见《工作组报告书》中第 241—242 段"纺织品"的规定，对外贸易经济合作部世界贸易组织司译：《中国加入世界贸易组织法律文件》，法律出版社 2002 年版，第 815—816 页。

〔23〕 为研究需要，笔者将"特定产品过渡性保障机制"和"纺织品特保"这两个既有联系又有区别的"特保措施"放在同一部分进行论述。

在 WTO 框架内,如果以《关税与贸易总协定》(GATT)第 19 条以及 WTO《保障措施协议》规定的保障措施为一般保障措施,那么"特保措施"则是除此以外其他所有保障措施的统称。WTO 成员方针对原产于中国的产品所能实施的"特保措施"分为两类:第一类与货物进口数量增长无关且适用于所有成员方的保障措施,包括:《关贸总协定》第 12—15 条与第 18 条,有关"为保障国际收支平衡而实施的限制"以及"政府对经济发展的援助"的保障措施;《农业协议》的特殊保障措施。另一类则是与货物进口数量增长有关的"特保措施",具体包括我国《入世议定书》第 16 条以及《工作组报告书》第 245—250 段专门针对中国的"过渡性保障措施"和《工作组报告书》第 241—242 段的内容中规定的"纺织品"过渡性保障措施。与第一类"特保措施"相比,第二类"特保措施"具有适用对象上针对中国的专一性、单向性与歧视性。另外,值得注意的是,《纺织品和服装协议》(以下称《ATC 协议》)的过渡性保障措施也是与货物进口数量增长有关的,但其实际上却不同于第二类的"特保措施"。

中国入世后,一些 WTO 成员方根据中国入世承诺随即在国内开始了针对中国产品的"特保措施"立法。到目前为止,已有欧盟、美国、韩国、加拿大、澳大利亚、新西兰、印度等 21 个成员方根据我国入世承诺制定了有关对华"特保措施"的国内法规。[24] 其中美国尤为积极。[25] 从 2002 年 5 月西班牙向欧盟委员会提出对中国柑橘罐头实施特别保障措施的申请,到 2004 年 1 月 26 日波兰在发给 WTO 及其成员的通报中表示,正在寻求与中国进行关于对中国鞋类采取特别保障措施的磋商,"特保措施"及其所涉及的产品已成为人们关注的焦点,尤其是我国出口贸易的优势产业——纺织行业。[26] 鉴于第一类"特保措施"均

---

〔24〕《欧盟针对中国纺织品出台措施 中国遭遇新壁垒》,at http://newsl. jrj. com. cn/news/2003-02-24/000000505821. html,2004 年 2 月 1 日。

〔25〕 美国早在与中国签订关于中国加入 WTO 的协议后不久,就制定了《美国与中国关系法》(U. S. -China Relations Act of 2000)。为执行中美协议,在中国入世后,美国总统布什于 2002 年 10 月 10 日签署了《永久性正常贸易关系法》。该法第 2 章就为美国产业规定了针对市场扰乱和贸易转移的救济。该法是对《1974 年贸易法》的修改,成为美国贸易法的第 421 节和第 422 节。为执行贸易法新修改的第 421 节和第 422 节,美国国际贸易委员会颁布了暂行规则,即关于全球和双边保障措施、市场扰乱、贸易转移以及救济措施审议的调查规则。

〔26〕 事实上,自我国加入 WTO 以来,已有多个 WTO 成员方对我国向其出口的产品动用了"特保条款"。如美国、土耳其、印度、欧盟、波兰、秘鲁等。特别是美国,截至 2004 年 1 月,美国已对我国出口产品进行了 6 次"特保措施"的调查(其中一起是纺织品),参见下文"(三)WTO 成员方运用'特保措施'条款的基本情况"部分。

与产品的进口数量是否增长无关,本文所指的"特保措施"仅限于针对中国的第二类"特保措施"。

(一)一般保障措施的含义及其要件

保障措施(safeguard measures),又称紧急措施(emergency action),根据 GATT 第 19 条的表述,是指一经济体在某种产品进口大量增长以致其生产同类或与之直接竞争产品的产业遭受损害时,为补救损害或便利产业调整而针对引起损害的进口产品采取的临时进口限制措施。[27] 与反倾销、反补贴仅针对不公平贸易所不同的是,保障措施完全可以针对公平贸易。也就是说,进口产品完全可能在公平竞争的情况下被实施保障措施。因此,WTO 成员中进口方要实施保障措施需要遵守相当严格的要件:(1)进口数量近期的(recent)、突发的(sudden)、剧烈的(sharp)和重大的(significant)大量增加;(2)对国内产业造成严重损害(serious injury)或严重损害威胁;(3)进口增长与严重损害或严重损害威胁之间存在因果关系。[28]

作为推动世界自由贸易体制的"安全阀",保障措施对保障 WTO 成员产业安全具有重要作用。自 WTO 成立以来,一些成员实施保障措施的次数和频率逐年增加,同时提交 WTO 解决的涉及保障措施的案件数量也逐年上升。但例外终究是"例外"[29],正如上文所述,保障措施的使用必须遵循相当严格的条件。截至 2004 年 1 月,WTO 成员方提交争端解决机构的 34 件保障措施案件中[30],几乎所有的援用方均以败诉告终,其中尤以美国最为突出。[31]

---

〔27〕 张汉林、韩尚武:《保障措施争端案例》,经济日报出版社 2003 年版,第 43 页。

〔28〕 《保障措施协议》第 2 条和第 4 条,参见对外贸易经济合作部国际经贸关系司译:《世界贸易组织乌拉圭回合多边贸易谈判结果法律文本》,法律出版社 2000 年版,第 275—277 页。

〔29〕 对此,我国学者赵维田先生有不同看法,他认为把"escape clause"译作"例外条款",从常识意义上说,无可厚非。但是从严格法律意义上说,保障条款并不是"例外条款"。作为"躲避(escape)",它只是暂时性行动,即为本国受损行业的结构调整赢得机会与时间。参见赵维田:《论"特保条款"的法理本质》,载《WTO 经济导刊》2003 年第 5 期,第 2 页。

〔30〕 根据 WTO 争端解决机构的统计,截至 2004 年 1 月,有关保障措施的案件计有 34 件,它们的编号为:DS196、DS211、DS123、DS238、DS226、DS278、DS207、DS228、DS230、DS181、DS260、DS303、DS159、DS98、DS235、DS78、DS178、DS177、DS259、DS252、DS274、DS248、DS249、DS251、DS258、DS254、DS253、DS214、DS202、DS166、DS32、DS33、DS190 和 DS192,at http://www.wto.org/english/tratop-e/dispu_e/dispu-subjects_index_e.htm#bkmk103,2004 年 2 月 1 日。

〔31〕 在 WTO 争端解决机构受理的保障措施案中,美国当被告的次数最多,最典型的是钢铁案,有 8 个 WTO 成员,包括中国在内,告美国实施保障措施违反 WTO 规则,最终 WTO 上诉机构认定美国违规,美国被迫宣布取消实施不到 2 年的钢铁保障措施(2002 年 3 月—2003 年 11 月)。

（二）WTO 框架下与中国产品出口有关的"特保措施"

《入世议定书》第 16 条与《工作组报告书》中的针对中国的"特定产品过渡性保障措施"相关规定是一种专门针对中国经济转型期的"特保措施",适用于我国一般产品,期限是自中国入世起算的第 12 年底止。另外,《工作组报告书》中专门针对中国纺织品的"特保措施"是与《ATC 协议》规定的过渡性保障措施不同的一种"特保措施"。该"特保措施"规则只适用于中国入世至 2008 年底。那么,在 2008 年后,我国纺织品是否还适用《入世议定书》第 16 条针对中国一般产品的"特保措施"条款呢? 对此,不管主观上如何认识,根据中国入世有关文件及一般法理分析,我们认为,中国纺织品在 2008 年后显然是要适用《入世议定书》第 16 条"特保措施"的。有关的理由将在介绍与评述完这两种"特保措施"规则后,在下文中给出。

1. 针对中国一般产品的"特定产品过渡性保障机制"

《入世议定书》第 16 条规定了关于"特定产品过渡性保障机制"（transitional product-specific safeguard mechanism）,同时还有《工作组报告书》第 245—250 段,这实质上就是臭名昭著的、已被 WTO 宣布为非法的"选择性保障措施"。这种带有明显歧视性的条款,是中国加入世贸组织关键时刻一些国家强加给中国的[32],是我国入世所付出的代价之一。

根据《入世议定书》第 16 条第 1 款、第 3 款、第 8 款、第 9 款规定:从中国入世之日起 12 年内,如原产于中国的产品在进口至任何 WTO 成员领土时,其增长的数量或所依据的条件对生产同类产品或与之直接竞争产品的国内生产者造成或威胁造成市场扰乱,则受此影响的 WTO 成员有权在防止或补救此种市场扰乱所必需的限度内,对此类产品撤销减让或限制进口;如一 WTO 成员认为根据该条第 2 款、第 3 款或第 7 款采取的行动造成或威胁造成进入其市场的重大"贸易转移",在防止或补救此类贸易转移所必需的限度内,该 WTO 成员有权针对该产品撤销减让或限制自中国的进口。[33] 针对中国一般产品的"特定产品过渡性保障措施"与一般保障措施相比,两者在如下几方面存在差异:

---

〔32〕 曾任中国入世谈判首席代表的龙永图先生多次出席"WTO 上海研究中心"的学术会议并作报告。在报告中,他多次说中国政府不会接受违背 WTO 规则的条款,诸如"选择性保障条款"。

〔33〕 参见对外贸易经济合作部世界贸易组织司译:《中国加入世界贸易组织法律文件》,法律出版社 2002 年版,第 11—13 页。

（1）"市场扰乱"与"贸易转移"概念不清

在 WTO 法律体制下，并没有关于"市场扰乱"与"贸易转移"的概念和标准。"市场扰乱"仅是某些西方国家，例如美国，在国内法中所用的术语。至于"贸易转移"，则完全是一个新的概念，首次被运用于中国入世的法律文件中。然而，其概念既不清楚，标准也不具体。[34] 在这种概念不清、标准不明的情况下，WTO 成员若针对中国产品运用"特保条款"，可任由其解释，这样，显然会出现许多问题，其中之一就是滥用。事实上，这一情况已经出现。

（2）实施的标准大大降低

实施"特定产品过渡性保障措施"的前提标准为"市场扰乱"或"贸易转移"，这比实施一般保障措施的要求要低。《入世议定书》第 16 条第 4 款规定："一项进口产品，凡与国内行业生产的产品相同或直接竞争，其快速增加不论绝对地还是相对地，从而成为国内产业实质损害（material injury）或实质损害威胁的重要原因时，就存在市场扰乱。"可见，《入世议定书》是根据"实质损害"或"实质损害威胁"的概念来确定"市场扰乱"的。"实质损害"的概念在字面上与 WTO《反倾销协议》中所使用的实质损害或实质损害威胁相同。很显然，针对不公平贸易的 WTO《反倾销协议》的实质损害的概念所要求的损害程度，比针对公平贸易的《保障措施协议》中实质损害的概念所要求的损害程度要低。[35]

《入世议定书》第 16 条的第 8 款是关于"贸易转移"（trade diversion）的条款，该条款使针对中国的保障措施标准进一步降低。根据该条款，如果中国出口到 A 成员方的某产品，被 A 成员方认定为造成前述的"市场扰乱"，并受到限制；则该产品转而出口到 B、C、D 等成员方并出现增长，该三国就不需再作"市场扰乱"认定，只要证明对该 B、C、D 等成员方市场的"重大贸易转移"，就可以

---

〔34〕 曾任 WTO 争端解决上诉机构成员的日本东京大学教授松下满雄（Mitsuo Matsushita）参加了上海 WTO 事务咨询中心第三届顾问委员会年会（2003 年 11 月在上海举行），在其提交的发言稿中也有此一表述。原文为："There is no definition of trade diversion and interpretation is left to Members concerned. This gives a wide range of discretion to invoking Members and may make the enforcement of this measure unpredictable. This measure is unprecedented in the history of the GATT/WTO."

〔35〕 其原文是："'Material injury' is requirement for AD and CVD and regarded as a lighter requirement than a 'serious injury' in a regular safeguard measure."参见松下满雄，注〔34〕引文。

采取限制措施。[36]

（3）针对中国一般产品的"特定产品过渡性保障措施"具有选择性与歧视性

GATT第13条规定:"任何缔约方不得禁止或限制来自任何其他缔约方领土的任何产品的进口,除非来自所有第三国的同类产品的进口同样受到禁止或限制。"[37]《保障措施协议》第2条第2款也明确规定:"保障措施应针对一正在进口的产品实施,而不考虑其来源。"[38]这说明保障措施虽然是一种自由贸易的例外,但仍然遵循WTO的基本原则之一:不歧视原则(包括最惠国待遇原则和国民待遇原则),即一成员如要实施保障措施,就应不分产品的来源,对所有国家一视同仁。它是对事不对人的,体现了WTO规则"原则之中有例外、例外之中有原则"的原则。[39]《入世议定书》第16条第1款却规定:"如原产于中国的产品……",这意味着任何一个WTO成员都可以专门针对中国产品,有选择性地采取保障措施,从而有权背离GATT以及《保障措施协议》所规定的"非选择性"。在没有"不歧视"原则限制的情况下,任何进口方及第三方在对中国实施"特保措施"时就显得容易了许多,顾忌少了许多,尤其是其他成员方出口产品占进口国比例很大,而中国产品仅占很小比例时,其歧视性就更为严重。这样,受限制的我国产品将面临严峻的贸易壁垒的考验。

（4）实施"特保措施"期限不明

WTO《保障措施协议》第7条明确规定了成员方实施保障措施的期限。该条认为,实施保障措施的期限不得超过4年,如需延长,最多只能延长4年,即"保障措施的全部实施期,包括任何临时措施的实施期、最初实施期及任何延长,不得超过8年"[40]。然而,《入世议定书》第16条关于保障措施的实施期限

---

[36] 松下满雄教授在其发言稿中也有此一类似表述,原文为:"Trade diversion:Section16:8:1-2 are concerned with measures that third country WTO Member can take when trade is diverted to that country by a SG measure invoked against China by another WTO Member. Example is as follows, Member A invoke a SG measure on imports from China. Because of this SG measure, Chinese products that are affected are diverted to the market of Member B. In this situation, Member B can take a measure to prevent this from happening or to remove an adverse effect of such diverted products."参见松下满雄,注〔34〕引文。

[37] 见对外贸易经济合作部国际经贸关系司译:《世界贸易组织乌拉圭回合多边贸易谈判结果法律文本》,法律出版社2000年版,第440—442页。

[38] 同上,第275页。

[39] 刘光溪:《入世与我国法律同WTO协议的"调整适用"》,载《世界贸易组织动态与研究》2001年第5期,第7—9页。

[40] 《保障措施协议》第7条第1款和第3款,参见对外贸易经济合作部国际经贸关系司译:《世界贸易组织乌拉圭回合多边贸易谈判结果法律文本》,法律出版社2000年版,第278页。

仅规定了"一 WTO 成员只能在防止和补救市场扰乱所必需的时限内根据本条采取措施"这一笼统的说法[41]，并无确切肯定的具体期限的规定。《工作组报告书》中对此也无具体规定，相反，却将实施保障措施的期限交由实施的成员方主管机关决定，并可以延长。[42] 因此，从理论上来说，根据《入世议定书》第 16 条及《工作组报告书》的有关规定，对中国产品实施特保措施最长可以达到 12 年，与整个《入世议定书》第 16 条的适用期限相同。

（5）出口国采取报复措施方面的差别

就一般保障措施而言，GATT 第 19 条第 3（a）款规定："受保障措施影响的各缔约方得自行决定……对采取该行动的缔约方中止实行那些大体相等的关税减让或本协定规定的其他义务。"WTO《保障措施协议》也规定，出口国有权在保障措施生效后的任何时间采取报复措施，甚至可以立即进行报复。

《入世议定书》第 16 条第 6 款规定："一个 WTO 成员方只能在阻止或救济市场扰乱所需的时期内，依本条采取措施。一项措施若是因进口水平的相对增加而采取的，并持续实行超过两年，则中国有权对该采取措施的 WTO 成员方，中止实施大体上相等的关税减让或者 GATT 1994 规定的义务。"若为绝对增长，则期限为 3 年。实际上，《入世议定书》第 16 条第 6 款是把对中国的"补偿期推延到 2—3 年以后"。按《工作组报告书》第 246 段第（f）项的规定，该措施的适用期（指《入世议定书》第 16 条第 6 款的 2—3 年）可以延长，只要该进口 WTO 成员方主管机关认定："为阻止或救济市场扰乱，需要继续实行该措施"。这表明，这个 2 年至 3 年的期限，在很大程度上是虚设的，最多也只能起到一种敦促该进口国在 2 年至 3 年期满时，再履行一次重新认定程序而已。这样实质上变相地将中国采取报复措施的权利在很大程度上给剥夺了。

（6）"灰色区域"措施的死灰复燃

《保障措施协议》第 11 条事实上宣告了已实行多年的"灰色区域"措施的死刑，该条是关于"某些措施的禁止和取消"的规定。该条（b）款规定：成员不得

〔41〕《入世议定书》第 16 条第 6 款，参见对外贸易经济合作部世界贸易组织司译：《中国加入世界贸易组织法律文件》，法律出版社 2002 年版，第 12 页。

〔42〕《工作组报告书》第 246 段（e）项规定："主管机关将迅速公布关于实施措施决定的通知，包括关于该决定依据的说明及该措施的范围和期限"；（f）项规定："该措施的适用期可以延长……"。参见对外贸易经济合作部世界贸易组织司译：《中国加入世界贸易组织法律文件》，法律出版社 2002 年版，第817 页。

在出口或进口方面寻求、采取或维持任何自愿出口限制、有序销售安排或任何其他类似措施,这些措施包括单个成员采取的措施以及根据两个或两个以上成员达成的协议、安排和谅解所采取的措施。[43] 之所以宣布"灰色区域"措施的死刑,是因为该等措施在事实上违背了WTO的自由贸易原则。然而,这一经过WTO多年努力刚刚取得的进步,在中国《入世议定书》第16条中湮没了。《入世议定书》第16条第2款规定:如在这些双边磋商过程中,双方同意,原产于中国的进口产品是造成此种情况的原因并有必要采取行动,则中国应采取行动以防止或补救此种市场扰乱。[44] 也就是说,如果中国同意其出口是造成市场扰乱的原因,中国应采取诸如自愿出口限制(voluntary export restraints, VER)等措施以防止或补救此种市场扰乱。即使未经过DSB的争端解决程序,中国也有义务采取自愿限制出口等措施。

(7)"特保措施"的单向性与发展中国家优惠待遇的削弱

《入世议定书》第16条是专门针对中国一般产品的,只规定了其他成员方有对我国产品采取"特保措施"的权利,却没有规定我国可以对其他国家采取"特保措施"的权利。"特保措施"的单向性导致了权利义务的严重失衡。

作为最大的发展中国家,我们处处声明要以发展中国家的地位加入世贸组织。然而"特保措施"条款的存在本身及其所带来的影响,已严重削弱了我国作为发展中国家应享有的种种待遇。《保障措施协议》第9条具体规定了对发展中国家成员的优惠待遇。第1款规定:如果原产于发展中国家的产品占进口成员该产品的总进口量的比例不超过3%,则进口成员不得对来自该发展中国家的产品采取保障措施;但是,如果进口份额不超过3%的发展中国家成员的进口份额总计超过9%,则可以对该等发展中国家的产品采取保障措施。第2款规定:发展中国家有权将保障措施的最长实施期(8年)再延长2年;对于已经采取保障措施的产品再次采取保障措施的,只须经过相当于原实施期的一半时间就可再次采取保障措施(对于非发展中国家的待遇则为:应当经过与原实施期相等的时间才可再次采取保障措施)。但根据《入世议定书》第16条第1款的规定,WTO成员可以只针对中国产品采取保障措施,而不管中国出口的产品是

〔43〕 参见对外贸易经济合作部国际经贸关系司译:《世界贸易组织乌拉圭回合多边贸易谈判结果法律文本》,法律出版社2000年版,第280页。

〔44〕 参见对外贸易经济合作部国际经贸关系司译:《世界贸易组织乌拉圭回合多边贸易谈判结果法律文本》,法律出版社2000年版,第11页。

否在该成员进口产品中占 3% 以上,这几乎完全剥夺了中国在保障措施领域享受发展中国家特殊待遇的机会。另外,《工作组报告书》第 246 段(g)项只规定了进行市场扰乱调查应间隔的时间,而没有规定采取保障措施的间隔时间。[45]

正因为在适用对象上的选择性、歧视性及单向性等特点,《入世议定书》中规定的"特保措施"在限制程度与实施期限上得以更加苛刻。如《保障措施协议》规定:如果使用数量限制,除非提出明确的正当理由表明,为防止或补救严重损害而有必要采用不同的水平,该措施不得导致进口量减少至低于最近一段时间的水平,该水平应为可获得统计数据的、最近 3 个代表性年份的平均进口量[46];如果保障措施的预计实施期限超过 1 年,则应按固定时间间隔逐渐放宽该措施。[47] 而《入世议定书》特保条款却无类似的规定。也就是说,WTO 成员在根据《入世议定书》对中国产品采取"特保措施"时,并无义务维持最近一段时间中国产品的进口水平或逐渐放宽其所采取的"特保措施"。

2.《工作组报告书》中专门针对我国纺织品规定的"过渡性保障措施"

《ATC 协议》是乌拉圭回合一揽子协议的重要组成部分,但与其他世界贸易组织协议有很大不同,它只是阶段性适用,并不作为一套长期使用的国际纺织品服装贸易规则。《ATC 协议》有效期自 1995 年 1 月 1 日起至 2004 年 12 月 31 日止,共 10 年期限,不得延长。[48] 究其实质,《ATC 协议》是 WTO 用以取代《多纤维协议》(*Multi-fibre Agreement*, MFA)并为最终取消配额限制而制定的一项特殊的过渡性安排,其核心目标是,在规定的 10 年时间内,将长期背离正常国际贸易规则的纺织品服装贸易,重新纳入由 GATT 规则管辖的轨道上来。《ATC 协议》第 6 条规定的过渡性保障措施是指:在过渡期内,如果未受配额限制且未纳入 GATT 的纺织品或服装产品大量进口,对国内有关产业造

---

〔45〕 参见陈慧芳:《保障措施和特别保障措施的比较分析及应对策略》,at http://www.yfzs.gov.cn,2003 年 7 月 14 日。

〔46〕《保障措施协议》第 5 条第 1 款。对外贸易经济合作部国际经贸关系司译:《世界贸易组织乌拉圭回合多边贸易谈判结果法律文本》,法律出版社 2000 年版,第 277 页。

〔47〕 同上,第 278—279 页。

〔48〕《ATC 协议》第 9 条规定:"本协议及本协议项下的所有限制应于《WTO 协定》生效后 121 个月的第一天终止。届时纺织品和服装部门应全面纳入 GATT 1994。本协议不得延长。"参见对外贸易经济合作部国际经贸关系司译:《世界贸易组织乌拉圭回合多边贸易谈判结果法律文本》,法律出版社 2000 年版,第 87 页。

成严重损害或严重损害的实际威胁,就可以采取保护措施,并且自单个成员的进口出现急剧和实质性增加,则可对该特定出口成员的特定产品实施配额限制。

但针对中国的纺织品的过渡性保障措施规则与上述规则是有差别的,准确地说是对中国纺织品更加苛刻。根据《工作组报告书》第241—242段的内容,WTO框架下中国纺织品的过渡性保障措施与《ATC协议》规定的"过渡性保障机制"相比,存在如下主要差异:

(1)过渡期延长。我国纺织品服装产品适用过渡性保障措施机制是从加入时起到2008年12月31日止的8年,比后者(2004年12月31日)整整延长了4年。[49]

(2)实施特别保障措施的条件更为宽松。只要进口国证明:市场扰乱或市场扰乱威胁的存在;市场扰乱或市场扰乱的威胁是由原产于中国的产品引起。一般认为,"市场扰乱"在程度上要比《ATC协议》"过渡期保障机制"的"严重损害或严重损害威胁"轻得多。

(3)特别保障措施实施的程序更不利于我国出口产品。程序性规定具体有:第一,磋商,这应在收到进口方磋商请求后的30天内进行,90天内结束。如果在90天内未能达成协议,且各方都同意延期,则可以继续进行协商。[50] 第二,中国自动限制出口,即我国政府同意,一旦收到磋商请求,中国就将控制其输往该请求成员方的、在种类上属磋商范围的纺织品或纺织产品,输出水平不得比提出磋商请求月份之前最近14个月中前12个月的输出数量高出7.5%(羊毛制品不得高出6%)。[51]《ATC协议》并没有如此规定,这是我国的特殊义务。若90天内未能达成共同满意的解决方案,则中国政府对相关产品采取的出口限制将随磋商而继续下去。但这种继续还有两个限制,即:若自磋商请求提出时至当年底只有或不足3个月的,则最长期限为磋商请求提出之日起后12个月,若至年底超过3个月的,则最长期限为当年底12月31日止。[52] 第

---

〔49〕《工作组报告书》第242段规定:"中国代表同意下列规定将适用于纺织品和服装贸易,直至2008年12月31日,并成为中国加入条款和条件的一部分:……"参见对外贸易经济合作部世界贸易组织司译:《中国加入世界贸易组织法律文件》,法律出版社2002年版,第815页。

〔50〕《工作组报告书》第242段(b)项,参见对外贸易经济合作部世界贸易组织司译:《中国加入世界贸易组织法律文件》,法律出版社2002年版,第815页。

〔51〕同上,第242段(c)项。

〔52〕同上,第816页,《工作组报告书》第242段(e)项。

三,如果磋商达不成协议,则进口方可实施保障措施,期限不超过 1 年,且不得延期。[53]《ATC 协议》规定可以实施 3 年保障措施。[54] 第四,另外,纺织品过渡性保障措施不得与《入世议定书》第 16 条规定的"特保措施"同时使用。[55]

总体上来说,《工作组报告书》将《ATC 协议》规定的过渡性保障措施更加特殊化了。虽然在实施保障措施的期限上少了 2 年,但只要收到进口方的磋商请求,不论其磋商请求是否合理,都要自动将出口控制在一定限度内,而且还有更为重要的一点就是没有规定进口方前后两次采取"特保措施"的时间间隔。虽然在实践中其他成员在考虑对中国纺织品是否采取"特保措施"上受到与中国各方面关系及世界形势的制衡,但在纯粹的规则上,我国纺织品事实上已处于相当危险的境地。

3.《入世议定书》第 16 条"特保措施"条款与《工作组报告书》中纺织品"特保措施"条款间的关系

也许中国的情况的确太特殊了,本来一般保障措施已经够狠了,而对中国规定了有关一般产品的"特保措施"还不够,又规定了有关一些具体产品的"特保措施"。如果这两种"特保措施"规则在适用期限上完全一致,一般就适用"特别规定优于一般规定"的法理,自然不会有多大歧义。按道理,相对于所有产品而言,纺织品属于一种具体的产品,与其相关的"特保措施"应适用"特别优先于一般"的法理。但是,《工作组报告书》第 242 段(g)项却对此作出了不一样的规定。该款内容为:"不得根据本规定和《议定书草案》第 16 条的规定对同一产品同时适用措施。"[56] 依此规定,在规则上并不排除在 2008 年底以前也对中国纺织品采用《入世议定书》第 16 条规定的"特保措施",唯一的限制就是二者不可以同时使用,也就是说两种"特保措施"是平行的,没有适用先后与效力高低之分。作为严肃的入世法律文件,我们与其推断其规定上有缺陷,还不如理智地从这种字面所表示出来的意思上去推定订立者的真实意图。一旦这样认定,两种"特保措施"规则的适用就清楚了。自中国入世后至 2008 年底是两

---

〔53〕 同前注〔50〕,《工作组报告书》第 242 段(f)项。

〔54〕 《ATC 协议》第 6 条第 12 款规定:"一成员可将根据本条的规定援引的限制维持:最长达 3 年而无延长;或直至该产品纳入 GATT 1994,两者以时间在前者为准。"参见对外贸易经济合作部国际经贸关系司译:《世界贸易组织乌拉圭回合多边贸易谈判结果法律文本》,法律出版社 2000 年版,第 84 页。

〔55〕 《工作组报告书》第 242 段(g)项,参见对外贸易经济合作部世界贸易组织司译:《中国加入世界贸易组织法律文件》,法律出版社 2002 年版,第 816 页。

〔56〕 同上。

种"特保条款"重叠适用期,进口方可以对中国纺织品任选一种"特保措施";在 2008 年后,进口方就只能对中国纺织品适用《入世议定书》第 16 条针对一般产品的"特保措施"。

因此,不管我们主观上怎样认为,或者是外国现有针对中国纺织品"特保措施"的立法是否只规定了《工作组报告书》中承诺的"特保措施",《工作组报告书》第 242 段(g)项清楚地告诉我们,纺织品所要面对的是两种"特保措施",而且最后期限是 2013 年底。也就是说,我国的纺织品只有到了 2014 年才能完全融入 WTO 的自由贸易体制,享受 WTO 规则下的公平竞争环境。

（三）WTO 成员方运用"特保措施"条款的基本情况

如前所述,不少 WTO 成员方为适用中国入世法律文件中的"特保措施"条款,纷纷修改或订立其国内相关法律,作为其对中国产品实施"特保措施"的法律依据。近二三年来,一些国家或地区运用"特保措施"条款的基本情况如下:

1. 美国

（1）美国首次动用其经修改的《1974 年贸易法》第 421 条的时间是 2002 年 8 月 19 日。在这一天,美国国际贸易委员会在收到美国 Motion System 公司的投诉申请后开始对中国输美产品轴架传动器(pedestal actuators)实施"特保措施"调查(案号为 TA-421-1)。美国国际贸易委员会于 2002 年 10 月 1 日召开听证会,此后以多数委员同意(3 比 2)确认构成了对美国的市场扰乱。该委员会于同年 11 月 7 日向美国总统和美国贸易代表提出具体救济建议。[57] 最终,美国总统布什以采取保障措施对美国整体利益不利为由否决了该案。

（2）2002 年 12 月,美国第二次动用其贸易法第 421 条。美国国际贸易委员会在收到美国 CHC Industries Inc.、Palm Harbor, FL、M&B 衣架公司、Leeds, AL 以及联合钢丝衣架公司等多家公司于 2002 年 11 月 27 日提交的投诉申请后,开

---

〔57〕 参见美国国际贸易委员会第 3557 号出版物(2002 年 11 月)。在该案中,该委员会主席 Deanna Tanner Okun 和委员 Lynn M. Bragg 投了否定票。根据美国法律,该委员会实行多数决定制,故该案最终成立。美国国际贸易委员会副主席 Jennifer A. Hillman 和委员 MIarcia E. Miller 建议:对原产于中国的轴架传动器实施为期 3 年的进口数量限制。其具体限制方案为:第一年的配额为 5626 套,以后两年这一配额逐年递增 15%,即 2003 年配额为 5626 套、2004 年的配额为 6470 套、2005 年的配额为 7440 套。委员 Stephen Koplan 建议:2003 年数量限制配额为 4425 套、2004 年的配额为 4514 套、2005 年的配额为 4604 套。

始对中国的钢丝衣架产品(steel wire garment hangers)进行"特保措施"调查(案号为 TA-421-2)。美国国际贸易委员会于 2003 年 1 月 9 日召开听证会,此后一致确认美国国内生产相同产品的产业受到了损害,构成了市场扰乱,并于 2003 年 2 月 18 日向美国总统提出了具体救济建议。[58] 然而,美国总统布什同样以采取保障措施对美国整体利益不利为由否决了该案。[59]

(3)美国国际贸易委员会在收到美国 the Coalition for the Preservation of American Brake Drum and Rotor Aftermarket Manufactures 的代表于 2003 年 6 月 6 日提交的投诉申请后,第三次对中国输美刹车鼓、刹车盘产品(brake drums and rotors)实施"特保措施"调查(案号为 TA-421-3)。美国国际贸易委员会于 2003 年 7 月 18 日召开听证会,此后于 2003 年 8 月 5 日发布调查结果,一致确认中国进口产品未大量增加,并未对美国国内生产相同产品的产业造成损害,未构成市场扰乱,从而终止了该案。[60]

(4)美国第四次对中国产品实施"特保措施"调查,是在收到美国 McWane Birmingham,AL 公司于 2003 年 9 月 5 日对中国输美产品球墨铸铁自来水配件(ductile iron waterworks fittings)提交的投诉申请后开始的,其调查案号为 TA-421-4。该案中,申请方还以存在紧急情况(critical circumstances)为由,要求尽快实施保障措施,但遭到美国国际贸易委员会的否决。国际贸易委员会于 2003 年 11 月 6 日召开了听证会。此后该委员会于 2003 年 12 月 24 日发布调查结果,一致确认美国国内相同产品的产业受到了损害,构成了市场扰乱,并向美国

---

〔58〕 2003 年 2 月 18 日,美国国际贸易委员会将就原产于中国的钢丝衣架特别保障措施向美国总统提出建议。美国国际贸易委员会建议对该产品加征为期 3 年的从价关税:第一年加征 25% 的附加税,第二年加征 20% 的附加税,第三年加征 15% 的附加税。并建议总统指示美国商务部和劳工部,一旦企业提出申诉,应作出快捷的贸易调整,以便抵消该进口产品对该企业和员工所造成的不利影响。参见美国国际贸易委员会第 3557 号出版物(2003 年 2 月)。

〔59〕 2003 年 4 月 25 日,在致商务部、劳工部、美国贸易代表办公室的备忘录中,美国总统布什认为,经全面考虑与此段调查相关的各个方面,向美国钢丝衣架业提供进口补偿不符合美国的国家经济利益。特别是,提供进口补偿对美国经济造成的负面影响将明显超过这种行动带来的好处。参见《美国总统布什拒绝对原产于中国的钢丝衣架实施特别保障措施》,at http://www.cacs.gov.cn,2003 年 5 月 7 日。

〔60〕 参见美国国际贸易委员会第 3622 号出版物(2003 年 8 月)。

总统提出具体救济建议。[61] 目前,美国总统布什尚未就此案作出最后决定。

(5)美国国际贸易委员会在收到美国的 The American Innerspring Manufactures 代表多家成员公司和 Memphis,TN 于 2004 年 1 月 6 日提交的投诉申请后,第五次对中国输美产品实施"特保措施"调查(案号为 TA-421-5),被调查产品是内置弹簧(innersprings)。2004 年 3 月 8 日,美国国际贸易委员会裁定,中国对美国出口的内置弹簧未对美国相关产业构成市场扰乱。[62]

(6)美国除了使用《入世议定书》的"特保措施"条款,还首次对中国使用纺织品"特保措施"条款。中国入世后不久,美国根据《ATC 协议》的规定不得不对中国输美纺织品放松配额限制,导致中国输美纺织品增长较快。在 2002 年中,美国一些纺织品厂商就要求对中国纺织品重新设限,并于同年 5 月 14 日宣布成立美国纺织品贸易行动联盟,同时要求修改美国的综合贸易法,以加强对美国纺织业的保护。[63] 2003 年 5 月 19 日,美国纺织品协议执行委员会依据中国入世文件中关于纺织品的"特保措施"条款制定了新的程序规则。[64] 2003 年

---

〔61〕 美国国际贸易委员会主席 Deanna Tanner Okon、委员 Stephen Koplan、Charlorte R. Lane 和 Daniel R. Pearson 建议:实施为期 3 年的超配额征税限制,具体为,第一年对超过 14324 美吨的上述产品加征 50% 的进口关税,第二年对超过 15398 美吨的上述产品加征 40% 的进口关税,第三年对超过 16553 美吨的上述产品加征 30% 的进口关税。他们还建议,在实施特别保障措施的同时,美国商务部和劳工部应考虑向受此保障措施影响的企业和工人提供紧急贸易救济。美国国际贸易委员会副主席 Jennifer A. Hillman 建议:实施为期 3 年的进口配额限制。具体为,第一年为 14324 美吨,第二年为 15398 美吨,第三年为 16553 美吨。委员 Marcia E. Miller 建议:对上述产品加征关税,具体为,第一年征收 50% 的从价税,第二年征收 40% 的从价税,第三年征收 30% 的从价税。参见美国国际贸易委员会第 3657 号出版物(2003 年 12 月);《美国国际贸易委员会将向总统提出对原产于中国的球墨铸铁供水系统配件实施特别保障措施的建议》,at http://www. cacs. gov. cn,2003 年 12 月 17 日。

〔62〕 参见美国国际贸易委员会于 2004 年 1 月 8 日发布的"对来自中国的内置弹簧的调查通知",调查号为 TA-421-5;《国别贸易投资环境报告 2003(七)》,at http://202. 199. 163. 72:8080/program/end. asp? text_id = s0018901&big-id = 000005&small_id = 000015,2004 年 10 月 25 日。

〔63〕 根据中国入世有关纺织品一体化的规定,所有设限方(美国、欧盟、加拿大、挪威和土耳其)对中国纺织品设置的配额限制(被动出口配额)应在两个阶段全部取消:2002 年 1 月 1 日起,全部或部分取消 99 类纺织品配额,涉及金额 35 亿多美元,占设限产品总金额的三分之一;其余三分之二在 2005 年 1 月 1 日前取消。参见《美国参议院修改综合贸易法以加强对本国纺织业的保护》,at http://www. cacs. gov. cn,2002 年 6 月 4 日;《美国前谈判代表解读中美纺织品问题》,at http://www. cacs. gov. cn,2003 年 3 月 10 日。

〔64〕 美国纺织品协议执行委员会(Committee for the Implementation of Textile Agreement-CIYA)由商务部牵头,其成员包括国务院、财政部、劳工部和美国贸易代表办公室。该委员会制定的程序规则刊登在 2003 年 5 月 21 日美国联邦纪事第 68 卷第 98 号通知上,名称为《关于对中国进口纺织品和服装采取保障措施公共要求的程序》(Procedures for Considering Requests from the Public for Textile and Apparel Safeguard Actions on Imports from China)。At http://www. commerce. gov;http://otexa. ita. doc. gov,2004 年 2 月 1 日。

7 月 24 日,该委员会收到了由美国 14 个主要贸易协会组成的纺织纤维业联盟提出的申请,要求对从中国进口的针织布、袍服、胸衣和手套实施特别保障措施。[65] 该委员会于 2003 年 11 月 17 日决定,对其中三类纺织品(不包括手套)实行特别保障措施。美国商务部长伊文思于第二天宣布了这个决定。[66] 对美国政府的这一决定,中国外交部和商务部的负责官员分别紧急约见了美国驻华大使雷德先生,表示中国政府对美国政府这一做法极为遗憾,并坚决反对。[67] 中国两部高级官员就中美贸易中出现的相关争议采取如此正式与慎重的做法,历史上并不多见,可见此问题的严重程度。中国纺织品进出口商会代表中国纺织品进出口业界对美方此举提出了强烈抗议,坚决反对美方对中国纺织品和服装的重新设限。2003 年 12 月 24 日,美国纺织品协议执行委员会通知中国政府,要求就上述三种纺织品进行特别保障措施磋商,并公告对上述三类产品自提出磋商之日起实施为期一年的配额数量限制。[68] 2004 年 1 月 12 日,中美两国政府官员开始就此进行磋商谈判。目前仍处于磋商谈判过程中。

2. 欧盟

(1)2002 年 6 月,欧盟委员会通过了一项关于欧盟特定产品过渡性保障机

---

〔65〕　该申请书认为,中国对美国纺织品的出口在 2002 年增长了 117%,纺织品市场贸易已经受到威胁,美国的就业状况正处于危险的境地;并表示,如果纺织品配额在 2005 年 1 月 1 日到期,并且针对中国纺织品的特别保障措施未能有效实施,美国将丧失 63 万个纺织业就业机会。参见《美国纺织纤维业联盟对原产于中国的纺织品服装提出特别保障措施申请》,at http://www. cacs. gov. cn,2003 年 7 月 29 日。

〔66〕　参见《伊文思宣布对中国纺织品实施保障措施决定的结果》,at http://www. commerce. gov./opa/press/2003/relearse,2004 年 2 月 1 日。

〔67〕　2003 年 11 月 19 日和 20 日,中国外交部副部长周文重和商务部副部长马秀红分别紧急约见美国驻华大使雷德,对美国纺织品协议执行委员会不顾中方坚决反对,通过对原产于中国的针织布、胸衣和袍服三种纺织品提出磋商请求的决定感到震惊并表示不满。中国的两位负责官员都指出,美国业界对中国三种纺织品的设限申请是没有依据的,既不符合该委员会公布的有关程序规则的要求,更不符合中国入世工作组报告书的有关承诺。美国政府不顾事实作出磋商决定,违背了 WTO 自由贸易、透明度和非歧视的原则。中国政府保留进一步采取措施的权利。雷德表示,将把中方的上述立场报告给美国政府。参见《外交部和商务部官员就美方对中国纺织品设限问题向美方交涉》,at http://www. cacs. gov. cn,2003 年 11 月 24 日。

〔68〕　设限期间:从 2003 年 12 月 24 日到 2004 年 12 月 23 日。设限数量:针织布 9664.477 吨;胸衣 1682.8971 万打;袍服 409.4382 万打。美国对中国出口至美国的涉案产品,实施管制措施如下:(1)自 2003 年 12 月 24 日起,出口商必须出具出口证明书并传送电子签证数据(ELVIS),才能在美国通关交货;(2)在 2004 年 1 月 23 日以前的一个月过渡期内,出口商无须出具出口证明书及传送电子签证数据,就能在美国通关交货;(3)自 2004 年 1 月 23 日(含)以后,出口商必须出具出口证明书及传送电子签证数据,否则美国海关不予通关。参见《美国对原产于中国的三种纺织品设限一年》,at http://www. cacs. gov. cn,2003 年 12 月 30 日。

制修正案，以立法的方式对自中国进口的产品采取限制措施。该提案对原有的第 3285/94 号和 519/94 号欧盟法规进行了修订，待欧盟理事会通过后将被纳入共同体法规。新提案决定取消对中国部分产品实施进口监督机制，并分阶段取消对中国的三类工业品配额限制作了具体规定。该法律修正案有两项主要条款：一是在 2005 年之前，欧盟将逐步废除目前实行的对中国鞋类、陶具和餐具等某些非纺织品类产品的进口配额限制；二是欧盟将实行针对来自中国的进口产品的"特定产品过渡性保障机制"。2003 年 3 月 8 日，经欧盟理事会讨论通过，欧盟委员会发布第 427/2003 号条例，确立针对中国产品的过渡性保障机制，该条例于 2003 年 3 月 9 日生效。[69]

2002 年 8 月，西班牙柑橘罐头行业要求欧盟对中国出口的柑橘罐头实施限制性的特别保障措施。[70] 2002 年 10 月 18 日，中国罐头工业协会组团赴欧洲展开民间游说，反对西班牙提出的"特别保障措施"立案动议。中国政府为此也与欧盟进行了交涉，希望欧盟慎重考虑。然而，欧盟应西班牙政府的申请，于 2003 年 7 月 11 日发布公告，决定对中国出口的柑橘罐头进行特别保障措施调查。[71] 为此，我国商务部官员多次赴欧交涉，中国罐头工业协会和罐头企业也连续赴西班牙、德国进行游说。2003 年 11 月 10 日，欧盟委员会发布公告，决定对中国出口的柑橘罐头实施临时保障措施，采取关税配额限制中国产品进口。[72] 值得注意的是，欧盟对进口柑橘罐头实施临时保障措施，并不只针对中国，而是还包括其他国家，这从其发布的公告中可以看出。[73] 欧盟对进口柑橘罐头实施临时保障措施后，于 2003 年 12 月 9 日发布公告，宣布终止对原产于中国的柑橘罐头进行临时特别保障措施调查，其理由是：2003 年 11 月 8 日，欧盟委员会基于其所启动的一般保障措施调查结果初裁决定，对原产于中国等国家

---

〔69〕 参见《欧盟针对中国产品的过渡性保障机制生效》，at http://www.cacs.gov.cn，2003 年 4 月 3 日。

〔70〕 参见《西班牙要求欧盟对原产于中国的橘子罐头采取特别保障措施》，at http://www.cacs.gov.cn，2002 年 8 月 30 日。

〔71〕 参见《欧盟委员会对原产于中国的橘子罐头进行特别保障措施调查）, at http://www.cacs.gov.cn，2003 年 7 月 23 日。

〔72〕 参见《欧盟委员会对进口柑橘罐头实施临时保障措施》，at http://www.cacs.gov.cn，2003 年 11 月 14 日。

〔73〕 欧盟委员会在公告中说："此次裁决的临时保障措施采取关税配额的方式，中国在临时保障措施期间的配额为 11389 吨，该配额在传统进口商和其他进口商之间按 85% 和 15% 的比率分配。除中国以外的其他国家的进口配额为 906 吨。超过此配额的柑橘罐头将被征收 155 欧元/吨的从量税。对于对欧出口占欧盟柑橘进口总额不大于 3% 的世贸组织发展中成员，该临时保障措施失效。"

的柑橘罐头实施临时保障措施。鉴于这个一般保障措施足以抵消进口柑橘罐头对欧盟各成员国相关产业所造成的不利影响,因而欧盟委员会未对中国上述产品实施临时特别保障措施。欧盟委员会还认为,同时启动两项并行的保障措施调查程序不符合欧盟的利益,因而决定终止针对中国柑橘罐头进行的临时特别保障措施调查。[74]

　　(2)2002 年 10 月,欧盟委员会发布公告,对其贸易规则 3030/93 中第三国进口纺织品管理的一般规则作出修改,并增加了针对中国的特保措施条款。新增加的针对中国的特保条款提出,原产于中国并包含于《ATC 协议》中的纺织品或服装在下列三种情形下适用于特保措施:一是当上述产品扰乱欧盟市场时,欧盟委员会可根据欧盟成员国提出的请求或自行决定与中国进行磋商。磋商将在收到磋商请求后 30 天内进行。双方将在收到此种请求后 90 天内,尽一切努力就双方满意的解决办法达成协议,除非双方同意延长该期限。收到磋商请求后,中国同意将对这些磋商所涉及的一个或多个类别的纺织品或纺织制成品的装运控制在不超过提出磋商请求当月前的最近 14 个月中前 12 个月进入欧盟市场数量的 7.5%(羊毛产品类别为 6%)的水平。二是在 90 天磋商期内,未能达成双方满意的解决办法,欧盟委员会将对磋商涉及的一个或多个类别的纺织品或纺织制成品实行数量限制。其数量限制应以收到磋商请求时中国该产品的出口量为基础进行测算。其数量限制的期限自提出磋商请求之日起至提出磋商请求当年的 12 月 31 日。如果提出请求时该年只余 3 个月或更短时间,则此数量限制应在提出磋商请求后 12 个月的期限内有效。三是除非欧盟与中国双方另有约定,在没有再次申诉的情况下该数量限制的期限不应超过 1 年。[75]

　　从上述内容不难看出,欧盟的这一立法,实际上是将《工作组报告书》的基本内容包括在内了。虽然欧盟目前还没有针对中国纺织品进行任何"特保措施"调查,然而,据海外媒体报道,欧盟纺织品及服装组织、一些国家的纺织品及服装厂商、协会等组织纷纷表示,支持美国对中国纺织品采取措施[76],还有一

---

〔74〕　参见《欧盟委员会终止针对中国的柑橘罐头进行的临时特别保障措施调查》,at http://www.cacs.gov.cn,2003 年 12 月 12 日。

〔75〕　参见《欧盟将实施新保护措施限制中国纺织品进口》,at http://www.cacs.gov.cn,2002 年 10 月 18 日;《欧盟针对中国纺织品出台特保措施》,at http://www.lawschina.com,2004 年 2 月 1 日。

〔76〕　参见《欧盟纺织品及服装组织支持美国对中国 3 种纺织品实施特别保障措施》,at http://www.cacs.gov.cn,2003 年 12 月 5 日;《土耳其纺织业赞同美国对中国纺织品实施配额限制措施》,at http://www.cacs.gov.cn,2003 年 11 月 27 日。

些国家呼吁欧盟对原产于中国的纺织品实施特别保障措施,如拉脱维亚、立陶宛、爱沙尼亚和波兰纺织协会联名呼吁欧盟对原产于中国的纺织品实施特别保障措施。[77] 看来,欧盟对中国的纺织品进行特别保障措施调查并实施特别保障措施的时间不会太长了。

除美国和欧盟动用中国入世文件中的"特保措施"和纺织品特保条款外,还有不少 WTO 成员方也针对中国修改或制定了相关特保法规,如印度、土耳其、日本、韩国、秘鲁、波兰等,其中一些成员方已对中国的出口产品采取了"特保措施"调查,如印度[78]、土耳其[79]、秘鲁[80]、波兰[81]等,限于篇幅,本文就不再一一列举了。

(四)与中国有关的"特保措施"机制的评价

在入世两年多的今天,实际上我们已很难再对《入世议定书》及《工作组报告书》中规定的"特保措施"条款作出客观全面的评价。不管怎样,中国艰难入世路上的一幕幕仍然历历在目,在这场旷日持久的"中外对抗"中,我们毕竟在形式上最终融入了世界贸易的体制。当然,我们也不得不遗憾地正视这些"特

---

〔77〕 参见《波罗的海三国和波兰纺织工业协会联名呼吁欧盟委员会对原产于中国的纺织品实施特别保障措施》,at http://www.cacs.gov.cn,2003 年 11 月 27 日。

〔78〕 印度依据中国《入世议定书》第 16 条的规定,于 2002 年 6 月 11 日修改其海关关税法,通过了《2002 年海关关税(过渡时期特定产品保护性关税)条例》。印度生产厂商据此提起对中国工业用缝纫机针的"特保措施"的投诉,印度主管当局于 2002 年 8 月 13 日立案并开展"特保措施"调查。经调查后,印度主管当局裁定存在市场扰乱,建议部际协调委员会征收每一根针 1.5 卢比的附加关税。但印度政府于 2003 年 12 月放弃针对中国工业用缝纫机针征收附加的关税。

〔79〕 土耳其政府依据中国《入世议定书》第 16 条的规定,于 2003 年 5 月 28 日通过了《对原产于中华人民共和国产品进口实施监管和保障措施的决定》,并先后对中国的玻璃镜片、水龙头和自行车三种产品进行"特保措施"调查。

〔80〕 据上海 WTO 事务咨询中心的《WTO 快讯》2004 年第 63 期《秘鲁向世贸组织通报对华纺织品采取"特保"措施》一文报道,秘鲁(2004 年)1 月 14 日向世贸组织通报,为了保护其国内产业,秘鲁决定向中国的纺织品施行临时的保障措施。通知包括一份(2003 年)12 月 23 日由秘鲁政府通过的关于向中国 12 种纺织品和服装进口产品征收附加关税的法令。附加关税将维持 200 天,其额度范围从每公斤被单和床单进口品 5.56 美元到每公斤外衣和裙子 35.22 美元。

〔81〕 据上海 WTO 事务咨询中心的《WTO 快讯》2004 年第 63 期《波兰向 WTO 通报将就来自中国鞋类采取"特保"》一文报道,(2004 年)1 月 26 日波兰在发给世贸成员的通报中表示,正在寻求与中国进行关于对中国鞋类采取"特保"的磋商。波兰表示近几年的进口大幅增加,造成了其本土鞋类制造业的萎缩。2003 年波兰解除了自 1999 年开始生效的对中国鞋类进口的保障磋商。2003 年,波兰意识到中国鞋类进口的数量在该年的第一个月就达到了 4110 万双,超过了实行保障磋商期间的总进口数量。与此同时,中国鞋类的平均价格开始达到了自 1999 年以来的最低价并且远远低于其国内生产的平均价。

别保障措施"在规则上的歧视性及其带有的历史痕迹,还有在其背后中国入世所付出的代价。

翻开 WTO 前身 GATT 的历史,我们可以发现,最早的"特保措施"是一些国家在 20 世纪 50 年代中期日本加入 GATT 时用来对付日本的。后来虽然由于另一些缔约方坚持适用最惠国待遇原则,致使特殊保障机制未能设立,但在日本加入 GATT 时,西欧 14 个缔约方引用 GATT 第 35 条与日本互不适用 GATT,以此来彻底保障本国市场不受日本产品的扰乱。后来,日本用了十多年的时间与这些缔约方逐个达成双边协议,对一些敏感产品设置"自愿出口限制",才换取了上述缔约方与其相互适用 GATT。[82] 随后是在 20 世纪 60 年代末 70 年代初,由于波兰、罗马尼亚、匈牙利三国计划经济和国营贸易的性质,在它们加入 GATT 时都被迫在议定书中接受了"特保"条款。然而,针对这三国所规定的"特保"条款的权利义务失衡与歧视性仍然不及中国的"特保"条款。[83] 罗马尼亚和匈牙利议定书所规定的特殊保障机制具有双向性,只有波兰的单向特殊保障机制与我国是一样的,即只能由其他缔约方对波兰采取特殊保障措施,波兰则无权采取。三国议定书所规定的特殊保障机制中还规定了报复机制,即被实施特殊保障措施的一方"有权对实质上相当的贸易,偏离其对该有关缔约方(采取'特保措施方')的义务"。与中国"特保措施"条款中被虚化的报复机制相比,其规则上的制约意义可能更大。

众所周知,纺织业是我国具有百年历史的传统产业,纺织品是我国最具比较优势的产品,纺织品关税的减让及配额的取消,对发挥我国特有的劳动力成本低廉优势及解决就业、扩大出口有着重要意义。早在 1993 年,我国就已成为纺织品贸易的最大供应国,而纺织品出口也占到了总出口额的五分之一以上。入世后第一年的 2002 年,我国纺织品服装出口额突破 600 亿美元大关。[84] 作

〔82〕 1955 年日本加入 GATT 时,有 14 个 GATT 缔约方运用 GATT 第 35 条规定,即"互不适用"条款。这 14 个缔约方是:英国、法国、荷兰、比利时、卢森堡、奥地利、澳大利亚、新西兰、古巴、海地、巴西、印度、南非和罗得西亚。后来,援引 GATT 1947 的国家增加到 35 个。随着时间的推移,不少缔约方取消了与日本的 GATT 第 35 条"互不适用"规定,但有一些国家直至 GATT 1947 结束仍未取消。参见前 WTO 争端解决上诉机构成员日本东京大学教授松下满雄(Mitsuo Matsushita)在参加上海 WTO 事务咨询中心第三届顾问委员会年会(2003 年 11 月在上海举行)上的发言稿。

〔83〕 波兰《加入 GATT 议定书》第 4 条、罗马尼亚《加入 GATT 议定书》第 4 条、匈牙利《加入 GATT 议定书》第 5 条都规定了过渡期特保措施条款。

〔84〕 龚进礼:《纺织经济运行 2003 年分析及 2004 年展望(1)》,at http://www.ctmgc.com.cn/jituan-windows/hyxx2003/0331/fzyx1.htm,2004 年 2 月 1 日。

为出口依存度相当高（50％）的产业，纺织品出口在我国出口贸易中具有十分重要的战略地位。应该说，正是因为纺织品对我国如此重要及其在世界市场上令许多国家恐惧的竞争力，才有了《工作组报告书》中对纺织品设置了与《ATC协议》不一样的"特保措施"条款。不管我们今天如何评价或批评这些条款，也不管这些条款看上去有多么地不顺眼，这都是我们不得不接受的。冷静地分析，入世后我国纺织产业面临双重考验，一是要遭受WTO其他成员方两种"特保措施"的歧视待遇，二是却要在这段过渡期内对外国进口纺织品实行国民待遇、最惠国待遇。毫无疑问，这种安排是世界上其他一些国家疯狂维护其自身利益，竭力遏制中国快速发展的用心使然。用赵维田先生的话说，它已背离其保障WTO体制顺利运转的机能，异化成大国保护主义的手段，或者说一种很不光彩的抑制我国经贸发展的计谋。

当然，面对既有的规则我们并非无所作为。在"特保措施"领域，我们可以借鉴应对反倾销过程中积累的一些经验，如产业预警体制、行业协同机制、加强人才培养、认真研究世贸规则、积极协商等。另外，我国具有发展中国家强劲的后发优势与劳动力成本低廉所带来的比较优势，只要我们能创造出世界各国消费者喜爱的大量物美价廉的商品[85]，同时注意运用其他各种经济、政治关系在国际社会中的影响作用，我国产品包括纺织品所面临的规则上的劣势并不必然能阻止其发展的步伐。

三、"贸易政策审议"的8年

（一）WTO的贸易政策审议机制[86]

贸易政策审议机制是WTO的基本制度之一，是WTO法律架构的重要组成

---

　　[85]　这实际上牵涉到公共利益问题，在规则上反映为《入世议定书》第16条第5款："在采取特保措施前，采取此段行动的WTO成员方应向所有利害关系方提供合理的公告，并应向进口商、出口商及其他利害关系方提供充分机会，供其就拟议措施的适当性及是否符合公共利益提出意见和证据。此外，该WTO成员方还应将采取该措施的理由、范围与期限，作出书面公告。"

　　[86]　《入世议定书》第18条是关于"过渡性审议机制"的规定。为研究需要，笔者将其重点突出，简化为此标题。具体内容参见《入世议定书》第18条，对外贸易经济合作部世界贸易组织司译：《中国加入世界贸易组织法律文件》，法律出版社2002年版，第13—14页。

部分。[87] 实施贸易政策审议机制的目的,"是促使成员方提高贸易政策和措施的透明度,履行所作的承诺,更好地遵守世界贸易组织规则,从而有助于多边贸易体制平稳运行"[88]。

贸易政策审议由贸易政策审议机构负责实施。贸易政策审议机构实质上就是世贸组织的总理事会。贸易政策审议的对象是"所有成员的贸易政策和做法"[89],贸易政策审议的结果,既不能"作为履行各协议项下具体义务或争端解决程序的基础,也无意向各成员强加新的政策承诺"[90]。

贸易政策审议机构的审议不同于 WTO 各专门机构的审议。各专门机构,如反倾销措施委员会、纺织品监督机构等,只负责审议成员执行特定协议的情况,而不是"对各成员的全部贸易政策和做法及其对多边贸易体制运行的影响进行定期的集体鉴定和评估"[91]。

成员方接受贸易政策审议机构的审议频率,是由各成员对多边贸易体制运行的影响程度决定的,"此种影响按其在一最近代表期的世界贸易中所占份额确定。按此确定的前 4 个贸易实体(欧共体计为一实体)每两年审议一次,其后的 16 个实体每 4 年审议一次,其他成员每 6 年审议一次,但可对最不发达国家成员确定更长的期限。"[92] 正式审议工作由贸易政策审议机构负责,对所有成员开放,它是在 WTO 秘书处报告和接受审议成员方作出政策声明的基础上进行的。审议时,由贸易政策审议机构主席与接受审议的一个或多个成员磋商后,可选出讨论人(discussants),讨论人以个人身份行事,负责引导在贸易政策审议机构中进行的讨论。审议会议一般先由被审议成员方发言,然后由讨论人发言,与会者发表意见等。被审议成员方还要对各成员提出的意见作出答复,或者在一定期间内作出书面补充答复。审议会议在贸易政策审议机构主席作出总结后结束,最终由秘书处形成审议报告分发各成员方。[93]

---

〔87〕 "贸易政策审议机制"是《马拉喀什建立世界贸易组织协定》的附件 3,是构成该协定的 4 个附件之一。

〔88〕 石广生主编:《世界贸易组织基本知识》,人民出版社 2001 年版,第 68 页。

〔89〕 参见《马拉喀什建立世界贸易组织协定》附件 3 "贸易政策审议机制",对外贸易经济合作部国际经贸关系司译:《世界贸易组织乌拉圭回合多边贸易谈判结果法律文本》,法律出版社 2000 年版,第 380 页。

〔90〕 同上。

〔91〕 同上。

〔92〕 同上。

〔93〕 同上。

贸易政策审议机制的作用主要是,通过对各成员的贸易政策进行审议,有助于增加多边贸易体制的透明度;有助于增加成员方的相互了解,减少或避免产生贸易争端;有助于被接受审议的成员方的贸易政策的制定与改进,并督促其履行作为 WTO 成员的义务。

(二)《入世议定书》中关于过渡性审议机制的主要规定

《入世议定书》第 18 条以及其附件 1A 和附件 1B 是关于我国过渡性审议机制的规定。其主要内容是:[94]

(1)WTO 的下属机构(共 16 个)应在加入一年内,审议中国实施《WTO 协定》和《入世议定书》相关规定的情况。中国应在审议前向每一下属机构提供相关信息,包括附件 1A 所列信息。每一下属机构应迅速向有关理事会报告审议结果,有关理事会应随后迅速向总理事会报告。

(2)总理事会应在加入一年内,审议中国实施《WTO 协定》和《入世议定书》条款的情况。总理事会应依照附件 1B 所列框架,并按照上述第 1 款进行的任何审议结果,进行此项审议。

(3)根据本条审议问题不得损害包括中国在内的任何 WTO 成员在《WTO 协定》或任何诸边贸易协议项下的权利和义务,并不得排除或构成要求磋商或援用《WTO 协定》或《入世议定书》中其他规定的先决条件。

(4)第 1 款和第 2 款规定的审议将在加入后 8 年内每年进行。此后,将在第 10 年或总理事会决定的较早日期最终审议。

此外,根据上述第 1、2 款的规定,中国有权在 WTO 下属机构审议时,也提出其他一些国家在履行与中国的所谓保留条件方面存在的问题,即在一定条件和时间范围内逐步取消采取的限制或措施。

(三)对过渡性审议机制的简要评述

如上所述,WTO 贸易政策审议机制在多方面具有重要作用,对 WTO 所有成员的贸易政策定期进行审议也是十分有必要的。然而,从对中国"过渡性审议机制"来看,与一般 WTO 成员的贸易审议机制相比,明显存在不少不合理的

---

〔94〕 《入世议定书》第 18 条以及附件 1A 和附件 1B,参见对外贸易经济合作部世界贸易组织司译:《中国加入世界贸易组织法律文件》,法律出版社 2002 年版,第 13—14 页、第 15—22 页。

情况。一是对中国的贸易政策审议不仅要在总理事会层面上进行,而且更是要在众多的下属机构的层面上进行,并列出了下属的 16 个理事会和委员会名单;二是对中国的贸易政策审议要求中国在审议前提供的信息十分广泛,内容非常具体,从经济数据、经济政策,直到与 WTO 所有协议有关的政策与措施,甚至还包括中国目前尚未加入的有关政府采购协议方面的要求[95];三是对中国的贸易政策审议的频率很高,即加入后 8 年内每年进行;四是对中国的贸易政策的审议并未排除按 WTO 贸易政策审议机制的正常审议,即除了要对中国进行过渡性审议,还要进行每 2 年或 4 年(视中国贸易额而定)的总理事会的正常贸易政策审议。

入世后,WTO 已对中国进行了两次过渡性贸易政策审议,为此,我国政府许多相关部门作了充分的准备,花费了不少的人力、物力和财力,尽力做好这一工作。从总体上来看,各成员方对中国的评价是肯定和积极的。通过这两次对我国贸易政策的审议,我国政府也积累了不少经验,相信这一条款的不利影响会随着时间的推移逐渐减弱,直至消失。

四、结论

中国入世,经过 15 年的曲折历程,终于在 2001 年底成为现实。随着中国的入世,中国的改革开放进入了一个新的历史阶段。与入世所开创的使中国融入经济全球化体制、为中国经济发展创造更广阔的空间相比,中国入世所付出的一定代价也就算不上什么了,这是一方面。另一方面,我们也应对我们所付出的代价进行一些分析与思考,特别是对我们不利的条款已经或可能产生的问题和影响进行分析与思考。本文正是从这一角度出发,对我国入世法律文件中若干不利条款进行一些初步的解读与评析,进而为寻求解决办法,避免、防止或减少其对我国贸易政策和经济发展产生的负面影响提供铺垫,这就是本文写作目的之所在。本文的简要结论是:

(1)中国入世,是中国政府的重大政治和经济决策,它不仅会对中国的经济政策和经济发展带来重大影响,而且也会在很大程度上影响中国的政治和政治

---

〔95〕 《入世议定书》附件 1A,参见对外贸易经济合作部世界贸易组织司译:《中国加入世界贸易组织法律文件》,法律出版社 2002 年版,第 20 页。

改革,它标志着中国的改革开放进入了一个新的历史阶段。

（2）中国为加入 WTO 付出了一定的代价,尤其是多项不利条款包括在中国入世法律文件中,客观上使中国承担了一些一般 WTO 成员并不承担的义务,这会对中国政府的贸易政策和中国产品出口带来一定的不利影响。这也是必须承认的。

（3）对于中国入世法律文件中若干不利条款已经产生和进一步可能产生的影响,中国政府需要认真对待,应从多方面寻求对策,包括政治、外交、经济,尽可能将其负面影响减至最小,这不仅是必要的,而且是可能的。

（4）作为国际经贸活动主体的公司和企业,不仅要了解和熟悉 WTO 规则,包括中国入世法律文件中的重要内容的规定,而且要熟练运用这些规则,并要支持与依靠中国政府,为自身在经济全球化下的发展创造出以规则为基础的公平竞争环境。

国际金融危机与"购买美国货"条款*

摘　要:美国爆发的金融危机给全球金融和经济贸易带来极大的影响,为此,各国纷纷出台应对当前金融危机、刺激经济复苏的政策和措施,美国更是如此。2009 年 2 月 17 日,美国总统奥巴马签署了《2009 年美国复兴与再投资法》,[1]使之正式成为法律并生效,奥巴马"新政"由此也正式启航。然而,美国应对金融危机、刺激经济复苏方案出台前后,不仅在美国国内引起激烈争论,而且在全球范围内也引起轩然大波,矛盾的焦点主要集中在该法的"购买美国货"条款上。带有明显贸易保护主义的"购买美国货"条款出台,使世界上贸易保护主义进一步抬头和泛滥,各国在应对金融和经济危机的同时,不得不与贸易保护主义作斗争。

关键词:金融危机　"购买美国货"条款　策略选择

一、美国刺激经济复苏方案的出台

美国 2007 年爆发的次贷金融危机的发展与蔓延,给美国经济带来极大的负面影响,"失业率增加、更多房产丧失赎回权,国内生产总值萎缩"。[2] 为应对这一次贷金融危机,美国布什政府最后一年任内的重要任务之一,就是希望说服美国国会通过 7000 亿美元的救市计划。布什政府费了九牛二虎之力游说

---

　　* 本文发表于《商务国际研究》2009 年第 2 期。

　　〔1〕 英文为 *The American Recovery and Reinvestment Act 2009*,该法案经美国国会内部激烈辩论和国会与奥巴马政府讨价还价后,美国国会众议院于 2009 年 1 月 28 日通过,参议院于 2009 年 2 月 10 日通过,参、众两院于 2009 年 2 月 13 日通过。

　　〔2〕 美联储前主席伯南克在国会参议院银行委员会作证时所说。参见《国际金融报》2008 年 9 月 25 日,转引自新浪网《没有人喜欢 7000 亿 美国会议员:2000 亿怎么样》一文。

国会通过该救助计划[3],几经周折,直到布什总统届满离任前3个月,该计划才获得国会的批准。[4] 2008年11月,美国总统大选结果揭晓,民主党奥巴马当选美国总统。2009年1月20日,奥巴马总统正式上任。他上任后的第一件大事就是处理深陷金融危机的美国经济。鉴于美国国会内民主党占有多数席位,再加上美国民主党传统的政治和经济理念以及奥巴马竞选时的承诺,美国出台应对金融危机、刺激经济复苏政策和措施的阻力显然少了许多。经过美国国会参议院和众议院内部的激烈辩论以及国会与奥巴马政府多次的讨论和协商后,美国国会参、众两院最终于2009年2月13日通过了总额为7870亿美元的一揽子刺激经济复苏的方案,即《2009年美国复兴与再投资法》。2月17日美国总统奥巴马正式签署该法,美国刺激经济复苏方案出台了。

美国上述7870亿美元刺激经济复苏的方案主要包括:2883亿美元左右的减税计划(约占方案总额1/3)、1200亿美元的基础设施投资项目、1060亿美元的教育投入、375亿美元的能源领域投资及240亿美元的对困难家庭和居民的救助措施。按照美国国会预算办公室(CBO)的估算,该计划中的74%将在2010财年结束前(截至9月30日)完成。[5]

---

[3] 例如,在2008年9月美国国会的一次听证会上,美国财政部部长保尔在事先准备好的证词中说,鉴于金融危机已经达到一个"新的水平"并正在向其他经济领域扩散,美国政府必须将问题抵押贷款相关资产从金融系统中彻底剔除,需要通过一个紧急立法解决方案,以此来解决这场危机的根本问题。美联储主席伯南克说:"鉴于金融市场急速恶化,必须着手解决眼下的危机。""我的责任完全是为了实现美国经济的复苏。"他对财政部的救援计划表示支持,并敦促国会尽快通过。然而,据当地媒体报道,他们的作证,受到参议院银行委员会成员的冷遇。美国众议院在2008年9月29日的首轮投票中以228票对205票否决了财政部7000亿美元的救市计划。美国总统布什也在白宫发表讲话称,救助陷入严重危机的美国金融已经到了一个刻不容缓的时刻,如果政府提交国会的7000亿美元救市计划未能获得批准,整个美国经济将陷入恐慌。转引自新浪网《没有人喜欢7000亿美国会议员:2000亿怎么样》《美众议院否决财政部7000亿美元救市计划》,中国新闻网邱江波:《布什:若救市计划不及时批准 美国经济将陷恐慌》。

[4] 美国众议院于2008年10月3日投票通过了财政部7000亿美元的金融市场拯救计划,为了帮助救市计划得以通过,布什此前曾多次致电共和党议员进行游说。在9月29日,仅有65名共和党议员支持该计划,而投赞成票的民主党议员有140人。而在今天的投票中,有91名共和党议员和172名民主党议员赞成该计划,分别占众议院共和党和民主党议员总数的不到一半和2/3以上。约一小时后,美国总统布什在白宫签署了该金融市场拯救计划,即《2008年紧急经济稳定法案》。引自新浪网2008年10月4日《美国众议院通过新版救市方案》和《布什签字 救市法案正式生效》。

[5] 引自中国贸易救济网站2009年2月18日《"Buy America"致中国无法受益美振兴方案》和2009年2月19日《奥巴马签署经济刺激法案》。

二、关于"购买美国货"条款争论

面对当前金融危机给各国金融和经济贸易带来的巨大影响,各国纷纷出台各种应对危机、刺激经济复苏的政策和措施,不仅是理所当然、无可厚非,而且备受赞赏。例如,中国政府为应对"外部需求明显收缩,部分行业产能过剩,企业生产经营困难,城镇失业人员增多,经济增长下行的压力明显加大"等情况[6],决定拿出 4 万亿人民币刺激经济复苏和增长,此举得到了不少国家,包括美国以及国际组织的赞赏。按道理,美国的刺激经济计划也应该像中国等其他国家的刺激经济计划一样,得到国际社会的鼓励和赞扬。然而,与人们的预料完全相反,美国这一次的刺激经济计划与 4 个月前的美国救市计划完全不一样,受到了国际社会、包括美国国内的普遍质疑和反对。为什么会出现这一反常现象呢?情况可能很复杂,但事实却非常简单,因为在其长达千页的刺激经济计划内包含了不足一页的、带有明显贸易保护主义的"购买美国货"条款。

(一)"购买美国货"条款在质疑声中出台

在美国总统奥巴马的强力敦促下,美国众议院于 2009 年 1 月 28 日以 244 票赞成、188 票反对通过了奥巴马提出的总额为 8190 亿美元的经济刺激计划。该计划的核心是支出和减税,众议院通过的议案在这个核心部分加进了许多新措施,包括带有明显贸易保护主义的"购买美国货"条款。[7] 在 2 月 4 日美国参议院讨论经济刺激计划时,共和党议员麦凯恩提出议案,表示应当禁止"购买美国货"的规定出现在新经济刺激方案的任何条款中,但参议院当天以 31 票赞成 65 票反对否决了他的议案。[8] 2 月 10 日,美国国会参议院在争议声中最终

---

〔6〕 2009 年 1 月 28 日,中国国务院总理温家宝在瑞士达沃斯世界经济论坛 2009 年年会上发表特别致辞,见东方早报 2009 年 2 月 1 日,转引自新浪网《外媒:温家宝总理给西方开出一剂中国药方》一文。

〔7〕 美国众议院批准的经济刺激计划中规定,获得刺激方案资金支持的任何基础设施项目,其使用的钢铁产品必须为美国生产,除非联邦政府认定购买美国钢铁产品成本过高,会损害公众利益。该方案还规定美国运输安全管理局所使用的任何制服和纺织品必须是真正的"美国制造"。引自中国贸易救济网站 2009 年 2 月 1 日《美国众议院通过经济刺激计划》和 2009 年 2 月 3 日《"购买美国货"条款会引发贸易保护主义潮》。

〔8〕 参见美中贸易委员会网站(http://www. uschina. org/)"111th Congress, First Session, Legislation Related to China"和新浪网 2009 年 2 月 17 日《龙永图:世界贸易保护主义可能部分落向实处》。

投票批准了总额为 8380 亿美元的经济刺激计划。[9] 2 月 13 日,经过长时间持续拉锯的经济刺激计划,在软化了"购买美国货"条款后,终于获得美国国会参众两院一致通过,批准了总额为 7870 亿美元的经济刺激计划。[10] 2 月 17 日,美国总统奥巴马签署了该计划,使之正式成为法律并生效。至此,"购买美国货"条款终于在一片质疑声中出台。

(二)"购买美国货"条款主要内容

美国国会通过的刺激经济计划内的"购买美国货"条款主要内容是:

凡受到计划支持的公共建筑和公共工程的建造、改建、维护或修理必须使用美国生产的钢铁及其制成品,[11] 除非:(1)美国钢铁产品数量不够;(2)购买美国钢铁产品成本高出外国钢铁产品 25%;(3)联邦政府认定购买美国钢铁产品会损害公共利益。[12] 同时,还规定了该条款的适用应与国际协议项下美国承担的义务一致。[13] 此外,还包括了要求美国国土安全部购买美国生产的纺织品和服装的内容。[14]

事实上,上述"购买美国货"条款的框架结构和主要内容基本上仅是美国业

---

〔9〕 美国国会参议院在最终投票中以 61 票对 37 票的投票结果,批准了总额为 8380 亿美元的经济刺激计划。其中包括 2930 亿美元减税方案和 5460 亿美元开支计划。参见中国贸易救济网站 2009 年 2 月 12 日《美国参议院批准经济刺激计划》。

〔10〕 美国国会众议院在最终表决中以 246 票对 183 票的投票结果、参议院在最终投票表决中以 60 票对 38 票的投票结果,批准了总额为 7870 亿美元的经济刺激计划。"购买美国货"条款也有所软化,即加上了美国政府在实施这一条款时不得违背其签署的国际贸易协议。同时,美国政府还可以从公众利益出发,不实施这一条款,但应公开其理由。参见中国贸易救济网站 2009 年 2 月 17 日《美国参众两院放行 7870 亿美元的刺激案》。

〔11〕 英文为:"Section 1604 requires that the construction, alteration, maintenance, or repair of a public building or public work must use iron, steel and manufactured goods produced in the United States."参见美中贸易委员会网站(http://www. uschina. org/)"111th Congress, First Session, Legislation Related to China"中 *The American Reinvestment and Recovery Act 2009*。

〔12〕 参见美中贸易委员会网站(http://www. uschina. org/)"Tell Your Congressional Representatives and President Obama to Oppose the Unnecessary Buy American Provision"和中国贸易救济网站 2009 年 2 月 3 日《"购买美国货"条款会引发贸易保护主义潮》。

〔13〕 英文为:"Clarifies that the Buy American provisions shall be applied in a manner consistent with US obligations under international agreements."参见美中贸易委员会网站(http://www. uschina. org/)"111th Congress, First Session, Legislation Related to China"。

〔14〕 英文为:"requires the Department of Homeland Security to purchase uniforms from US apparel manufacturers."参见美中贸易委员会网站(http://www. uschina. org/)"111th Congress, First Session, Legislation Related to China"中 *The American Reinvestment and Recovery Act 2009*。

已存在的《购买美国货法》中一个条款的翻版,[15]并没有特别新的内容。

(三)"购买美国货"条款合规性争议

针对美国刺激经济计划内的"购买美国货"条款,在国际上,包括美国国内,引起了空前广泛的争议,尤其是有关该条款合规性的争议。

美国国内关于"购买美国货"条款的争论十分激烈,针锋相对,难分上下。

一种持支持态度。例如,在美国众议院通过含有"购买美国货"条款的刺激经济计划的第二天,美国副总统约瑟夫·拜登在接受美国 CNBC 电视频道采访时表示,在经济刺激方案中包含购买美国产品的条款是"合法的"。[16] 美国经济政策研究院资深国际经济学家 Robert E. Scott 认为:"刺激经济法案中的购买美国货规则是一种高明的政策,该政策并不与我们签订的任何条约相冲突。"[17]

美国制造业和工会人士说,"购买美国货"条款不会引起争议,因为该条款

---

[15]　即"购买美国货"条款的 25.200—25.202 部分。英文如下:

25.200 Scope of subpart.

This subpart implements the Buy American Act (41 U. S. C. 10a-10d) and Executive Order 10582, December 17,1954. It applies to contracts for the construction, alteration, or repair of any public building or public work in the United States.

25.201 Policy.

Except as provided in 25.202, use only domestic construction materials in construction contracts performed in the United States.

25.202 Exceptions.

(a) When one of the following exceptions applies, the contracting officer may acquire foreign construction materials without regard to the restrictions of the Buy American Act:

(1) Impracticable or inconsistent with public interest. The head of the agency may determine that application of the restrictions of the Buy American Act to a particular construction material would be impracticable or would be inconsistent with the public interest. The public interest exception applies when an agency has an agreement with a foreign government that provides a blanket exception to the Buy American Act.

(2) Nonavailability. The head of the contracting activity may determine that a particular construction material is not mined, produced, or manufactured in the United States in sufficient and reasonably available commercial quantities of a satisfactory quality. The determinations of nonavailability of the articles listed at 25.104(a) and the procedures at 25.103(b)(1) also apply if any of those articles are acquired as construction materials.

(3) Unreasonable cost. The contracting officer concludes that the cost of domestic construction material is unreasonable in accordance with 25.204.

[16]　参见中国贸易救济网站 2009 年 2 月 3 日《"购买美国货"条款会引发贸易保护主义潮》。

[17]　原文为"The buy-American rule in the stimulus bill is smart policy that won't run afoul of any of our trade treaties." 引自 Beth Murtagh:"Taking a look at what it means to buy American", Pittsburgh Business Times, Feb. 11,2009.

在美国已经存在了 70 多年。[18]

而更多的人士和媒体持批评的态度。就在美国参议院讨论刺激经济法案时，共和党议员麦凯恩提出议案，表示应当禁止"购买美国货"条款的规定出现在新经济刺激方案的任何条款中，因为它等于向世界传递美国将重拾保护主义的信号，它违反了美国在国际贸易协定中的义务，只会引发贸易战，加深全球经济衰退。[19] 美国哥伦比亚大学 Jagdish Bhagwati 教授认为："购买美国货条款单方面破坏了先前的贸易协定，违反了我们作出的承诺。"[20] 美国达特茅斯大学著名经济学家道格拉斯·欧文在《纽约时报》撰文指出，世界贸易濒临崩溃，美国进口正在以两位数骤减，世界经济最怕的是对贸易落井下石，但不幸的是，这可能是美国正在做的事情。[21]《华盛顿邮报》发表社论，批评经济刺激方案正成为贸易保护主义复活的工具。[22] 美国著名智库华盛顿彼得森国际经济研究所两位知名经济学家霍夫鲍尔和斯考特在该所出版的《政策概要》上，发表了题为《购买美国货：不利就业、有损声誉》的报告。该报告认为，这些条款不仅会危及脆弱的全球贸易体系，破坏美国欲在目前全球经济危机中扮演领导者的努力，而且会产生事与愿违的后果，因这些条款而失去的工作岗位要比原想"保护"的工作岗位还要多。[23]

相较于美国国内关于"购买美国货"条款十分激烈的争论，国际上却是呈一边倒之势，几乎一致批评美国经济刺激方案中的"购买美国货"条款。

就在美国总统奥巴马就任前一天，德国总理默克尔在德国工业联合会发表讲话时警告美国不要因金融危机而陷入贸易保护主义泥潭。[24] 日本财务大臣中川昭一表示，"购买美国货"条款代表着贸易保护主义，七国集团和二十国集团成员都已经明确表示了对这一条款的反对。中川昭一还表示，世界贸易组织

---

〔18〕 引自 Beth Murtagh："Taking a look at what it means to buy American"，Pittsburgh Business Times，Feb. 11，2009.

〔19〕 参见美中贸易委员会网站（http：//www. uschina. org/）"111th Congress，First Session，Legislation Related to China"和新浪网 2009 年 2 月 17 日《龙永图：世界贸易保护主义可能部分落向实处》。

〔20〕 原文为"The buy-American provisions unravel previous trade agreement unilaterally and in violation to the concessions we made. " Jagdish Bhagwati 先生是美国哥伦比亚大学经济学和法学教授，美国对外关系委员会资深成员，也是最近发表的"贸易体系中的白蚁"文章的作者。引自 Beth Murtagh："Taking a look at what it means to buy American"，Pittsburgh Business Times，Feb. 11，2009.

〔21〕 参见新华网新华社记者严锋：《经济观察：贸易保护主义有弊无利》，2009 年 2 月 3 日。

〔22〕 同上。

〔23〕 参见《"购买美国货"条款：失大于得》，载《人民日报》2009 年 2 月 5 日。

〔24〕 参见中国贸易救济网站 2009 年 1 月 22 日《默克尔警告美不要搞贸易保护主义》。

的所有成员都应当遵守贸易自由化原则,"我们已经在'大萧条'时期尝到过贸易保护主义的教训"[25]。英国商务大臣彼得·曼德尔森对奥巴马政府推出的"购买美国货"计划进行了激烈抨击,称这项计划可能导致贸易冲突。曼德尔森表示:"如果这场'购买美国货'运动一旦展开,那就有可能转变为真正的贸易壁垒,这是我们在全球经济中最不需要的东西。"[26]

中国商务部发言人也不指名地批评了美国的这一做法,指出:"当前,受国际金融危机加深影响,有的国家在刺激经济的方案中提出了优先购买本国产品的条款,我们对此深感忧虑。"[27]

一些国际组织也呼吁警惕当前一些国家出现贸易保护主义抬头的趋势,例如,国际货币基金组织、世界银行、经合组织、世界贸易组织和国际劳工组织的负责人在德国柏林发表联合声明,呼吁各国政府有责任抑制贸易保护主义抬头的趋势;[28]针对美国的"购买美国货"条款,经济合作发展组织秘书长古瑞亚甚至号召"各国应联手打击诸如美国经济振兴方案'购买美国货'条款的新贸易保护主义措施。"[29]

笔者认为,关于美国"购买美国货"条款合规性问题,由于美国参议院在讨论该条款时,为了平息国内外对该条款合规性的质疑和一部分共和党参议院的强烈反对,特意加上了"'购买美国货'条款的适用应与国际协议项下美国承担的义务一致",巧妙地规避了合规性的质疑,同时,也在相当程度上"善意"回应了国外、特别是西方发达国家关于该条款贸易保护主义的责难和批评。因为根据参议院的这一修改,凡是与美国签订区域自由贸易协定的国家,[30]或与美国

---

〔25〕 参见中国贸易救济网站 2009 年 2 月 11 日《日本财相:七国集团财长会议将讨论"购买美国货"问题》。

〔26〕 参见新华网 2009 年 2 月 2 日《英商务大臣谴责美国"买国货"计划》。

〔27〕 参见《新闻晨报》2009 年 2 月 17 日《商务部不点名批评"买美货"条款》和上海 WTO 事务咨询中心网站 2009 年 2 月 17 日《商务部:对部分国家提出优先购买本国产品深感忧虑》。

〔28〕 该联合声明说,尽管全球经济处于艰难状态,各国仍然有责任抑制贸易保护主义抬头的趋势,共同行动,采取切实可行的措施推进国际贸易,并确保各自的经济刺激方案不会影响到国际贸易的正常进行,开放的贸易和跨境投资是确保全球经济发展的重要前提。参见上海 WTO 事务咨询中心网站 2009 年 2 月 6 日《OECD 秘书长呼吁齐力抵抗购买美国货条款》。

〔29〕 参见上海 WTO 事务咨询中心网站 2009 年 2 月 18 日《世界五大经济组织呼吁警惕贸易保护主义抬头》。

〔30〕 截至 2009 年 2 月 27 日,与美国签订区域自由贸易协定的国家是:以色列、墨西哥、加拿大、约旦、智利、新加坡、澳大利亚、摩洛哥、巴林、阿曼、秘鲁;与美国已签订区域自由贸易协定尚待美国国会批准的国家是:哥伦比亚、巴拿马和韩国。上述资料根据美国贸易代表网站统计整理。

共同参加世界贸易组织《政府采购协议》的成员,[31]原则上,就不受什么大的影响。这样,真正受到很大影响的就是相当一部分发展中国家,尤其是发展中国家中的大国,如中国、印度、巴西等。

尽管美国国会对"购买美国货"条款进行了修正,巧妙地规避了对该条款合规性的质疑,但是,该条款的贸易保护主义的实质和"自私"性质是谁也否认不了的,就连美国总统奥巴马在美国众议院通过带有"购买美国货"条款的经济刺激法案后也承认:"我认为这可能是个错误,在全球贸易下降的背景下我们开始传递一种貌似我们只顾及自身而不顾全球贸易的信号。"他还表示不想传达国际贸易保护主义的信号,并可能在国会提交的经济刺激法案中修改"购买美国货"的语句。[32]

三、"购买美国货"条款不是一剂"良药"

美国的金融危机导致美国经济严重不振,就像一个人生病,需要花钱求医买药治病,那么,"购买美国货"是不是一剂"良药"呢?笔者同意相当一部分人士的看法,认为:"购买美国货"不是一剂"良药",从长远来看,很可能是一剂"毒药"。基本分析如下。

第一,从历史上来看,贸易保护主义的做法就不是一剂"良药"。例如,1930年6月,也就是1929年美国股市崩盘后,美国胡佛政府为了保护国内工业不受大量进口商品冲击,提出并通过了《斯姆特－霍利关税法》,开始对2万余种进口商品征收高额关税,立即引起其他国家的不满,同时引发对美国出口商品的报复,这种以邻为壑的政策使全球贸易几乎中止,美国的经济也由此下降了2/3,一半的人失去工作。[33]尽管当前政治、经济形势早已今非昔比,但历史的教训仍然值得重视。

---

〔31〕 截至2009年2月,加入《政府采购协议》的世贸组织成员有41个,分别为:加拿大、欧盟及其27个成员国、中国香港、冰岛、以色列、日本、韩国、列支敦士登、荷兰、挪威、新加坡、瑞士、美国、中国台北(Chinese Taipei),包括中国在内的正在进行加入《政府采购协议》谈判或成为观察员的世贸组织成员有22个。根据世界贸易组织,缔约方对其他缔约方的货物、服务和供应商提供国民待遇,采购应以公平、透明和可预测的方式进行,符合一定的规则和程序。上述资料根据世界贸易组织网站和中国贸易救济网站统计整理。

〔32〕 参见中国贸易救济网站2009年2月5日《奥巴马表示美国不能传达贸易保护主义信号》。

〔33〕 参见石河:《"购买美国货"条款饮鸩止渴》,载《光明日报》2009年2月5日。

第二,保护主义的"购买美国货"条款的出台,违背了美国政府的承诺,使当今头号大国美国的诚信大打折扣。美国一直以"自由贸易""公平贸易"主张和捍卫者自居,这种明显带有贸易保护主义的"购买美国货"条款与自由、公平贸易有何相似之处? 不仅没有任何相似之处,而且是根本背道而驰的。就在美国深陷经济不景气之时,在 2008 年 11 月二十国集团华盛顿峰会上,包括美国在内的与会国就支持自由贸易、反对保护主义达成共识,表现出了协调合作、共克时艰的意愿。[34] 前已述及,就在美国众议院通过带有"购买美国货"条款的经济刺激法案后,美国总统奥巴马表示,"这可能是个错误",他不想传达国际贸易保护主义的信号,表示要修改经济刺激法案中"购买美国货"的语句。这种言而无信、出尔反尔的做法,不是令当今头号大国美国的诚信大打折扣吗? 有分析人士指出,作为世界最大、最发达的经济体,美国在国际贸易中拥有比其他国家更多的优势和利益,因此长期以来一直是自由贸易的主要倡导国之一。危机当前,美国因国内政治考虑,屈服于国内个别行业或利益集团的压力,背弃自己在国际自由贸易中的义务和承诺,堕入保护主义的窠臼。这种对自由贸易"用之如珍宝,弃之如敝屣"的态度实属不智,是极为短视的。[35]

第三,"美国货"词义混乱,概念不清。顾名思义,"美国货"指在美国生产的产品,即"美国制造(made in the U. S. A.)"。这一概念,在 70 多年前的《购买美国货法》出台时,还比较明确,因为当时生产相对落后,国际投资、国际贸易也不很发达,一国产品的生产,其原材料、资金、生产工艺、劳动力等基本上都发生在一国范围内。然而,时至经济全球化的今天,"美国制造"一词却发生了词义混乱,概念不清。例如,美国跨国企业在海外的公司生产的产品属不属于"美国货",或者,外国的跨国企业在美国的公司生产的产品属不属于"美国货"? 在前一种情形下,美国公司赚了钱,但把工作机会让给了外国人,后一种情形下,美国人获得了工作机会,但钱却被外国公司赚走了。[36] 难怪许多美国跨国企业都竭力反对"购买美国货"条款。

第四,"购买美国货"条款是饮鸩止渴。如前所述,"购买美国货"条款一出台,就受到国际舆论连续的激烈抨击,有人将其斥责为"一项愚蠢透顶的经济政

---

〔34〕　参见中国贸易救济网站 2009 年 2 月 4 日《美国向自由贸易宣战?》。

〔35〕　参见新华网新华社记者严锋:《经济观察:贸易保护主义有弊无利》,2009 年 2 月 3 日。

〔36〕　参见《"买美国货"条款的迷雾》,载《世界新闻报》2009 年 2 月 18 日。

策"[37]。著名保守派思想库美国传统基金会贸易问题专家马克黑姆也指出,"购买美国货"条款不仅无助于增加美国国内就业,反而会使更多的美国企业因原料成本增加和其他国家的报复措施而破产,从而导致更为严重的失业问题,到头来是"搬起石头砸自己的脚"。[38] 美国达拉斯联邦储备银行行长费希尔在接受美国有线电视台采访时说:"我直说了吧,(类似'买国货'计划的)保护主义就像在经济上吸食毒品,这可能会带来一时兴奋,但会让人上瘾并最终致死经济。"[39]在当前金融危机及经济危机重压下,美国的这种倒行逆施的贸易保护主义纯属饮鸩止渴。[40]

第五,"购买美国货"条款将促使全球贸易保护主义泛滥。不可否认,"在一个比较严重的经济危机之下,在国内采取贸易保护主义,应该说是比较得人心的,因为贸易保护主义的措施在很大程度上是出于一些国家政府国内政治的需要"[41]。正因为如此,美国总统奥巴马尽管口头上反对贸易保护,但其最紧迫的压倒一切的任务就是要推行经济刺激计划,所以,国会一通过经济刺激计划,他很快就签署该计划并使之生效。事实上,目前很多国家,特别是欧洲一些发达国家,也或多或少采取了不少贸易保护主义的措施,如法国[42]、英国[43]、意大利[44]、德国[45]、西班牙[46]等,甚至如俄罗斯、印度等国家也采取了贸易保护

---

〔37〕 引自石河:《"购买美国货"条款饮鸩止渴》,载《光明日报》2009 年 2 月 5 日。

〔38〕 参见中国贸易救济网站 2009 年 2 月 5 日《华盛顿升起贸易保护主义阴云》。

〔39〕 引自刘信民:《号召"买美国货"能救美国吗》,载《青年参考》2009 年 2 月 6 日。

〔40〕 参见中国贸易救济网站 2009 年 2 月 5 日《华盛顿升起贸易保护主义阴云》。

〔41〕 引自新浪网 2009 年 2 月 17 日《龙永图:世界贸易保护主义可能部分落向实处》。

〔42〕 法国总统萨科齐在电视访谈节目中声称,法国汽车厂商不能拿着法国政府的补贴,跑到捷克等其他国家去开办新工厂。他说:"2010 年我要取消职业税,因为我希望我们把(汽车)厂留在法国。"同上注。

〔43〕 英国卫生大臣艾伦·约翰逊认为,需要制定新的规定,以确保英国工人不会因外来竞争被抢走工作。英国工会也加强了对雇用外籍劳工企业的关注,特别是那些给予外籍劳工工资比当地人低的企业。引自梅新育:《全球贸易保护主义风潮下的中国策略》,载《中国新闻周刊》2009 年第 6 期,2009 年 2 月 19 日。

〔44〕 "意大利人吃意大利食品"运动已从小城卢卡蔓延到了米兰等意大利大城市,意大利农业部长卢卡·扎亚也为之摇旗呐喊,"我们主张维系传统,为我们的文化保驾护航","我只吃老家维纳图的菜,我甚至拒吃菠萝"——诸如此类的言辞正从扎亚口中流出,传向意大利四面八方。同前注〔43〕。

〔45〕 德国经济和技术部长米夏埃尔·格罗斯说,希望已经接受政府 180 亿欧元现金援助的德国商业银行能够支持德国企业,优先考虑他们的贷款需要。同前注〔41〕。

〔46〕 在西班牙,迫于失业率上升,当地政府急于遣返外籍建筑工人,只要同意 3 年内不返回西班牙务工,一名合法移民能够一次性领取其应得的所有失业补贴,目前已经有 1400 名外籍工人领取了这笔费用。同前注〔41〕。

主义的措施。[47] 不难预料,"相信贸易保护主义风潮还将继续发展一段时间,特别是在美国,因为西方代议制民主政体本身就更容易使贸易保护主义势力取得与其实际经济实力份额不相称的政治能量"[48]。

四、中国应对贸易保护主义的策略选择

面对当前全球贸易保护主义较为盛行之时,如何确定中国自己的经济政策和应对策略已成为中国政府和相关人士最为紧迫的重要任务。毫无疑问,源于美国的金融危机已给中国经济贸易产生了不小的影响,而且,这种影响还在进一步深化和扩大,短期内,很难有把握地说会很快消退。为此,笔者提出以下一些建议。

第一,要警惕和预防贸易保护主义进一步泛滥,并随时准备采取适当措施。在当前世界严重的金融和经济危机之下,短期内,贸易保护主义进一步泛滥这一趋势恐怕谁也阻挡不住。美、欧主张自由贸易、不搞贸易保护在当前仅仅是一句空话。美国"购买美国货"条款的出台,尽管不是什么全新的东西,但它出台本身就说明了当前美国国内贸易保护主义势力的强大。欧盟的贸易保护主义可以说在历史上一直存在,时强时弱,在当前条件下,不言而喻,当然会更强。今天,贸易保护主义已不仅仅是个经济或贸易问题,而是很多国家所面临的政治问题。因此,警惕和预防贸易保护主义进一步泛滥,并随时准备采取适当措施,应当成为我国政府和主管当局今后一段时期十分紧迫的任务。

第二,要坚持不懈地对贸易保护主义进行说理斗争。在相当长的时期内,世界上贸易保护主义不会消失,自由贸易只是相对的。各国会在不同的历史时期,根据各自的政治、经济和贸易情况,采取不同的贸易政策和措施。当前就是贸易保护主义较为泛滥的时期。但是,毕竟时代不同了,从理论上来说,在经济全球化的今天,贸易保护主义不再是件光彩的事,即使搞贸易保护主义的国家和人士,他们也不会承认是在搞贸易保护主义。因此,我们要理直气壮地谴责贸易保护主义,坚持不懈地对贸易保护主义进行说理斗争。笔者认为,历史的

---

[47] 俄罗斯提高了汽车进口关税;继提高部分种类豆油进口关税之后,印度又于近日没有任何理由地宣布限制进口中国玩具……引自梅新育:《全球贸易保护主义风潮下的中国策略》,载《中国新闻周刊》2009 年第 6 期,2009 年 2 月 19 日。

[48] 梅新育:《全球贸易保护主义风潮下的中国策略》,载《中国新闻周刊》2009 年第 6 期,2009 年 2 月 19 日。

教训和现实的经验是最有说服力的。历史的经验就是前文提及的美国 20 世纪的经济大萧条时期的例子,恐怕所有人,包括美国国内的人士都认识到贸易保护主义不是解决问题的好办法,其结果是适得其反;现实的经验就是中国 30 年的改革开放。中国经济的高速增长,社会的快速发展,人民生活水平的普遍提高,归根到底,是中国实行了对内改革、对外开放的政策。贸易保护主义到最后谁也保护不了,只能是搬起石头砸了自己的脚。[49]

第三,必要时,要对贸易保护主义采取针锋相对的政策和措施。当前的贸易保护主义,特别是美国"购买美国货"条款,其实质内容是针对相当一部分发展中国家的,尤其是中国。从现实情况来看,美国国会正是以抵制"中国制造"为借口,推行这一贸易保护主义政策的。[50] 针对这种带有明显歧视性的做法,在协商无效时,中国有权也有必要采取针锋相对的政策和措施。在现代国家关系中,一国的经济政策往往不再是纯粹的经济问题,也包括了政治立场和政治态度。有时候,对贸易保护主义采取针锋相对的政策和措施会收到更好的效果,至少让其知道"损人"是"不利己"的。当然,采取针锋相对的政策和措施一定要慎重、合法和有效。

第四,利用国际经济组织反对贸易保护主义,努力争取制定针对贸易保护主义的规则。世界上一些有影响的国际经济组织,如国际货币基金组织、世界银行、经济合作组织和世界贸易组织等,原则上都是主张自由贸易、反对贸易保护主义的。前不久,针对当前的金融危机,这 4 个组织和国际劳工组织发表联合声明,呼吁各国政府采取措施,抑制贸易保护主义抬头。我们要积极支持、配合并敦促这些组织进一步采取具体措施,协调国际社会共同行动抑制贸易保护主义,对西方主导制定实施的现行国际经贸规则中的不公正规定要深入分析研究,提出具体而有针对性的修改建议,如严格适用反倾销的规定,削减乃至一定时期内取消农产品的补贴等,将建立更合理的国际经济新秩序作为中国的长期目标。[51] 在当前的国际金融和经济危机时期,中国和国际社会的努力可能会事半功倍。

---

〔49〕 引自新浪网 2009 年 2 月 17 日《龙永图:世界贸易保护主义可能部分落向实处》。

〔50〕 参见国际先驱导报记者刘洪发:《美国实施贸易保护抵制中国制造行动升级》,载新华网 2009 年 2 月 20 日。

〔51〕 参见梅新育:《全球贸易保护主义风潮下的中国策略》,载《中国新闻周刊》2009 年第 6 期,2009 年 2 月 19 日。

第五,千方百计做好自己的事。国际政治、外交、军事,是以国家经济实力为后盾的,至少目前世界仍然如此。因此,说一千,道一万,中国要把自己的事情做好是最根本的。国际活动空间和国际经贸规则的话语权既不是自封的,也不是别人送的,而是靠自身的实力尤其是经济实力取得的。当前的国际金融和经济危机,也给中国的经济贸易带来很大的影响,这种影响很可能还会进一步加深和扩大。针对这一情况,中国国务院出台扩大内需十条措施,确定了 4 万亿元人民币的投资计划,以促进经济平稳较快增长,[52]并在 2009 年初,分别规划了十大行业振兴计划,制定并采取具体措施确保计划实施。只要中国坚持改革,包括进一步的经济体制改革和政治体制改革,坚持开放,包括对外开放和对内开放,再大的困难都是可以克服的。中国经济平稳较快增长不仅是一项经济任务,在当前,更是一项重大的政治任务。只要中国把自己的事情做好,中国就不怕贸易保护主义,更不用说美国的"购买美国货"条款了。

International Financial Crisis and Buy American Provisions

Gao Yongfu

Abstract:The US financial crisis brings a great impact on the globe finance, economy and trade. The policies and measures on dealing with the financial crisis and stimulating the economic recovery have been made by countries in the world, so does in the U. S. . The US President Barack Obama signed *The American Reinvestment and Recovery Act 2009* (the Act) into law on Feb. 17,2009. However, the hot debates on the U. S. stimulus Act have been arisen not only in the U. S. , but at the global level before and after the Act comes into being. The Buy American Provisions in the Act has come into focus. It is very obvious that the Buy American Provisions feature the trade protectionism. The countries in the world have to fight against the trade protectionism while dealing with the financial and economic crises at the same time.

Key words:financial crisis;Buy American Provisions;optional strategy

---

[52]　参见新华网《国务院出台扩大内需十措施确定 4 万亿元投资计划》,2008 年 11 月 9 日。

美国国会关于货币立法违反 WTO 规则 *

内容提要：人民币汇率问题，已成为当前中美贸易中的一个非常突出的问题。近几年来，美国国会内的一些人多次以中国操纵货币、中国汇率制度违反 1974 年美国贸易法 301 条款为由，向美国贸易代表提出调查申请，遭到拒绝，后又在国会内一次次提出有关货币的立法提案，在 2007 年就出现了多个较为正式的提案。本文以 WTO 规则和国际货币基金协定为依据，分析美国国会有关货币的立法提案的背景、性质、地位和作用，结合中美贸易的实践，特别是近几年来有关人民币汇率争端，指出美国国会有关货币的立法提案的实质，提出相应的一些观点和建议。

关键词：美国国会提案　操纵货币　人民币汇率　建议

前　言

中美之间有关人民币汇率的争端，已成为当前中美贸易诸多争端中的一个非常突出的争端。近几年来，美国国会内的一些人不仅多次以中国"操纵货币"为由，向美国贸易代表提出 301 条款调查申请，而且在国会内一次次提出有关货币的立法提案，企图逼迫中国改变人民币汇率政策和做法。尤其是美国奥巴马新一届政府上台后，这一问题显得更为突出，引人关注。本文仅就美国国会有关货币的立法提案加以分析与评述。

一、美国国会货币立法提案出台的背景与内容

1. 美国国会有关货币立法提案出台的背景

中美贸易近 60 年来经历了风风雨雨，发生了极其重大、深刻的变化。美国对中国的政策从封锁禁运到开始接触，最后发展到相互之间成为各自的主要贸

＊　本文发表于《世界经济研究》2009 年第 4 期。

易伙伴。[1] 然而,伴随着双边贸易额的快速增长,中美之间贸易纠纷频频发生,日益增多。[2] 其中,美国以对中国的贸易呈现巨额逆差问题为由指责中国"操纵货币"为中美两国近几年来的主要争议之一。对此,从 2004 年以来,美国国会某些组织和社会一些组织和人士,一方面向美国贸易代表提起 301 条款人民币汇率调查申请[3],另一方面,美国国会内一些议员不断推出特别是针对中国的有关货币的立法提案。如美国两名参议员舒默和格拉姆就人民币汇率问题提出提案,要求中国将人民币大幅升值,否则将对中国商品征收 27.5% 的关税。[4] 而在 2007 年美国第 110 届国会期间,美国参、众两院一些议员就提出了 8 个有关货币和贸易的立法提案,其基本内容是直接针对中国或与中国有关。[5] 因此可以说,中美之间的贸易不平衡(美方贸易逆差)问题成了某些美国国会议员频频提出特别是针对中国相关货币、贸易议案的最直接原因。

---

〔1〕 根据中国统计,中美贸易进入 21 世纪以来,发展很快。2001 年,中美贸易额从 2001 年的 804.8 亿美元,增加到 2008 年的 3337.4 亿美元,增长了 414% 以上。美国成为我国的第二大贸易伙伴,仅次于欧盟,中国也成为美国第三大贸易伙伴。但根据美国商务部统计,中国是美国的第二大贸易伙伴,超过墨西哥,仅次于加拿大。

〔2〕 中美之间的贸易争端几乎涵盖了 WTO 领域内贸易救济措施的全部内容,包括反倾销、反补贴、保障措施、纺织品特别保障措施和特定产品的特别保障措施;此外,还包括知识产权、技术性贸易壁垒、产品安全、贸易不平衡、人民币汇率、市场准入以及劳工标准等。

〔3〕 2004 年 9 月至 2007 年 5 月,美国中国货币联盟和美国国会中国货币行动联盟先后四次向美国贸易代表提出了以人民币汇率为主要内容的投诉,即 2004 年 9 月 9 日、2004 年 9 月 30 日、2005 年 4 月 20 日和 2007 年 5 月 17 日。这些投诉认为,中国政府的一些关于人民币汇率的法令、政策及做法,如让人民币同美元挂钩的固定汇率制度等,使中国可以借此操控人民币汇率,获取对外贸易的利益,否认、侵犯了美国的合法权利,限制了美国的商业贸易,要求进行调查并采取措施。此外,还指责中国汇率政策与国际货币基金组织规则不一致,要求对贸易不公的中国实施经济制裁,并要求美国贸易代表在 WTO 内针对中国启动争端解决程序。美国贸易代表对上述四起申请毫无例外地都予以拒绝,其所用的三条理由,简单而且明确,即:(1)展开调查并不能解决案件涉及的问题;(2)目前美国行政部门正在和中国政府就相关问题进行密切的磋商以求解决;(3)根据 301 条款对此采取行动,不是实现这一目标的适当和有效的方式。因此,美国贸易代表决定不开展调查。根据美国贸易代表网站:2004 年 11 月至 2007 年 6 月期间发布的"美国贸易代表关于中国货币体制的 301 条款申诉的声明"整理。另可参见冯军、高永富:《评美国贸易代表对人民币汇率调查申请的拒绝》,载《世界经济研究》2008 年第 10 期,第 24 页。

〔4〕 该提案的表决已经作了四次推迟。2006 年 3 月,两位议员(舒默是民主党参议员,格拉姆是共和党参议员)访问了中国,回美国后,经美国总统布什的劝说,他们举行记者会宣布第四次推迟表决参议院 S.295 号议案,将期限延至 2006 年 9 月 28 日,也即美国第 109 届国会改选前的最后会期。见 Wayne M. Morrison 和 Marc Labonte "China's Currency:Economic Issues and Options for U. S. Trade Policy",(Washington D. C.:Congressional Research Service, Foreign Affairs, Defense, and Trade Division)第 CRS—50 页,2008 年 1 月 9 日。

〔5〕 这 8 个提案编号是:美国参议院的 S.364 号、S.796 号、S.1607 号和 S.1677 号以及美国众议院的 H. R.321 号、H. R.782 号、H. R.1002 号和 H. R.2942 号。

2. 美国国会有关货币立法提案的基本情况

在美国参、众两院议员提出的众多有关货币的立法提案中,较为重要的体现在美国第 110 届国会提出的 2007 年 5 个提案中。这 5 个提案是:参议院提出的"货币汇率监督改革法"(S. 1607 号:Currency Exchange Rate Oversight Reform Act of 2007)、"货币改革和金融市场准入法"(S. 1677 号:Currency Reform and Financial Markets Access Act of 2007)和"公平货币法"(S. 796 号:Fair Currency Act of 2007)提案;以及众议院提出的"公平货币法"(H. R. 782 号:Fair Currency Act of 2007)和"促进公平贸易货币改革法"(H. R. 2942 号:Currency Reform for Fair Trade Act of 2007)提案[6]。其中,美国参议院和众议院都提出的"公平货币法"提案内容相同。

参议院的"货币汇率监督改革法"提案由 Baucus Max 等 13 名参议员于 2007 年 6 月 13 日联合提出,2007 年 7 月 31 日经修改报告参议院,2007 年 12 月 14 日,参议员 Baucus 以财政金融委员会名义提出了编号为 110—248 号报告。

参议院的"货币改革和金融市场准入法"提案由 Dodd Christopher 等 10 名参议员于 2007 年 6 月 21 日联合提出,2007 年 8 月 1 日,参议院银行、住房和城市事务委员会提出进一步的修改意见并提交报告。

参议院的"公平货币法"提案由 Bunning Jim 等 10 名参议员于 2007 年 1 月 31 日联合提出,提交给参议院委员会,已经两读,提交给参议院财政金融委员会。

众议院的"公平货币法"提案由 Ryan Tim 等 119 名众议员于 2007 年 3 月 7 日联合提出,2007 年 4 月 12 日提交给众议院委员会,后提交给众议院国内、国际货币政策、贸易和技术小组委员会。

众议院的"促进公平贸易货币改革法"提案由 Ryan Tim 等 76 名众议员于 2007 年 6 月 28 日联合提出,提交给众议院委员会,后提交给众议院赋税委员会和财金、外国事务委员会,众议院议长决定由相关委员会去考虑。

3. 美国国会有关货币立法提案的主要内容

美国国会上述立法提案的内容集中在货币和贸易方面,尤其是货币,是直接针对中国或与中国有关的,其主要内容包括以下诸多方面。

(1)严格对美国财政部关于货币报告的要求

一些国会议员已经对美国财政部多次未能在其汇率政策半年度报告中将

---

[6] 见 Wayne M. Morrison 和 Marc Labonte "China's Currency: Economic Issues and Options for U. S. Trade Policy", (Washington D. C.: Congressional Research Service, Foreign Affairs, Defense, and Trade Division)第 CRS—50 页,2008 年 1 月 9 日,以及美国国会网站:http://thomas. loc. gov/home/c110query. html。

中国认定为货币操纵国家感到不满。这些提案要求美国财政部认定"根本性失衡货币"而不是以前所谓的"操纵货币"[7]。"公平货币法"和"促进公平贸易货币改革法"提案还对何谓"根本性失衡货币"作出了定义。[8] 提案要求美国财政部引用货币操纵国家时无须顾及其货币政策的"意图"。

（2）利用美国 301 条款或其他贸易制裁

美国一些议员认为，可以通过威胁实施单边贸易制裁向中国施压。为此，美国参、众两院公平货币法提案建议修改美国《1974 年贸易法》，这样可以威胁启用美国贸易法 301 条款，该条款授权美国贸易代表对于国外贸易壁垒作出回应。[9]

（3）利用 WTO 争端解决机制

上述提案的一些议员认为，中国的货币政策违反了 WTO 规则。他们认为，美国可以针对中国的货币政策向 WTO 争端解决机构提出申诉[10]，并呼吁美国在 WTO 内发挥作用，修改和澄清 1974 年通过的那些未设想到关于进行货币操纵的规定。如果 WTO 争端解决机构裁决美方胜诉，这将指示中国修改其货币政策以符合 WTO 规则。如果中国拒绝遵守，则 WTO 争端解决机构可能授权美国

〔7〕 因为在美国财政部 2005 年 11 月的货币报告中，他们认为："为认定货币操纵国家，要对法令中所称的国家货币行为和他们的关系作出判断本来就很复杂，而且没有固定的程序来实现这一目标"。

〔8〕 公平货币法提案将"根本性失衡货币"定义为："实质性持续分离有效货币汇率的观察程度和与建立在公认经济学原理上的基本宏观经济条件相一致的有效货币汇率的相应程度"；促进公平贸易货币改革法提案将"根本性失衡货币"定义为："一国主流的实质有效汇率相对于其均衡实质有效汇率被低估，且财政部长认定低估的数量在过去 18 个月期间超过 5%"。

〔9〕 如 2007 年 5 月 17 日，42 名众议院成员针对中国的货币措施向美国贸易代表办公室提出 301 条款调查申请，要求对中国的汇率政策侵害美国的利益以及对美国企业增加负担或限制的不合理或歧视性做法进行调查。然而，美国贸易代表在 6 月拒绝了该申请。另请参见前注〔3〕。

〔10〕 例如，2004 年，布什政府拒绝了两项针对中国汇率政策的 301 条款诉请：一项由中国货币联盟（一个由美国工业、服务业、农业和劳工组织组成的团体）提出，另一项由 30 个国会成员提出。两个诉请都寻求美国向 WTO 起诉中国，希望 WTO 会裁决中国的货币钉住政策违反 WTO 规则。根据美国"联邦记事"所载，其提起投诉的依据主要包括：(1)中国政府的一些关于人民币汇率的法令、政策及做法否认、侵犯了美国的合法权利，这些不公正的法令、政策以及做法限制了美国的商业贸易。(2)尤其是，中国政府采取人民币钉住美元汇率的外汇制度，直接导致人民币币值低于其应该有的正常价值。(3)这些固定汇率的法令、政策以及做法所产生的结果类似于 1994 年关贸总协定下第 6、第 16 条规定的禁止性出口补贴；也违反了 1994 年关贸总协定下第 15 条——以汇率行为来逃避 1994 年关贸总协定第 1、第 2、第 3 和第 11 条规定，从而使这些规定没有达到原有的目的。(4)同时，该出口补贴行为也与中国在农产品协议第 3、第 9、第 10 条中的承诺相违背。(5)中国政府的这些法令、政策以及做法违反了美国在《国际货币基金组织协定》下享有国际法权利的第 4、第 8 条规定，致使美国国内制成品消费受到压抑，使美国的出口贸易增长情况恶化。布什政府的美国贸易代表拒绝了该两项申请。见美国：Federal Register/Vol. 69，No. 250/Thursday，December 30，2004/Notices。另请参见前注〔3〕。

针对中国实施贸易制裁。他们主张利用 WTO 解决该事项的优势是用多边而非单边的方法。

（4）对非市场经济国家适用反补贴法

美国反补贴法允许美方可对受国外政府补贴的进口产品寻求救济。一些议员称中国的货币政策构成美国反补贴法下的出口补贴,应该是可诉的。他们主张修改反补贴法,认为应对非市场经济国家适用美国反补贴法,且在该法下可对采取失调货币或操纵货币国家提起诉讼。[11] 他们还宣称该立法与 WTO 的规定一致,即 WTO 允许国家适用征收反补贴税程序。

（5）对低估的货币价值适用美国反倾销措施

美国反倾销法允许美方针对以低于公平价值销售且损害美国产业的进口商品寻求救济。不少国会议员认为,中国货币政策导致人民币价值的低估是影响中国对美国出口商品价格的一个主要因素且已经损害许多美国产业。因此,他们主张修改美国的反倾销法,要求政府在决定征收反倾销税水平时考虑出口价格中根本性失衡货币的影响。[12]

（6）利用特殊保障措施

有一些议员还建议,选择可能是利用美国贸易救济法律与中国入世部分相关的特殊条款,例如,美国可以援引特殊保障条款(《1974 年贸易法》第 421—423 条)对那些数量激增而造成或威胁造成美国国内市场扰乱的进口中国产品实施限制措施。该方案可以为那些因中国对美国的出口产品激增(不论其原因)而遭受负面影响的美国国内公司提供暂时的缓解。[13] 美国参、众两院的公

---

〔11〕 公平货币法提案建议:对非市场经济体适用反补贴法且建立选择性的认定和测算补贴的方法。将汇率失调作为反补贴法中的补贴。促进公平贸易货币改革法提案建议:对非市场经济体适用反补贴法且建立选择性的认定和测算补贴的方法。如果一失调货币被发现在 18 个月期间被低估 5%,则将汇率失调作为反补贴法中的补贴。

〔12〕 货币汇率监督改革法提案和促进公平贸易货币改革法提案修改的建议均为:要求美国商务部将货币的基本失调(认定以采取优先行动)作为决定商品倾销幅度的考虑因素。

〔13〕 美国国际贸易委员会负责在保障条款下对大多数产品作出市场扰乱的决定(除了纺织品和服饰是由纺织品协定实施委员会处理,该机构是美国商务部领导下的一个跨机构委员会),但采取进口救济措施必须经总统批准。过去几年,来自中国的纺织品和服装进口的激增使布什政府几次援引对华纺织品和服装特别保障措施来限制进口。最后,经中美双方多次谈判,于 2005 年 11 月达成协议,协议规定,至 2008 年底对出口至美国的特定纺织品和服装采取数量限制。然而,布什政府已经在 6 个不同场合下否决了对中国实施特殊保障措施来给予各种产业救济。可参见高永富:《评美国贸易代表对 301 条款调查申请的拒绝》,载《世界贸易组织动态与研究》2007 年第 2 期;《浅析美国总统布什对对华特别保障措施案的否决》,载《国际商务研究》2006 年第 4 期。

平货币法提案要求将中国的失调汇率作为对华"特保措施"中决定是否属于市场扰乱的考虑因素。[14]

（7）其他双边等商业考虑

有关中国货币政策的美国国会立法提案，除上述重要内容外，还包括以下三个主要方面的双边等商业考虑：

一是对认定国家的联邦采购限制，如禁止被认定采取优先行动的国家（指被认定"根本性失衡货币"国家）在美国进行联邦采购[15]，还将禁止美国国防部购买从中国进口的产品[16]；

二是对认定国家的融资限制，如促进公平贸易货币改革法提案规定，禁止海外私人投资公司向货币被认定为要采取优先行动的国家融资，指示在多边银行的美国代表反对批准该国家新的融资，且要求美国反对该国在某些国际金融机构（如国际货币基金组织 IMF）的改革提议（以增加表决权份额或代表的形式）；

三是作为认定国家是否应被视为非市场经济国家的考虑因素之一。[17]

二、从 WTO 规则看美国国会的货币立法

由于历史和政治上的原因，美国的参、众两院中的不少人还对中国持不友好和怀疑甚至敌视的态度。他们中的有些人思想还停留在冷战时期。因此，由这样一些国会议员提出针对中国货币的种种议案也就不足为怪了。对于美国国会一些议员提出的有关货币的立法提案，笔者作如下简要评述。

1. 美国国会无权指责中国货币政策

众所周知，"国家致力于实现自己所认同的国家利益"是国际法的五大基本

---

〔14〕 美国参、众两院的公平货币法提案建议：将中国汇率失调作为在中国特殊保障条款中决定是否属于市场扰乱的因素之一。

〔15〕 货币汇率监督改革法提案规定：禁止从指定采取优先行动的国家进行联邦采购，除非该国是WTO 政府采购协议的成员方。

〔16〕 美国参、众两院的公平货币法提案规定：一旦认定中国货币失调扰乱美国国防产业，将禁止国防部购买某些从中国进口的产品。

〔17〕 货币汇率监督改革法提案规定：将采取优先行动货币的指定作为在美国反倾销法下决定一国是否应被视为非市场经济国家的考虑因素之一；公平货币法提案规定：将汇率失调作为美国反倾销法下决定一国是否应被视为非市场经济国家的考虑因素之一。

原则之一。[18] 根据这一原则,一个国家有"决定自己的国家利益的权利;促进这一利益而非他国利益的权利;促进其决定的本国价值而非他国价值或他国决定的价值的权利"。[19] 因此,中国的货币政策是国家利益的重要组成部分,采取什么样的货币政策,是否需要修改原有的货币政策,应由中国根据国际、国内等因素来决定,而不是根据美国(包括美国国会)的要求来决定。这一原则不因"经济全球化"的产生和发展而影响其存在的价值。中国作为世界贸易组织(WTO)和国际货币基金组织(IMF)成员,只要中国货币政策遵守了 WTO 和 IMF 的规则,不违反自己参加的国际条约义务的规定和相关承诺,美国国会无权对中国的货币政策说三道四。

2. 美国国会关于货币的立法是冷战思维的产物

自 20 世纪 50 年代形成的美苏两大阵营已经不复存在,冷战也已结束快二十年了。然而,在美国国会一些议员的脑子里,冷战思维并没有随着冷战的结束而结束。他们认为,苏联等社会主义国家的消亡,是美国政治制度和价值观的胜利,他们不了解社会主义国家是可以和世界上任何其他国家和平共处的,是可以与其他国家合作的,也是可以取得"双赢"的。因此,他们的眼睛一直盯着社会主义的中国,脑子里一直想着如何对付中国,尤其是在中国改革开放取得巨大成就、综合国力日益强盛的今天,他们感到美国受到了中国的"威胁",利用两国贸易中出现的某些争端(一些争端随着两国贸易快速增长而产生是很正常的)特别是贸易逆差问题大做文章。他们根本不愿对此做实事求是的分析,或寻求解决争端的有效途径,而是将美国对中国的贸易逆差完全归咎于中国,归咎于中国人民币汇率的"不公平",企图通过立法来迫使中国改变人民币汇率政策,否则就对中国实施制裁,这种霸权主义的行径完全是冷战思维的产物,是注定要失败的!

3. 美国国会关于货币的立法缺乏国际法理依据

一些美国议员认为,中国政府的一些关于人民币汇率的法令、政策及做法所产生的结果类似于 1994 关贸总协定下第 6、第 16 条规定的禁止性出口补贴;同时也违反了 1994 关贸总协定下第 15 条——以汇率行为来逃避 1994 关贸总

---

〔18〕 国家"主权"的五要素是:国家独立、国家平等、国家自治、国家的不可干涉性和国家致力于实现自己所认同的国家利益。参见〔美〕路易斯·亨金:《国际法:政治与价值》,张乃根等译,中国政法大学出版社 2005 年版,第 146—148 页。

〔19〕 同上,第 148 页。

协定第 1、第 2、第 3 和第 11 条规定,从而使这些规定没有达到原有的目的,因而违反了 WTO 规则;中国政府的这些法令、政策以及做法违反了美国在《国际货币基金组织协定》下享有国际法权利的第 4、第 8 条规定,致使美国国内制成品消费受到压抑,使美国的出口贸易增长情况恶化。

首先,1994 关贸总协定下第 6、第 16 条以及《补贴与反补贴措施协定》都是关于反补贴的规定,它们明令禁止出口补贴,并列出了 12 项出口补贴例示清单,该清单主要包括政府对出口企业进行直接补贴、出口奖励、提供出口便利条件和优惠、减免国家应征收的税收、减免相关费用、提供优惠利率、出口信贷、担保和保险等,并不包括汇率和外汇在内。这些议员其实也知道出口补贴不包括汇率和外汇在内,所以他们用了"所产生的结果类似于……禁止性出口补贴"。这种推理是否成立,当然不是由美国议员说了算的。

其次,1994 关贸总协定下第 15 条确实是直接规范"外汇安排"的。然而,如果深入分析和研究该条的全部 9 个条款和关贸总协定相关历史,不难发现该条款有以下特点。第一,WTO 关于"外汇安排"是与国际货币基金组织既分工又合作的。[20] 第二,是否符合 1994 关贸总协定"外汇安排"的规定,原则上应以国际货币基金组织的判断和认定为准。[21] 第三,如果一成员方采取外汇管制或限制措施,而该措施符合《国际货币基金组织协定》的规定,则不能被视为违反 WTO 规则。[22] 第四,1994 关贸总协定对成员方外汇安排的直接规定是模糊的,存在着很大的不确定性。[23] 因此,美国一些议员认为中国货币

---

〔20〕 GATT 第 15 条第 1 款规定:"缔约方全体应寻求与 IMF 进行合作,以便与 IMF 在其管辖的外汇问题和缔约方全体管辖的数量限制与其他贸易措施方面,制定一套协调政策。"该条第 2 款则确立了两者之间的"磋商原则","在缔约方全体被提请审议或处理有关货币储备、国际收支平衡或外汇安排问题的所有情况下,它们应当与 IMF 进行充分磋商"。

〔21〕 GATT 第 15 条第 2 款还规定,在磋商中,缔约方全体"应接受 IMF 关于外汇、货币储备或国际收支的统计或其他事实的调查结果,并应接受基金有关一缔约方在外汇问题方面采取的行动是否与《国际货币基金组织协定》或该缔约方与缔约方全体之间订立的特殊外汇协定条款相一致的确定。"GATS 第12 条第 5 款也有类似的规定。

〔22〕 GATT 第 15 条第 9 款(a)项规定,"本协定不得妨碍一缔约方依照《国际货币基金组织协定》或该缔约方与缔约方全体订立的特殊外汇协定,使用外汇管制或外汇限制"。

〔23〕 参见伏军:《WTO 外汇争端管辖安排:模糊性及其现实理性》,载《现代法学》2007 年第 5 期。伏军副教授认为:"《WTO 协定》附件 GATT 第 15 条第 4 款规定:'缔约方不得通过外汇行动(exchange action)阻碍本协议各项规定意图的实现,也不得通过贸易行动(trade action)阻碍 IMF 协定各项规定意图的实现'。该条款是对成员方外汇安排的直接规定,也是 WTO 文本中同时涉及 WTO 与 IMF 两大机构管辖事务的重要条款。其内容上看似乎也无不当之处。但仔细分析不难发现这一条款本身存在着很大的不确定性。"

政策违反 1994 关贸总协定第 15 条的规定是站不住脚的。中国的货币政策是否违反了 1994 关贸总协定下第 15 条的规定，关键看其是否违反了《国际货币基金组织协定》的规定，而且，即使违反了关贸总协定的规定，但如果中国的货币政策符合《国际货币基金组织协定》的规定，也不能被视为违反了 WTO 规则。

再次，中国的货币政策是否违反了《国际货币基金组织协定》第 4 条"关于外汇安排的义务"的规定呢？该规定重点是第 1 节"会员国的一般义务"，核心是"避免操纵汇率或国际货币制度来妨碍国际收支有效的调整或取得对其他会员国不公平的竞争优势"。事实是，中国作为国际货币基金组织的成员，一直遵守该组织的规定，从未被该组织认定在"操纵汇率"，或受到哪怕是"操纵汇率"的批评或警告。即使按照美国的标准，美国财政部几乎每半年都要对中国是否操纵人民币汇率作出评估，但也没有认定中国政府在操纵人民币的汇率。[24]然而，美国新任财政部长蒂莫西·盖特纳在接受奥巴马总统提名后致参议院财政委员会的信中表示，奥巴马总统认为"中国在操纵人民币汇率，并将采用一切积极的外交手段改变中国操纵人民币汇率的习惯"[25]。美国奥巴马新政府上台后，尤其是在当前金融危机的情况下，使这一问题显得更为突出，令人关注，并引起广泛批评。[26]

---

〔24〕　按美国有关规定，美国财政部必须每 6 个月向美国国会提交一份关于国际经济和汇率政策的情况报告。如果美国财政部认定某个国家存在操纵货币汇率的行为，美国有可能对其实施贸易制裁。如 2007 年 6 月 13 日和 12 月 19 日提交给国会的报告中都认定，中国不符合被认定为操纵货币汇率国家的"技术规定"，美国财政部不能断定中国汇率政策旨在获取贸易盈余或在国际贸易中拥有不公平的竞争优势，即中国不属于汇率操纵国。美国财政部 2008 年 12 月 10 日又一次发表报告说，没有发现美国的主要贸易伙伴操纵货币汇率以获取不公平贸易优势，见 2008 年 12 月 12 日《第一财经日报》。

〔25〕　参见中国贸易救济信息网，《美财长指责中国操控汇率引起各界关注》，2009 年 2 月 1 日。

〔26〕　英国《金融时报》1 月 27 日发表题为"货币争论适得其反"的评论，批评美国财政部长盖特纳攻击中国"操纵汇率"的做法不仅于事无补，还会令应对全球经济失衡这个首要任务复杂化。包括《华尔街日报》在内的美国媒体都发表署名文章指出，盖特纳对中国的指责只能证明一件事，就是中美建交 30 多年来，美国对中国依然有很深的误解。国际货币基金组织总裁卡恩说，汇率操纵等标签并不是关键，重要的是中国经济可以变得更为平衡。我们需要中国改变其政策，不要过多依靠出口，而是依靠国内推动增长。针对美国上述言论，中国人民银行副行长苏宁表示：这些言论不仅不符合事实，更是对金融危机原因分析的误导。国际社会要避免利用不同借口去重拾或助长贸易保护主义，因为这无助于抵御金融危机，也不利于促进全球经济健康稳定发展。白宫试图淡化处理盖特纳对中国汇率政策的批评，称美国政府寻求同中国保持"全面的"经济关系。白宫发言人罗伯特·吉布斯说，在财政部今年春季向国会递交报告之前，奥巴马政府不会对中国的人民币政策作出判断。他认为盖特纳先生的言论只是重复奥巴马总统以前的观点，并不是对中国下定论。同上注。

最后,中国的货币政策是否违反了《国际货币基金组织协定》第 8 条的规定呢? 第 8 条是"会员国的一般义务",分别是:避免限制经常性支付、避免施行歧视性货币措施、兑付外国持有的本国货币、供给资料、会员国间对现行国际协定的协商和在储备资产政策上合作的义务。其中较为重要的是:"各会员国未经基金同意,不得对国际经常往来的付款和资金转移施加限制"[27],"任何会员国或第 5 条第 1 节所述之财政机关不得施行歧视性货币措施或多种货币汇率制"[28]。众所周知,自改革开放以来,中国的货币制度已经发生了非常巨大的改变。"国际经常往来的付款和资金转移施加限制"和"施行多种货币汇率制"在中国早已不存在。如果美国一些议员的这些指责发生在 20 多年前,可能还有某种价值,时至今日还指责这些,不能不使人怀疑他们的动机了。

他们认为,因为中国违反了《国际货币基金组织协定》第 4、第 8 条规定,致使美国的出口贸易增长情况恶化。事实上,中美贸易中的实际情况并非如此,在中国对美国出口增长的同时,美国对中国的出口是其出口国中增速最快的。[29] 例如:"2006 年,美国货物贸易出口 10371.4 亿美元。美国出口增长较快的市场有中国、德国、新加坡和巴西,增速分别达 31.7%、20.9%、19.6% 和 25.1%。""2007 年,美国与前十大贸易伙伴的贸易额均有不同程度增长,与中国的贸易额以 12.8% 的增幅拔得头筹。"[30] 可见美国国会一些议员不是实事求是的。即使美国出口增长总体情况不好,将其归咎于中国也是毫无根据的。

综上所述,不难看出,美国国会关于货币的立法是根本站不住脚的。

三、保护主义立法与我国的应对

在当前国际金融危机的形势下,全球贸易保护主义有进一步加剧的趋势,尤其是在欧美地区,甚至南亚某些国家更是如此。如何面对和应对这一严峻的国际经济贸易形势,是摆在世界各国人民面前的重要任务。

---

〔27〕　参见《国际货币基金组织协定》第 8 条第 2 节(a)款规定。

〔28〕　参见《国际货币基金组织协定》第 8 条第 3 节规定。

〔29〕　美国财政部中美战略经济对话事务特使艾伦·霍尔默今年 3 月在武汉大学发表演讲时称:"过去 10 年中,美国对中国的出口额增长了 6 倍,超过了对任何国家的出口增速。"参见冯郁青:《SED 话语权转移:这次轮到中国强调自由贸易》,载《第一财经日报》2008 年 6 月 17 日,第 A5 版。

〔30〕　参见中国商务部网站《中美贸易报告》和《2007 年美国对外贸易及中美贸易情况》。

1. 美国国会关于货币的立法的保护主义本质

一段时间以来,由于美国经济增长不快,美国国内贸易保护主义日益抬头,呼声也越来越高,尤其是在美国民主党主导下的美国国会更是如此。再加上美国当前的金融危机,更造成美国国内贸易保护主义的泛滥。美国国会关于货币的立法提案就是在此背景下出台的,美国一些组织和团体纷纷要求国会尽快通过这些法案。[31] 美国国会关于货币的立法提案的实质是贸易保护主义,这一点,就连一些美国前政府官员也不回避,美国贸易代表苏珊·施瓦布表示,"中国现已成为美国国会中贸易保护主义针对的目标",并"呼吁议员们不要受到贸易保护主义者的误导而试图用简单的办法来解决复杂的国际经济问题"[32]。事实上,采取贸易保护主义的做法并不见得对美国经济发展有利,有贸易专家指出,"美国采取措施降低贸易保护主义情绪,并将中国的增长视为增加美国财富的机遇,才是更有建设性的",并认为,美国"一个全新的贸易战略应当认同大卫·休谟在 1742 年写下的至理名言:'国家间贸易开放的前提下,每个国家只有在他国经济进步的同时,其国内产业才能获得增长'"[33]。

2. 美国国会关于货币的立法内容是对国际间贸易救济规则的背离

美国国会关于货币立法提案的内容还包括反倾销、反补贴和特别保障措施等贸易救济规则问题。众所周知,国际上早已建立了一套较为完整的反倾销、反补贴和保障措施的法律制度,对一国采取反倾销、反补贴和保障措施都规定了较为严格和具体的条件。总体而言,它们与货币汇率并无直接的联系。如反倾销中,倾销的确定因素取决于出口产品的正常价值和出口价格,产业损害的确定涉及 15 项因素[34],但不包括货币汇率;在反补贴中,出口补贴被列为禁止

---

〔31〕 2008 年 2 月,美国货币行动联盟要求立法遏制从中国进口产品,他们认为,"新法案将确立货币操纵列为美国合法贸易工具,各公司可要求美国商务部对中国商品征收补偿性关税。"美国纺织团体协会主席约翰逊认为,国会应立即通过汇率法案,使美国纺织服装业抵御中国的掠夺性贸易行为。"在外国政府提供竞争优势时,美国政府应予以回应,并为美国企业提供防御工具。国会现在需要通过汇率法案,为制造业工人提供反击机会。"参见中国贸易救济信息网,《美国货币行动联盟要求控制从中国进口》(2008-02-18)和《美国纺织团体协会要求国会立即通过针对人民币汇率的立法》(2008-02-22)。

〔32〕 参见中国贸易救济信息网,《美国政府反对国会提出制裁中国的提案》(2008-01-21)和《美国三部门再次向中国经贸政策施压》(2007-10-29)。

〔33〕 参见中国贸易救济信息网,斯蒂芬萨·帕坦尼克:《美国会需要对华贸易新战略》(2008-04-07)。

〔34〕 15 项因素是:销售、利润、产量、市场份额、生产力、投资收益、设备利用率、影响国内价格的因素、倾销幅度的大小、现金流动、库存、就业、工资、增长、筹措资金或投资能力。参见《世界贸易组织乌拉圭回合多边贸易谈判结果法律文本》,法律出版社 2000 年版,第 151 页(WTO 反倾销协定第 3.4 条)。

性补贴,它的确定主要包含在 WTO 反补贴协定的附件 1 中,该附件 1 列举的 12 项出口补贴并不包含货币汇率的内容;涉及产业损害确定的规定几乎与反倾销中产业损害确定的 15 项因素文字相同[35],同样不包括货币汇率;在保障措施(包括特别保障措施)中,也只关系到进口增长和产业严重损害问题,它们跟货币汇率问题相距更远,其确定产业损害的要求比反倾销和反补贴要求更严格。如果美国将货币,包括汇率,作为贸易救济的条件使用,是背离国际规则的,是会受到包括中国在内的受害方挑战的。事实上,美国国内的一些人士对此也提出了质疑。[36]

至于美国国会货币立法提案中提出利用 301 条款和其他贸易救济措施来处理货币和汇率问题,其合法性和有效性更令人怀疑。众所周知,在 WTO 争端解决机制中,美国贸易法 301 条款单边主义的做法早已经受到日本和欧共体的挑战,虽然美国没有败诉,但属于"险胜"[37],这对美国继续任意使用 301 条款敲响了警钟[38],使得美国不得不在 301 条款的实施上小心谨

---

〔35〕 见 WTO《补贴与反补贴措施协定》第 15.4 条,参见《世界贸易组织乌拉圭回合多边贸易谈判结果法律文本》,法律出版社 2000 年版,第 250 页。

〔36〕 "批评家称要决定中国货币传导的补贴程度非常困难,且美国对中国货币采取反补贴措施有可能在 WTO 受到挑战。""该方案的批评者称,要得出一国货币被低估的精确数字非常困难,且还不清楚该方法是否符合 WTO 贸易救济措施的规定。"参见 Wayne M. Morrison 和 Marc Labonte "China's Currency: Economic Issues and Options for U. S. Trade Policy", (Washington D. C. : Congressional Research Service, Foreign Affairs, Defense, and Trade Division) 第 CRS—39、40 页,2008 年 1 月 9 日。

〔37〕 之所以笔者认为是"险胜",有下述一些理由:首先,WTO 专家组并未完全认为美国 301 条款与 WTO 规则完全一致,相反,专家组认为该条款的某些措辞用语是与规则不符的。根据《维也纳条约法公约》的 31 条规定的条约解释通则,对照 DSU 第 23 条第 2 款(a)项条文、上下文及其立法宗旨,专家组认定:《美国贸易法》第 304 条的措辞用语至少可以作为"初步证据"(prima facie),证明它并不符合 DSU 第 23 条第 2 款(a)项的规定。其次,专家组得出美国 301 条款并不与 WTO 规则不一致是有前提的,并不是对美国的全面肯定。专家组称,根据 WTO 规则,他们的职责是司法上的,即:第一,不对美国的"301 条款"是否违反 WTO 体制作出全面评估;第二,除欧共体的具体指控外,不审查"301 条款"的其他方面;第三,不审查美国在若干具体案件中实施"301 条款"的所作所为。最后,美国 301 条款的"胜诉",美国的《政府行政声明》帮了大忙,而《政府行政声明》却有不少被质疑之处。专家组认定,美国当局在《政府行政声明》中已经承诺排除了美国贸易代表在 DSU 程序终结之前,未经 DSU 授权即径自作出单边判断和径自采取报复制裁的自由裁量权。一旦美国政府或其分支机构以任何形式背弃了这一承诺和前提条件,则上述认定即归无效,"301 条款"的继续存在就违反了美国在 WTO 体制中承担的国际义务,美国就将承担由此引起的国家责任。可参见陈安教授的《世纪之交在经济主权上的新争议与"攻防战":综合评析十年来美国单边主义与 WTO 多边主义交锋的三大回合》,载《国际经济法学刍言》(上卷)一书,北京大学出版社 2005 年版。

〔38〕 指在 WTO 争端解决机制中的以下三起案件:(1)日本诉美国 301 和 304 条款案,编号为 WT/DS6,该案最后双方达成协议;(2)欧共体诉美国 301—310 条款案,编号为 WT/DS152,该案美国"胜诉";(3)欧共体诉美国 306 条款案,编号为 WT/DS200,该案至今未见结果。

慎,如履薄冰[39]。如果美国据此进行调查并采取措施,那么,在事关中国重大利益的问题上,必然会引起中国方面的强烈不满和反弹,其结果必然是中国会就此类争议诉诸 WTO 争端解决机制,这是美国政府所不愿看到的,也是有所顾忌的。

笔者反对美国国会关于货币的立法,是由于这些立法的背景、性质、目的和内容存在着上述诸多问题,并不是说中国的货币政策包括汇率制度完美无缺,不需要修改和改进。恰恰相反,随着国际经济全球化的发展和中国经济贸易的发展和变化,中国的货币政策和汇率制度已经正在发生着重大的变化。事实上,在 2005 年 7 月,中国已将人民币汇率钉住美元的政策改变成"一篮子"货币政策,此后,人民币汇率基本上处于上升通道中。[40] 鉴于本文的主题,笔者对此不展开论述。

3. 对中美两国贸易争端应采取的态度

首先,中美两国经济合作和贸易的不断发展,给两国经济和社会稳定都带来很大的好处,可以说是取得了"双赢"。在高速发展的同时,产生了一些矛盾和纠纷,这也是很自然的、正常的,双方都要以平常心来看待,不能不分青红皂白,武断和片面地将责任推给另一方,更不能企图采取威胁或动辄采取制裁的手段来解决产生的矛盾和纠纷,这样做,结果可能适得其反。

其次,对目前中美之间存在的种种贸易纠纷,双方都要进行认真和客观的了解和分析,分析这些纠纷产生的原因、性质和内容,寻求解决纠纷的正确方法和途径。中美建交 30 年来,不少政治上、外交上的重大争端就是通过双方密切磋商和互谅互让解决的,难道经济贸易方面的纠纷就不能通过这种方法解决吗? 笔者认为,双方在平等的基础上进行磋商是解决这些纠纷最重要、也是最主要的方式方法。众所周知,中国政府一贯主张,国与国之间产生的问题,不论

---

〔39〕 事实上,美国自 21 世纪以来,301 条款调查大量减少,实施制裁报复更是寥寥无几,不能不说欧共体诉美国 301 条款一案给美国以很大的警示。如美国自 WTO 成立以来的 11 年(1995 年 1 月—2006 年 1 月)内,共进行了 25 起 301 条款的调查,只相当于 20 世纪 80 年代到 90 年代初 11 年(1981 年 1 月—1992 年 1 月)67 起的 37.3%。2004 年 3 月到 2007 年 5 月,美国一些组织(美国劳工联盟、美国中国货币联盟、美国国会中国货币行动联盟)曾先后向美国贸易代表提起 6 起有关 301 条款的调查,其中 4 起是关于人民币汇率问题,但均遭到美国贸易代表的拒绝。参见高永富:《评美国贸易代表对 301 条款调查申请的拒绝》,载《世界贸易组织动态与研究》2007 年第 2 期。

〔40〕 自 2005 年 7 月中国人民币汇率改革以来,到 2008 年 6 月底,人民币兑美元的汇率已从 8.27:1 上升到 6.84:1,三年期间,人民币兑美元的汇率已升值 21%。

是政治上、外交上还是经济贸易方面的问题,应通过双方之间的友好协商来解决,反对用武力、威胁或制裁的方式解决。笔者认为,中美双方通过协商能解决问题,这样做对双方来说,代价和风险最小,何乐而不为呢? 如果中美两国政府都采取这种务实的解决问题的方式,要比美国国会一些议员企图通过单方面的立法强制中国改变货币汇率政策要好得多、有效得多。

再次,中美双方在贸易争端未解决或未能完全解决之前,最好不要采取任何可能激化或扩大矛盾的做法,否则,可能会使业已存在的矛盾更加复杂,也更难解决。依笔者之见,当前美国国会针对中国的立法和立法活动非常频繁,各种议案名目繁多,从历史上来看,其作用不是很大,获得通过的不多;另一方面,我们要重视和关心美国国会针对中国的立法和立法活动,不可掉以轻心,因为一旦有关议案(包括人民币汇率的议案)得到通过,那么情况就要变得复杂得多,矛盾会更加尖锐,问题会更难解决。

最后,必须承认,有时有些问题中美双方磋商并不能有效解决。在这种情况下,也不是非得采取美国国会一些议员目前的这种做法,即企图通过单方面的立法强制中国改变货币汇率政策。中国和美国既是国际货币基金组织的缔约方,也是 WTO 的成员方,双方可以将争端提交给这两个国际组织来解决,由它们按照国际规则来断定谁是谁非。如果其中任何一个国际组织认定,中国有关货币、包括汇率的法律和政策不符合国际规则的规定,中国政府可以通过一定的程序,修改法律和政策。但如果它们认定,中国有关货币的法律和政策符合国际规则的规定,那美国就不应该对中国施加压力,包括美国国会制定单方面的立法强制中国改变货币汇率政策。这对双方来说,也是解决问题的一个不错选择。中国既不反对也不惧怕将双方磋商不能解决的争端提交给相关的国际组织来解决。

浅论"购买美国货"条款的保护主义实质[*]

摘　要：为应对美国爆发的金融危机给全球经济和贸易带来巨大影响,各国纷纷出台了刺激经济复苏的政策和措施。美国国会通过的《2009 年美国复兴与再投资法》中的"购买美国货"条款,带有明显的贸易保护色彩。可以毫不夸张地说,由于世界经济大国美国的带头,使得世界上贸易保护主义进一步抬头和泛滥。因此,当前,各国在应对国际金融和经济危机时,不仅需要警惕并防止贸易保护措施出现,因为贸易保护不是一条好出路;同时,还要坚决地与贸易保护主义作斗争,因为贸易保护主义会将全球经济引向深渊,对国际贸易带来极其严重的影响。

关键词：国际金融危机　"购买美国货"条款　贸易保护主义

前　言

为应对当前因美国次贷危机而引发的全球金融和经济危机带来的影响,各国纷纷出台了刺激经济复苏和发展的政策和措施,作为源头的美国更是如此。美国国会通过的《2009 年美国复兴与再投资法》[1]就是突出一例。然而,美国应对金融危机、刺激经济复苏方案的《2009 年美国复兴与再投资法》出台前后,不仅在美国国内引起激烈争论,而且在全球范围内也引起轩然大波,矛盾的焦点主要集中在该法具有贸易保护性质的"购买美国货"条款上。

一、"购买美国货"条款的主要内容

美国国会通过的 7870 亿美元刺激经济复苏的方案主要包括：2883 亿美元

---

*　本文发表于《世界贸易组织动态与研究》2009 年第 10 期。

〔1〕　英文为 *The American Recovery and Reinvestment Act 2009* ,由美国总统奥巴马于 2009 年 2 月 17 日签署生效。

左右的减税计划（约占方案总额 1/3）、1200 亿美元的基础设施投资项目、1060亿美元的教育投入、375 亿美元的能源领域投资及 240 亿美元的对困难家庭和居民的救助措施。按照美国国会预算办公室（CBO）的估算，该计划中的 74%将在 2010 财年结束前（截至 9 月 30 日）完成。根据美驻华大使馆外交官的说明，"购买美国货"条款涉及的金额约 1500 亿美元，[2]占全部金额的 19%。

"购买美国货"条款的内容并不多，也不复杂，其内容主要包含在该法的1605 节中，基本规定如下：

凡受到计划支持的公共建筑和公共工程的建造、改建、维护或修理必须使用美国生产的钢铁及其制成品，除非：（1）联邦政府认定购买美国钢铁产品不符合公共利益；（2）美国钢铁产品数量不够，质量不好；（3）购买美国钢铁产品成本超出项目总成本的 25%。同时，还规定了该条款的适用应与国际协议项下美国承担的义务一致。此外，还包括了要求美国国土安全部购买美国生产的纺织品和服装的内容。

事实上，上述"购买美国货"条款的框架结构和主要内容基本上仅是美国业已存在的《购买美国货法》中一个条款的翻版，[3]并没有特别新的内容。

二、"购买美国货"条款贸易保护的性质

针对美国刺激经济计划内的"购买美国货"条款，不仅在美国国内，而且在国际上，都引起了空前广泛的争议，甚至包括该条款合规性的争议。

美国国内持支持态度的人士认为，在经济刺激方案中包含购买美国产品的条款是"合法的"，美国副总统约瑟夫·拜登在接受美国 CNBC 电视频道采访时就作如此表示。美国经济政策研究院资深国际经济学家 Robert E. Scott 认为："该规定并不与我们签订的任何条约相冲突"。而更多的人士和媒体持批评的态度。如美国共和党议员麦凯恩在美国参议院讨论刺激经济法案时提出议案认为，"购买美国货"的规定"等于向世界传递美国将重拾保护主义的信号，它违反了美国在国际贸易协定中的义务"；美国哥伦比亚大学 Jagdish B. hagwati 教授认为："购买美国货条款单方面破坏了先前的贸易协定，违反了我们作出的承

---

〔2〕 参见《美驻华外交官为"购买美国货"条款做解释》，载《环球时报》2009 年 2 月 27 日。

〔3〕 即《购买美国货法》[the Buy American Act(41U. S. C. 10a—10d)]的 25.200—25.202 部分。

诺"。《华盛顿邮报》也发表社论,批评经济刺激方案正成为贸易保护主义复活的工具。

相较于美国国内关于"购买美国货"条款十分激烈的争论,国际上却几乎一致批评美国经济刺激方案中的"购买美国货"条款。他们有的警告"美国不要因金融危机而陷入贸易保护主义泥潭"[4],有的指出"'购买美国货'条款代表着贸易保护主义"[5],还有的抨击"购买美国货"条款"有可能转变为真正的贸易壁垒,这是我们在全球经济中最不需要的东西"[6]。甚至连一些国际组织也呼吁警惕当前一些国家出现贸易保护主义抬头的趋势,例如,国际货币基金组织、世界银行、经合组织、世界贸易组织和国际劳工组织的负责人在德国柏林发表联合声明,呼吁各国政府有责任抑制贸易保护主义抬头的趋势[7];针对美国的"购买美国货"条款,经济合作发展组织秘书长古瑞亚甚至号召"各国应联手打击诸如美国经济振兴方案'购买美国货'条款的新贸易保护主义措施"[8]。

笔者认为,关于美国"购买美国货"条款合规性问题,由于美国参议院在讨论该条款时,为了平息国内外对该条款合规性的质疑和一部分共和党参议员的强烈反对,特意加上了"'购买美国货'条款的适用应与国际协议项下美国承担的义务一致"的语句,一方面企图巧妙地规避对该条款合规性的质疑,同时,也在相当程度上"善意"回应国外、特别是西方发达国家关于该条款贸易保护主义的责难和批评。尽管美国国会对"购买美国货"条款进行了修正,企图规避对该条款合规性的质疑,但是,该条款的贸易保护主义的实质和"自私"性质是谁也否认不了的,就连美国总统奥巴马在美国众议院通过带有"购买美国货"条款的经济刺激法案后也承认:"我认为这可能是个错误,在全球贸易下降的背景下我

---

〔4〕 德国总理默克尔在德国工业联合会发表讲话时警告美国不要因金融危机而陷入贸易保护主义泥潭。参见《默克尔警告美不要搞贸易保护主义》,载中国贸易救济网站,2009 年 1 月 22 日访问。

〔5〕 日本财务大臣中川昭一表示,"购买美国货"条款代表着贸易保护主义。参见《日本财相:七国集团财长会议将讨论"购买美国货"问题》,载中国贸易救济网站,2009 年 2 月 11 日访问。

〔6〕 英国商务大臣彼得·曼德尔森对奥巴马政府推出的"购买美国货"计划进行了激烈抨击。参见《英商务大臣谴责美国"买国货"计划》,载新华网,2009 年 2 月 2 日访问。

〔7〕 该联合声明说,尽管全球经济处于艰难状态,各国仍然有责任抑制贸易保护主义抬头的趋势,共同行动,采取切实可行的措施推进国际贸易,并确保各自的经济刺激方案不会影响到国际贸易的正常进行,开放的贸易和跨境投资是确保全球经济发展的重要前提。参见《世界五大经济组织呼吁警惕贸易保护主义抬头》,载上海 WTO 事务咨询中心网站,2009 年 2 月 18 日访问。

〔8〕 参见《OECD 秘书长呼吁齐力抵抗购买美国货条款》,载上海 WTO 事务咨询中心网站,2009 年 2 月 6 日访问。

们开始传递一种貌似我们只顾及自身而不顾全球贸易的信号。"他还表示,他不想传达国际贸易保护主义的信号,并可能在国会提交的经济刺激法案中修改"购买美国货"的语句。[9]

三、"购买美国货"条款实施可能存在的问题

"购买美国货"条款在一片质疑声中出台,并不表明争议就此结束;实际上,该条款的实施,还可能引起不少的问题。这些问题主要体现在三个方面:一是该条款的适用范围;二是该条款不适用的例外;三是该条款适用与美国承担的国际义务是否一致。

(一)关于该条款的适用范围问题

美国经济刺激法案中并没有规定"购买美国货"条款的几个关键词的定义,如"公共建筑和公共工程"、"制成品"以及"在美国生产"等,而这些关键词将决定该条款的适用范围。例如,关于"公共建筑和公共工程"的范围是否仅限于美国联邦政府采购还是也包括美国州和州以下政府采购?甚至还包括受到经济刺激法案资金资助的私人实体的采购?又如"制成品",它与"公共建筑和公共工程"之间有何必要的联系?如果单独采购"制成品"而其又不是"公共建筑和公共工程"项目的组成部分,"购买美国货"条款对它适用吗?"制成品"是否包括含有知识产权的产品,如软件产品等?还有"在美国生产",它涉及原产地问题,决定原产地是适用"实质性改变"标准还是"当地成分费用"标准?不论是适用"实质性改变"标准还是"当地成分费用"标准,都存在这样一个问题,即是适用于最终产品还是适用于零部件?

上述这些问题对经济刺激法案中"购买美国货"条款的执行非常重要,因为概念的不清晰,很可能带来实施上的困难和混乱,极易引起争议。

(二)关于该条款不适用的例外问题

如前所述,"购买美国货"条款规定了三种情况下的例外,实际上,这三种例

---

〔9〕 参见《奥巴马表示美国不能传达贸易保护主义信号》,载中国贸易救济网站,2009 年 2 月 5 日访问。

外同样存在一些问题。

1. 关于购买美国钢铁产品不符合公共利益的例外

众所周知，"公共利益"一词解释本身就具有随意性，它赋予主管当局很大的自由裁量权。在美国，只有在主管当局相信并认为，有充分而又可靠的证据表明美国的国家安全和/或经济利益受到重大损害时，才会适用公共利益例外。而在美国历史上，"购买美国货"适用公共利益例外是很罕见的。[10]

2. 关于美国钢铁产品数量不够，质量不好的例外

美国钢铁产品"数量不够，质量不好"，实际上是个如何解释的问题。"购买美国货"条款并没有规定具体的量化标准，因此，数量"够"与"不够"，质量"好"与"不好"，基本上取决于主管当局的主观判断。

3. 关于购买美国钢铁产品成本超出项目总成本的 25% 的例外

表面上看，这一例外是有客观衡量标准的。但关键问题是，购买美国钢铁产品成本需要超出"项目总成本"的 25% ，而不仅是特定相应投入成本的 25% 。因此，计算方法和数据采纳就非常关键。而一个大型复杂项目的计算和数据十分庞杂，这一规定的差异是如此之大，事实上很难发生单单购买美国钢铁产品成本会超出"项目总成本"25% 的情况。

（三）关于该条款适用与美国承担的国际义务问题

"购买美国货"条款要求负有国际义务的美国采购机构遵守国际协议的最低标准。美国承担的国际义务，就与"购买美国货"条款相关而言，主要包括以下几个方面，即 WTO 政府采购协议，北美自由贸易协议以及美国参加的其他双边和区域协议。

1. WTO 政府采购协议项下美国义务

首先，决定 WTO 政府采购协议是否适用于美国特定采购的一些重要问题并不十分清楚，例如，美国的采购机构是否是一个"约定的实体"。美国大多数但不是所有的联邦政府机构都是采购实体；另外，美国 37 个州有约定采购实体，剩下的 13 个州，包括哥伦比亚特区等地采购机构没有履行政府采购协议的义务。其次，"采购评估值"是否符合或超过政府采购协议中设定的标准。对于

---

［10］ See C. Christopher Parlin, Seamus Curley and David S. Christy, Jr. *The Stimulus Package：Does the Buy American Provision Affect You?*

指定的美国联邦政府、州和国有实体的采购机构，其货物和服务"采购评估值"是不一样的，能否援引政府采购协议的例外来排除政府采购协议的适用，存在不确定性。此外，还有诸如州或州以下采购是否涉及"大规模运输和公路项目"联邦基金，美国政府应适用什么原产国规则来决定一个产品是否是政府采购协议缔约国的产品；以及州项目是否应该被认定为联邦采购等，实施时都可能存在不少合规性问题。

2. WTO 其他协议项下美国义务

除了 WTO 政府采购协议，美国也得遵守并履行关贸总协定（GATT）第 3 条和补贴及反补贴措施协议的义务。比如，GATT 第 3 条第 4 款规定，影响销售、购买或使用的所有法律和法规给予进口产品的待遇不得低于同类的国内产品（国民待遇义务）。这项义务适用于所有的 WTO 成员而不仅是政府采购协议的缔约方。有大量关于 GATT 第 3 条第 4 款的 GATT 和 WTO 先例，这些先例需要讨论。然而，购买美国货条款非常可能以不符合这项义务的方式实施。

补贴及反补贴措施协议规定，本质上，如果任何政府实体给予指定私人（或私人团体）财政资助且该资助给予了一项"利益"则构成一项"补贴"（例如，可获得的条件私人在商业市场上无法获得）。这些条件似乎符合《2009 年美国复兴与再投资法》中的"购买美国货"条款的内容。对大多数补贴来说，必须证明补贴引起了另一个 WTO 成员的公司或产业利益的实质损害或严重损害。然而，要求使用当地含量的补贴，本质上是禁止的且无须证明存在实质损害或严重损害。相关的 GATT 和 WTO 先例需要认真研究。然而，某些优先购买美国货的适用可能在禁止补贴的范围之内。

3. 北美自由贸易协定项下采购义务

加拿大制造的产品在北美自由贸易协定第 10 章和 WTO 政府采购协议下美国政府采购义务的范围内。墨西哥虽不是政府采购协议的缔约方却也受到北美自由贸易协定的保护。北美自由贸易协定和政府采购协议义务的实质与上述讨论的关于政府采购协议的大多数事项是相同的，而且，问题已经开始出现（参见下文）。

4. 其他双边和区域贸易协定项下义务

美国是众多条约和自由贸易协定的缔约方，其中的条款会影响《2009 年美国复兴与再投资法》购买美国货条款的适用性。比如，如果收购价格符合或超过自由贸易协定的适用金额门槛（大多数比 WTO 政府采购协议规定的门槛要低),与美国签署自由贸易协定的国家有权使其最终产品与美国的最终产品享受同等待遇。因此,涉及一项具体采购的公司将不得不判断是否存在关于货物、服务或建设服务的原产国的任何条约或协议及其在《2009 年美国复兴与再投资法》"购买美国货"条款下的效力(如果有)。

"购买美国货"条款实施中可能引起一系列的问题,是不能以其适用"应与国际协议项下美国承担的义务一致"完全解决的,相反,实施中可能引起问题,依然会产生许多贸易上的争议。事实上,这种争议情况已经出现。2009 年 5 月 11 日,加拿大《环球邮报》发表文章表示,自从"购买美国货"条款出台以来,包括钢管、钢筋、水管到办公室家具在内的许多加拿大产品已经被美国市场拒之门外。

四、贸易保护不是一条好出路

美国的金融危机导致美国经济严重不振,并对世界经济贸易带来严重影响。[11] 为振兴经济,各国政府都要采取一些必要的政策和措施,甚至带有贸易保护性质的政策和措施。应该承认,某些贸易保护政策和措施可能会在一定时期、一定程度上和一定范围内起到一些刺激经济振兴的作用,也是 WTO 目前的某些规则所允许的,贸易保护和贸易保护主义是有区别的。但无论从理论上还是从实际上来说,贸易保护和贸易保护主义之间并不存在一条不可逾越的鸿沟,从长远和本质来看,贸易保护不是一条好出路,非但不是一剂"良药",很可能是一剂"毒药",更不要说是贸易保护主义了。

第一,历史的经验教训值得认真吸取。从历史上来看,贸易保护的做法就不是一剂"良药"。例如,20 世纪 30 年代初,也就是 1929 年美国股市崩盘后,当时美国胡佛政府为了保护国内工业不受大量进口商品冲击,提出并通过了《斯姆特-霍利关税法》,开始对 2 万余种进口商品征收高额关税,这一做法立即引起其他国家的不满,同时引发对美国出口商品的报复,这种以邻为壑的政策使全球贸易几乎中止,美国的经济非但未能尽快恢复,反而因此下降了三分之二,

---

[11] 据世界银行预测 2009 年全球经济将收缩 2.9 个百分点。就贸易而言,WTO 秘书长的最新预测为 2009 年货物贸易在量上将收缩 10 个百分点,超过原先估计的 9 个百分点;发达国家下降 14 个百分点,而发展中国家下降 7 个百分点。参见《WTO 总干事拉米在公布第三份贸易保护主义措施监控报告时的发言》,载 WTO 网站,2009 年 7 月 13 日访问。

一半的人失去工作。[12] 尽管目前世界政治、经济形势早已今非昔比,然而,这种担忧的苗头也已出现。据路透社报道,加拿大联邦工业部长 Tony Clement 于 2009 年 5 月 20 日在美国华盛顿会见美国全国制造商协会负责人后对媒体称,加拿大害怕"买美国货"情绪蔓延,这种情绪似乎正在扩展、升级,对两国贸易均无益处,加拿大正在密切关注其蔓延趋势。加拿大《环球邮报》发表文章说,美国"购买美国货"条款的影响在加拿大国内引起一定的反对声,有企业要求政府"以牙还牙",以保护加拿大产业。因此,历史的经验仍然值得我们高度重视。

第二,贸易保护性质的"购买美国货"条款的出台,违背了美国政府的承诺,使当今头号大国美国的诚信大打折扣。长期以来,美国一直以"自由贸易""公平贸易"主张和捍卫者自居,这种明显带有贸易保护性质的"购买美国货"条款与自由、公平贸易有何相似之处? 不仅没有任何相似之处,而且是根本背道而驰的。就在美国深陷经济不景气之时,在 2008 年 11 月二十国集团华盛顿峰会上,包括美国在内的与会国就支持自由贸易、反对保护主义达成共识,表现出了协调合作、共克时艰的意愿。[13] 而在短短的三个月之后,就在其经济刺激法案中包含了贸易保护性质的"购买美国货"条款。这种言而无信、出尔反尔的做法,不是令当今大国美国的诚信大打折扣吗? 有分析人士指出,作为世界最大、最发达的经济体,美国在国际贸易中拥有比其他国家更多的优势和利益,因此长期以来一直是自由贸易的主要倡导国之一。危机当前,美国因国内政治考虑,屈服于国内个别行业或利益集团的压力,背弃自己在国际自由贸易中的义务和承诺,堕入保护主义的窠臼。这种对自由贸易"用之如珍宝,弃之如敝屣"的态度实属不智,是极为短视的。[14]

第三,在当前经济全球化时代,"美国货"一词词义混乱,概念不清。顾名思义,"美国货"指在美国生产的产品,即"美国制造(made in the U. S. A.)"。这一概念,在 70 多年前的美国《购买美国货法》出台时,还比较明确,因为当时生产相对比较落后,国际投资、国际贸易也不很发达,一国产品的生产,其原材料、资金、生产工艺、劳动力等生产要素基本上都发生在一国范围内,区别某国制造的产品一般不会有误。然而,时至经济全球化的今天,"美国制造"一词却发生了词义混乱,概念不清。例如,美国跨国企业在海外的公司生产的产品属不属

---

〔12〕 参见石河:《"购买美国货"条款饮鸩止渴》,载《光明日报》2009 年 2 月 5 日。
〔13〕 参见《美国向自由贸易宣战?》,载中国贸易救济网站,2009 年 2 月 4 日访问。
〔14〕 参见《经济观察:贸易保护主义有弊无利》,载新华网,2009 年 2 月 3 日访问。

于"美国货"，或者，外国的跨国企业在美国的公司生产的产品属不属于"美国货"？在前一种情形下，美国公司赚了钱，但把工作机会让给了外国人，后一种情形下，美国人获得了工作机会，但钱却被外国公司赚走了。[15] 难怪许多美国跨国企业都竭力反对"购买美国货"条款。可以预计，随着"购买美国货"条款的实施，美国国内企业之间以及美国国内企业和跨国企业之间的纷争会不断产生，可能会走向该法制定者的反面。

第四，贸易保护主义有弊无利，"购买美国货"条款是饮鸩止渴。如前所述，"购买美国货"条款一出台，就受到国际舆论连续地激烈抨击，有人将其斥责为"一项愚蠢透顶的经济政策"[16]。美国达特茅斯大学著名经济学家道格拉斯·欧文在《纽约时报》撰文批驳了"购买美国货"条款可以促进美国就业的观点。欧文认为这种说法听起来有道理，历史却得出相反的结论。他举例说，20 世纪 90 年代重修旧金山—奥克兰湾大桥时，加利福尼亚州政府规定只能使用美国产的钢铁，除非其价格比进口钢铁高出 25% 以上。结果，美国企业以供应价格高于国外公司 23% 的标底中标。这使得加利福尼亚州纳税人为这一项目多支付 4 亿美元，同时让其他本可带来更多就业的建设项目得不到资金支持。欧文认为，即便从贸易角度考虑，"购买美国货"可以促进就业的说法也同样站不住脚。他说，美国国会在夹带这一条款时，忘记了国际自由贸易的"黄金法则"——"如果我们只买美国货，别人就不买美国货了"。美国若以危机为借口阻止进口，偏袒本国公司，美国大公司在国外也难以赢得合同。令美国企业更为担忧的是，经济危机过后，这种状况恐怕还会持续下去。[17] 著名保守派思想库美国传统基金会贸易问题专家马克黑姆也指出，"购买美国货"条款不仅无助于增加美国国内就业，反而会使更多的美国企业因原料成本增加和其他国家的报复措施而破产，从而导致更为严重的失业问题，到头来是"搬起石头砸自己的脚"。[18] 美国达拉斯联邦储备银行行长费希尔在接受美国有线电视台采访时说："我直说了吧，（类似'买国货'计划的）保护主义就像在经济上吸食毒品，这可能会带来一时兴奋，但会让人上瘾并最终致死经济。"[19] 在当前金融危机及经济危机重

---

[15] 参见《"买美国货"条款的迷雾》，载《世界新闻报》2009 年 2 月 18 日。

[16] 石河：《"购买美国货"条款饮鸩止渴》，载《光明日报》2009 年 2 月 5 日。

[17] 参见《经济观察：贸易保护主义有弊无利》，载新华网，2009 年 2 月 3 日访问。

[18] 参见《华盛顿升起贸易保护主义阴云》，载中国贸易救济网站，2009 年 2 月 5 日访问。

[19] 刘信民：《号召"买美国货"能救美国吗》，载《青年参考》2009 年 2 月 6 日。

压下,美国的这种贸易保护主义倒行逆施纯属饮鸩止渴。[20]

第五,"购买美国货"条款还有被进一步滥用的迹象,并将促使全球贸易保护主义泛滥。加拿大《环球邮报》在 2009 年 5 月 11 日发表的文章中披露,加拿大制造商和出口商协会列出 7 项美国已提交国会的法案,包括地方污水和水处理项目资助、宽带连接扩建、电网建设、更换"空中一号"、购买 10 万辆混合动力汽车以及建设和改造政府建筑等,这些法案均包含公然的贸易保护主义措词。不可否认,"在一个比较严重的经济危机之下,在国内采取贸易保护主义,应该说是比较得人心的,因为贸易保护主义的措施在很大程度上是出于一些国家政府国内政治的需要。"[21]正因为如此,美国总统奥巴马尽管口头上反对贸易保护,但其上台后最紧迫的压倒一切的任务就是要推行经济刺激计划,所以,国会一通过经济刺激计划,他很快就签署该计划并使之生效。事实上,根据世界银行 2009 年 3 月 2 日发布的一份材料称,目前很多国家,自 2008 年 11 月二十国集团华盛顿峰会各国承诺不采取保护主义措施以来,已经有 17 个国家采取了 47 项贸易保护主义的措施,并有进一步扩大的趋势。[22] 针对这一情况,2009 年 4 月二十国集团又一次在伦敦聚会,各国再次承诺不采取保护主义措施,然而,效果虽不能说一点没有,但应该说并不明显。从目前情况来说,不难预料,"相信贸易保护主义风潮还将继续发展一段时间,特别是在美国,因为西方代议制民主政体本身就更容易使贸易保护主义势力取得与其实际经济实力份额不相称的政治能量。"[23]

第六,尽快恢复并结束多哈发展回合谈判是反对贸易保护主义的重要手段。在当前世界严重的金融和经济危机之下,短期内,贸易保护主义存在甚至进一步泛滥这一趋势恐怕谁也阻挡不住。美、欧主张自由贸易、不搞贸易保护在当前仅仅是一句空话。美国"购买美国货"条款的出台,尽管不是什么全新的东西,但它出台本身就说明了当前美国国内贸易保护主义势力的强大。欧盟的贸易保护主义可以说历史上一直存在,时强时弱,在当前条件下,不言而喻,当

---

〔20〕 参见《华盛顿升起贸易保护主义阴云》,载中国贸易救济网站,2009 年 2 月 5 日访问。

〔21〕 参见《龙永图:世界贸易保护主义可能部分落向实处》,载新浪网,2009 年 2 月 17 日访问。

〔22〕 这些国家包括美国、加拿大、欧盟以及法国、英国、意大利、德国、西班牙等,还有俄罗斯、印度、中国、巴西、阿根廷等国。参见 Elisa G amber draconian Richard New farmer, *Trade Protection: Incipient but Worrisome Trends*,载世界银行贸易简讯第 37 号,2009 年 3 月 2 日访问。

〔23〕 梅新育:《全球贸易保护主义风潮下的中国策略》,载《中国新闻周刊》2009 年第 6 期,2009 年 2 月 19 日。

然会更强。一些发展中国家也或多或少地采取了贸易保护的政策和措施。今天,贸易保护主义已不仅仅是个经济或贸易问题,而是很多国家所面临的政治问题了。在当前,反对贸易保护主义的重要手段就是尽快恢复并结束多哈发展回合谈判。多哈发展回合谈判从发起到现在快八年了,早已超过最初"三年结束谈判"的预期[24],其间数次推迟,也未能有大的成效;谈判内容也已今非昔比,大为"缩水"[25],其成果屈指可数[26]。然而,空前的金融和经济危机在给全球经济、贸易和人民生活带来严重影响的同时,也使越来越多的政治家、企业家和学者们认识到,尽快恢复并结束多哈发展回合谈判未必不是应对当前金融和经济危机、反对贸易保护主义的重要手段和方法。尽管多哈发展回合谈判的最后结果尚不确定,但从谈判进程和初步达成一定共识的内容来看,无论是进口关税进一步削减,非关税措施实施限制的加强,还是农产品贸易补贴和支持的下降以及服务贸易的进一步开放,这些都有助于进一步克服当前全球性的金融和经济危机,恢复和发展各国经济,促进国际贸易更进一步的自由开展。令人可喜的是,世界上主要贸易国家,包括发达国家和发展中国家的领导人已经基本上认可了"保持贸易开放的重要性,并承诺在明年结束多哈回合。"[27]人们有理由相信,那就是面对着当前"全球经济在世界范围内依然脆弱,国际贸易流量的空前萎缩,我们必须发出一个清晰而可信的信息,那就是保护主义不是答案。"[28]

"购买美国货"条款的出台,进一步推动了贸易保护主义的泛滥,尽管贸易保护主义不会消失,还会存在相当一段时期,但它对当前各国克服金融和经济

---

〔24〕 根据 2001 年 11 月多哈部长会议达成的《部长宣言》第 45 节规定:"按照本宣言进行的谈判应于 2005 年 1 月 1 日前结束。"(45. The negotiations to be pursued under the terms of this declaration shall be concluded not later than 1Jan. 2005.)资料来源:http://www. wto. org。

〔25〕 最突出的例子是新加坡议题,在《部长宣言》的工作计划内,已经将"贸易与环境""贸易与竞争政策""贸易与投资关系""贸易便利化"(又统称"新加坡议题")列入谈判议题,但在谈判中成员方分歧过大,被迫将"贸易与环境""贸易与竞争政策""贸易与投资关系"从谈判议题中取消,仅保留了"贸易便利化"这一谈判议题。资料来源:根据 http://www. wto. org 资料整理。

〔26〕 从 2001 年 11 月多哈部长会议决定发起多哈发展回合谈判至今快八年,尽管在 2004 年 7 月和 2008 年 7 月贸易谈判委员会分别拿出了谈判"一揽子文本",但都未能达成协议。根据笔者看法,多哈发展回合谈判唯一能称为成果的就是总理事会于 2005 年 12 月 6 日作出的关于修改与贸易有关的知识产权协定的决定,并得到 2005 年 12 月 18 日在中国香港举行的部长会议发表的《部长宣言》第 40 节的确认。该修改与贸易有关的知识产权协定的议定书供成员方接受的日期已经从 2007 年 12 月 1 日延长至 2009 年 12 月 31 日。资料来源:根据 http://www. wto. org 资料整理。

〔27〕 参见《拉米在公布第三份贸易保护主义措施监控报告时的发言》,载上海 WTO 事务咨询中心网站(http://www. sccwto. net:7001/wto/china. jsp),2009 年 8 月 1 日访问。

〔28〕 同上。

危机带来的负面影响是不容忽视的。因此,我们要充分利用国际经济组织反对贸易保护主义,努力争取制定针对贸易保护主义的规则,对贸易保护主义采取针锋相对的政策和措施,使贸易保护主义成为人人喊打的"过街老鼠"。世界上一些有影响的国际经济组织,如国际货币基金组织、世界银行、经济合作组织和世界贸易组织等,原则上都是主张自由贸易、反对贸易保护主义的。不久前,针对当前的金融危机,这四个组织和国际劳工组织发表联合声明,呼吁各国政府采取措施,抑制贸易保护主义抬头。我们要积极支持、配合并敦促这些组织进一步采取具体措施,协调国际社会共同行动抑制贸易保护主义,对西方主导制定实施的现行国际经贸规则中的不公正规定要深入分析研究,提出具体而有针对性的修改建议,如严格适用反倾销的规定,削减乃至一定时期内取消农产品的补贴等,将建立更合理的国际经济新秩序作为中国的长期目标。[29] 在当前的国际金融和经济危机时期,中国和国际社会的努力可能会事半功倍。

---

〔29〕 参见梅新育:《全球贸易保护主义风潮下的中国策略》,载《中国新闻周刊》2009 年第 6 期,2009 年 2 月 19 日。

特别保障措施

与中国纺织品有关的"特保措施"
解读与评价 *

摘　要："特保措施"是一种不同于一般保障措施的贸易保护手段,中国入世承诺中接受"特保措施"是中国入世所付出的代价。这些"特保措施"一旦被其他成员方利用来限制中国产品出口,将极不利于我国经济的发展。与我国出口贸易第一大户——纺织品有关的"特保措施",包括《入世议定书》第 16 条与《工作组报告书》规定的两种期限不一的"特保措施"。本文旨在对这两种"特保措施"的规则进行比较分析与评价,希望能对中国纺织品行业应对可能被其他成员方广泛采用的"特保措施"有所助益。

关键词：一般保障措施　特保措施　解读　评价

前　言

在 WTO 框架内,如果以 GATT 第 19 条规定的保障措施为一般保障措施,那么"特保措施"则是除此以外其他所有保障措施的统称。WTO 成员方能针对原产于中国的产品实施的"特保措施"分为两类：第一类与货物进口数量增长无关且适用于所有成员方的保障措施,包括《关贸总协定》第 12 条与第 18 条有关"为保障国际收支而实施的限制"的保障措施,以及《农业协议》的特殊保障措施；另一类则是与货物进口数量增长有关的"特保措施",具体包括《中国加入世贸组织议定书》(《入世议定书》)第 16 条专门针对中国的"特定产品过渡性保障措施"及《中国加入工作组报告书》(《工作组报告书》)第 241～242 段的内容中规定的"纺织品过渡性保障措施"。与第一类"特保措施"相比,第二类"特保措施"具有适用对象上针对中国的专一性、单向性与歧视性。另外,值得注意的是,《纺织品和服装协议》(《ATC 协议》)的过渡性保障措施也是与货物进口数

---

* 本文与熊志坚合作,发表于《国际商务研究》2004 年第 3 期。

量增长有关的,但其实际上也不同于第二类的"特保措施"。

中国入世后,一些 WTO 成员方根据中国入世承诺随即开展了针对中国产品"特保措施"的立法。到目前为止,已有欧盟、美国、韩国、加拿大、澳大利亚、新西兰、印度等 21 个国家的成员方根据我国入世承诺制定了对华"特保措施"的国内法规。[1] 从 2002 年 5 月西班牙向欧盟委员会提出对中国柑橘罐头实施特别保障措施的申请,到 2003 年 7 月 24 日美国联合纺织品和纤维工业协会向美国商务部申请针对中国的 4 类纺织品采取特保措施,"特保措施"及其所涉及的产品成为人们关注的焦点,尤其是我国出口贸易的优势产业——纺织行业。鉴于第一类"特保措施"均与纺织品的进口数量是否增长无关,本文所指的与中国纺织品有关的"特保措施"仅限于第二类"特保措施"。

一、一般保障措施的涵义及其要件

保障措施,又称紧急措施。根据 GATT 第 19 条的表述,是指一经济体在某种产品进口大量增长以致其生产同类或与之直接竞争产品的产业遭受损害时,为补救损害或便利产业调整而针对引起损害的进口产品采取的临时进口限制措施。与反倾销、反补贴仅针对不公平贸易所不同的是,保障措施完全可以针对公平贸易。也就是说,进口产品完全可能是在公平竞争的情况下被实施保障措施。因此,WTO 成员中进口方要实施保障措施需要遵守相当严格的条件:(1)进口数量近期的、突发的、剧烈的和重大的大量增加;(2)对国内产业造成严重损害或严重损害威胁;(3)进口增长与严重损害或威胁之间存在因果关系。

作为推动世界自由贸易体制的"安全阀",保障措施对保障 WTO 成员产业安全具有重要作用。自 WTO 成立以来,一些成员实施保障措施的次数和频率逐年增加,同时提交 WTO 解决的涉及保障措施的案件数量也逐年上升。但正如上文所述,保障措施的使用必须遵循相当严格的条件。截至 2002 年 9 月,提交 WTO 争端解决机构的 28 件保障措施案件中,几乎所有的援用方均以败诉告终。

---

[1] 《欧盟针对中国纺织品出台措施 中国遭遇新壁垒》,载中国新闻网,http://newsl.jrj.com.cn/news/2003-02-24/000000505821.html。

二、WTO 框架下与中国纺织品出口有关的"特保措施"

《入世议定书》第 16 条规定针对中国的"特定产品过渡性保障措施",是一种专门针对中国经济转型期的"特保措施",适用于我国一般产品,期限是自中国入世起至第 12 年底止。另外,专门针对中国纺织品的"特保措施"是我国《工作组报告书》第 241～242 段的内容中规定的"纺织品过渡性保障措施",这是与《ATC 协议》规定的过渡性保障措施不同的一种"特保措施"。该"特保措施"规则适用于中国入世至 2008 年底。那么在 2008 年后,我国纺织品是否还适用《入世议定书》第 16 条针对中国一般产品的"特保措施"条款呢? 对此,不管主观上如何认识,根据中国入世有关文件及一般法理分析,笔者认为,中国纺织品在 2008 年后显然是要适用《入世议定书》第 16 条"特保措施"的。有关的理由将在介绍完这两种"特保措施"规则后,在下文中给出。

（一）针对中国一般产品的"特定产品过渡性保障措施"

《入世议定书》第 16 条规定了关于特定产品过渡性保障机制。更详细的规定见《工作组报告书》。这实质上就是臭名昭著的"选择性保障措施"。这种带有明显歧视性的条款,是中国加入世贸组织关键时刻一些国家强加给中国的,是我国享受入世后各种优惠待遇所付出的代价之一。

根据《入世议定书》第 16 条第 1 款、第 8 款和第 9 款规定:从中国入世之日起 12 年内,如原产于中国的产品在进口至任何 WTO 成员领土时,其增长的数量或所依据的条件对生产同类产品或直接竞争产品的国内生产者造成或威胁造成市场扰乱,则受此影响的 WTO 成员有权在防止或补救此种市场扰乱所必需的限度内,对此类产品撤销减让或限制进口;如一 WTO 成员认为根据第 2 款、第 3 款或第 7 款采取的行动造成或威胁造成进入其市场的重大"贸易转移",WTO 成员在防止或补救此类贸易转移所必需的限度内,有权针对该产品撤销减让或限制自中国的进口。针对中国一般产品的"特定产品过渡性保障措施"与一般保障措施相比,两者在如下几个方面存在差异。

1. 实施的标准大大降低

实施"特定产品过渡性保障措施"的前提标准为"市场扰乱"或"贸易转移",这比实施一般保障的要求要低。《入世议定书》第 4 款规定:"一项进口产品,凡与国内行业生产的产品相同或直接竞争,其快速增加不论绝对地还是相对地,从而成为国内行业实质损害或实质损害威胁的重要原因时,就存在市场扰乱。"可见《入世议定书》是根据"实质损害"或"实质损害威胁"的概念来确定"市场扰乱"的。"实质损害"的概念在字面上与《反倾销协定》中所使用的实质损害或实质损害威胁相同。很显然,针对不公平贸易的《反倾销协定》的实质损害的概念所要求的损害程度,比针对公平贸易《保障措施协定》中严重损害的概念所要求的损害程度要低。

《入世议定书》第16条的第8款规定"贸易转移"条款,使针对中国的保障措施标准进一步降低。根据该条款,如果中国出口到A成员方的某产品,被A成员方认定为造成前述的"市场扰乱",并受到限制;则该产品转而出口到B、C、D等成员方并出现增长,该三国就不需再作"市场扰乱"认定,只要证明对该B、C、D等成员方市场的"重大贸易转移",就可予以制止。

2. "特保措施"具有选择性与歧视性

《保障措施协定》第2条第2款明确规定:"对一种产品的保障措施,应不论其进口来源,加以实施。"这说明保障措施虽然是一种自由贸易的例外,但仍然遵循WTO的基本原则:最惠国原则或不歧视原则,即不分产品的来源,对所有国家一视同仁地实施保障措施。它是对事不对人的,体现了WTO规则"原则之中有例外,例外之中有原则"的原则。《入世议定书》第16条第1款却规定:"如原产于中国的产品……"意味着任何一个WTO成员都可以专门针对中国产品,有选择性地采取保障措施,从而有权背离《保障措施协定》所规定的"非选择性"。在没有"不歧视"原则限制的情况下,任何进口方及第三方在对中国实施"特保措施"时就显得轻易了许多,顾忌少了许多。这样,作为受限制的我国产品将面临严峻的贸易壁垒的考验。

3. 出口国采取报复措施方面的差别

就一般保障措施而言,GATT第19条第3(a)款规定:"受保障措施影响的各缔约方得自行决定……对采取该行动的缔约方中止实行那些大体相等的关税减让或本协定规定的其他义务。"而WTO《保障措施协定》也规定,出口国有权在保障措施生效后的任何时间采取报复措施,甚至可以立即进行报复。

《入世议定书》第16条第6款规定:"一个WTO成员方只能在阻止或救济市场扰乱所需的时期内,依本条采取措施。一项措施若是因进口水平的相对增加而采取的,并持续实行超过两年,则中国有权对该采取措施的WTO成员方,中止实施大体上相等的关税减让或者 GATT 1994 规定的义务。"若为绝对增长,则限期为 3 年。实际上,《入世议定书》第 16 条第 6 款是把对中国的"补偿期推延到 2~3 年以后"。按《工作组报告书》第 246 段第(f)项的规定,该措施的使用期(指议定书第 16 条第 6 款的 2~3 年)能够延长,只要该进口 WTO 成员方主管机关认定:"为阻止或救济市场扰乱,需要继续实行该行动"。这表明,这个 2 至 3 年的期限,在很大程度上是虚设的,最多也只能起到一种敦促该进口国在 2 至 3 年期满时,再履行一次重新认定程序而已。这样实质上变相地将中国采取报复措施的权利在很大程度上给剥夺了。

4. "特保措施"的单向性与发展中国家优惠待遇的削弱

《入世议定书》第 16 条是专门针对中国一般产品的,只规定了其他成员方有对我国产品采取"特保措施"的权利,却没有规定我国可以对其他国家采取"特保措施"的权利。"特保措施"的单向性导致了权利义务的失衡。

作为最大的发展中国家,我们处处声明要以发展中国家的地位加入世贸组织。然而"特保措施"条款的存在本身及其所带来的影响,已严重削弱了我国作为发展中国家应享有的种种待遇。《保障措施协定》的第 9 条具体规定了对发展中国家成员的优惠待遇:第 1 款规定:如果原产于发展中国家的产品占进口成员该产品的总进口量的比例不超过 3%,则进口成员不得对来自该发展中国家的产品采取保障措施;但是,如果进口份额不超过 3% 的发展中国家成员的进口份额总计超过 9%,则可以对该发展中国家的产品采取保障措施。第 2 款规定:(1)发展中国家有权将保障措施的最长实施期(8 年)再延长 2 年;(2)对于已经采取保障措施的产品再次采取保障措施的,只须经过相当于原实施期的一半时间才可采取保障措施(对于其他非发展中国家的待遇则为:应当经过与原实施期相等的时间才可再次采取保障措施)。但根据《入世议定书》第 16 条第 1 款的规定,WTO 成员可以只针对中国产品采取保障措施,而不管中国出口的产品是否在该成员进口产品中占 3% 以上,这几乎完全剥夺了中国在保障措施领域享受发展中国家特殊待遇的机会。另外,《工作组报告书》第 246 段(g)款只规定了进行市场扰乱调查应间隔的时间,而没有规定采取保障措施的间隔时间[2]。正因为在适用对象上的选择性、歧视性及其单向性等特点,《入世议定书》中规

---

〔2〕 参见陈慧芳:《保障措施和特别保障措施的比较分析及应对策略》,http://www.yfzs.gov.cn/ 2003-07-14。

定的特保措施在限制程度与实施期限上得以更加苛刻。如《保障措施协定》规定:(1)如果使用数量限制,除非提出明确的正当理由表明为防止或补救严重损害而有必要采用不同的水平,该措施不得导致进口量减少至低于最近一段时间的水平,该水平应为可获得统计数据的、最近 3 个代表性年份的平均进口量;(2)如果保障措施的预计实施期限超过一年,则应按固定时间间隔逐渐放宽该措施。而《入世议定书》特保条款却无类似的规定。也就是说,WTO 成员在根据《入世议定书》对中国产品采取"特保措施"时,并无义务维持最近一段时间中国产品的进口水平或逐渐放宽其所采取的特保措施。

(二)《工作组报告书》中专门针对我国纺织品规定的"过渡性保障措施"

《ATC 协议》是乌拉圭回合"一揽子协议"的重要组成部分,但与其他世界贸易组织协议截然不同,它只是阶段性适用,并不作为一套长期使用的国际纺织品服装贸易规则。《ATC 协议》第 6 条规定的过渡性保障措施是指:在过渡期内,如果未受配额限制且未纳入关贸总协定的纺织品或服装产品大量进口,对国内有关产业造成严重损害或严重损害的实际威胁,就可以采取保护措施,并且自单个成员的进口出现急剧和实质性增加,则可对该特定出口成员的特定产品实施配额限制。

但针对中国纺织品的过渡性保障措施规则与上述规则是有差别的,准确地说是对中国纺织品更加苛刻。根据《工作组报告书》第 241 ~ 242 段的内容,WTO 框架下中国纺织品的过渡性保障措施与《ATC 协议》规定的"过渡期保障机制"相比,存在如下差异。

(1)过渡期期限长。我国纺织品服装产品适用过渡性保障措施机制是从加入时起到 2008 年 12 月 31 日止的 8 年,比后者(2004 年 12 月 31 日)整整长了 4 年。

(2)实施保障措施的条件更为宽松。只要进口国能证明:

① 市场扰乱或市场扰乱威胁的存在;

② 市场扰乱或市场扰乱的威胁是由原产于中国的产品引起。"市场扰乱"在程度上要比《ATC 协议》"过渡期保障机制"的"严重损害或严重损害威胁"轻得多。

(3)保障措施实施的程序更不利于我国出口产品。程序性规定具体有:

① 磋商,这应在受到进口方磋商请求后的 30 天内进行,90 天内结束。如果在 90 天内未能达成协议,且各方都同意延期,则可以继续进行协商。

② 中国自动限制出口,即我国政府同意,在一旦收到磋商请求,中国将控制

其输往该请求成员方的、在种类上属磋商范围的纺织品或纺织产品,输出水平不比提出磋商请求月份之前最近 14 个月中前 12 个月的输出数量高出 7.5%(羊毛制品不高出 6%)。《ATC 协议》并没有如此规定,这是我国的特殊义务。若 90 天内未能达成共同满意的解决方案,则中国政府对相关产品采取的出口限制将随磋商而继续下去。但这种继续还有两个限制,即:若请求磋商提出时至当年底只有或不足 3 个月的,则延期的最长为磋商请求之日起后 12 个月;若至年底超过 3 个月的,则最长期限为当年底 12 月 31 日止。

③ 进口方保障措施,如果磋商达不成协议,则进口方,保障措施期限不超过 1 年,且不得延期。《ATC 协议》规定可以实施 3 年保障措施。

④ 另外,纺织品过渡性保障措施不得与《入世议定书》第 16 条规定的"特保措施"同时使用。

总体来说,《工作组报告书》将《ATC 协议》规定的过渡性保障措施更加特殊化。虽然在实施保障措施的期限上少了 2 年,但只要收到进口方的磋商请求,不论其磋商请求是否合理,都要自动将出口控制在一定限度内,而且更为重要的一点就是没有规定进口方前后两次采取"特保措施"的时间间隔。虽然在实践中其他成员在考虑对中国纺织品是否采取"特保措施"上受到与中国各方面关系及世界形势的制衡,但在纯粹的规则上,我国纺织品事实上已处于相当危险的境地。

(三)《入世议定书》第 16 条"特保措施"条款与《工作组报告书》中纺织品"特保措施"条款间的关系

也许中国的情况的确太特殊了,本来一般保障措施已经够狠了,而对中国规定了一般产品的"特保措施"还不够,又规定了一些具体产品的"特保措施"。如果这两种"特保措施"规则在适用期限上完全一致,一般就适用"特别规定优于一般规定"的法理,自然不会有多大歧义。按道理,相对于所有产品而言,纺织品属于一种具体的产品,与其相关的"特保措施"应适用"特别优先于一般"的法理。但是《工作组报告书》第 242 段(g)款却对此作出了不一样的规定。该款内容为:"不得分别依据本条款和《议定书草案》第 16 条同时对同一产品采取措施。"依此规定,说明在规则上并不排除在 2008 年底以前也对中国纺织品采用《入世议定书》第 16 条规定的"特保措施",唯一的限制就是两者不可以同时使用。也就是说两种"特保措施"是平行的,没有适用先后与效力高低之分。作为严肃的入世法律文件,我们与其推断其规定上有缺陷,还不如从这种字面所表示出来的意思去推定订立者的真实意图。一旦这样认定,两种"特保措施"规则的适用就清楚了。自中国入世后至 2008 年底是两种"特保条款"重叠适用期,进口方可以对中国纺织品任选一种"特保措施",在 2008 年后,进口方就只能对中国纺织品适用《入世议定书》第 16 条针对一般产品的"特保措施"。

因此,不管我们主观上怎样认为,或者是外国现有针对中国纺织品"特保措施"的立法只规定了《工作组报告书》中承诺的"特保措施",《工作组报告书》第242 段(g)款清楚地告诉我们,纺织品所要面对的是两种"特保措施",而且最后期限是 2013 年底。也就是说,我国的纺织品只有到了 2014 年才能完全融入WTO 的自由贸易体制,享受 WTO 规则下的公平竞争环境。

三、与中国纺织品有关的"特保措施"机制的评价

在入世 2 年后的今天,实际上我们已很难对《入世议定书》及《工作组报告书》中规定的"特保措施"条款作出客观全面的评价。不管怎样,中国艰难入世路上的一幕幕仍然历历在目,在这场旷日持久的"中外对抗"中,我们毕竟在形式上最终融入了世界自由贸易的体制。当然,我们也不得不遗憾地正视这些"特殊保障措施"在规则上的歧视性及其带有的历史痕迹,还有在其背后中国入世所付出的代价。

翻开 WTO 前身 GATT 的历史,我们可以发现:最早的"特保措施"是一些国家在 20 世纪 50 年代初日本加入 GATT 时用来对付日本的。后来虽然由于另一些缔约方坚持适用最惠国待遇原则,致使特殊保障机制未能设立。但在日本加入 GATT 时,西欧 14 个缔约方引用 GATT 第 35 条与日本互不适用 GATT,以此来彻底保障本国市场不受日本产品的扰乱。后来,日本用了 10 年的时间与这些缔约方逐个达成双边协议,对一些敏感产品设置"自愿出口限制",才换取了上述缔约方与其相互适用 GATT。随后是在 20 世纪 60 年代末 70 年代初,由于波兰、罗马尼亚、匈牙利三国计划经济和国营贸易的性质,在他们加入 GATT 时都被迫在议定书中接受了"特保"条款。[3] 然而对这三国规定的"特保"条款,

---

〔3〕 波兰《加入 GATT 议定书》第 4 条,罗马尼亚《加入 GATT 议定书》第 4 条,匈牙利《加入 GATT 议定书》第 5 条,都规定了过渡期特保措施条款。

所体现的权利义务的失衡与歧视性仍然不及中国的"特保"条款。罗马尼亚和匈牙利议定书所规定的特殊保障机制具有双向性,只有波兰单向性的特殊保障机制与我国是一样的,即只能由其他缔约方对波兰采取特殊保障措施,波兰则无权采取。三国议定书所规定的特殊保障机制中还均规定了报复机制,即被实施特殊保障措施的一方"有权对实质上相当的贸易,偏离其对该有关缔约方(采取'特保措施'方)的义务"。与中国"特保措施"条款中被虚化的报复机制相比,其规则上的制约意义可能更大。

众所周知,纺织业是我国具有百年历史的传统产业,纺织品是我国最具比较优势的产品,纺织品关税的减让及配额的取消,对发挥我国特有的劳动力成本低廉优势及解决就业、扩大出口有着重要意义。早在1993年,我国就已成为纺织品贸易的最大供应国,而纺织品出口也占到了总出口额的1/5以上。入世第一年的2002年,我国纺织品服装出口额突破600亿美元大关。作为出口依存度相当高(50%)的产业,纺织品出口在我国出口贸易中具有十分重要的战略地位。应该说,正是因为纺织品对我国如此重要及其在世界市场上令许多国家恐惧的竞争力,才有了《工作组报告书》中对纺织品与《ATC协议》不一样的"特保措施"条款。不管我们今天如何批评这些条款,也不管这些条款看上去有多么地不顺眼,这都是我们不得不接受的。入世后我国纺织品产业将面临双重考验,一是要遭受WTO其他成员方两种"特保措施"的歧视待遇,二是要在这段过渡期内对外国进口纺织品实行国民待遇、最惠国待遇。毫无疑问,这种安排是世界上其他一些国家疯狂维护其自身利益,竭力遏制中国快速发展的用心使然。用赵维田先生的话说,它已背离作为保障WTO体制顺利运转的机能,异化成大国保护主义的手段,或者说一种很不光彩的抑制我国经贸发展的计谋。

当然,面对既有的规则我们并非无所作为。在"特保措施"领域,我们可以借鉴应对反倾销过程中积累的一些经验,如产业预警体制、行业协同机制、加强人才培养、认真研究世贸规则、积极协商等。另外,我国具有发展中国家强劲的后发优势与劳动力成本低廉所带来的比较优势,只要我们能创造世界各国消费者喜爱的大量物美价廉的商品,同时注意运用其他各种经济、政治关系在国际社会中的影响作用,我国纺织品所面临的规则上的劣势并不必然能阻止其发展的步伐。

美对中特保措施：WTO 游戏规则
老手的谋略 *

中国加入世贸组织（WTO），一方面，对中国经济政策、经济发展，甚至政治和经济改革带来重大影响，它标志着中国的改革开放进入了一个新的历史阶段；另一方面，中国也为此付出了自己的代价，特别保障措施机制的设立就是其中之一。世人通常都认为，美国人是玩弄 WTO 游戏规则的老手。就美国针对中国进口产品的特别保障措施立法而言，也反映了这种情况。

美国是世界上最早对中国采取特别保障措施立法的国家，早在中国加入WTO 时，美国就依据中美两国于 1999 年 11 月达成的有关中国入世的协议，制定了美中关系法，并依据该法律修改了美国《1974 年贸易法》，针对中国制定了特别保障措施的法律。在中国加入 WTO 以后不久，美国特别保障措施法律于2002 年 1 月 1 日正式生效。同时，美国也是世界上最早对中国的进口产品采取特别保障措施调查的国家，从 2002 年 8 月到 2004 年 3 月不到两年的时间内，美国对中国共进行了 5 起特别保障措施的调查，并已经全部结案。

一、美国特别保障措施的立法背景

众所周知，中国入世的最主要问题是中美能否达成协议。经过中美双方的共同努力，终于在 1999 年 11 月 15 日在北京达成了关于中国加入世界贸易组织的协议。美国国会依据中美之间达成的这一协议，于 2000 年 10 月 10 日通过了长达近 50 页的美中关系法案，即《2000 年美中关系法》（*U. S. -China Relations Act of 2000*）。美中关系法全面规范了美中两国的关系，尤其是在经济和贸易方面。根据该法，美国国会要求美国政府相关部门（如美国国务院，美国贸易代

＊ 本文发表于《WTO 经济导刊》2004 年第 11 期。

表等)每年要就中国履行承诺的情况向国会提交报告,并为此专门设立了多个机构,如"关于中国的国会与行政委员会"(Congressional-Executive Commission on the People's Republic of China)、针对中国劳改产品进口的"特别工作组"(Task Force)以及"美中安全审议委员会"(United States-China Security Review Commission,后改为美中经济安全审议委员会)等。这些机构专门负责研究、监督、评估和审议中国履行入世承诺的情况。此外,该法还就美中贸易争端的解决、美国法律对中国进口产品的适用等也作了不少规定。当然,该法也有一些与贸易无直接关系的内容,如人权等。

根据《2000 年美中关系法》,美国修改了《1974 年贸易法》的部分条款,包括不再适用该法所谓的杰克逊-瓦尼克条款(Jackson-Vanik provisions),同意给予中国以永久正常贸易关系待遇(Permanent Normal Trading Relations,PNTR,即通常所称的"最惠国待遇");鉴于《1974 年贸易法》第 406 条已不再适用于中国,美国国会又专门增加了针对中国的部分,即"关于市场扰乱和对美国市场贸易转移的产业救济",共 3 个条款,构成了美国《1974 年贸易法》第 421、422 和 423 条。负责进行调查的美国国际贸易委员会于 2002 年 2 月 22 日发布了"有关全球和双边保障措施、市场扰乱、贸易转移和救济措施审议调查"的暂行规则,在调查了中国有关 3 个所谓市场扰乱案件后,该委员会又于 2003 年 11 月 19 日发布了经过修改的暂行规则。

2001 年 11 月 11 日,中国政府代表在多哈 WTO 第四次部长会议上,正式签署了关于中国入世的法律文件并提交了中国立法机关关于加入 WTO 的批准书,一个月后(2001 年 12 月 11 日),中国正式成为 WTO 的第 143 个成员。据此,根据美国国会的授权,美国总统确认,中国入世议定书的最终条款"至少与美中 1999 年 11 月 15 日达成的协议条款相当",2001 年 12 月 27 日,美国总统布什签署声明并公告,给予中国永久正常贸易关系的待遇,自 2002 年 1 月 1 日正式生效,同日,布什政府下达了类似内容的行政令。至此,美国依据中美关于中国加入世贸组织的协议以及中国入世法律文件中特别保障措施条款规定的立法业已建立。

二、一般保障措施是 WTO 的"安全阀"

在 WTO 法律体系内,保障措施(safeguard measures),又称紧急措施(emergency action）。根据 GATT 第 19 条的表述,是指一经济体在某种产品进口大量增长以致其生产的同类产品或者与之直接竞争产品的产业遭受损害时,为补救损害或者便利产业调整而针对引起损害的进口产品采取的临时进口限制措施。与反倾销、反补贴仅针对不公平贸易所不同的是,保障措施不考虑其是否是属于公平贸易。也就是说,进口产品完全可能是在公平竞争的情况下被实施保障措施。因此,WTO 成员中进口方要实施保障措施需要遵守相当严格的条件:(1)进口数量近期的(recent)、突发的(sudden)、剧烈的(sharp)和重大的(significant)大量增加;(2)对国内产业造成严重损害(serious injury)或严重损害威胁;(3)进口增长与严重损害或者严重损害威胁之间存在因果关系。

作为推动世界自由贸易体制的"安全阀",保障措施对保障 WTO 成员产业安全具有重要作用。自 WTO 成立以来,一些成员实施保障措施的次数和频率逐年增加,同时提交 WTO 解决的世界保障措施的案件数量也逐年上升。截至2004 年 1 月,WTO 成员方提交给争端解决机构 34 件保障措施案件。

在美国,《1974 年贸易法》第 201 条款就是关于一般保障措施的法律规定,也就是人们通常所称的"例外条款"。其主要实体内容的规定,与 WTO 法律体系内保障措施的有关规定基本相同。然而,有关针对中国的特别保障措施的法律规定,它所依据的是根据美国《2000 年美中关系法》和中国入世法律文件中的相关规定对该贸易法第 406 条款的修改而制定的法律,增加到该贸易法中,构成其组成部分。从一定意义上来讲,它是"例外条款"的例外,与一般保障措施有着十分明显的差异。

三、美国特别保障措施的特点

美国特别保障措施与一般保障措施法律都是针对进口产品增加并因此造成国内产业损害而对进口产品采取种种限制措施的规定。从这一方面来看,两者之间的性质相同,并无区别。但特别保障措施与一般保障措施法律在其基本理念、具体措施的标准、实施范围与条件以及程序要求等方面却存在着不少的差异,有些甚至是重大的差异。概括而言,它们之间的差异主要有以下几个方面。

（一）"市场扰乱"与"贸易转移"概念不清

在 WTO 法律体系下,并没有关于"市场扰乱"与"贸易转移"的概念和标准。"市场扰乱"仅是美国在国内法中针对共产主义国家所用的术语,但并没有明确与严格的定义。至于"贸易转移",则完全是一个新的概念,首次被运用于中国入世的法律文件中,美国据此而修改了其法律,加上了这一规定,然而,其概念既不清楚,标准也不具体,具有很大的任意性。在这种概念不清,标准不明的情况下,美国若针对中国产品运用特别保障措施条款,可任由其解释,这样,显然会出现许多问题,其中之一就是滥用。事实上,这一情况已经出现。

(二)实施的标准大大降低

实施"特定产品过渡性保障措施"的前提标准为"市场扰乱"或"贸易转移",这比实施一般保障的要求要低。美国《1974 年贸易法》第 421 条款规定:"当与国内产业生产的相似或直接竞争的(中国)进口产品迅速增加,不论是绝对的或相对的,以致构成对国内产业实质性损害或实质性损害威胁的重要原因时,就存在着市场扰乱。"可见第 421 条款是根据"实质损害"或"实质损害威胁"的概念来确定"市场扰乱"的。"实质损害"的概念在字面上与《反倾销协定》中所使用的实质损害或实质损害威胁相同。很显然,针对不公平贸易的WTO《反倾销协定》的实质损害的概念所要求的损害程度,比针对包括公平贸易在内的《保障措施协定》中严重损害的概念所要求的损害程度要低。

关于"贸易转移"的第 422 条款使针对中国的保障措施标准进一步降低。根据该条款,如果中国出口到 WTO 任一成员方的产品,被该成员方认定为造成前述的"市场扰乱",并受到限制;则该产品转而出口到美国并出现增长,美国就不需再作"市场扰乱"认定,只要证明对其市场的"重大贸易转移",就可以采取限制措施。第 422 条款规定的贸易转移行为是广泛的,它是指以下任何一种行为:

1. 中国采取的为防止或救济对一 WTO 成员市场扰乱的行为;

2. 一 WTO 成员根据 WTO 协议为防止或救济市场扰乱而撤销减让或限制进口的行为;

3. 一 WTO 成员依据中国入世议定书的特定产品保障措施条款实施临时保障措施;

4. 上述 1 至 3 条任何行为的结合。

(三)针对中国产品的保障措施具有选择性与歧视性

GATT 第 13 条规定:"任何缔约方不得禁止或限制来自任何其它缔约方领

土上的任何产品的进口,除非来自所有第三国的同类产品的进口同样受到禁止或者限制"。《保障措施协定》第 2 条第 2 款也明确规定:"保障措施应针对一正在进口的产品实施,而不考虑其来源"。这说明保障措施虽然是一种自由贸易的例外,但仍然遵循 WTO 的基本原则:不歧视原则(包括最惠国待遇原则和国民待遇原则),即一成员如要实施保障措施,就应不分产品的来源,对所有国家一视同仁地实施保障措施。它是对事不对人的,体现了 WTO 规则"原则之中有例外,例外之中有原则"的原则。美国贸易法第 201 条款也是这样规定的,然而第 421 等条款,无论是其立法依据还是具体内容,都是针对中国的。如第 421条(a)款开门见山地规定:"如原产于中国的产品……"这意味着美国可以专门针对中国产品,有选择性地采取保障措施,从而背离 GATT 以及《保障措施协定》所规定的"非选择性"。在没有不歧视原则限制的情况下,美国对中国实施特别保障措施时就显得轻易了许多,顾忌少了许多。尤其是其他成员方出口产品占美国比例很大,而中国产品仅占很小比例时,其歧视性就更为严重。这样,作为受限制的我国产品将面临更严峻的贸易壁垒的考验。

(四)实施措施的期限不明

WTO《保障措施协定》第 7 条明确规定了成员方实施保障措施的期限。该条认为,实施保障措施的期限不得超过 4 年,如需延长,最多只能延长 4 年,即"保障措施的全部实施期,包括任何临时措施的实施期、最初实施期以及任何延长,不得超过 8 年"。然而,第 421 条款并无确切肯定的具体期限的规定(紧急情况下采取的临时措施不超过 200 天的规定除外),甚至连《入世议定书》第 16条关于保障措施的实施期限规定的"一 WTO 成员只能在防止和补救市场扰乱所必需的时限内根据本条采取措施"这一笼统的说法也没有。因此,从理论上来说,美国对中国产品实施特别保障措施最长可达 12 年,与整个《入世议定书》第 16 条的适用期限相同。当然,从目前美国已处理的涉及中国的实际案例来看,情况还不是如此。

正因为美国《1974 年贸易法》第 421 条款具有概念不清、标准不明、适用条件降低以及在适用对象上的选择性、歧视性等特点,因此会出现在短短的两年不到的时间内,美国国际贸易委员会对中国进口产品进行了 5 次特别保障措施的调查。第 421 条款对中国输美产品产生的影响,需要我们认真地对待。

四、美国特保机制:WTO 游戏规则老手的技术谋略

　　如前所述,美国特别保障措施的立法来源于两个主要方面,一是来源于中美双方达成的关于中国加入 WTO 的双边协议,二是来源于美国《1974 年贸易法》的第 406 条款。中美关于中国入世协议的内容,在中国正式入世时,几乎都包括在《入世议定书》和《工作组报告书》中。因此,就本文论述的范围而言,我们可以得出这样两个很重要的结论:一是中国入世,一方面,使中国最终融入了世界贸易的体制,这不仅会对中国经济政策和经济发展带来重大影响,而且也会在很大程度上影响中国的政治和经济改革,它标志着中国的改革开放进入了一个新的历史阶段;另一方面,中国也为此付出了自己的代价,特别保障措施机制的设立就是其中之一。二是美国成功地使其国内法中关于限制中国进口产品的规定变成了国际法的内容,从而为美国对中国进口产品实施特别保障措施设计好了国内法和国际法上的"合法"依据。

　　翻开 WTO 前身 GATT 的历史,我们可以发现:最早的特别保障措施是一些国家在 20 世纪 50 年代中期日本加入 GATT 时用来对付日本的。后来虽然由于另一些缔约方坚持适用最惠国待遇原则,致使特殊保障机制未能设立,但在日本加入 GATT 时,西欧 14 个缔约方引用 GATT 第 35 条与日本互不适用 GATT,以此来彻底保障本国市场不受日本产品的扰乱。后来,日本用了 10 多年的时间与这些缔约方逐个达成双边协议,对一些敏感产品设置"自愿出口限制",才换取了上述缔约方与其相互适用 GATT。随后是 20 世纪 60 年代末和 70 年代初,由于波兰、罗马尼亚、匈牙利三国计划经济和国营贸易的性质,在他们加入 GATT 时都被迫在议定书中接受了特别保障措施条款。然而,对这三国规定的特别保障措施条款,所体现的权利义务的失衡与歧视性仍然不及中国的特别保障措施条款。罗马尼亚和匈牙利议定书所规定的特殊保障机制具有双向性,只有波兰单向性的保障机制与我国是一样的,即只能由其他缔约方对波兰采取保障措施,波兰则无权采取。三国议定书所规定的特殊保障机制中还均规定了报复机制,即被实施特殊保障措施的一方"有权对实质上相当的贸易,偏离其对该有关缔约方(采取特别保障措施)的义务"。与中国特别保障措施条款中被虚化的报复机制相比,其规则上的制约意义可能更大。因而,我们应看到这些特别保障措施在规则上的歧视性及其带有的历史痕迹,当然,我们也应看到其背后

中国入世所付出的代价。

众所周知,美国既是 GATT 的倡导者,也是 WTO 设立的倡导者,其在 GATT 和 WTO 中的地位虽不比以前,但仍然可以说是举足轻重、独一无二的。在当今 WTO 的规则中,几乎都可以在美国国内相关的法律中找到它的影子。因此,世人通常都认为,美国人是玩弄 WTO 游戏规则的老手。就美国针对中国进口产品的特别保障措施立法而言,也反映了这种情况。在中国入世之前,美国是利用《1974 年贸易法》第 406 条款的规定,将中国视为共产主义国家而实施特殊的保障机制。中国入世后,美国如继续使用该条款,势必会遭到中国的反对。在中美双方协商未能达成协议的情况下,中国如果将双方争论提交 WTO 争端解决机构解决,那么,中国将会以美国第 406 条款违反 WTO 规则而轻易地取得胜诉。为避免出现这一情况,美国首先在中美双边协议中加入特别保障措施的内容,可只针对中国产品实施保障措施,继而将中美双边协议中这一内容变成中国入世法律文件的组成部分,使其国内法的规定国际法化。然后,再依据中美双边协议和中国入世法律文件的规定,制定和修改其国内法(本文前面所述的《2000 年美中关系法》和《1974 年贸易法》第 421 条款),这样,就使美国在对中国进口产品实施特别保障措施时完全"合法化"了。在这里,人们不得不承认美国手法的"高明",因为,美国针对中国进口产品特别保障措施无论是在国内法体系内还是在国际法层面上,都是完全"合法"的。

当然,面对既有的规则我们并非无所作为。在特别保障措施领域,我们也可以借鉴应对反倾销过程中积累的一些经验,如产业预警体制、行业协同机制、加强人才培养、认真研究相关规则、积极协商以及必要时采取相应的对等和报复措施等。另外,我国具有发展中国家强劲的后发优势与劳动力成本低廉所带来的比较优势,只要我们能创造世界各国消费者喜爱的大量物美价廉的商品,同时注意运用其他各种经济、政治关系在国际社会中的影响作用,我国产品所面临的规则上的劣势并不必然能阻止其发展的步伐。

五、相关链接

美国特别保障措施法律的主要内容

美国特别保障措施法律是指美国《1974 年贸易法》(以下称美国贸易法)的

第421、422和423条,其立法依据是中美关于中国加入世贸组织的协议以及中国入世议定书中的特定产品的过渡性保障机制的规定。然而,其内容要比中美协议以及入世议定书中的规定全面和复杂。现就其内容概要介绍如下。

1. 美国贸易法第421条

第421条是关于市场扰乱(market disruption)行为的规定,共15款,包括实体和程序两方面的规定。

2. 美国贸易法第422条

第422条是关于贸易转移(trade diversion)行为的规定,共10款,也包括实体和程序两方面的规定。

3. 美国贸易法第423条

相对于第421条和第422条,第423条要简单得多,它是关于行政法规的规定,共3款。

美国对中国"特殊保障措施"
立法与案例研究*

摘　要：美国是世界上最早对中国采取特殊保障措施立法的国家，也是世界上最早对中国进口产品进行特殊保障措施调查的国家；到目前为止，美国对中国进口产品共实施了五起特殊保障措施调查，并已全部结案。本文试图结合美国的相关立法，就这五起案件的调查、审理及最终结果作出分析、论述与研究。

前　　言

美国是世界上最早对中国采取特殊保障措施立法的国家，早在中国加入世界贸易组织（以下简称 WTO）之前，美国便依据中美两国于 1999 年 11 月达成的有关中国入世的协议，制定了美中关系法，并依该法修改了美国《1974 年贸易法》，增加了针对中国的特殊保障措施条款，该条款于 2002 年 1 月 1 日（中国加入 WTO 之后不久）正式生效。同时，美国也是世界上最早对中国进口产品进行特殊保障措施调查的国家，在 2002 年 8 月至 2004 年 3 月不到两年的时间内，美国对中国进口产品共实施了五起特殊保障措施调查[1]，并已全部结案。本文将结合美国的相关立法，就这五起特殊保障措施案件的调查、审理及最终结果作出研究，以供政府相关部门、研究人员和相关企业界人士参考。

---

　*　本文发表于《国际经济法学刊》2005 年第 2 期。

　〔1〕　这一数据不包括美国对中国纺织品采取的特殊保障措施调查，虽然其在性质上也属于特殊保障措施案件，但两者之间存在不少差异，如调查的法律依据不同，调查的内容、机构、程序也不同，这里不作赘述。本文所称的"特殊保障措施"调查，是指美国有关当局依照《1974 年贸易法》421 条款（"市场扰乱"条款）对中国产品进行的调查，下同。

一、美国对中国特殊保障措施立法的背景及其主要内容

(一)美国对中国特殊保障措施立法的背景

众所周知,中国入世的最主要问题在于中美能否达成协议;而经过中美双方的共同努力,两国终于在 1999 年 11 月 15 日达成了关于中国加入世贸组织的协议。美国国会依据中美之间达成的这一协议,于 2000 年 10 月 10 日通过了长达近 50 页的美中关系法案,即《2000 年美中关系法》(*U. S. -China Relations Act of 2000*)。根据该法案,美国国会要求美国政府相关部门(如美国国务院、美国贸易代表等)每年就中国履行入世承诺的情况向国会提交报告,并为此专门设立了多个机构,如"关于中国的国会与行政委员会"(Congressional-Executive Commission on the People's Republic of China)、针对中国劳改产品进口的"特别工作组"(Task Force)以及"美中安全审议委员会"(United States-China Security Review Commission,后改为"美中经济安全审议委员会")等。这些机构专门负责研究、监督、评估和审议中国履行入世承诺的情况。[2] 与此同时,该法案还就美中贸易争端的解决、美国法律对中国进口产品的适用等问题作了规定。

根据《2000 年美中关系法》,美国修改了《1974 年贸易法》的部分条款,包括不再适用该法所谓的杰克森-瓦尼克条款(Jackson-Vanik Provisions),[3] 同意给予中国永久正常贸易关系待遇(Permanent Normal Trading Relations,PNTR,即通常所称的"最惠国待遇");鉴于《1974 年贸易法》第 406 条[4]已不再适用于中国,美国国会又专门增加了针对中国的规定,即"关于市场扰乱和对美国市场贸易转移的产业救济",共 3 个条款,构成了美国《1974 年贸易法》的第 421、422 和 423 条。[5] 此外,负责进行贸易事务调查的美国国际贸易委员会于 2002 年 2 月 22 日发布了"有关全球和双边保障措施、市场扰乱、贸易转移和救济措施审

---

〔2〕 美国法典第 22 篇第 77 章("美中关系")第 2、4、6 分章。

〔3〕 因该节案文系由美国国会议员杰克森和瓦尼克提出并获通过,故称为"杰克森-瓦尼克条款"。见美国法典第 19 篇第 12 章(《1974 年贸易法》)第 4 分章("与不授予无歧视待遇国家的贸易关系")第 2432 节("东西方贸易中的移民自由条款"),即《1974 年贸易法》第 402 节。

〔4〕 亦称节(section)或条款(clause),事实上,它们的译文之间还是有区别的,这里不作赘述。在本文中,根据上下文实际情况,分别使用"条"、"条款"或"节",不作严格区分。

〔5〕 美国法典第 19 篇第 12 章(《1974 年贸易法》)第 4 分章第 2 部分第 2451、2451a 和 24516 节。

议调查"的暂行规则,在调查了涉及中国的 3 起所谓"市场扰乱"案件后,该委员会又于 2003 年 11 月 19 日发布了经修改的暂行规则。[6]

2001 年 11 月 11 日,中国政府代表在多哈 WTO 第四次部长会议上正式签署了关于中国入世的法律文件,并提交了中国立法机关关于加入 WTO 的批准书,一个月后(2001 年 12 月 11 日),中国正式成为 WTO 的第 143 个成员方。与此同时,根据美国国会的授权,美国总统在确认中国入世议定书的最终条款"至少与美中 1999 年 11 月 15 日达成的协议条款相当"后[7],于 2001 年 12 月 27 日签署声明并发表公告,自 2002 年 1 月 1 日起正式给予中国永久正常贸易关系待遇;同日,布什政府又下达了类似内容的行政令。[8] 至此,美国依据中美关于中国加入世贸组织的协议以及中国入世法律文件中有关特殊保障措施之规定而进行的立法基本成形。

(二)美国对中国特殊保障措施立法的主要内容

如上所述,美国对中国的特殊保障措施立法是指美国《1974 年贸易法》第421、422 和 423 条(亦统称 421 条款),其立法依据是中美关于中国加入世贸组织的协议以及中国《入世议定书》中有关特定产品过渡性保障机制的规定;然而,其内容要比中美协议以及中国《入世议定书》中的规定更为全面和复杂。现就其内容概要介绍如下。

1.《1974 年贸易法》第 421 条

第 421 条是关于市场扰乱(market disruption)行为的规定,共 15 款,包括实体和程序两方面的内容。

(1)实体规定

第一,该条认为,如从中国进口到美国的产品数量增长,以致构成对国内生产相似或直接竞争产品的生产者的市场扰乱,总统将采取措施防止或救济市场扰乱。

第二,该条规定,在收到申诉人的投诉后,或应总统、美国贸易代表的要求,

〔6〕 联邦纪事第 68 卷第 223 号,第 65164—65168 页,2003 年 11 月 19 日。

〔7〕 原文为"at least equivalent to those agreed between the United States and China on Nov. 15, 1999"。参见 2001 年 12 月 27 日美国总统行政令,at http://www.whitehouse.gov/news/releases/2001/12/20011227-1.html.,Feb. 26, 2002.

〔8〕 同上。

美国国际贸易委员会应迅速进行确认是否构成市场扰乱的调查。

第三,该条规定,当与国内产业生产的产品相似或直接竞争的(中国)进口产品迅速增长,不论是绝对的或相对的,以致构成对国内产业造成实质性损害(material injury)或实质性损害威胁的重要原因(significant cause)时,就存在着市场扰乱。这里的"重要原因"是指造成国内产业实质性损害的原因是重要的,不必相等于或大于任何其他的原因。[9]

第四,该条规定,在决定是否存在市场扰乱时,需要考虑客观的因素,这些因素包括进口产品的数量;进口产品对美国相似或直接竞争产品价格的影响;以及进口产品对美国生产相似或直接竞争产品的影响;该条还规定,前述任何一个因素的存在与否并不是判断市场扰乱是否存在的必需的支配性因素。[10]

此外,该条还对国际贸易委员会采取救济措施的种类、方法以及其向总统报告的内容等作了规定。从国际贸易委员会处理实际案例的情况来看,上述第三点和第四点是最主要的。

(2)程序规定

第421条中关于程序的规定较多,主要有:

第一,美国国际贸易委员会在收到申诉人的投诉后,或应总统、美国贸易代表的要求,应迅速进行市场扰乱的调查,一般应在60天内作出裁定并报总统和美国贸易代表。

第二,美国国际贸易委员会应在作出裁定后的20天内向总统和美国贸易代表提交报告,并在《联邦纪事》上公布报告概要。

第三,在收到国际贸易委员会报告后的20天内,美国贸易代表应在《联邦纪事》上公布拟采取的措施以供公众提出意见;美国贸易代表还有权在国际贸易委员会作出裁定后的5天内,依据中国《入世议定书》的特定产品保障措施条款与中国进行磋商以达成协议,如在60天内未能达成协议,或总统认为达成的协议不足以防止或救济市场扰乱,总统将决定依据本法提供救济措施;在收到国际贸易委员会报告后的55天内,美国贸易代表要向总统提出拟

---

〔9〕 原文为"the term 'significant cause' refers to a cause which contributes significantly to the material injury of the domestic industry,but need not be equal to or greater than any other cause"。参见美国法典第19篇第12章(《1974年贸易法》)第4分章第2部分第2451节(c)(2)。

〔10〕 原文为"The presence or absence of any factor under paragraph 1、2 or 3 is not necessarily dispositive of whether market disruption exists"。参见美国法典第19篇第12章(《1974年贸易法》)第4分章第2部分第2451节(d)。

采取的措施的建议。

第四，在收到美国贸易代表的建议后的 15 天内，总统应作出是否采取措施的最终决定，并在《联邦纪事》上公布。

第五，总统决定采取的救济措施在其作出决定后的 15 天内生效。

此外，该条还对国际贸易委员会的裁定方法、报告的具体内容以及紧急情况下的调查程序作了规定，本文在此不加赘述。值得注意的是，《1974 年贸易法》第 421 条没有规定的某些事项，可依照该法的其他条款（如 201 条款）执行，如关于调查的限制、商业机密信息等。

2.《1974 年贸易法》第 422 条

第 422 条是关于贸易转移（trade diversion）行为的规定，共 10 款，也包括实体和程序两方面的内容。

（1）实体规定

第一，该条规定，如有 WTO 成员方依据中国《入世议定书》的特定产品保障措施条款要求与中国进行磋商，美国贸易代表应通知美国海关，由海关监控磋商要求所涉的中国产品进口到美国的情况，海关监控的结果要尽快提供给国际贸易委员会。

第二，该条认为，在收到申诉人的投诉后，或应总统、美国贸易代表的要求，国际贸易委员会应迅速进行确定该产品是否构成或威胁构成对美国市场重大贸易转移的调查。

第三，贸易转移行为是指：①中国为防止或救济对一 WTO 成员方的市场扰乱而采取的行为；②一 WTO 成员方根据 WTO 协议为防止或救济市场扰乱而撤销减让或限制进口的行为；③一 WTO 成员方依据中国《入世议定书》的特定产品保障措施条款实施的临时保障措施；④任何上述①～③项行为的结合。

第四，重大贸易转移裁定的依据为：①监控数据；②中国进口产品在美国市场上实际的或迫近的份额增长；③中国产品进入美国市场实际的或迫近的数量增长；④有关 WTO 成员方采取的措施的性质和程度；⑤中国对该 WTO 成员方和美国出口的程度；⑥中国对该采取措施的 WTO 成员方出口实际的或迫近的变化；⑦中国向美国之外的其他国家实际的或迫近的出口转移情况；⑧该调查产品进口美国数量的周期性或季节性变化趋势；⑨该调查产品在美国的供求情况。上述任何一个因素的存在与否并不是确定重大贸易转移或威胁是否存在的必需的支配性因素。

此外,该条还规定了美国国际贸易委员会可累积评估其他 WTO 成员方采取措施的影响等。

(2)程序规定

第 422 条关于程序的规定相对较少,也较为简单,其内容主要有:

第一,在收到申诉人的投诉后,或应总统、美国贸易代表的要求,美国国际贸易委员会应迅速进行调查,并在《联邦纪事》上公布调查通知和举行听证会,在不迟于 45 天内作出裁定并报总统和美国贸易代表。

第二,美国贸易代表有权在收到国际贸易委员会作出肯定裁定后的 5 天内,依据中国《入世议定书》的特定产品保障措施条款与中国进行磋商,以争取在 60 天内达成协议;如在 60 天内未能达成协议,美国贸易代表应向总统提出拟采取的措施的建议;该建议应在《联邦纪事》上公布,以供公众提出意见。

第三,美国国际贸易委员会应在作出裁定后的 10 天内向总统和美国贸易代表提交报告,并在《联邦纪事》上公布报告概要。

第四,在与中国磋商后的 20 天内,美国贸易代表应向总统提出拟采取措施的建议。

第五,在收到美国贸易代表的建议后的 20 天内,总统应作出是否采取措施的最终决定。

第六,在其他 WTO 成员方对中国进口产品实施的措施届满后的 30 天内,依据本条款采取的措施终止。

此外,该条还对国际贸易委员会的裁定方法、报告的具体内容以及特定情况下的审议措施程序作了规定,本文在此亦不加赘述,与第 421 条类似,某些第 422 条没有规定的事项,可依照该法的其他条款(如 201 条款)执行,如关于商业机密信息等。

3.《1974 年贸易法》第 423 条

相对于第 421 条和第 422 条,第 423 条要简单得多,它是关于行政法规的规定,共 3 款,内容是:

(1)总统有权颁布行政法规限制和监控(中国)进口产品;

(2)总统有权颁布行政法规实施根据本法磋商达成的协议,以规范(中国)产品进出关境;

(3)本部分三个条款(即第 421、422、423 条)和任何行政法规自中国《入世议定书》生效之日起 12 年后失效。

二、美国对中国特殊保障措施立法与一般保障措施立法的简要比较

(一)一般保障措施的含义及其要件

在 WTO 法律体系内,保障措施(safeguard measures)又称紧急措施(emergency action),根据 GATT 第 19 条的表述,它是指一经济体在某种产品进口大量增长以致其生产同类或与之直接竞争产品的产业遭受损害时,为补救损害或便利产业调整而针对引起损害的进口产品采取的临时进口限制措施。与反倾销、反补贴仅针对不公平贸易所不同的是,保障措施不考虑产品进口是否属于不公平贸易。换言之,进口产品完全可能是在公平竞争的情况下被实施保障措施的。因此,WTO 进口成员方实施保障措施需要遵守相当严格的条件:(1)进口数量近期的(recent)、突发的(sudden)、剧烈的(sharp)和重大的(significant)大量增加;(2)对国内产业造成严重损害(serious injury)或严重损害威胁;(3)进口增长与严重损害或严重损害威胁之间存在因果关系。[11]

作为推动世界自由贸易体制的"安全阀",保障措施对保障 WTO 成员方产业安全具有重要作用。自 WTO 成立以来,一些成员方实施保障措施的次数和频率逐年增加,同时提交 WTO 解决的涉及保障措施的争端数量也逐年上升。截至 2004 年 1 月,WTO 成员方提交争端解决的 34 件保障措施案件中[12],几乎所有的援用方均以败诉告终,其中尤以美国最为突出[13],采取保障措施的条件之严格可见一斑。

在美国,《1974 年贸易法》201 条款[14]就是关于一般保障措施的法律规定,

---

〔11〕 《保障措施协议》第 2 条、第 4 条。

〔12〕 根据 WTO 争端解决机构的统计,截至 2004 年 1 月,有关保障措施的案件计有 34 件,它们的编号分别为:DS196、DS211、DS123、DS238,DS226、DS278、DS207、DS228、DS230、DS181、DS260、DS303、DS159、DS98、DS235、DS78、DS178、DS177、DS259、DS252、DS274、DS248、DS249、DS251、DS258、DS254、DS253、DS214、DS202、DS166、DS32、DS33、DS190 和 DS192。

〔13〕 美国在 WTO 保障措施争端中当被告次数最多,最典型的是钢铁案,8 个 WTO 成员(包括中国)指控美国实施的保障措施违反 WTO 规则。最终 WTO 上诉机构认定美国违规,美国被迫宣布取消实施不到 2 年的钢铁保障措施。

〔14〕 实际上,有关美国一般保障措施的规定包括多个条款,直接相关的有 4 个,即《1974 贸易法》第 201、202、203 和 204 条(美国法典第 19 篇第 12 章第 2251、2252、2253 和 2254 节),除非涉及具体条款的内容,本文在通常情况下简称其为 201 条款,下同。

也就是人们通常所称的"例外条款"[15],其主要实体内容的规定与 WTO 法律体系内保障措施的有关规定基本相同。然而,有关针对中国的特殊保障措施的法律规定,所依据的是基于美国《2000 年美中关系法》和中国入世法律文件中的相关规定[16]对《1974 年贸易法》第 406 条[17]进行修改而形成的条款。从某种意义上说,它是"例外条款"的例外,与一般保障措施有着十分明显的差异。

(二)美国对中国特殊保障措施立法与一般保障措施立法的简要比较

美国对中国的特殊保障措施立法与一般保障措施立法都是针对进口产品增加并因此造成国内产业损害而对进口产品采取种种限制措施的规定。从这一方面来看,两者之间的性质相同,并无区别。但针对中国的特殊保障措施与一般保障措施立法在基本理念、具体实施标准、实施范围与条件以及程序要求等方面却存在不少差异,有些甚至是重大差异。概括而言,它们之间的差异主要体现在以下几个方面。

1. "市场扰乱"与"贸易转移"概念不清

在 WTO 法律体系下,并没有关于"市场扰乱"与"贸易转移"的概念和标准。"市场扰乱"仅是美国国内法中针对共产主义国家所用的术语[18],但并没有明确与严格的定义。至于"贸易转移",则完全是一个新的概念;它首次被运用于中国入世法律文件中,美国则据此修改了其国内法,增加了这一概念[19],然而这一概念既不清楚,标准也不具体,具有很大的任意性。[20] 在概念不清,

---

〔15〕 对此,我国学者赵维田先生有不同看法,他认为把"escape clause"译作"例外条款",从常识意义上说,无可厚非。但是从严格法律意义上说,保障条款并不是"例外条款"。作为"躲避(escape)",它只是暂时性行动,即为本国受损行业的结构调整赢得机会与时间。

〔16〕 指中国《入世议定书》第 16 条与《工作组报告书》中针对中国的"特定产品过渡性保障措施"的规定。参见对外贸易经济合作部世界贸易组织司译:《中国加入世界贸易组织法律文件》,法律出版社 2002 年版,第 11—13 页及第 816—818 页。

〔17〕 美国《1974 年贸易法》第 406 条,是针对共产主义国家贸易的专门条款,即所谓的"市场扰乱"条款,其主要内容与目前针对中国的 421 条款的市场扰乱规定相似,但也有一定的区别,具体可参见本文相关部分的论述。

〔18〕 同上。

〔19〕 即美国《1974 年贸易法》第 422 条,主要内容参见本文第一部分。

〔20〕 曾任 WTO 上诉机构成员的日本东京大学教授松下满雄(Mitsuo Matsushita)参加了上海 WTO 事务咨询中心第三届顾问委员会年会(2003 年 11 月在上海举行),在其提交的发言稿中也有这一表述。原文为:"There is no definition of trade diversion and interpretation is left to Members concerned. This gives a wide range of discretion to invoking Members and may make the enforcement of this measure unpredictable. This measure is unprecedented in the history of the GATT/WTO"。

标准不明的情况下,美国针对中国产品适用特殊保障措施条款时便可任意解释,这样显然会产生许多问题,其中之一就是特殊保障条款的滥用。事实上,这一情况已经出现。

2. 实施的标准大大降低

实施"特定产品过渡性保障措施"的前提标准为"市场扰乱"或"贸易转移",这比实施一般保障措施的要求要低。美国《1974年贸易法》第421条规定:"当与国内产业生产的产品相似或直接竞争的(中国)进口产品迅速增加,不论是绝对的或相对的,以致构成对国内产业造成实质性损害或实质性损害威胁的重要原因时,就存在着市场扰乱。"可见,第421条是根据"实质损害"或"实质损害威胁"的概念来确定"市场扰乱"的,而"实质损害"或"实质损害威胁"的概念在字面上与反倾销立法中所使用的"实质损害"或"实质损害威胁"如出一辙。很显然,针对不公平贸易的WTO《反倾销协议》中的"实质损害"的概念所要求的损害程度,比《保障措施协议》中的"严重损害"的概念所要求的损害程度要低。[21]

关于"贸易转移"的第422条使针对中国的保障措施标准进一步降低。根据该条款,如果中国出口到WTO任一成员方的产品,被该成员方认定为造成前述的"市场扰乱"并受到限制;若该产品转而出口到美国并出现增长,美国无须再作"市场扰乱"认定,只要证明存在对其市场的"重大贸易转移",就可以采取限制措施。[22] 第422条规定的贸易转移行为是广泛的,它指的是以下任何一种行为:

第一,中国为防止或救济对一WTO成员方的市场扰乱而采取的行为;

第二,一WTO成员方根据WTO协议为防止或救济市场扰乱而撤销减让或限制进口的行为;

第三,一WTO成员方依据中国《入世议定书》的特定产品保障措施条款实施的临时保障措施;

---

〔21〕 同前注〔20〕。其原文为"'Material injury' is requirement for AD and CVD and regarded as a lighter requirement than a 'serious injury' in a regular safeguard measure"。事实上,美国国际贸易委员会在审理时,也是据此来决定是否构成实质性损害的。

〔22〕 同上。松下满雄教授在其发言稿中也有类似表述,原文为"Trade diversion: Section 16:8:1-2 are concerned with measures that third country WTO Member can take when trade is diverted to that country by a SG measure invoked against China by another WTO Member. Example is as follows, Member A invoke a SG measure on imports from China. Because of this SG measure, Chinese products that are affected are diverted to the market of Member B. In this situation, Member B can take a measure to prevent this from happening or to remove an adverse effect of such diverted products"。

第四,任何上述第一至第三项行为的结合。

3. 针对中国产品的保障措施具有选择性与歧视性

GATT 第 13 条规定:"任何缔约方不得禁止或限制来自任何其他缔约方领土的任何产品的进口,除非来自所有第三国的同类产品的进口同样受到禁止或限制。"[23]《保障措施协议》第 2 条第 2 款也明确规定:"保障措施应针对一正在进口的产品实施,而不考虑其来源"。[24] 这说明保障措施虽然是一种自由贸易的例外,但仍然遵循 WTO 的基本原则——非歧视原则(包括最惠国待遇原则和国民待遇原则);一成员方如要实施保障措施,就应不分产品来源,对所有国家一视同仁。这一对事不对人的特性,体现了 WTO 规则"原则之中有例外,例外之中有原则"[25]的原则,美国贸易法 201 条款也是这样规定的。然而美国贸易法 421 条款,无论是从其立法依据还是具体内容来看,显然都是针对中国的。如第 421 条(a)款开门见山地规定:"如原产于中国的产品……"这意味着美国可以专门针对中国产品,有选择性地采取保障措施,从而背离 GATT 以及《保障措施协议》所规定的"非选择性"。在没有非歧视原则限制的情况下,美国对中国实施特殊保障措施就显得格外轻易,顾忌也少了许多。

4. 实施保障措施的期限不明

WTO《保障措施协议》第 7 条明确规定了成员方实施保障措施的期限。该条规定,实施保障措施的期限不得超过 4 年,如需延长,最多只能延长 4 年,即"保障措施的全部实施期,包括任何临时措施的实施期、最初实施期及任何延长,不得超过 8 年"[26]。然而,421 条款中并无确切肯定的具体期限的规定(有关紧急情况下采取的临时措施不超过 200 天的规定除外),甚至连中国《入世议定书》第 16 条关于保障措施的实施期限中规定的"一 WTO 成员方只能在防止和补救市场扰乱所必需的时限内根据本条采取措施"这一笼统的说法也没有。[27] 因此,从理论上来说,美国对中国产品实施特殊保障措施最长可以达到 12 年,与整个中国《入世议定书》第 16 条规定的适用期限相同。当然,从目前美国已处理的涉及中国的实际案例来看,情况还不是如此。

---

〔23〕 GATT 第 13 条。

〔24〕 《保障措施协议》第 2 条第 2 款。

〔25〕 刘光溪:《入世与我国法律同 WTO 协议的"调整适用"》,载《世界贸易组织动态与研究》2001 年第 5 期,第 7—9 页。

〔26〕 《保障措施协议》第 7 条第 1 款、第 3 款。

〔27〕 《入世议定书》第 16 条第 6 款。

正因为美国《1974 年贸易法》421 条款具有概念不清、标准不明、适用条件低以及适用对象上的选择性、歧视性等特点，因此在短短不到两年的时间内，美国国际贸易委员会便对中国进口产品进行了五次特殊保障措施调查。

三、美国对中国五起特殊保障措施调查的基本情况

（一）五起特殊保障措施调查的简要情况

从 2002 年 8 月开始，截至 2004 年 3 月，美国依据《1974 年贸易法》421 条款对中国产品进行了五起特殊保障措施调查。这五起调查的基本情况如下。

（1）美国首次动用其经修改的《1974 年贸易法》421 条款，是在收到美国 Motion System 公司于 2002 年 8 月 19 日提出的投诉申请后，开始对中国输美产品——轴架传动器（pedestal actuators）实施特殊保障措施调查，案号为 TA-421-1（以下简称"传动器案"）。美国国际贸易委员会于 2002 年 10 月 1 日召开听证会，此后依多数委员的意见确认其构成了对美国的市场扰乱。该委员会于同年 11 月 7 日向美国总统和美国贸易代表提出具体救济建议。[28] 最终，美国总统布什以采取保障措施对美国整体利益不利为由否决了该案。[29]

（2）2002 年 12 月，美国第二次动用《1974 年贸易法》421 条款。美国国际贸易委员会在收到美国 CHC Industries Inc.、Palm Harbor, FL、M&B 衣架公司、Leeds, AL 以及联合钢丝衣架公司等多家公司于 2002 年 11 月 27 日提出的投诉申请后，开始对中国的钢丝衣架产品（steel wire garment hangers）进行特殊保障措施调查，案号为 TA-421-2（以下简称"衣架案"）。美国国际贸易委员会于 2003 年 1 月 9 日召开听证会，此后一致确认美国国内生产相同产品的产业受到了损害，构成了市场扰乱，并于 2003 年 2 月 18 日向美国总统提出了具体救济建

---

〔28〕　美国国际贸易委员会第 3557 号出版物（2002 年 11 月），第 23 页。在该案中，该委员会主席 Deanna Tanner Okun 和委员 Lynn M. Bragg 投了否定票。根据美国法律，该委员会实行多数决定制，故该案最终成立。美国国际贸易委员会副主席 Jennifer A. Hillman 和委员 Marcia E. Miller 建议：对原产于中国的轴架传动器实施为期 3 年的进口数量限制。具体而言，第一年的配额为 5626 套，以后两年配额逐年递增 15%，即 2003 年配额为 5626 套，2004 年的配额为 6470 套，2005 年的配额为 7440 套。委员 Stephen Koplan 建议：2003 年数量限制配额为 4425 套，2004 年的配额为 4514 套，2005 年的配额为 4604 套。

〔29〕　2003 年 1 月 17 日，在致美国贸易代表办公室的备忘录中，美国总统布什认为，经全面考虑与此次调查相关的各个方面，向美国轴架传动器产业提供进口救济不符合美国的国家经济利益。特别是，提供进口救济对美国经济造成的负面影响将大大超过这种措施带来的好处。参见美国白宫网站信息，at http://www.whitehouse.gov/news/releases/2003/01/20030117-4.html.，Jan. 17, 2003。

议。[30] 然而,美国总统布什同样以采取保障措施对美国整体利益不利为由否决了该案。[31]

(3)美国国际贸易委员会在收到"美国保护刹车鼓、刹车盘维修零件制造业联盟"的代表于 2003 年 6 月 6 日提出的投诉申请后,开始对中国输美刹车鼓、刹车盘产品(brake drums and rotors)实施特殊保障措施调查,案号为 TA-421-3(以下简称"刹车鼓案")。该委员会于 2003 年 7 月 18 日召开听证会,此后于 2003 年 8 月 5 日发布调查结果,一致确认中国进口产品未大量增加,并未对美国国内生产相同产品的产业造成损害,从而不构成市场扰乱,最终国际贸易委员会否决并终止了该案。[32]

(4)美国第四次对中国产品实施特殊保障措施调查,是在收到美国 Mc-Wane Birmingham, AL 公司于 2003 年 9 月 5 日对中国输美产品——球墨铸铁自来水配件(ductile iron waterworks fittings)的投诉申请后开始的,其调查案号为 TA-421-4(以下简称"自来水配件案")。该案中,申请方还以存在紧急情况(critical circumstances)为由,要求尽快实施保障措施,但遭到美国国际贸易委员会的拒绝。国际贸易委员会于 2003 年 11 月 6 日召开了听证会,并于 2003 年 12 月 24 日发布调查结果,一致确认美国国内生产相同产品的产业受到了损害,构成了市场扰乱,并向美国总统提出具体救济建议。[33] 美国总统布什于 2004

---

[30] 2003 年 2 月 18 日,美国国际贸易委员会就原产于中国的钢丝衣架特殊保障措施向美国总统提出建议。美国国际贸易委员会建议对该产品加征为期 3 年的从价关税:第一年加征 25% 的附加税,第二年加征 20% 的附加税,第三年加征 15% 的附加税;并建议总统指示美国商务部和劳工部,一旦企业提出申诉,应作出快捷的贸易调整,以便抵消该进口产品对申诉企业和员工所造成的不利影响。见美国国际贸易委员会第 3575 号出版物(2003 年 2 月)。

[31] 2003 年 4 月 25 日,在致商务部、劳工部、美国贸易代表办公室的备忘录中,美国总统布什认为,经全面考虑与此项调查相关的各个方面,向美国钢丝衣架产业提供进口救济不符合美国的国家经济利益。特别是,提供进口救济对美国经济造成的负面影响将明显超过这种措施带来的好处。参见美国白宫网站信息,at http://www.whitehouse.gov/news/releases/2003/04/20030425-8.html.,Apr. 25,2003。

[32] 美国国际贸易委员会第 3622 号出版物(2003 年 8 月)。

[33] 美国国际贸易委员会主席 Deanna Tanner Okun,委员 Stephen Koplan、Charlotte R. Lane 和 Daniel R. Pearson 建议:实施为期 3 年的超配额征税限制,具体为第一年对超过 14324 美吨的上述产品加征 50% 进口关税;第二年对超过 15398 美吨的上述产品加征 40% 的进口关税;第三年对超过 16553 美吨的上述产品加征 30% 的进口关税。他们还建议实施特殊保障措施的同时,美国商务部和美国劳工部应考虑向受此保障措施影响的企业和工人提供紧急贸易救济。美国国际贸易委员会副主席 Jennifer A. Hillman 建议:实施为期 3 年的进口配额限制,第一年为 14324 美吨;第二年为 15398 美吨;第三年为 16553 美吨。委员 Marcia E. Miller 建议:对上述产品加征关税,第一年征收 50% 的从价税,第二年征收 40% 的从价税,第三年征收 30% 的从价税。参见美国国际贸易委员会第 3657 号出版物(2003 年 12 月)。

年 3 月 4 日以采取保障措施对美国整体利益不利为由否决了该案。[34]

（5）美国国际贸易委员会在收到美国内置弹簧制造业协会代表多家成员公司于 2004 年 1 月 6 日提出的投诉申请后，第五次对中国输美产品实施特殊保障措施调查，案号为 TA-421-5，被调查产品是内置弹簧[35]（以下简称"弹簧案"）。美国国际贸易委员会于 2004 年 2 月 19 日召开了听证会，并于 2004 年 3 月 8 日作出裁决，一致认为涉案产品不构成对美国相似或直接竞争产品的"市场扰乱"，否决并终止了该案。[36]

（二）五起特殊保障措施案件审理中的若干问题

美国对涉及中国的五起特殊保障措施案件的调查，是其执行修改后的《1974 年贸易法》421 条款的初步实践。对这五起案件的审理实践进行分析与研究，对我们进一步深入了解与掌握 421 条款的实质内容与具体操作，以及对我国涉案企业应对特殊保障措施调查和争取有利结果无疑有所启迪和帮助。

1. 特殊保障措施案件审理的基本依据

针对中国产品的特殊保障措施案件是由美国国际贸易委员会负责审理的，从其已经审结的五起案件来看，其审理的基本依据有：

（1）《1974 年贸易法》421 条款；

（2）在《1974 年贸易法》421 条款没有规定或规定不明确时，须参照该法 201 条款、国会的相关报告或国际贸易委员会的相关审理实践；

（3）若 201 条款或国会的相关报告没有规定或规定不明确，须参照其他相关法律或相应的国会报告来审理，包括有关反倾销的法律；

（4）国际贸易委员会业已审理的相关案例，包括原来按第 406 条处理的案例；

---

[34]　2004 年 3 月 4 日，在致美国贸易代表的备忘录中，美国总统布什认为，经全面考虑与此次调查相关的各个方面，向美国自来水配件产业提供进口救济不符合美国的国家经济利益。特别是，提供进口救济对美国经济造成的负面影响将大大超过这种行动带来的好处。参见美国白宫网站信息，at http://www. whitehouse. gov/news/releases/2004/03/20030303-12. html. ，Mar. 4,2004。

[35]　参见美国国际贸易委员会于 2004 年 1 月 8 日发布的调查号为 TA-421-5 的"对来自中国的内置弹簧的调查通知"。

[36]　参见美国国际贸易委员会于 2004 年 3 月 8 日发布的调查号为 TA-421-5 的"对来自中国的内置弹簧的裁定"以及新闻发布文件。

（5）在上述依据都不能解决问题时,可按国际贸易委员会多数委员对相关法律的理解和解释来决定。

上述审理案件的基本依据是有先后次序之分的,其涉及的具体内容将在下文结合具体案例作分析与评述。

2. 关于国内产业的确定

国际贸易委员会为确定市场扰乱是否存在,首先要确定什么是"国内产业"。而421条款与第202条一样,只概要地规定,"国内产业"是指"相似或直接竞争"产品的生产商。这种含糊的规定使国际贸易委员会无法直接地、明确地适用,因此,该委员会在处理涉及中国的保障措施第一案——"传动器案"时着实动了一番脑筋。他们在确认421条款没有相反的规定后,决定适用该委员会依据第202条审理案件的"两步走"做法,即先确定什么是相似或直接竞争的国内产品,然后再确定什么是国内产业。从实际情况来看,国际贸易委员会在处理涉及中国的另外四起案件时,也都遵循了这一做法,可以说形成了其处理实际案件的基本规则。

（1）相似或直接竞争的国内产品的认定

第一,国际贸易委员会适用国会报告中对相似或直接竞争的国内产品的定义。该报告认为,相似产品是指那些内在或者固有特征上（制造的材料、外表、质量、结构等）实质相同的产品;直接竞争产品是指那些虽然内在或者固有特征上不很相同,但在商业目的上极其相当,即适合于同样用途以及实质上可相互替代的产品。[37]

第二,国际贸易委员会依据其以往审理案件的实践,在确认构成相似或直接竞争产品的问题上,通常考虑的因素为:产品的物理特性,海关待遇,制造过程（在哪里以及如何制造）,用途,产品销售的市场渠道。

第三,如果国际贸易委员会认为存在相似的国内产品,则没有必要再去决定是否还存在直接竞争产品的国内生产商。他们还认为,国内产品并不需要在所有方面与进口产品都相同,只要它们"实质相同"就可以了。

在"传动器案"中,美国申诉方认为相似产品应仅限于电机轴架传动器,而中国被诉方认为相似产品应包括所有电动线型传动器,包括轴架传动器。

针对双方的争论,国际贸易委员会根据上述做法,逐一加以分析与确认。

---

〔37〕 参见美国众议院报告（1973）第571号;参议院报告（1974）第1298号。

第一,产品的物理特性。国际贸易委员会经调查后认为,国内轴架传动器与进口轴架传动器具有相同的物理特性,但国内生产的其他型号的线型传动器则不具有;该委员会举例说,目前现有的轴架传动器设计的承受力为 500 磅,或最大预计的承受力为一个人加上座椅的重量,而一些工业用的传动器,如用于石油提炼方面的传动器能承受 1 万磅的重量,显然它们之间是有区别的。

第二,海关待遇。经调查,国际贸易委员会发现海关待遇在评价相似产品方面没有什么作用,因为轴架传动器与其他线型传动器在美国协调关税表中不是分别列开的,而是列在同一大类内。

第三,制造过程与设备。经调查发现,资料显示轴架传动器与其他的线型传动器在生产工序和设备上都有很大的不同,它们之间只有某些部件是在同一工厂以及相同设备上生产的。

第四,用途。资料显示,进口轴架传动器和国内轴架传动器的使用目的相同,但进口轴架传动器与非轴架的国内线型传动器的使用目的有很大不同。

第五,产品销售的市场渠道。资料显示,进口轴架传动器和国内轴架传动器都是按订单生产并销售给原始设备制造商(主要是踏板车生产商)的,因此,它们是通过相同渠道销售的,而绝大多数非轴架传动器销售给使用者而不是踏板车生产商。

根据上述调查分析,国际贸易委员会确认,进口轴架传动器和国内轴架传动器相似,然而在轴架传动器与其他类型的线型传动器之间则有着明显的区别。因此,只有国内轴架传动器与受调查的进口轴架传动器相似。

然而,国际贸易委员会委员 Ms. Lynn M. Bragg 对此有不同意见。她认为,虽然 421 条款与 201 条款有某些相似之处,但它们在救济要求和目的方面还是有重大区别的。421 条款重在对市场扰乱的进口救济,而 201 条款重在通过全球性的进口救济达到有利于国内产业的积极调整。因此,她认为,在 201 条款中,相似产品的概念应是广义的,这一重要方面在 421 条款中并没有规定。此外,421 条款要求国际贸易委员会考虑进口产品对美国市场的影响(类似于反倾销和反补贴调查中的要求),而 201 条款并没有这一明确要求。[38] 她认为,

---

〔38〕 美国国际贸易委员会关于对中国轴架传动器的裁定与意见,参见美国国际贸易委员会出版物第 3557 号(2002 年 11 月),第 46 页。

这表明相似产品应适用狭义的概念,因为采用狭义概念比较容易估量价格的影响。所以,她主张用反倾销和反补贴调查中的方法来确定相似产品,即物理特征与用途、可替代性、分销渠道、产品客户与生产商概念、共同制造设备、生产工序和雇员。[39] 该委员还主张,只要确认国内产品与进口产品相似,则无须再确认"直接竞争"的产品。

国际贸易委员会主席 Ms. Okun 不同意 Ms. Lynn M. Bragg 关于用反倾销调查中的方法来确定相似产品的意见,她认为,反倾销调查的方法适用于不公正贸易的进口产品,而 201 条款和 421 条款适用于通常的进口产品。因此,她认为依据反倾销调查的方法既无用处也不适当。[40]

(2)国内产业

421 条款本身没有关于国内产业的规定,其立法历史文件(主要是国会的报告)中也没有相应的说明与规定。但在美国其他立法中有关于国内产业的规定,而且,有关 421 条款的众议院的报告中含有适用第 202 条的建议。因此,国际贸易委员会决定适用第 202 条的相关规定,该条款认为,"国内产业"是指"生产相似或直接竞争产品的全体生产商,或生产相似或直接竞争产品的生产商,其集体产量构成国内全部生产产品的大部分"。

国际贸易委员会据此分析了生产轴架传动器的企业数量、生产和销售产品情况,劳动力以及生产量等[41],确认了国内产业的存在。

国际贸易委员会在"传动器案"中确立的上述一系列做法,在以后的几个案件中基本都得到了遵循。

从美国国际贸易委员会已处理的五起案例来看,我国有关企业在应诉时,是了解这一规定与程序要求的。在应诉过程中,有的企业也提出了有关相似产品和国内产业问题的抗辩。如在"传动器案"中,申诉方认为相似产品应仅限于电机轴架传动器,而应诉企业认为相似产品应包括所有电动线型传动器,包括轴架传动器。在"刹车鼓案"中,应诉企业认为,进口的中国刹车鼓是"经济型(economy-line)"产品,而美国国内刹车鼓是"保险型(premium-line)"产品,有证据表明它们在物理特性、制造地以及销售渠道和方法方面有明显的区别,在美

---

〔39〕 同前注〔38〕,第 47 页脚注㉓。

〔40〕 同前注〔38〕,第 32 页脚注⑭。

〔41〕 因这里面很多具体数据属商业秘密材料,故无法具体一一列出。

国并不存在生产经济型产品的产业。[42] 虽然国际贸易委员会最终并未采纳我国应诉企业的观点,但我们不应放弃每一项抗辩的机会。当然,从实践来看,要在相似产品问题上抗辩成功,是有很大难度的。从五起案例来看,除两起未提出抗辩外,其余三起也未在此问题上抗辩成功。但也不能说这种抗辩毫无作用。在"刹车鼓案"中,国际贸易委员会最终虽然在相似产品问题上未采纳我国应诉企业的观点,但在其后认定增长与损害之间是否存在因果关系时却考虑了这一观点。[43]

3. 关于进口产品迅速增长

确定市场扰乱存在的三个法律标准之一是中国进口产品"正在绝对地或相对地迅速增长"(are increasing rapidly, either absolutely or relatively)。421 条款既没有对"迅速增长",也没有对增长的时间或情况下定义;国际贸易委员会认为,根据法律本身,增长必须是"迅速地"(rapidly);而绝对地或相对地中的"或"(or)一词表明,只要满足其中任何一个条件就可以了;"正在"(are)一词的使用表明,迅速增长应是在相对的近期或正继续着,而不是很远的过去。

国际贸易委员会审理的五起案件,均遵循了上述原则。

在"传动器案"中,经调查发现,从绝对数来看,1997—2000 年,中国进口产品数量为零,2001 年为 * 单位(套,下同)[44],2002 年上半年为 * 单位;从相对国内生产量的比例来看,1997—2000 年,中国进口产品比例为零,2001 年上升为 * %,2002 年上升为 * %;从相对于美国国内消费的比例来看,1997—2000 年期间,中国进口产品比例为零,2001 年上升为 * %,2002 年中期上升为 * %。因此,国际贸易委员会认为,中国轴架传动器的进口不论是在绝对方面还是相对方面都构成迅速增长,而且在调查期间的后期,增长最大也最快,因此符合了法律上关于迅速增长的要求。

在此案中有以下几点值得注意:一是特殊保障措施的调查期间为 5 年,通常为调查日之前的 5 年;二是将受调查产品数量、增长百分比和国内消费占有

---

[42] 中国应诉企业认为,经济型产品与保险型产品在金属特性和公差方面是不同的,保险型产品经久耐用;经济型产品与保险型产品一般不能相互替代(特别是经济型产品不能像保险型产品那样销售);在销售渠道上也有不同,经济型产品与保险型产品不会同时储备,零售店只储备经济型的,经济型产品比保险型产品质量低,售价也低,而且,在美国不生产经济型产品。参见中国应诉企业听证后陈述材料,第 33 页,美国国际贸易委员会出版物第 3622 号(2003 年 8 月),第 9 页。

[43] 参见美国国际贸易委员会出版物第 3622 号(2003 年 8 月),第 13 页脚注㊿。

[44] 因具体数字为商业秘密,材料上为空白,下同。

率作为衡量进口产品增长的主要衡量标准；三是进口产品增长只要满足"绝对的"或者"相对的"任何一个条件就可以了，而不必同时满足两个条件；四是调查以 5 年中最近的（后期的）数据作为重点。在"衣架案"中，国际贸易委员会调查发现的情况如下：

进口绝对增长情况（单位：百万只）					
1997 年	1998 年	1999 年	2000 年	2001 年	2002 年（1—9 月）
28.8	85.0	130.7	217.9	288.7	405.7
相对于国内生产的进口增长率（%）					
0.7	2.2	3.3	5.6	8.4	15.5
相对于国内消费的进口增长率					
0.7	1.9	3.0	5.1	7.0	12.9

鉴于中国进口产品在 1997—2001 年间增长了 800% 多，美国市场占有量 2002 年比 2001 年同期增长了一倍，达到 12% 以上，国际贸易委员会确认中国进口产品构成迅速增长，符合法律规定的第一个标准。

在"刹车鼓案"的审理中，中国被诉方认为"迅速增长"要求并未达到，其抗辩的主要理由是：第一，根据第 406 条的规定，进口产品必须是"近期大量涌入"（recently surged）才构成迅速增长的要求，而在该案中，中国进口产品近期内的增长"仅仅是平稳的或者是温和的"；第二，国际贸易委员会应主要关注 2000—2002 年以及 2003 年同期的进口，而不是 4 年或 5 年前那个时期，这不符合国际贸易委员会的习惯做法；第三，在调查期间，进口产品的增长是下降的；第四，中国被诉方要求国际贸易委员会不要将那些进口中国产品的进口商或购买人计算在国内生产商之内。[45] 针对中国被诉方的抗辩，国际贸易委员会首先对排除那些进口中国产品的进口商问题发表看法，他们认为：在"衣架案"中，他们已说明法律未授权他们可进行这样的调整，历史上也没有这样的先例。根据美国法律，"进口"一词，通常指商品进入美国关境内。中国产品进入美国关境内就是"进口"，而不论该相似产品的进口商是经销商还是国内生产商。关于第 406 条有关内容的适用问题，国际贸易委员会认为，在"传动器案"和"衣架案"中，他们已认为相对增长应是近期的或正在继续的。由于第 406 条的有关内容并

---

〔45〕 参见美国国际贸易委会出版物第 3622 号（2003 年 8 月），第 14—15 页。

没有被421条款明确采用,也没有在其相关的立法历史中涉及,故第406条并不适用于该案,但尽管如此,"传动器案"和"衣架案"的结论并不与其不符。因此,在"刹车鼓案"中,他们坚持认为中国进口产品增长迅速。[46]

4. 国内产业受到实质性损害

421条款没有对"实质性损害"或"实质性损害威胁"下定义,也没有规定在确认时需要考虑哪些经济因素,或者参照哪些规定和因素,甚至也没有指示国际贸易委员会须遵循的具体做法。但该委员会注意到"实质性损害"一词出现在《1974年贸易法》第406条和《1930年关税法》中。《1930年关税法》将"实质性损害"定义为"非无关紧要的、本质上的或非不重要的损害"(harm which is not inconsequential, immaterial, or unimportant);第406条本身并没有对"实质性损害"下定义,但其立法历史将其与201条款中的"严重"损害作了对比,市场扰乱的检验标准要比201条款中的严重损害检验标准较易达到,第406条的"实质性损害"表示其损害的程度要比201条款的"严重损害"标准低。[47]

国际贸易委员会还认为,他们也要考虑第202条中规定的三大因素,即生产设备闲置情况、企业无力赚取合理利润和失业或半失业情况;此外,他们还要考虑其他相关经济因素,如生产、销售、库存、生产能力及其运用、市场份额、就业、工资、生产力、利润、现金流量、资本消费和研究与开发花费。

在"刹车鼓案"中,中国被诉方的抗辩认为美国国内产业没有受到实质性损害,其主要理由为:(1)国内生产与出货呈上升态势;(2)新数据表明利润比以前的数据好;(3)申诉人没有提供所要求的价格数据;(4)就业数据未表明国内产业受到损害(就业水平自2000年以来一直稳定,工资水平增长高于经济领域平均水平,生产力水平上升);(5)国内产业不存在设备闲置情况(一个工厂因劳工骚乱而关闭,但其设备已在其他工厂重新安装)。中国被诉方还要求国际贸易委员会在评估损害时不要只集中于5年中较早期的情况。

国际贸易委员会经过调查认为:

(1)在调查期早期国内产业情况不好,之后情况一般,但相对稳定,以后有

---

[46] 同前注〔45〕,第16页脚注⑥、⑦。其中脚注⑥的主要内容是:

进口绝对增长情况(单位:百万只)

年份	1998年	1999年	2000年	2001年	2002年
增长量	0.882	1.3	1.6	1.8	2.1

[47] 参见美国参议院关于《1974年贸易法》的报告,第93—1298号。

一年略有上升,后一年又略有下降,从长期看呈增长趋势;

(2)在整个调查期间,产业利润水平是健康的,尤其是调查后期,从 2001 年到 2002 年利润率上升;

(3)尽管有些指标下降,但美国生产者的经营收入每年情况都是正面的,2001—2002 年是上升的,2003 年比 2002 年同期更高;

(4)国内产业情况的其他指标好坏掺杂,但在调查期内相对稳定,如生产能力;

(5)国内生产逐年下降,但多数发生在调查期的早期;

(6)调查期间就业率逐年下降,但早期降幅最大。

鉴于上述认定,该委员会确认:有关国内产业情况的指标虽然混杂,但不表明国内刹车鼓产业受到实质性损害。其理由为:整个产业在调查期间总体上是盈利的,经营收入 2002 年比 2001 年增长很多,2002 年没有一家公司亏损;2000 年生产和出货情况与 2001 年相当,2002 年稍有下降;而且,美国生产商出货的单价和净销售额在 2001—2002 年间上升,美国生产商产品价格在调查期间后期比调查期间早期高;库存率在 1998—1999 年间急剧上升,其余期间平稳,2002 年比 2001 年稍低。据此,国际贸易委员会一致认为,美国国内产业没有受到实质性损害。[48]

此外,国际贸易委员会对是否构成对国内产业的实质性损害威胁也进行了调查,调查结果显示,中国进口产品并未构成对美国国内产业的实质性损害威胁。[49]

在"传动器案"中,国际贸易委员会也依照上述要求与程序审理,认为从中国进口的轴架传动器对美国生产相似产品的产业构成了实质性损害。然而,该委员会主席 Okun 女士却持不同看法。她分析了三大因素:(1)关于闲置设备,国内产业在调查期间内关闭了不生产的设备,但国内生产能力并没有变化,在整个调查期间年生产量还增长了许多,2000 年达到最高水平,之后下降。同样,设备利用率在年均水平上增长很大,然后在 2001 年下降。美国国内消费在调查期间增长 * %,到 2001 年为止每年处于增长状态,然后下降 * %。虽然国内产业生产和设备利用率在 2002 年上半年下降,但它们只是退回到调查期间早

---

〔48〕　参见美国国际贸易委员会出版物第 3622 号(2003 年 8 月),第 21—23 页。

〔49〕　同上,第 25 页。

期的年基准水平上。（2）关于失业和半失业，产业就业率按生产和相关工人衡量，在调查期间是波动的，1997—2001年上升了＊％，然后下降了＊％，生产工时和相关工人呈同一趋势变动，工人生产力水平到1999年为止是上升的，2000年和2001年都有所下降；就业率虽然下降，但她注意到，大多数的Motion Systems（本案的申诉人）人员仍然受雇在职，只是转到生产其他线型传动器上去了。（3）合理利润水平，经营收入每一年都是正面的，2000年最高，整个调查期间上升了＊％，调查期间经营收入与净销售之比是波动的，1998年最高，达到＊％，经营收入差额在2002年上半年下降＊％。该主席特别重视对企业的财务情况的调查，她发现，有关产业状况的大多数指标呈波动形态，但相对稳定，整个产业是健康的。而且，Amigo Mobility公司（申诉人之一）未提供财务数据，Moran公司和Motion Systems公司提供的数据又有不同，因此，她认为国内产业并不处于实质性损害状态，因而她投了反对票。

在"自来水配件案"中，国际贸易委员会在分析比较三个主要方面后，特别强调尽管国内自来水配件产业在调查期间的需求很旺，但其财务业绩以及其他多数指标自2000年来都下降，从而对中国被诉方主张的美国国内产业的生产、生产设备利用率、出货以及就业都处于有利状况的抗辩不予采纳，认定美国国内自来水配件产业受到了实质性损害。[50]

从国际贸易委员会业已审理的五起案件来看，在美国国内产业是否受到实质性损害及其威胁的问题上，以下几点值得注意：

一是通过"轴架传动器案"的审理，他们已确立了"较小损害程度"（lesser degree of injury）原则，该原则来源于美国国会对第406条的解释，是相对于一般保障措施的"严重损害"要求而言的。

二是在审理中首先考虑三大要素，即生产设备闲置情况、企业无力赚取合理利润和失业或半失业情况；然后再考虑其他相关经济因素，如生产、销售、库存、生产能力及其运用、市场份额、就业、工资、生产力、利润、现金流量，资本消费和研究与开发消费等。

三是在考虑上述众多要素或因素时，以5年调查期间的后期为主要判别标准，即只要调查期间后2—3年美国国内产业总体情况较好，则通常就不认为国内产业受到损害，反之，就很可能认为受到损害。

---

〔50〕 参见美国国际贸易委员会出版物第3657号（2003年12月），第15—18页。

四是国内产业的财务状况非常重要。通常,只要国内产业的财务状况是正面的或有盈利,就不认为国内产业受到损害;反之,就很可能认为受到损害。该委员会主席 Okun 女士在审理"轴架传动器案"时,就因此不同意多数委员的意见,投了反对票。但她的这一看法却在以后的案件审理中得到了遵循。因此,我们以后在美国应诉特殊保障措施案时,要突出重点,善于分析和利用有关数据和材料,争取有利的结果。

5. 关于进口增长与损害之间的因果关系

确定市场扰乱存在的第三个标准是中国进口产品是否是造成美国国内产业实质性损害的重要原因,即所谓因果关系标准。

第一,这里的"重要原因",如前所述,是指造成国内产业实质性损害的原因是重要的,不必相等于或大于任何其他的原因。这一立法要求与《1974 年贸易法》第 406 条一致。第 406 条立法历史对因果关系认定的规定是,根据这一标准,受调查的进口产品不必是导致损害第一位的或最重要的原因,或者比任何其他的原因更重要(或甚至相等),只要存在着直接和重要因果联系就行。因此,如果国际贸易委员会认为造成实质性损害有多种原因,它只要确定受调查进口产品是否是损害的重要可归责原因,还是次要的、附属的或不重要的原因以致不构成直接和重要因果关系即可。[51]

第二,根据 421 条款的规定,国际贸易委员会要考虑三个重要指标,即:(1)受调查进口产品的数量;(2)受调查进口产品对美国相似或直接竞争产品价格所产生的影响;和(3)受调查进口产品对美国生产相似或直接竞争产品的影响。该条款还明确规定,前述任何一个因素的存在与否并不是市场扰乱是否存在所必需的支配性因素。上述规定的这些指标与第 406 条的规定基本相似。[52]

在"传动器案"中,国际贸易委员会就是依据上述规定来分析的。他们发现,美国首次进口中国轴架传动器产品是在 2001 年,达 * 套,不久进口量大量增加,2002 年上半年达到 * 套,比 2001 年多得多;占国内消费比例从 1997—2000 年的 0% 到 2001 年的 * % ,2002 年上半年为 * % ,增长了 * % ;国内产业市场份额 1997—2000 年在 * % 与 * % 之间波动,但 2001 年由于中国进口产品占有 * % 市场份额,国内产业的市场份额下降至 * % 。国际贸易委员会同样也

---

〔51〕 参见美国《1988 年综合贸易与竞争法》,众议院会议报告第 100—576 号。

〔52〕 《1974 年贸易法》第 406 条(e)(2)(C)。但第 406 条(e)(2)(C)中有四目,第 4 目未包括在 421 条款中。该目内容为:"扰乱价格做法或者其他努力推行不公正贸易方式的证据"。

发现进口产品对国内产业的价格产生了重大影响,从其分析的其他经济因素来看,他们也认为进口产品对美国相似或直接竞争的产品同样产生了不利影响。因此,他们确认,进口产品的迅速增长是造成实质性损害的重要原因。

中国被诉方在该案审理中提出,由于申诉人的产品质量(主要是漏油)、交货期以及不能提供数量折扣等问题,使得 Electric Mobility 公司不再向申诉人进货,转而从被诉方进货,而且该决定是在正式购买被诉方货物之前作出的,这才是导致申诉人损害(如果有损害)的原因,但国际贸易委员会并未采纳中国被诉方的抗辩。然而,这一抗辩对在该案中投反对票的委员会主席 Okun 女士是有一定影响的[53],对另一位投反对票的委员会委员 Bragg 女士更是有决定性的影响,她基本上使用中国被诉方列举的事实材料,根据立法规定,多方面否定了因果关系的存在。[54] 虽然她们两人的意见未能成为多数意见,未影响国际贸易委员会的最终裁决,但对美国总统最终不采取保障措施的决定是有影响的,我们从她们的意见中也能得到不少启示。

---

　　[53]　美国国际贸易委员会主席 Okun 女士认为,由于她不认为美国国内产业受到实质性损害,她认为依法就没有必要再去陈述因果关系了,但她注意到,双方当事人提供的有关所谓造成实质性损害的证据材料充其量是混杂的,她可以接受一方对另一方的抗辩和证据材料。参见美国国际贸易委员会出版物第 3557 号(2002 年 11 月),第 40 页。

　　[54]　Bragg 女士认为,调查中的档案证据表明,国内轴架传动器的一家购买商由于长期不满申诉人供货的质量和供货的时间要求以及不能提供低价的零部件,从而决定寻找替代供货商;该购买商要求位于中国的现有供货商生产其更能接受的轴架传动器。就是这样一个交易上的决定才导致中国进口产品在 2001 年开始进入美国市场。这并非受调查的中国生产商为了与国内生产商争夺产品销售市场而引起美国市场进口产品迅速增加,相反,本次调查表明,中国一供应商是在有限的情况下应业已存在的客户的特定要求而这样做。因此,在本案中,国内产业所受到的损害应直接归责于现有货源对一个单独购买商持续供货不足。关于进口数量,她认为,资料显示,受调查产品进口数量迅速绝对地增长,但是,全部进口产品由 Electric Mobility 公司购买,受调查生产商只是在受到 Electric Mobility 公司要求后向其提供轴架传动器,而不是针对美国市场供货的结果。Electric Mobility 公司是在接触了至少 8 个潜在的供货商后才选择受调查的生产商,而该生产商又不向美国市场上的其他购买商出售进口产品。鉴于上述理由,她不认为进口产品数量是重要的。关于进口产品对价格的影响,她认为,价格资料显示,中国输美轴架传动器的平均价格比 Motion System 公司的平均价格低＊％,但她并不认为低价销售是重要的,因为资料并未表明,进口产品的价格造成美国市场上 Motion System 公司任何其他销售价格的压抑或降低以及 Motion System 公司失去销售机会的结果。在重申了其类似于在有关进口产品数量方面的理由后,她认为,特别是在不存在价格压抑的情况下,受调查的进口产品并没有对美国市场上的轴架传动器价格产生重大的负面影响。关于进口产品对国内产业的影响,她认为,失去了 Electric Mobility 公司这个客户对美国产业有影响,这不奇怪。但她发现,Amigo Mobility(申诉人之一)公司未提供其经营的财务资料,这可能造成失去了 Electric Mobility 公司这个客户对国内产业造成影响的高估,尤其是 Amigo Mobility 公司占有消费轴架传动器生产量的＊％。接着,她又重申了其类似于在有关进口产品数量方面的理由,最后,她说她并不认为受调查的进口产品对国内生产轴架传动器的产业造成了重要的不利影响。参见美国国际贸易委员会出版物第 3557 号(2002 年 11 月),第 50—52 页。

6. 对国际贸易委员会进口救济措施建议的分析

在国际贸易委员会审理结案的五起案件中,有两起被确认未构成市场扰乱,三起构成了市场扰乱。在三起构成了市场扰乱的案件中,国际贸易委员会都依照法律规定向总统提出了采取进口救济措施的建议。

在"传动器案"中,国际贸易委员会的建议是:对从中国进口的轴架传动器采取为期三年的数量限制,第一年为 5626 单位(套),第二年为 6470 单位(套),第三年为 7440 单位(套)。

在"衣架案"中,国际贸易委员会的建议是:对从中国进口的衣架征收为期三年的附加税,第一年税率为 25%(从价税,下同),第二年为 20%,第三年为 15%;同时,该委员会还建议总统下命令给美国商务部和美国劳工部,要他们尽快考虑生产衣架的国内产业或工人提出的有关贸易调整援助的请求。在该案中,国际贸易委员会委员 Stephen Koplan 和另一位委员 Bragg 却提出了不同的救济措施建议。Stephen Koplan 主张对从中国进口的衣架征收为期三年的每年为 30% 的附加税,而 Bragg 则主张对从中国进口的衣架征收为期两年的附加税,第一年税率为 20%,第二年税率为 15%。

在"自来水配件案"中,国际贸易委员会的建议是对从中国进口的自来水配件实施为期三年的关税配额:第一年税率为 50%,配额为 14324 短吨;第二年税率为 40%,配额为 15398 短吨;第三年税率为 30%,配额为 16553 短吨。同时,该委员会还建议总统下命令给美国商务部和美国劳工部,要他们尽快考虑生产自来水配件的国内产业或工人提出的有关贸易调整援助的请求。在该案中,国际贸易委员会副主席 Hillman 和另一位委员 Miller 提出了不同的救济方法,副主席 Hillman 认为实施上述额度的配额就行了,而委员 Miller 则认为征收上述额度的关税就行了。

从上述三个案件中国际贸易委员会委员们提出的进口救济措施的建议来看,有以下几个方面值得注意:一是根据美国现行法律,美国国际贸易委员会作出进口救济措施的决定以多数委员一致通过为原则,即少数服从多数的原则,如在"传动器案"表决时,五名委员(通常应有六名委员)中三名委员赞成,两名委员反对,因而国际贸易委员会认为市场扰乱成立;二是国际贸易委员会每个委员都可以对总统提出自己的进口救济措施建议,不论其对案件持肯定或否定态度,但只有对案件持肯定态度的委员才有权参与对进口救济措施的表决;三是进口救济措施通常包括数量限制、征收附加关税或者两者兼用,此外,还可采用其他救济措施,如在上述"衣架案"和"自来水配件案"中,国际贸易委员会都建议总统考虑相关国内产业的贸易调整援助的请求;四是国际贸易委员会不仅要提出自己的进口救济措施建议,还要具体分析其理由,包括竞争与供求情况、长期和短期的影响等;五是对案件持否定意见的委员还有权对国际贸易委员会提出的进口救济措施提出反对意见,即建议总统对进口产品不采取任何措施。例如在"传动器案"中,该委员会主席 Okun 女士就建议总统对进口产品不采取任何措施。[55]

7. 关于美国总统对案件的最终决定

根据美国法律,美国总统有权对国际贸易委员会在审理保障措施(不论是一般还是特殊保障措施)案件过程中提出的进口救济措施建议作出最终决定,即可以同意、修改或否决进口救济措施的建议。如前所述,在涉及中国的五起特殊保障措施案件中,国际贸易委员会对其中三起作出了肯定的裁定并提出了采取进口救济措施的建议,但都被布什总统否决了,这是十分引人注目的。这样一种结果,恐怕没有多少人能够想到,美国提出申诉的企业想不到,中国应诉企业想不到,恐怕双方的律师和国际贸易委员会的委员们也想不到。

不难发现,布什总统否决三起案件的共同理由,都是认为提供进口救济措施不符合美国的国家经济利益,特别是,提供进口救济对美国经济造成的负面影响将明显超过这种措施带来的好处。毫无疑问,这是美国法律赋予总统否定国际贸易委员会建议的权力,也是美国总统否定国际贸易委员会建议的法定理由。[56] 所以,布什总统在否决这三起案件时都使用了几乎相同的法律语言。

在"传动器案"中,布什总统指出:"在决定不提供进口救济时,我考虑其对美国经济的全面代价。本案的事实表明,实施国际贸易委员会建议的配额将不会对国内生产产业带来利益,相反会导致将从中国的进口转移到从海外其他来源的进口。"[57]在"衣架案"中,布什总统也有类似说法,并且更进了一步,他认为:"如果对中国衣架产品征收附加税,那么,很有可能生产会转移到第三国,而

---

〔55〕 美国国际贸易委员会出版物第 3557 号(2002 年 11 月),第 43 页。

〔56〕 美国《1974 年贸易法》第 421 条(k)(2),原文为"The President may determine under paragraph (1) that providing import relief is not in the national economic interest of the United States only if the President finds that the taking of such action would have an adverse impact on the United States economy clearly greater than the benefits of such action"。

〔57〕 美国布什总统 2003 年 1 月 17 日致美国贸易代表备忘录。参见美国白宫网站信息,at http://www.whitehouse.gov/news/releases/2003/01/20030117-4.html。

该国就不受针对中国的 421 条款限制。在这种情况下,进口救济几乎对国内产业没有任何好处。"[58]布什总统在分析为什么要否决"自来水配件案"时也使用了上述类似的语言。[59]

消费者利益的保护和企业利益之间的平衡也是布什总统考虑不给予进口救济的原因之一。在"传动器案"中,他认为:"即使实施配额对主要国内产业有利,但配额的代价对消费者(下游产业和下游产品使用者)而言,将会大大超过生产商所得到的好处,国际贸易委员会的分析证实了这一结论。配额将会给那些购买机动和电动轮椅车的许多残疾人士和老年人带来影响。"[60]在"衣架案"中,布什总统认为:"附加税将对国内衣架分销商带来不平衡的影响,对某些分销商而言,附加税会导致收入上的好处,对那些商业形式不同的分销商,附加税则是有害的。附加税还会对全美国的成千上万个小型和家庭型的干洗店带来负面影响,它们不是自己吸收增加的成本就是将其转嫁给消费者。"[61]

最后,综合考虑国内产业状况和进口发展趋势也是布什总统考虑不给予进口救济的另一重要原因。在"衣架案"中,布什总统认为:"国内生产商已与中国进口产品竞争了 6 年,已经占有美国衣架市场的 85%。即使没有进口救济,占有如此之多市场份额的国内生产商也有机会调整与中国进口产品的竞争。"[62]在"自来水配件案"中,布什总统对此表达得更具体,他说:"证据表明,国内生产商在美国市场上享有强大的竞争优势,事实上,最大的国内生产商最近宣布价格在全国范围内上涨 8%～35%,两家较小国内生产商和主要的美国进口商公开表明他们的价格也将上涨。另外,在 2002 年和 2003 年,进口产品数量处于相对稳定状态,而且,价格稍有下降。"[63]

除了上述官方公布的正式理由,笔者认为,布什总统之所以在这一期间全

---

〔58〕 美国布什总统 2003 年 4 月 25 日致美国商务部长、劳工部长和美国贸易代表备忘录。参见美国白宫网站信息,at http://www. whitehouse. gov/news/releases/2003/04/20030425-8. html。

〔59〕 美国布什总统认为:"本案事实表明,实施国际贸易委员会建议的关税率配额救济或其他依据 421 条款确定的进口救济是没有实际效果的,因为从第三国的进口将会取代削减的中国进口。向第三国的进口转移很快会发生,因为美国主要的进口商已经从一些国家,如印度、巴西、韩国和墨西哥,进口了大量的产品。……"参见美国布什总统 2004 年 3 月 3 日致美国贸易代表备忘录,at http://www. whitehouse. gov/news/releases/2004/03/20040303-12. html。

〔60〕 同前注〔57〕。

〔61〕 同前注〔58〕。

〔62〕 同前注〔58〕。

〔63〕 同前注〔59〕。

部否决国际贸易委员会采取进口救济措施的建议,还有以下两项重要原因。一是布什总统延续了近二十年来美国历届总统执行的对华贸易政策,即加强与中国的贸易联系。从中美贸易中的最惠国待遇(美国称之为永久正常贸易关系)问题上就可看出,历史上尽管美国国会一直不愿意给予中国无条件的最惠国待遇,但美国历届总统总是否决国会的决定。虽然特殊保障措施调查是贸易中的具体问题,远不如最惠国待遇问题那样重要,但只要这些具体问题对美国的整体经济影响不是很大,其最终结论又要美国总统来下,美国总统从中美贸易大局考虑,一般不会轻易采取不利于双边贸易的措施。二是布什总统要从中美两国政治、外交关系方面考虑。在美国"9·11事件"之后,出于对全球整体利益考虑,布什总统调整了对中国的政策。在诸如反恐、防止核扩散、朝鲜以及伊拉克等问题上,美国或多或少都需要中国的理解、协助和合作,甚至需要中国起主导作用。因此,在处理涉及中国的贸易问题时,布什总统不得不从中美两国关系大局考虑。当然,这并不等于布什总统以后在所有涉及中国的特殊保障措施案件中都会作出否决的决定,他将始终以美国最大利益为出发点考虑问题。

(三)对美国特殊保障措施机制的评价

如前所述,美国特殊保障措施的立法来源于两个主要方面,一是来源于中美双方达成的关于中国加入WTO的双边协议,二是来源于其《1974年贸易法》的第406条。中美关于中国入世协议的内容,在中国正式入世时,几乎都包括在中国《入世议定书》和中国《工作组报告书》中。因此,就本文论述的范围而言,我们可以得出这样两个重要的结论:一是中国入世,一方面使中国最终融入了世界贸易体制,这不仅会对中国的经济、政策带来重大影响,而且也会在很大程度上影响中国的政治改革,它标志着中国的改革开放进入了一个新的历史阶段;另一方面,中国也为此付出了自己的代价,特殊保障措施机制的设立就是其中之一。[64] 二是美国成功地使其国内法中关于限制中国进口产品的规定变成了国际法的内容,从而为美国对中国进口产品实施特殊保障措施设计好了国内法和国际法上的"合法"依据。

翻开WTO前身GATT的历史,我们可以发现:最早的特殊保障措施是一些

---

〔64〕 一般而言,还包括中国《入世议定书》和《工作组报告书》中的"非市场经济15年"、"纺织品8年"以及"贸易政策评审8年"的规定。

国家在 20 世纪 50 年代中期日本加入 GATT 时用来对付日本的。后来，虽然由于另一些缔约方的反对，致使特别保障机制未能设立，但在日本加入 GATT 时，西欧 14 个缔约方引用 GATT 第 35 条与日本互不适用 GATT，以此来彻底保障本国市场不受日本产品的扰乱。后来，日本用了十多年的时间与这些缔约方逐个达成双边协议，对一些敏感产品设置"自愿出口限制"，才换取了上述缔约方与其相互适用 GATT。[65] 随后是在 20 世纪 60 年代末 70 年代初，由于波兰、罗马尼亚、匈牙利三国计划经济和国营贸易的性质，在它们加入 GATT 时都被迫在议定书中接受了特殊保障措施条款。[66] 然而对这三国规定的特殊保障措施条款，所体现的权利义务的失衡与歧视性仍然不及针对中国的特殊保障措施条款。罗马尼亚和匈牙利加入 GATT 议定书中所规定的特别保障机制具有双向性，只有针对波兰的特别保障机制与针对我国的一样，具有单向性，即只能由其他缔约方对波兰采取特殊保障措施，波兰则无权采取。三国加入 GATT 议定书所规定的特别保障机制中均规定了报复机制，即被实施特殊保障措施的一方"有权对实质上相当的贸易，偏离其对该有关缔约方（采取特殊保障措施方）的义务"。与针对中国的特殊保障措施条款中被虚化的报复机制相比，其规则上的制约意义可能更大。

　　众所周知，美国既是 GATT 的倡导者，也是 WTO 设立的倡导者，其在 GATT 和 WTO 中的地位虽不比以前，但仍然可以说是举足轻重、独一无二的。[67] 当今的 WTO 规则几乎都可以在美国国内相关法律中找到它的影子。因此，世人通常认为，美国人是玩弄 WTO 游戏规则的老手。美国针对中国进口产品的特殊保障措施立法也反映了这种情况。在中国入世前，美国利用《1974 年贸易法》第 406 条的规定，将中国视为共产主义国家而实施特殊的保障机制。中国

---

〔65〕　1955 年日本加入 GATT 时，有 14 个 GATT 缔约方运用 GATT 第 35 条规定，即"互不适用"条款。这 14 个缔约方是：英国、法国、荷兰、比利时、卢森堡、奥地利、澳大利亚、新西兰、古巴、海地、巴西、印度、南非和罗得西亚。后来，援引 GATT 的国家增加到 35 个。随着时间的推移，不少缔约方取消了与日本的"互不适用"。参见前 WTO 上诉机构成员，日本东京大学教授松下满雄（Mitsuo Matsushita）在参加上海 WTO 事务咨询中心第三届顾问委员会年会（2003 年 11 月在上海举行）上的发言稿。

〔66〕　波兰《加入 GATT 议定书》第 4 条、罗马尼亚《加入 GATT 议定书》第 4 条、匈牙利《加入 GATT 议定书》第 5 条，都规定了过渡期特殊保障措施条款。

〔67〕　WTO 总干事 Supachai Panitchpakdi 先生于 2004 年 2 月 26 日在美国首都华盛顿的美国全国出版业俱乐部大会上指出，美国从没有像现在这样具有如此驾驭世界贸易体系的力量，美国的领导对世界贸易体系来说是无可置疑的，尤其是对当前的多哈回合贸易谈判来说。参见 WTO 网站信息，at http://www.wto.org/english/news-e/spsp-e/spsp22-e.html. Feb. 26,2004。

入世后,美国如继续使用该条款,势必会遭到中国的反对。在中美双方协商未能达成协议的情况下,中国如果将双方的争议提交 WTO 争端解决机构解决,那么,中国将会以美国《1974 年贸易法》第 406 条违反 WTO 规则为由轻易地胜诉。为避免出现这一情况,美国首先在中美双边协议中加入针对中国的特殊保障措施的内容,继而将中美双边协议中的这一内容变成中国入世法律文件的组成部分。然后,再依据中美双边协议和中国入世法律文件的规定,制定和修改其国内法(《2000 年美中关系法》和《1974 年贸易法》421 条款),这样,美国在对中国进口产品实施特殊保障措施时便完全"合法化"了。在这里,人们不得不承认美国手法的"高明",因为美国针对中国进口产品实施特殊保障措施无论在国内法体系内还是在国际法层面上,都是完全"合法"的。

当然,面对既有的规则我们并非无所作为。在特殊保障措施领域,我们也可以借鉴应对反倾销诉讼中积累的一些经验,如产业预警体制、行业协同机制、加强人才培养、认真研究相关规则、积极协商以及必要时采取相应的对等和报复措施等。另外,我国具有发展中国家强劲的后发优势与劳动力成本低廉所带来的比较优势,只要我们能创造世界各国消费者喜爱的大量物美价廉的商品[68],同时注意运用其他各种经济、政治关系在国际社会中的影响作用,我国产品所面临的规则上的劣势并不必然能阻止其发展的步伐。

四 、简要结论

随着中国的入世,中国的改革开放进入了一个新的历史阶段。与入世所带来的巨大发展机遇相比,中国入世付出一定的代价也并非不能接受,这是一方面。另一方面,我们也应对我们所付出的代价进行一些分析与思考,特别是对特殊保障措施条款已经或可能产生的问题和影响进行分析与思考。正是从这一角度出发,本文对美国特殊保障措施立法进行了一些初步研究与评析。本文的基本结论是:

(1)美国《1974 年贸易法》421 条款是针对中国进口产品实施特殊保障措施

---

〔68〕 这实际上牵涉到公共利益问题,在规则上反映在《入世议定书》第 16 条第 5 款:"在采取特保措施前,采取此项行动的 WTO 成员方应向所有利害关系方提供合理的公告,并应向进口商、出口商及其他利害关系方提供充分机会,供其就拟议措施的适当性及是否符合公共利益提出意见和证据。此外,该 WTO 成员方还应将采取该措施的理由、范围与期限,作出书面公告。"

的法律,具有较强的政治背景,是为美国政治、外交和经济利益服务的有力工具之一。

(2)美国《1974 年贸易法》421 条款带有对中国进口产品的明显歧视性质,是违反 WTO 基本原则的。但由于中国为加入 WTO 接受了特殊保障措施条款,因此该条款披上了"合法"的外衣。这样势必会对中国的贸易政策和中国产品出口带来一定的不利影响。对此,中国政府需要认真对待,并从多方面寻求对策,尽可能将其负面影响减至最小。这不仅是必要的,而且是可能的。事实上,据笔者所知,中国商务部的有关官员,在美国国际贸易委员会处理上述个案时,都积极采取了必要的行动与措施。美国总统之所以否决了上述三个案件,中国政府的态度亦是一个重要因素。

(3)从现实情况来看,美国《1974 年贸易法》421 条款存在概念不清、标准不明等问题,通过五起案例的审理,虽然还有一些问题有待实践进一步明确,但其大的方面基本上已有规则可循。因此,各类从事国际经贸活动的公司和企业不仅要了解和熟悉美国的有关法律和 WTO 规则,包括中国入世法律文件中的重要规定,而且要熟练运用这些法律与规则来维护自己的合法权益。上述"衣架案""弹簧案"的胜诉,其最主要的原因就是中国应诉企业运用法律与事实进行了有力的抗辩。

(4)从美国国际贸易委员会审理五起案例的实际情况来看,有以下几点值得我们注意和研究:一是美国国际贸易委员会各个委员对《1974 年贸易法》421 条款的认识和理解是存在一定差异的,并不是"铁板一块";二是他们的审理是非常具体、仔细和琐碎的,因此,我国涉案企业需要非常认真、负责,不能马虎,更不要怕麻烦;三是要了解和掌握美国国际贸易委员会审理的规律和重点,利用以前已审结的案例为自己辩护,这能收到很好的效果;四是我们要十分注意程序问题,因为美国特殊保障措施案件的审理时间相对较短,要求又高,稍不留神,就会失去机会,甚至败诉。在前述的五起案件中,美国申诉方和中国被诉方都出现过忽视程序问题的情况。

(5)处理特殊保障措施案件,中国政府必须积极主动,反应要快,态度要坚决,措施要得当。涉案企业要积极协助、支持和依靠中国政府。事实证明,这是取得好结果不可缺少的因素。之所以如此,是因为处理特殊保障措施案件与处理反倾销案件有很大的不同,政府可以而且能够起到很大的作用。

(6)布什总统对三起被国际贸易委员会认为构成市场扰乱并建议采取特殊

保障措施的案件的否决,从表面上看是基于对美国整体经济利益的考虑,但我们不能不看到还有其他一些重要因素,如国际贸易委员会委员的表决情况和分析理由、实施保障措施可能产生的后果以及中国政府的态度、中美两国关系等,尤其是后者。

美国针对中国的特殊保障措施立法与实践虽然会对中国的对外贸易产生一定的影响,但从中美贸易全局来看并不是主要的。当然这并不表明我们可以对此掉以轻心,相反,我们对此应该引起足够的重视,尤其是针对其在全球产生的影响。[69] 这里沿用一句老话,那就是在战略上藐视它,在战术上重视它,这就是我们对待美国针对中国的特殊保障措施立法与实践的正确态度。

---

[69] 事实上,目前已有二十多个国家和地区依据中国《入世议定书》第 16 条"特定产品过渡性保障机制"的规定针对中国制定了特殊保障措施法律。

浅析美国总统布什对对华特别
保障措施案的否决*

摘　要：美国依据其修改了的《1974年贸易法》,针对中国进口产品先后共进行了6起特别保障措施的调查,其中,两例在美国国际贸易委员会遭到否决,4例最终被美国总统否决。本文概述了6起特别保障措施案件的调查审理结果,对美国总统对案件否决的理由作了介绍与归纳,并在此基础上,进一步对美国总统对对华特别保障措施案否决的动因从多方面作了剖析。

关键词：特保措施立法　调查审理　否决的理由　动因剖析

前　言

美国是世界上最早对中国采取特别保障措施立法的国家,早在中国加入世界贸易组织(WTO)之前,美国依据中美两国于1999年11月达成的有关中国入世的协议,制定了美中关系法,并依该法修改了美国《1974年贸易法》,针对中国制定了特别保障措施的法律。在中国加入WTO之后不久,美国特别保障措施法律于2002年1月1日正式生效。同时,美国也是世界上最早对中国进口产品采取特别保障措施调查的国家之一,从2002年8月到2005年12月期间内,美国对中国共进行了6起特别保障措施的调查,[1]并已全部结案。本文就该6起特别保障措施案件的调查审理结果与美国总统对这些案件的否决作些研究,以供政府相关部门、研究人员和相关企业界人士参考。

---

*　本文发表于《国际商务研究》2006年第4期。

〔1〕　本文不包括美国对中国纺织品采取的特别保障措施的调查,虽然其在性质上也属于特别保障措施一类案件,但两者之间有不少差异,如调查的法律依据不同,调查的内容、机构、程序等也不同,这里不赘述。这里的"特别保障措施"调查,实际上是指美国有关当局依照《1974年贸易法》421条款("市场扰乱"条款)对中国产品的调查。

一、美国对中国 6 起特别保障措施调查审理的基本情况

从 2002 年 8 月开始,截至 2005 年 12 月,美国国际贸易委员会(简称 ITC)依据《1974 年贸易法》421 条款对中国产品进行了 6 起特别保障措施的调查。这 6 起调查审理结果的基本情况如下:

1. 轴架传动器案

美国首次动用其经修改的《1974 年贸易法》421 条款,是在收到美国 Motion System 公司于 2002 年 8 月 19 日的投诉申请后,开始对中国输美产品轴架传动器(Pedestal Actuators)实施特别保障措施调查,案号为 TA-421-1(以下简称轴架传动器案)。美国 ITC 于 2002 年 10 月 1 日召开听证会,此后以多数委员同意(3 比 2)确认构成了对美国的市场扰乱。[2] 该委员会于同年 11 月 7 日向美国总统和美国贸易代表提出具体救济建议如下:美国 ITC 副主席 Jennifer A. Hillman 和委员 Marcia E. Miller 建议:对原产于中国的轴架传动器实施为期 3 年的进口数量限制。其具体限制方案为第一年的配额为 5626 套,以后两年这一配额逐年递增 15%。委员 Stephen Koplan 建议:2003 年数量限制配额为 4425 套,2004 年的配额为 4514 套,2005 年的配额为 4604 套。[3]

2. 衣架案

2002 年 12 月,美国 ITC 在收到美国 CHC Industries Inc.、Palm Harbor,FL、M&B 衣架公司、Leeds,AL 以及联合钢丝衣架公司等多家公司于 2002 年 11 月 27 日的投诉申请后,开始对中国的钢丝衣架产品(Steel Wire Garment Hangers)进行特别保障措施调查,案号为 TA-421-2(以下简称衣架案)。美国 ITC 于 2003 年 1 月 9 日召开听证会,此后一致确认美国国内相同产品的产业受到了损害,构成了市场扰乱,并于 2003 年 2 月 18 日向美国总统提出了具体的救济建议。美国 ITC 建议对该产品加征为期 3 年的从价关税:第一年加征 25% 的附加税,第二年加征 20% 的附加税,第三年加征 15% 的附加税;并建议总统指示美国商务部和劳工部,一旦企业提出申诉,应作出快捷的贸易调整,以便抵消该进

---

〔2〕 美国 ITC 第 3557 号出版物(2002 年 11 月)第 23 页。在该案中,该委员会主席 Deanna Tanner Okun 和委员 Lynn M. Bragg 投了否定票。根据美国法律,该委员会实行多数决定制,故该案最终成立。

〔3〕 同上。

口产品对申诉企业和员工所造成的不利影响。[4]

3. 刹车鼓案

美国 ITC 在收到美国"美国保护刹车鼓、刹车盘维修零件制造业联盟"(the Coalition for the Preservation of American Brake Drum and Rotor Aftermarket Manufactures)的代表于 2003 年 6 月 6 日的投诉申请后,对中国输美刹车鼓、刹车盘产品(Brake Drums and Rotors)实施特别保障措施调查,案号为 TA-421-3(以下简称刹车鼓案)。该委员会于 2003 年 7 月 18 日召开听证会,此后于 2003 年 8 月 5 日发布调查结果,一致确认中国进口产品未大量增加,并未对美国国内相同产品的产业造成损害,从而不构成市场扰乱,最终 ITC 否决并终止了该案。[5]

4. 自来水配件案

美国第四次对中国产品实施特别保障措施调查,是在收到美国 McWane Birmingham, AL 公司于 2003 年 9 月 5 日对中国输美产品球墨铸铁自来水配件(Ductile Iron Waterworks Fittings)的投诉申请后开始的,其调查案号为 TA-421-4(以下简称自来水配件案)。该案中,申请方还以存在紧急情况为由,要求尽快实施保障措施,但遭到美国 ITC 的否决。ITC 于 2003 年 11 月 6 日召开了听证会。此后该委员会于 2003 年 12 月 24 日发布调查结果,一致确认美国国内相同产品的产业受到了损害,构成了市场扰乱,并向美国总统提出具体救济建议。美国 ITC 主席 Deanna Tanner Okun、委员 Stephen Koplan、Charlotte R. Lane 和 Daniel R. Pearson 建议:实施为期 3 年的超配额征税限制,具体为第一年对超过 14324 美吨的上述产品加征 50% 进口关税;第二年对超过 15398 美吨的上述产品加征 40% 的进口关税;第三年对超过 16553 美吨的上述产品加征 30% 的进口关税。他们还建议实施特别保障措施的同时,美国商务部和美国劳工部应考虑向受此保障措施影响的企业和工人提供紧急贸易救济。美国 ITC 副主席 Jennifer A. Hillman 建议:实施为期 3 年的进口配额限制。具体为第一年为 14324 美吨;第二年为 15398 美吨;第三年为 16553 美吨。委员 Marcia E. Miller 建议:对上述产品加征关税,具体为第一年征收 50% 的从价税,第二年征收 40% 的从价税,第三年征收 30% 的从价税。[6]

---

〔4〕 参见美国 ITC 第 3575 号出版物(2003 年 2 月)。

〔5〕 参见美国 ITC 第 3622 号出版物(2003 年 8 月)。

〔6〕 参见美国 ITC 第 3657 号出版物(2003 年 12 月)第 31 页和中国贸易救济信息网(http://www. cacs. gov. cn)《美国 ITC 将向总统提出对原产于中国的球墨铸铁供水系统配件实施特别保障措施的建议》(2003 年 12 月 17 日)。

5. 弹簧案

美国 ITC 在收到美国内置弹簧制造业协会(The American Innerspring Manufactures)代表多家成员公司和 Memphis,TN 于 2004 年 1 月 6 日的投诉申请后,第五次对中国输美产品实施特别保障措施的调查,案号为 TA-421-5,被调查产品是内置弹簧(Innersprings,以下简称弹簧案)。[7] 美国 ITC 于 2004 年 2 月 19 日召开了听证会,2004 年 3 月 8 日作出裁决,一致认为不构成对美国相似或直接竞争产品的"市场扰乱"而否决并终止了该案。[8]

6. 非金属焊缝钢管案

美国最近一次对中国产品实施特别保障措施调查,是在时隔将近一年半后,在收到美国 Allied Tube Conduit 以及 Harvey,IL 和 IPSCO Tubulars 等公司和钢铁工人联合会于 2005 年 8 月 2 日对中国输美非金属焊缝钢管产品(Circular Welded Non-Alloy Steel Pipe)的投诉申请后开始的,其调查案号为 TA-421-6(以下简称非金属焊缝钢管案)。[9] 美国 ITC 于 2005 年 9 月 16 日召开了听证会。此后该委员会于 2005 年 10 月 11 日发布调查结果。6 名委员中,委员会主席 Stephen Koplan(原委员会副主席)和委员 Charlotte R. Lane 认为美国国内相同产品的产业受到了损害,构成了市场扰乱;委员 Jennifer A. Hillman 和委员 Shara Laranoff 认为美国国内相同产品的产业受到了损害,构成了市场扰乱的威胁,而委员会副主席 Deanna Tanner Okun(原委员会主席)和委员 Daniel R. Pearson 则认为美国国内相同产品的产业未受到损害,不构成市场扰乱或市场扰乱的威胁。根据 ITC 规则规定,该案以多数赞成构成"市场扰乱"。为此,主席 Stephen Koplan 和委员 Charlotte R. Lane 提议,对中国涉案产品实施 3 年内每年 16 万短吨的配额限制以及加快对受损行业的贸易调整援助项目。委员 Jennifer A. Hillman 和 Shara L. Aranoff 建议对中国涉案产品实施为期 3 年的关税配额限制。首年定为 26.75 万短吨,次年增加 5%,第三年则增加 10%。这份建议的关税税率是以 2004 年从中国的进口情况为依据的。如果进口量超过这一标准,将会依据价格比例增加 25% 的税。另外,他们还建议总统应该指示美国劳工部以及

---

〔7〕 参见美国 ITC 于 2004 年 1 月 8 日发布调查号为 TA-421-5 的"对来自中国的内置弹簧的调查通知"。

〔8〕 参见美国 ITC 于 2004 年 3 月 8 日发布调查号为 TA-421-5 的"对来自中国的内置弹簧的裁定"以及新闻发布文件。http://www.usitc.gov/er/n12004/er0308bb1.html.

〔9〕 参见美国 ITC 于 2005 年 8 月 4 日发布调查号为 TA-421-6 的"对来自中国的非金属焊缝钢管的调查通知"。

商务部加快对来自受损行业和/或工人的任何请求提供贸易调整援助项目。[10]

二、美国总统布什否决对华 4 起特别保障措施案的基本原因

美国至今对中国产品提起 6 次 421 条款特保调查申请,其中,两例在美国 ITC 遭到否决,4 例最终被美国总统否决。以下是美国总统布什否决对华 4 起特别保障措施案的基本原因。

1. 否决轴架传动器案的基本原因

美国总统布什认为向美国轴架传动器产业提供进口救济不符合美国的国家经济利益。特别是,提供进口救济对美国经济造成的负面影响将大大超过这种措施带来的好处。[11]

首先,实施进口配额只会导致进口来源从中国转移到海外其他国家,国内产业不太会因此而获益。

其次,实施进口配额即使会使主要的国内生产商获益,但对消费者包括下游产业和下游产品使用者来说因进口配额而增加的花费,实质上将超过任何因生产商的收入增加而获得的利益。

再次,实行进口救济对该产品的下游产业将产生更大的压力,包括竞争压力、费用的增加、工人的就业等方面。

最后,配额会对轴架传动器最终消费者——使用滑轮车和电轮椅的许多残疾人和老年人产生消极的影响。

2. 否决衣架案的基本原因

总体上,美国总统布什认为向美国钢丝衣架产业提供进口救济不符合美国的国家经济利益。特别是,提供进口救济对美国经济造成的负面影响将大大超过这种措施带来的好处。

第一,对从中国进口的产品征收额外的关税将对国内生产商产生不均衡的影响,使其对经营战略产生倾向性。额外的关税将会打乱一个主要生产商长期的调整战略,这个战略部分地建立在对进口衣架销售的基础上,从而导致生产

〔10〕 参见美国 ITC 于 2005 年 10 月 21 日发布调查号为 TA-421-6 的"对来自中国的非金属焊缝钢管的裁定"以及新闻发布文件。

〔11〕 参见美国白宫网站 2003 年 1 月 17 日,http://www.whitehouse.gov/news/releases/2003/01/20030117-4.html.

商巨额的成本损失。

第二,国内生产商仍然占有美国钢丝衣架市场超过 85% 的份额。因为拥有市场支配性的占有,就算没有进口救济,国内生产商也有机会适应与中国进口产品的竞争。

第三,如果中国进口的钢丝衣架被征收了额外的关税,生产只是简单地转移到第三个国家,而这种转移将导致 421 条款针对中国的特定限制对其不能适用。

第四,额外的关税将对国内钢丝衣架的销售商产生不均衡的影响。对一些销售商来说,关税的征收可能引起其收入的增加。然而,关税也可能导致另一些销售商依据其商业模式而遭受不同程度的损害。

第五,征收额外的关税也可能对美国数以万计的小的、家庭拥有的干洗企业产生消极的影响,它们要么不得不自行消化成本增加的结果,要么就将增加的成本转嫁给它们的顾客。[12]

3. 否决自来水配件案的基本原因

美国总统布什认为向美国自来水配件产业提供进口救济不符合美国的国家经济利益。特别是,提供进口救济对美国经济造成的负面影响将大大超过这种措施带来的好处。而且,他还认为实施由美国 ITC 建议的提高关税税率和配额或其他任何 421 条款所允许进口救济措施都是不会有效的。具体来讲,包括以下几个方面。

首先,第三国进口的产品将可能替代被削减的从中国进口的产品。这个从第三国进口产品的转换很可能迅速发生,因为美国主要的进口商也从别的一些国家如印度、巴西、韩国和墨西哥进口了大量的产品。在这样的情况下,采取进口救济并不会给国内生产者提供实际意义上的好处。

其次,进口救济将使美国国内生产商的支出远大于其增加的收入。事实上,ITC 估计它所推荐的补救措施如实施,仅在第一年对国内福利产生的负面影响就会达到 2.3 ~ 3.7 百万美元。

再次,证据表明国内生产商在美国市场上享有很强的竞争力,实际上,国内生产商最近宣布要在全国范围内提价 8% ~ 35%。

---

〔12〕 参见美国白宫网站 2003 年 4 月 25 日,http://www. whitehouse. gov/news/releases/2003/04/20030425-8. html;以及中国贸易救济信息网(http://www. cacs. gov. cn)《美国总统布什拒绝对原产于中国的钢丝衣架实施特别保障措施》(2003 年 5 月 7 日)。

最后,在 2002 年和 2003 年,该种产品的进口数量相对稳定,而价格则有所下降。[13]

4. 否决非金属焊缝钢管案的基本原因

该案中,美国总统布什又一次认为向美国钢管产业提供进口救济不符合美国的国家经济利益。特别是,提供进口救济对美国经济造成的负面影响将大大超过这种措施带来的好处。

布什还认为,实施由美国 ITC 建议的救济措施都是不会有效的。原因有二。

第一,从第三国的进口将会取代从中国削减的进口。美国 ITC 的文件所涉及的国家中超过 50 个,向美国市场提供钢管。虽然反倾销关税适用于他们中的 8 个国家的进口产品,但仍有许多国家当前为美国市场提供钢管,他们的这种提供可以弥补因从中国进口削减而造成的空白。在这种情况下,进口救济不可能为国内生产商提供实质上的好处。

第二,进口救济将使美国消费者增加成本,增加的数量将比国内生产商增加的收入多得多。根据美国 ITC 的估计,由美国 ITC 推荐的配额补救措施引起的美国消费者的花费将是国内生产商能获得的额外收入的 5 倍。实施由美国 ITC 推荐的关税配额率救济,其引起的花费将是国内生产商由此获得的收入的 4 倍。[14]

三、浅析美国总统布什对对华特别保障措施案的否决

从上述美国总统布什对 4 起案件作出的否决决定中可以看出,布什总统否决的最根本的原因都是一样的,即他认为提供进口救济不符合美国的国家经济利益,特别是,提供进口救济对美国经济造成的负面影响将大大超过这种措施可能带来的好处。

此外,否决的其他共同原因还包括以下两点:第一,实行进口救济,会使从中国进口的产品数量减少,但对美国国内产品市场来说,不会有多大的变化,因

---

〔13〕 参见美国白宫网站 2004 年 3 月 3 日,http://www.whitehouse.gov/news/releases/2004/03/20030303-12.html.

〔14〕 参见美国白宫网站 2005 年 12 月 30 日,http://www.whitehouse.gov/news/releases/2005/12/20051230-1.html.

为那个从中国减少进口的产品会从其他第三国进口到美国。第二,实行进口救济,会使美国一些生产商获益,但会增加广大消费者的负担,消费者的花费往往比生产者的获益要多。

除上述一些主要的相同原因之外,布什总统还考虑了以下原因:

一是实行进口救济,会对该产品的下游产业产生负面影响,特别是对一些小型企业造成不利,如布什总统否决的轴架传动器案和钢丝衣架案。

二是认为该产品的美国国内生产商在美国市场上享有很强的竞争力,市场占有份额比较大,不需要进行进口救济,如布什总统否决的球墨铸铁自来水配件案。

三是认为实行进口救济也不会产生有效的结果,因而没有必要实施进口救济,如布什总统最近否决的非金属焊缝钢管案。

美国总统布什对4起特保案否决的理由,不论是最根本的原因,还是共同的原因或其他的原因,从表面来看,均是以经济利益分析为基础的。这从美国的421条款法律属性上来说,总统否决也只能以这种经济利益上的理由为基础。但细细分析,不难发现还有隐藏在背后的更大的原因,即美国政府及总统本人对整个中美关系和美中经济贸易全局的考量。

首先,从中美关系全局来看,美国"9·11"事件后,美国国会与政府在对华战略上发生了微妙的背离。美国"9·11"事件之前,从总体上看,美国国会与美国政府在对华战略上较为一致,即认为中国在世界上是美国的主要对手,构成了对美国的"现实威胁"和"潜在威胁";而"9·11"事件之后,在对华战略上美国国会的基本态度没有多大变化,而美国政府的基本态度有了较明显的变化,即认为中国目前对美还没有构成现实上的威胁,但潜在的威胁是存在的。因为在世界一些重大的问题上,如反恐、"朝核"、联合国安理会改革以及"台独"等问题上,中美之间取得了一些共识。因而,美国政府为使潜在的威胁不致变成真实的威胁,强调了双方应通过对话来加强合作,中美双方最高领导人的互访和在国际会议场合上的频频会谈以及高官和高级别的互访和战略对话就是这一战略的具体体现。依笔者之见,布什总统正是在这一大背景下,在其职权范围内,先后连续4次否决了美国ITC要求对中国产品实施进口救济措施的建议。[15]

----

〔15〕 根据美国法律,对外国进口产品要采取保障措施和特别保障措施,由主管当局在调查确认后提出建议,交由美国总统决定,总统有权批准、变更和否决主管当局的建议。这与美国反倾销、反补贴调查后由美国主管当局自行决定征收反倾销和反补贴税的程序是不一样的。

其次，从中美经济贸易全局来看，中美经济合作加强，美国较长一段时间以来一直是中国最大的外资来源地之一[16]；中美贸易发展迅速，双边贸易额2005年已超过2000亿美元[17]，美国对华出口快速增长，中国已成为美国第四大出口市场。与此同时，中美贸易摩擦不断且有发展扩大之势，如关于贸易逆差、人民币汇率、知识产权保护、反倾销、反补贴、纺织品特保等。对中美经贸之间存在的问题，美国国会与政府之间的立场与态度较为一致，即持保护贸易的立场和态度，然而在某些具体问题的做法与处理上，两者之间不完全统一，甚至有着较大的差异，如人民币汇率[18]、反补贴问题，总体上看，国会更趋保守，对中方态度更强硬一些。一方面，在经贸问题上，美国政府出于与国会的协调和选票的需要，迎合和附和国会对华的立场和态度；另一方面，从美国的全球战略出发，又不得不与中国进行协商与妥协，如纺织品、人民币汇率等问题就是如此。美国政府的这一态度，在短期内是不会有太大变化的。布什总统对上述4起特别保障措施案进行的否决，其动因之一，不能不说美国政府想保持中美之间这样高速发展的互利的经贸关系。

尽管美国总统布什对上述4起特别保障措施案进行了否决，但并不表明布什总统对此不采取任何行动。事实上，从其决定中可以看出，布什总统已同意加快对受损产业的贸易调整项目的实施。

当然，布什总统2005年12月30日最近的一次否决可能会再次导致美国生产商考虑是否在短期内继续提起421条款的特别保障措施的申请。美国总统的否决，客观上帮了中国的忙，但中美之间关于421特别保障措施条款的争端不会因布什总统的一再否决而结束。对此，我们应有一个全面清醒的认识。

---

　　[16]　多年来，中美在投资领域进行了卓有成效的合作。1980年在中国经营的美国公司只有23家，投资总额只有1.20亿美元；到去年（2005年）已经增至49000家，投资总额达510亿美元。截至目前，美国仍是中国外资最大的来源地之一。引自国家发展和改革委员会主任马凯2006年4月1日的谈话。

　　[17]　"中美经贸关系保持了快速发展势头，双边经贸合作的深度和广度不断拓展。2005年，中美两国贸易额达2116.3亿美元，是1979年两国建交之初的86倍多。2001—2005年，两国贸易额年均增长27.4%。中国已成为美国第四大出口市场和第三大贸易伙伴，美国则是中国第二大贸易伙伴。"引自2006年4月6日吴仪在会见洛杉矶市市长、郡政委员会主席和中美签约企业代表时的讲话。

　　[18]　据路透社报道，2006年1月5日，美国财政部长斯诺表示，美国对中国人民币汇率改革的步伐表示担忧，但反对因此针对中国采取报复性的贸易措施。

反倾销与反补贴

美国的反倾销和我们的对策 *

近几年来,美国国内贸易保护主义倾向日益增强,反倾销成了保护贸易的重要措施之一。根据关贸总协定反倾销委员会的调查统计,我国已成为美国和澳大利亚反倾销的主要对象之一。特别是在美国,情况更为严重。到 1987 年上半年止,在美国涉及我国商品的反倾销案件已达 15 起,而且,涉及的商品种类也在扩大。美国的反倾销问题已成为进一步发展中美贸易的一个障碍,是值得引起我们足够重视的问题。本文试就美国的反倾销和我们的对策作些初步探讨。

一、构成美国反倾销的条件

根据美国反倾销法的规定,倾销裁决成立必须同时具备以下两个条件。

（一）确定"低于公平价格"销售,是倾销裁决成立的首要条件

美国商务部国际贸易管理局负责对被投诉的外国商品在美国市场销售是否低于公平价格的确定。它采用的方法是比较两个价格:(1)国外市场价格;(2)美国价格。假如"国外市场价格"等于或低于"美国价格",那么,该商品就没有低于公平价格销售;假如"国外市场价格"高于"美国价格",那么,就是低于公平价格销售。国外市场价格超过美国价格的数额就算倾销幅度。倾销幅度的大小就决定了反倾销税税额的多少。然而,在反倾销调查中,计算国外市场价格和美国价格是非常复杂的。

按照美国反倾销法的规定,国外市场价格的确定一般有三种方法:(1)出口国国内价格,即相同或类似商品在出口国用于国内消费时在正常情况下的价格。(2)第三国市场价格,即如果没有上述出口国的国内价格,则按相同或类

---

* 本文发表于《国际商务研究》1988 年第 2 期。

似商品在正常贸易情况下向第三国出口的可比价格。（3）在不能取得上述两种价格时,则采用"结构价格",也就是按商品生产的实际成本计算,包括原材料、劳动力、能源,还要加上出口包装费,至少10%的企业管理费和8%的利润等。

对国家控制经济的国家,美国反倾销法对确定国外市场价格有特别的规定,即要用一个属于市场经济的国家作为替代国。替代国的经济发展水平要与国家控制经济的国家相似,并且是生产相同或类似产品的。如果找不到一个符合条件的第三国,或者由于某些原因不能使用这一方法时,则使用"结构价格"的方法来确定国外市场价格。

此外,美国反倾销法还对跨国企业的国外市场价格的确定规定了专门的计算方法。

美国反倾销法对美国价格的确定是指出口商把商品出口到美国时的工厂交货价。但是,美国商务部国际贸易管理局在调查时,可以将某些费用加到美国价格中去,或从美国价格中减去。例如,它可将包装成本,进口税、间接税、美国政府征收的补贴税等加入美国价格中去。同样,它也可将运输费、出口税以及出口国的其他税从美国价格中减去。

（二）确定对美国工业造成重大损害或威胁,是倾销裁决成立的另一个必备条件

美国国际贸易委员会要确定美国的某一工业由于进口商品的倾销而遭到重大损害或威胁,或某一工业部门的建立遭受严重阻碍。为此,涉及几个关键的概念,即美国工业部门的定义,重大损害或威胁的"重大"概念以及损害或威胁应当是由进口商品倾销引起的因果关系的确定。

美国反倾销法规定,美国工业部门是指"生产同类产品的全部国内生产商,或者是生产同类产品的部分生产商,但其集体产量要占国内生产全部同类产品的大部分"。重大损害或威胁是指"非无关紧要的,非不重要的"损害或威胁,确定重大损害或威胁时,美国国际贸易委员会要考虑进口量,进口商品对美国生产的同类产品价格的影响,进口商品对美国生产同类产品生产商的冲击程度等。美国工业部门遭受的损害"真正是由于低于公平价格的销售造成的",而不是其他因素造成的,也就是在倾销与损害之间存在着因果关系。

二、美国的反倾销调查

反倾销调查是一个时间很长而又复杂的过程,主要分为以下七个阶段。

(一)投诉

虽然美国反倾销法允许美国商务部长认为有必要时,可以自行进行反倾销调查,但实际上,该调查一般都是由美国生产同类产品的生产商、工会或商会组织向美国商务部和美国国际贸易委员会同时提出书面投诉后开始的。如果它们不提出投诉,商务部长是很少发起调查的。

(二)受理审查

美国商务部在收到反倾销投诉后的 20 天内作出是否受理该投诉的审查,审查的内容主要是投诉者的投诉书是否符合法律的规定,从实践来看,因投诉书被商务部拒绝接受受理的情况极少发生。

(三)初步"损害"裁决

美国国际贸易委员会自接到投诉书后进行调查,在 45 天之内作出美国工业是否受到重大损害或威胁的初步裁决。如果该初步裁决是否定的,则整个反倾销调查就会终止;如果是肯定的,则调查就会继续进行。

(四)初步"低于公平价格"裁决

美国商务部将在收到投诉书后的 160 天内作出被投诉的进口商品是否低于公平价格在美国销售的初步裁决。如果它认为该反倾销调查特别复杂,也可以延长到 210 天内作出。

(五)最终"低于公平价格"裁决

美国商务部将在它作出初步低于公平价格裁决后的 75 天内作出最终是否低于公平价格的裁决,这个 75 天的期限,可以经申请延长至 135 天。

(六)最终"损害"裁决

美国国际贸易委员会在商务部作出肯定的最终低于公平价格的裁决 45 天

内作出最终损害是否成立的裁决。在一定的条件下,也可以在 75 天内作出。

（七）反倾销通令

美国商务部将在收到美国国际贸易委员会肯定的最终损害裁决的通知后 7 天内,发出反倾销通令。美国海关据此征收反倾销税。

三、美国反倾销法的几个特点

反倾销法的目的是制止倾销。但从国际反倾销的理论与实践来看,它具有双重作用:一方面,反倾销法的实施可以消除不公正价格的差异,制止倾销,使国际贸易能健康地开展;另一方面,它又可以利用自身所具有的保护主义色彩,作为建立该国不合理关税和非关税壁垒的一种依据和手段。在美国国内贸易保护主义日益猖獗的今天,后者的作用就更为明显。

美国反倾销法与不少发达国家的反倾销法一样,具有以下三个主要特点。

（一）反倾销法适用的宽严程度极易受经济形势和政治情况的影响

自 20 世纪 70 年代中期以来,美国反倾销案涉及的国家和地区日渐增多,数目急剧上升,涉及的商品品种也在扩大,这与美国经济的严重不振以及贸易逆差日趋严重是紧密相连的。例如,我国蘑菇罐头遭到倾销投诉后,在调查过程中,除了做好其他工作,我国经贸部粮油总公司和驻美使馆官员以不同的形式向美有关方面表示我国对此案的关切,敦促美国商务部妥善处理此案,我方还派出专人去美负责处理此事,给美国商务部留下了深刻的印象,最终,美国商务部宣布我国蘑菇罐头没有低于公平价格销售。美国有关方面有时不得不从中美关系的全局来考虑问题。

（二）倾销的概念虽有客观的限定标准,但也具有伸缩性和不确定性,尤其是在适用反倾销法规定的替代经济时,其伸缩性和不确定性更为严重

在几年前涉及苏联的一起反倾销调查中,起先,美国商务部以联邦德国产品作替代,计算出的反倾销率高达 187%。后来,商务部又转而选择了一家加拿大公司作参考,由于这家公司经营好,成本低,计算出的税率竟为 1.7%,两相对照,大相径庭。类似的情况在涉及我国的反倾销调查中也屡见不鲜。

（三）反倾销法的执行是由政府行政机关负责的，而不是司法机关

对"倾销"案，行政处理一般总是很复杂的，往往带有很强的主观性，例如，1983 年 10 月，美国裁决我国抹布对美"倾销"一案，我们提出以巴基斯坦作为替代经济的第三国，因巴生产的同类产品价格与我国类似。由于巴未同意让美官员到巴调查，美就用巴基斯坦、印尼、中国香港、中国台湾对美出口的抹布价格作为"公平价格"与我国抹布价格进行比较；后又认为该案是"复杂案件"，要采用结构价格方法计算，最后美又决定用印尼的价格来估算我国产品的生产因素，最终裁决我国商品构成倾销。这种主观作出的决定在反倾销调查的过程中随时可见。

四、我们的对策

在对待美国反倾销的问题上，我们并不总是无能为力的，而是可以有所作为的。现根据美国反倾销法本身的规定和特点以及中美两国的贸易实践，就我们的对策提出一些粗浅看法。

（一）对于美国利用反倾销法对我国向其出口的限制，中国作为一个主权国家，完全有权采取国际法的对等原则

这是因为，虽然该法为美国国内法，但它处理的却完全是从外国进口商品的事，而且该法的规定，有不少是不合理的或带有歧视性的，如替代经济、结构价格的规定。就连一位美国律师也说，替代经济和结构价格"对计划经济国家来说，都是不够合理的。但是，现行法律规定就是如此"。另外，有些投诉案表面上看来是属于低于公平价格倾销，实际上受理案件的有关机构考虑的理由是政治性的、意识形态的。例如，1983 年 8 月，美国最终裁决我国棉涤纶印花坯布对美构成倾销一案，就是美有关机构屈从于美国纺织品制造商协会的压力，利用泰国对欧洲不同时期不同的出口品种与我国商品价格相比以及坚持该协会的"差价 1% 也会抢走生意"的说法，硬将我国商品与其他供应者价格差不多、甚至更高一些，裁定为低于公平价格 22.4%，对美工业造成了重大损害。不难看出，美国的这一做法有一定的政治背景，是对当时中美纺织品配额谈判的一个配合动作。因此，鉴于上述因素，我国政府对待美国的一些不合理或歧视性

的做法,要进行必要的斗争,说服美国政府有关机构放弃原来的观点和做法;同时,我国也应以美国对我国出口的一些主要商品(如前几年美国对我国出口的小麦、木材等)作为筹码,必要时压对方对我国放宽限制或者撤销投诉。

(二)积极稳妥地搞好价格体制改革

从上所述,不难看出,美国限制从我国进口某种商品,价格确定至关重要,近年来,美国对我国"倾销"商品的投诉充分证明了这一点。虽然该法对我国有不合理甚至歧视性的规定,但在表面上无不是以商品低于公平价格销售做文章的。因此,我们要加快价格改革的步伐,建立起有计划商品经济的价格体系,这样,我国输美商品就不易受到美国厂商的投诉,即使发生投诉情况,美国厂商要想取得胜诉的可能性也就不大了。当然,价格改革是件十分复杂的事,受到很多因素的影响和牵制,但无论从国内建设和国际贸易需要来说,却是非做不可的事。

(三)坚持统一对外的正确方针

我国可设立统一对美的出口机构,协调和统一对美出口管理。美国厂商对我国商品的投诉,不少就是我们缺少统一协调,在一段时间内同类商品大量涌入美国市场造成的。例如,1983 年 9 月美方最终裁决我国对美出口的抹布"倾销"一案,就是我国三个公司分头经营,缺乏协调,价格不统一,对美出口短期内增长过快造成的。

(四)加强对美国贸易法规的研究与了解

知己知彼,防患于未然,即使遇到反倾销的纠纷,也可运用法律手段进行对我国有利的斗争。

根据美国反倾销法的规定和处理这类案件的实践,我们虽不能完全防止反倾销案的发生,但可以做到少发生,至少不要因我们不了解而违反美国反倾销法的规定而发生。为防止或减少发生反倾销案,在对美出口的战略战术上,我们可以采取如下措施:

1. 避免在一个短期内对美大量出口同类商品

按美国反倾销法的规定,进口量大,进口商品对美国同类产品价格影响大,美国国际贸易委员会就很容易以此裁定对美工业造成重大损害或威胁。

2. 避免过分集中向美某一地区出口同类商品

根据规定,美有关机构有权将美划分成几个地区,以某一地区单独作为一个美国工业部门对待,这样,也就容易使其断定美国工业受到重大损害或威胁。我国出口美国的面越宽,所占的比重就越小,构成重大损害或威胁就越困难。

3. 适当掌握价格

我国对美出口的商品应迅速提高其质量,增加花色品种,改进包装装潢,从"以廉取胜"转到以质取胜,并根据市场情况及时调高价格。

4. 注意美国经济消长情况,加强市场调研

美国反倾销投诉的多寡,一般与它的经济情况的好坏有关。如果经济情况发展良好,市场购销两旺,反倾销案发生的可能性就小,即使进行反倾销调查,倾销裁决成立的可能性也小。反之,案件就会增多,倾销裁决成立的可能性就大。在注意加强市场调研的同时,要特别注意美国生产同类产品的工业情况和市场销售情况,因为这是决定反倾销裁决是否成立的直接因素。

如果我国商品在美遭到反倾销投诉,则我们应采取积极态度进行应诉,运用法律手段维护我方的利益,我们要:

1. 聘请有经验的美国律师进行申辩和负责处理案件,并配合律师准备必要的,有说服力的数据和有关材料

律师人选,要选择对我国友好,在美国有较高名望和地位的律师事务所的律师。

2. 选择合适的"替代经济",这是决定我国商品价格是否低于公平价格的关键

我国商品如遭到投诉,就要积极选择对我国友好,生产水平与我国相似的国家和地区,并说服美商务部或与其商定选用该国或该地区的同类产品价格作为可比价格。我国蘑菇案在美国胜诉的一个重要原因,就是我方律师掌握了八个国家和地区的蘑菇价格后,极力争取以印尼作为替代经济国,从而得出我蘑菇价格并未低于市场公平价格的结论。

3. 争取进口商的合作,调动他们的积极性

如果我国商品遭到投诉并经裁决倾销成立,不仅会使我们遭受损失,美国进口商也要在经济上受到损失。所以,我们可利用这种利害与共的因素,要求他们向我国反映有关情况,提供材料,必要时,还可请他们出庭作证。我国蘑菇一案的胜诉,美国的进口商也是出了力的。

4. 做好各种准备,及时采取相应措施

在反倾销诉讼过程中,如估计我方胜诉可能性不大或者有可能争取庭外解决时,应力争通过商务部与原告协商,求得互相妥协和让步,由原告撤销投诉;或者在商务部作出对我方不利的初步裁决后,我们应于最终裁决作出之前,与商务部协商,提出具体自行控制对美商品出口的措施(如限价和限量),与其达成一个暂停协议,以便将此案挂起来,暂停调查。若协议执行良好,两年后可免于起诉。这些解决方法,按美国反倾销法的规定,是可行的。

总之,加强对美国反倾销法的研究与了解,在法律允许的范围内进行积极的斗争,对防止和处理反倾销调查具有十分重要的意义。

中美反补贴争端的起源与发展趋势 *

摘　要：随着中美两国贸易的快速发展，两国之间的贸易争端也日渐频繁，不断增加。中美两国有关反补贴争端就是近年来新产生的一种贸易争端。长期以来，美国一直奉行不对"非市场经济国家"适用反补贴法的政策，然而，在美国贸易保护政策进一步抬头、国会压力不断增大以及国内一些产业的产品竞争力不断减弱的背景下，美国政府首次对"非市场经济国家"的进口产品适用反补贴法。这一做法，必将使中美反补贴争端愈演愈烈。中国政府和企业必须高度重视，认真对待，决不能掉以轻心。

关键词：贸易争端　反补贴调查　影响

前　言

中美两国贸易随着中国加入 WTO 得到了快速的发展，据美国海关统计，双边贸易额在 2006 年已达 3430 亿美元，中国已成了美国的全球第二大贸易伙伴[1]，美国也是中国的全球第二大贸易伙伴，仅次于欧盟[2]。随着两国贸易的发展，两国之间的贸易争端也日渐频繁，不断增加。可以说，与其他国家的贸易争端相比较，中美之间的贸易争端真是"品种繁杂，数量最多"[3]。中美反补贴争端是双方近年来众多贸易争端的突出事件，本文就中美反补贴争端作一些探讨和评析。

---

　* 本文发表于《世界经济研究》2007 年第 10 期。

〔1〕　据美国海关统计，2006 年，美国前 5 大贸易伙伴依次为加拿大、中国、墨西哥、日本和德国，双边贸易额分别为 5337 亿美元、3430 亿美元、3324 亿美元、2077 亿美元和 1304 亿美元。

〔2〕　根据中国商务部统计，2006 年，中美进出口贸易总额为 2626.8 亿美元，中欧进出口贸易总额为 27230 亿美元。

〔3〕　中美之间的贸易争端几乎涉及 WTO 领域内贸易救济措施的全部内容，包括反倾销、反补贴、保障措施、纺织品特别保障措施和特定产品的特别保障措施；此外，还包括知识产权、技术性贸易壁垒、人民币汇率、市场准入以及劳工标准等。

一、中美反补贴争端形成的历史过程

中美贸易随着 1979 年两国的正式建交逐步得到发展和扩大,但贸易纠纷也随之产生。不过,当时的贸易争端主要集中在反倾销问题上。直到 20 世纪 90 年代初,中美之间才产生第一起反补贴案。美国 LASKO 金属产品公司分别于 1990 年 10 月和 1991 年 10 月向美国政府相关部门提出反倾销和反补贴请求,要求对中国江苏无锡电扇厂输美电扇征收反倾销和反补贴税。经美国国际贸易委员会和美国商务部审理后,美国商务部最终裁定对我国输美电扇征收反倾销税。但是,对美国 LASKO 金属产品公司的反补贴请求,美国商务部最终于 1992 年 6 月作出了不适用美国反补贴法的裁定。[4] 至此,中美之间的第一起反补贴案在双方没有展开实质上较量的情况下就匆匆结束了。美国商务部之所以驳回美国 LASKO 金属产品公司的反补贴调查的请求,原因有二:一是美国商务部遵循了 1984 年乔治城钢铁(George town Steel)案的判例所确定的原则,不对"非市场经济国家"实施反补贴调查[5];二是美国商务部认定中国的电扇行业不是市场导向产业,故不适用反补贴法。此案结果出来之后,给人们留下了一个深刻的印象,即美国政府不会再对她所认定的"非市场经济国家"进行反补贴调查了。正是基于这样一种认识,中国政府有关机构和人士,中国相当一部分企业以及许多有关研究该问题的学者,几乎都放松了对美国有可能对中国出口产品进行反补贴调查的警惕。

2004 年 4 月 13 日,应加拿大安大略省菲埃斯塔烧烤架有限公司的申请,加拿大边境服务署(CBSA)对原产于中国的烧烤架首次进行反倾销和反补贴立案调查。紧接着,加拿大又先后发起对我国出口的紧固件和复合地板等产品进行反补贴调查。由此,加拿大成为西方国家中第一个打破长期以来将中国视为"非市场经济国家",只对中国适用反倾销法,而不对中国适用反补贴法做法的

---

〔4〕 1992 年 3 月 17 日,美国商务部作出初步裁定:中国的电扇行业不是市场导向产业,故不适用反补贴法。1992 年 6 月 1 日,美国商务部作出了与初步裁定相同的最终裁定。参见高永富、张玉卿主编:《国际反倾销法》,复旦大学出版社 2001 年版,第 471 页。

〔5〕 从 1984 年开始,美国商务部认为,反补贴法作为一部法律,不适用于非市场经济国家,因为补贴是一种市场经济现象,不可能存在于非市场经济国家。商务部对是否是非市场经济国家的划分标准是建立在这样一个经济学分析的基础上的,即在依靠中央计划机构控制资源和物价的国家里,市场是不存在的。

国家,开创了西方国家对所谓的"非市场经济国家"实施反补贴调查的先例。中国以"非市场经济国家"不受反补贴调查的"金身"已破,这也刺激并加大了美国国内要求对"非市场经济国家",特别是对中国实施反补贴法的呼声。

二、反补贴成为美国对华贸易保护的新形式

(一)美国对中国发起反补贴调查的政治原因

随着中美两国贸易的不断扩大,两国之间的贸易争端也日益增多,尤其是中国加入 WTO 以来,有关两国贸易逆差和人民币汇率问题成了众多贸易争端中的突出问题。美国国会中一小部分戴着有色眼镜看问题的议员,出于政治偏见和自身选票的需要,不断地在美国国会内提出有关针对中国的议案。

从 2003 年起,宾夕法尼亚州的议员菲尔·英格利希(Phil English)就开始不断提出有关中国的贸易提案。2005 年 6 月 21 日,英格利希提出,要求美国财政部对人民币汇率进行审查,如果证明中国操纵汇率,将对中国商品全面征收关税。2005 年 7 月 14 日,他又提出一个内容广泛的综合性方案,即《美国贸易权利执行法案》,要求扩大反补贴法的适用范围,使之可以应用到中国等"非市场经济国家"的商品。2005 年 7 月 27 日,美国众议院议长宣布旨在对中国商品征收反补贴税的《美国贸易权利执行法案》以 255∶168 的投票结果获得通过。[6]

2004 年 7 月,参议员兰德森·格雷厄姆(Lindsey Graham)和乔治·沃伊诺维奇(George Voinovich)说,他们将很快向参议院提交一项向中国进口产品征收 27.5% 反补贴税的议案,除非人民币升值到能够消除中国所获取的不公平贸易优势。[7] 2005 年 3 月,在美国第 109 届国会第一次会议上,11 名参议员联名提出了向非市场经济国家征收反补贴税的《2005 年制止海外补贴税法案》(Stopping Overseas Subsidies Act of 2005),此法案修改了《1930 年关税法案》中的第 7 节,增加了向非市场经济国家征收反补贴税的条款。[8] 11 名参议员中包括了

〔6〕 根据《第一财经日报》报道整理,转引自中国贸易救济信息网(http://www.cacs.gov.cn)"美国国会二度表决通过对华征反补贴税法案",2005 年 8 月 1 日(2007 年 8 月 5 日访问)。

〔7〕 引自中国贸易救济信息网(http://www.cacs.gov.cn)"美国会提出对中国进口产品征收反补贴税法案旨在反击中国的货币政策",2004 年 7 月 13 日(2007 年 8 月 5 日访问)。

〔8〕 参见"美参议员提出向非市场经济国家征收反补贴税法案"2005 年 3 月 25 日,转引自中国驻美国经商参处子站。

在中国颇有知名度的舒曼(Schumer)、伯德(Byrd)、和格雷厄姆(Graham)。

美国政府虽然并不完全赞同美国国会的有关针对中国的议案,但显然受到了国会巨大的压力以及美国一部分企业和企业团体的影响。同时,一些政府官员和学者也呼吁,要求美国政府改变以往"不把美国反补贴法律适用于非市场经济国家"的政策。[9]

(二)从典型案例看反补贴抬头的过程

正是在这样的背景下,在美国新页(New Page)公司于 2006 年 10 月 31 日向美国国际贸易委员会提出申请,要求对从中国、印尼、韩国进口的铜版纸进行反补贴调查后,美国商务部于 2006 年 11 月 20 日,正式决定对来自印尼、中国和韩国的铜版纸发起了反补贴调查。[10]

美国国际贸易委员会在收到新页公司的申请后,于 2006 年 11 月 21 日举行听证会,并很快于当年 12 月 15 日作出了"有合理的证据表明原产于中国的铜版纸的补贴行为给美国国内产业造成了实质性损害和损害威胁"的裁定。[11]然而,美国商务部的调查却一波三折:首先,美国商务部于 2006 年 12 月 15 日发布通知,要求对中国进口产品实施反补贴措施的适用性进行评论,并要求评论人以书面的形式提交评论意见,提交的截止日期为通知发布之日起 30 日内。[12] 其次,2007 年 1 月 9 日,中国商务部、江苏金东纸业公司和美国相关进口商聘请美国律师向美国国际贸易法院提出动议,申请对美国商务部对来自中国的铜版纸的反补贴调查的临时性限制和初步禁令,同时要求加速对法律要点的审理。美国商务部 1 月 10 日提出了反驳。美国国际贸易法院也在 1 月 10 日拒绝了临时限制性的要求,但同意就初步禁令的加速法律要点的审议。[13] 再次,2007 年 3

---

〔9〕 美国较著名的从事 WTO 和贸易救济措施的 Stewart & Stewart 律师事务所在其 2004 年 2 月 26 日的专题报告中,就明确主张(美国)商务部"不把美国反补贴法律适用于非市场经济国家,特别是中国"的政策是到了改变的时候了。Stewart 先生在 2005 年夏天访问上海 WTO 事务咨询中心与本文作者座谈时也表明了这一看法。

〔10〕 参见美国 Federal Register/Vol. 71, No. 227/Monday, Nov. 27, 2006/Notices 68546 页和商务部网站 http://www.commerce.gov/"FACT SHEET" Commerce Initiates Countervailing Duty Investigation on Coated Free Sheet Paper from the People's Republic of China。

〔11〕 美国国际贸易委员会的 6 位委员中除一位未参加投票,另外一位投票反对外,其他 4 位委员对本次损害初裁一致投了肯定票。见中国贸易救济信息网,2006 年 12 月 19 日(2007 年 7 月 15 日访问)。

〔12〕 参见中国贸易救济信息网,2006 年 12 月 19 日(2007 年 7 月 15 日访问)。

〔13〕 参见上海 WTO 事务咨询中心《WTO 快讯》第 127 期,第 17 页(2007 年 7 月 15 日访问)。

月 15 日,美国商务部负责进口管理事务的助理部长大卫·斯伯纳在美国国会举行的要求美国商务部修改反补贴法的听证会上表示,美国商务部正在修改旧的贸易政策,将在存在相关事实的情况下对非市场经济国家(如中国)的进口产品征收反补贴税,并且还说:"美国商务部对非市场经济国家(包括中国)征收反补贴税不存在法律障碍,如果存在相关事实,我们将对其征收反补贴税。"[14]最后,2007 年 3 月 29 日,美国国际贸易法院作出"美国商务部有权考虑是否对中国企业启动反补贴调查"的裁定,第二天,2007 年 3 月 30 日,美国商务部正式发布了对原产于中国的铜版纸作出反补贴初裁的决定,认定中国企业的净补贴率为 10.9% ~20.35%。[15] 为此,美国商务部长古铁雷斯还专门发表讲话,他说:"中国的经济发展已经达到我们可以适用另一种贸易救济手段(反补贴法)的程度了。现在的中国已今非昔比。随着中国经济的发展,我们确保美国企业得到平等待遇的手段也要增加。反补贴初裁表明美国商务部将继续为美国制造商、工人和农民创造公平竞争的环境。"[16]2007 年 5 月 30 日,美国商务部根据新页公司的再度申诉又作出决定,对中国出口到美国的铜版纸征收 99.65% 的反补贴税。[17]

(三)"非市场经济国家"与美国反补贴

美国商务部的这一决定,是首次对非市场经济国家的进口产品适用反补贴法,改变了 23 年来美国不对"非市场经济国家"适用反补贴法的政策。美国政府的这一做法,使中美反补贴争端愈演愈烈。美国针对中国输美产品进行反补贴调查的贸易争端正在成为美国针对中国进行贸易保护的新形式。

在美国政府当局审理针对中国的第一起反补贴案期间,2007 年 3 月 30 日,美国众议院筹款委员会主席兰格尔和筹款委员会贸易分委会主席莱文表示:"我们欢迎美国商务部继续对中国铜版纸进行反补贴调查的裁定。该裁定说明对非市场经济国家不适用反补贴税的政策需要调整。我们计划通过引入众议员戴维斯和英格利希的法案,确保打击不公平贸易(倾销和补贴),避免美国工

---

〔14〕 见中国贸易救济信息网,2007 年 3 月 20 日(2007 年 7 月 15 日访问)。

〔15〕 参见中国贸易救济信息网,2007 年 4 月 3 日(2007 年 7 月 15 日访问)。

〔16〕 见美国商务部网站(http://www.commerce.gov/"Press Release"),"Commerce Applies Anti-subsidy Law to China",2007 年 3 月 30 日(2007 年 8 月 15 日访问)。

〔17〕 参见辜王景:《美对华铜版纸开征 99.65% 反补贴税》,转引自新浪网(http://www.sina.com.cn)(2007 年 8 月 5 日访问)。

人、农民和商人处于劣势。修改法律需要取消任何疑虑和法律诉讼,确保任何行业在受到损害时均可以提起诉讼"[18]。美国商务部负责进口事务的前官员詹姆斯·约胡姆表示:"美国方面的动作不会就此停止","这是美国方面迈出的重要的一步,但绝不是最后一步"[19]。美国产业界,如钢铁、纺织、化工等,为此感到欢欣鼓舞,接二连三地向美国当局提起针对中国的反补贴诉讼。截至2007年7月,根据美国国际贸易委员会网站的资料,该委员会共受理了美国企业针对中国产品提起的5起反补贴调查的案件,除上述提及的铜版纸补贴案外,其他4起案件是:(1)2007年6月7日,美国联合管道、跨省钢材管材公司等多家公司企业和钢铁工人联合会,向美国商务部和美国国际贸易委员会递交了对从中国进口的环状碳质钢管征收反倾销和反补贴税的请求。这是继美国企业对华铜版纸提出反补贴案后,涉及面更广的对华反补贴案。[20] (2)2007年6月18日,美国相关产业界向美国国际贸易委员会提出申请,要求根据1930年修改后的关税法第701款和第731款,对来自中国的特定轮胎产品(Off-The-Road Tires)发起反补贴调查。[21] (3)2007年6月27日,美国相关产业界向美国国际贸易委员会提出申请,要求根据1930年修改后的关税法第701款和第731款,对来自中国的特定矩形管件产品(Light-Walled Rectangular Pipe and Tube)发起反倾销和反补贴调查。[22] (4)2007年6月28日,美国相关产业界致函美国国际贸易委员会,要求根据1930年修改后的关税法第701款和第731款,对来自中国的特定编织袋产品(Laminated Woven Sacks)发起反倾销及反补贴调查。[23]

---

〔18〕 见中国贸易救济信息网"美国众议院筹款委员会就美国对华适用反补贴法发表看法",2007年4月2日(2007年8月15日访问)。

〔19〕 见《经济参考报》,转引自中国贸易救济信息网"实施反补贴美国也有经济风险",2007年4月5日(2007年7月15日访问)。

〔20〕 参见美国国际贸易委员会网站(http://www.usitc.gov),调查案号为:701-TA-447and731-TA-1116(preliminary),产品英文为:Circular Welded Carbon-Quality Steel Pipe。另参见上海WTO事务咨询中心网站"美国企业又发起对华钢管的反补贴案",2007年6月8日(2007年8月15日访问)。

〔21〕 参见美国国际贸易委员会网站(http://www.usitc.gov),调查案号为:701-TA-448and731-TA-1117(preliminary),产品英文为:Certain Off-The-Road Tires。另参见上海WTO事务咨询中心网站"美国企业又发起对华轮胎的反补贴案",2007年6月20日(2007年8月15日访问)。

〔22〕 参见美国国际贸易委员会网站(http://www.usitc.gov),调查案号为:701-TA-449and731-TA-1118-1121(preliminary),产品英文为:Light-Walled Rectangular Pipe and Tube。另参见上海WTO事务咨询中心网站"美国企业又发起对华矩形管件的反倾销和反补贴指控",2007年6月28日(2007年8月15日访问)。

〔23〕 参见美国国际贸易委员会网站(http://www.usitc.gov),调查案号为:701-TA-450 and 731-TA-1122(preliminary),产品英文为:Laminated Woven Sacks。另参见上海WTO事务咨询中心网站"美国企业对来自中国的编织袋产品发起反倾销和反补贴指控",2007年6月29日(2007年8月15日访问)。

在 2007 年 6 月的短短一个月内,美国产业界针对单个国家连续提起四起反补贴调查的申请,在美国反补贴调查的历史上,极为罕见。

可以预计,美国企业针对中国产品的反补贴指控,决不会到此为止,特别是,如果美国当局对中国产品的反补贴调查案件继续作出肯定性的裁决,那么美国企业针对中国产品的反补贴指控则会越来越多。

三、中美反补贴争端的影响与趋势

中美贸易争端众多,反补贴争端仅是其中之一。然而,中美反补贴争端的兴起和发展,将影响到两国国内经济政策的发展方向,也将对中美两国经济贸易关系产生不利的影响。

布什政府执政美国的 7 年多期间,美国经济没能像克林顿时代那样得到较快较好的发展。因此,美国国内贸易保护主义再度抬头,尤其是在美国国会内,不少议员将美国国内经济的不景气归咎于美国的主要贸易伙伴,尤其是中国,这样,中国就成了美国贸易保护主义者的主要攻击对象。[24]

正是在这一大背景下,美国政府改变了其实行了 20 多年的不对"非市场经济国家"适用反补贴法的政策。

美国政府对中国产品适用反补贴法,会在多大程度上有利于美国的产业,进而推动美国产业的发展? 对此,美国国内的认识并不统一。国会不少议员和产业界的一些代表人士认为:"近年来全球化使美国人失去就业机会的速度加快,应该确保在同等水平上展开竞争,保护工人权益"[25]。而美国多数经济学

---

[24] 2007 年 7 月 26 日,美国参议院金融委员会以 20∶1 的投票表决结果通过了一项提案,该提案要求对美国财政部确认为操纵货币的国家采取一系列制裁措施,包括征收高额关税。而该提案针对的主要是中国。该提案还要求在国际货币基金组织和世贸组织内对中国施压。又如,2007 年 5 月 29 日,美国众议院筹款委员会致函美国国际贸易委员会,对美中贸易不平衡和中国政府是否采取各种政府措施干涉投资、就业和出口以及干涉程度进行深度分析,并要求其出具 3 份报告。目前,该委员会已出具了第一份题为《中国:影响经济决策的特定政府行为和政策的描述》的报告(2007 年 6 月 21 日)。该报告介绍了中国中央政府、省级政府和地方政府如何支持和影响农业、制造业、服务业和私营企业的决策行为,并在适当情况下,对这种支持和影响进行量化。第二份题为《中国:影响美国部分领域贸易的政府政策》的报告也在撰写中,并将在 2007 年 10 月底就此举行公开听证会。参见中国贸易救济信息网,2007 年 7 月 30 日(2007 年 8 月 15 日访问)。

[25] 伊夫林·入谷,作者系美国《洛杉矶时报》记者,来源:每日经济新闻,转引自新华网《美国贸易保护危及全球 十余项惩罚中国法案待批》,2005 年 7 月 14 日(2007 年 8 月 15 日访问)。

家和一部分国会议员则认为,美国在第二次世界大战结束后推动资本自由化和鼓励跨国贸易对全球经济增长发挥了有利作用。取消关税和其他贸易壁垒使美国企业能够扩展海外市场,寻求最廉价生产商,向消费者提供价格更低、选择更多的商品。他们担心地指出:"美国如果退缩(指从奉行自由贸易退缩),将为贸易战升级打开大门,引发通货膨胀,惊扰金融市场"[26]。美国一些业内人士说得更直接,美国大规模征收反补贴税将会给美国经济带来巨大的风险。[27]

事实上,美国政府对中国产品适用反补贴法,必将影响到中国的国内经济政策和经济发展的方向,也必将对当前的中美两国经济贸易关系产生负面的影响。

第一,中国政府认为,美国在不承认中国市场经济地位的条件下,开启反补贴调查并采取反补贴措施,违反了美国自身既定的法院判例,也违背了已经遵循二十多年的不对所谓"非市场经济国家"适用反补贴的惯例。虽然美国的反补贴法并未作出不对"非市场经济国家"适用反补贴法的规定,但中国这一抗辩的事实是客观存在的。

第二,对中国适用反补贴法开启了美国就贸易问题向中国施压的新手段,措施比反倾销会更严厉,影响的层面也更广更深。我们知道,反倾销针对的是企业的某个(些)具体产品,而反补贴从本质上来说,则针对的是政府的某项(些)经济产业政策,涉及面更大更广。[28]

第三,对中国适用反补贴法为美国和其他一些国家对中国出口产品征收反补贴税开创了一个先例。美国虽然不是世界上第一个对中国适用反补贴法的国家,加拿大在 2004 年内就对中国发起了三起反补贴的调查,但因加拿大在世界上的政治、经济、外交和军事地位远不如美国,影响有限。美国此次选择铜版纸征收反补贴税只是一个开端,从未来一段时间来看,美国政府的征收反补贴

---

〔26〕 伊夫林·入谷,作者系美国《洛杉矶时报》记者,来源:每日经济新闻,转引自新华网《美国贸易保护危及全球 十余项惩罚中国法案待批》,2005 年 7 月 14 日(2007 年 8 月 15 日访问)。

〔27〕 参见中国贸易救济信息网 2007 年 4 月 5 日,《实施反补贴美国也有经济风险》(2007 年 8 月 15 日访问)。

〔28〕 《今日美国》撰文指出,针对中国铜版纸征收反补贴税,无疑为钢铁、纺织等其他同样承受中国竞争压力的生产商打开了保护伞。美国一些贸易和产业官员也表示,如果这些行业的制造商向国家寻求保护,并且美国方面确实掌握了中国对这些商品补贴的证据,基于美国商务部的新政策,下一阶段中国钢铁、塑料、机械和纺织等行业都很有可能会被卷入反补贴的漩涡之中。参见中国贸易救济信息网 2007 年 4 月 5 日(2007 年 8 月 15 日访问)。

税的决定会让许多美国其他行业效仿，上文所述及的在 2007 年 6 月的短短一个月内，美国产业界针对中国连续提起 4 起反补贴调查的申请就是明证。美国著名经济学家费尔德曼说，这是一个对中国影响深远的决定，"将会看到针对中国各种产品的同类诉讼的浪潮"[29]。此外，据国外部分媒体报道，就在美方宣布对中国适用反补贴法后不久，有欧盟官员透露，欧盟方面也在考虑重新修订对中国等国家的反倾销政策，并可能改变在补贴问题上对中国等"非市场经济体"较为宽松的立场。[30] 笔者认为，欧盟和其他国家，包括一些承认中国是市场经济的发展中国家，对中国适用反补贴法的时间将不会太长。

第四，美国将采取双重或多重贸易保护措施来对付中国输美产品。众所周知，美国是世界上对中国输美产品进行反倾销调查最多的国家[31]，也是对中国输美产品进行特别保障措施调查最多的国家[32]，历史上，也对中国输美产品进行过多次的一般保障措施的调查，包括 406 条款和 2002 年的中国输美钢铁产品的 201 条款的保障措施调查。现在，美国又使用了反补贴调查，可以说，美国已经使用了其国内贸易救济措施的全部"武器"，这在美国对外贸易历史上是空前的，在世界贸易历史上也是数一数二的。据笔者估计，美国今后一段时期，会更多地使用反倾销和反补贴调查，尤其是反补贴调查，因为，他们认为，这样对中国产品的"杀伤力"更大，效果会更好。

第五，不排除美国会滥用反补贴法的可能，把它作为制约中国发展的武器，并由此给中国企业和政府带来沉重的诉讼负担。如果这样，我国企业将面临一系列的反补贴调查，而且，经常是反补贴和反倾销同时适用（上述提及的针对中国的 5 起案件都是如此），企业就会疲于应付，包括带来经济上的重大负担。另外，反补贴被调查的重点是政府的补贴，因此，政府将不得不对此提供材料，提交问卷，与调查国政府当局进行交涉和谈判，这不但会牵涉政府的过多的行政

---

〔29〕 见《新华每日电讯》2007 年 4 月 14 日第 6 版《美国对华"反补贴"带来四大不利影响》一文，新华社经济分析师认为此举开启美国就贸易问题向中国施压的新手段。

〔30〕 据笔者不完全统计，自 1980 年—2006 年 12 月，美国对中国输美产品进行反倾销调查案件约为 130 起。紧随其后的是欧盟和印度。

〔31〕 同上。

〔32〕 据笔者统计，从 2002 年 8 月—2005 年 12 月，美国国际贸易委员会依据《1974 年贸易法》第 421 条款对中国产品进行了 6 起特别保障措施的调查。具体内容可参见笔者两篇文章：《美国对中国"特殊保障措施"立法与案例研究》，载《国际经济法学刊》2005 年第 2 期；《浅析美国总统布什对对华特别保障措施案的否决》，载《国际商务研究》2006 年第 4 期。

资源和精力,也会带来政府财政上的负担。事实上,反补贴的结果客观上会导致一国政府的经济政策将受到他国的间接干涉。

综上所述,对待美国和其他国家对我国出口产品的反补贴调查,中国政府和企业必须高度重视,认真对待,决不能掉以轻心。不过我们也应从美国和其他国家对我国出口产品的反补贴调查中得到一些启示。依笔者之见,这些启示主要是:一是要正确认识补贴在一国经济发展中的地位与作用,因此,补贴应符合"合法、必要、临时和补充"的原则。二是要尽快修改、调整和制定我国的产业发展方向和政策,取消和调整企业出口补贴、进口替代补贴政策,调整、取消目前众多的企业和产品税收优惠政策。三是要制定专门的法律,对各级政府对企业补贴行为进行规制;各级政府在已有的或将要制定的政府规章和具体政策措施中,必须考虑与 WTO 规则《补贴与反补贴措施协定》的一致性。[33] 四是要认真应对国外的反补贴诉讼,协调好应诉中政府、行业协会和企业的关系。五是我国政府、企业和行业协会要注重国际市场调研,了解其他国家与出口产品相关产业的情况,实施出口产品优质化、出口市场多元化战略,努力避免或减少反补贴案的产生。六是中国政府要充分利用高级别的高层对话机会,如中美战略经济对话、中美商贸联席会议,在探讨中美经济贸易战略重大问题时,不妨也讨论一些特别的具体问题,如反补贴和中国的市场经济地位问题,从更高的层次解决这些具体问题。

---

〔33〕 参见邓洪波:《如何应对美国反补贴税法》,载《中国经济周刊》2005 年第 36 期。

2007：中美反补贴争端愈演愈烈[*]

前　　言

在 2007 年 6 月的短短一个月内，美国产业界针对中国连续提起了 4 起反补贴调查的申请。一个月内对单个国家连续提起 4 起反补贴调查，这在美国反补贴调查历史上极为罕见。21 世纪以来，中美两国贸易得到了快速的发展，两国之间的贸易争端也随之不断增加。

通常来说，这也符合贸易发展的一般规律，不值得大惊小怪。然而，美国今年屡次对中国适用反补贴法的突出现象却应引起中国相关方面的高度重视。

2007 年 3 月 30 日，美国商务部正式发布了对原产于中国的铜版纸的反补贴初裁决定，认定中国企业的净补贴率为 10.9% 至 20.35%。此初裁结果的正式发布，立即在中美两国掀起轩然大波。它标志着美国政府已经实行了 23 年的不对"非市场经济国家"适用反补贴法的政策发生重大改变。反补贴正在成为美国对中国实施贸易保护的新的内容和形式，反补贴争端是中美众多贸易争端中非常突出的事件。

一、反补贴成为美国对华贸易保护新形式

对中国出口到美国的铜版纸征收反补贴税是美国首次对非市场经济国家的进口产品适用反补贴法。美国政府的这一做法，必将使中美反补贴争端愈演愈烈。美国对中国输美产品进行反补贴调查正在成为美国对中国进行贸易保护的新形式。

实际上，早在 20 世纪 90 年代初，中美之间曾发生过一起反补贴案。美国 LASKO 金属产品公司分别于 1990 年 10 月和 1991 年 10 月向美国政府相关部

---

　*　本文于 2007 年 12 月 9 日刊载于《法制日报》。

门提出反倾销和反补贴请求,要求对中国江苏无锡电扇厂输美电扇征收反倾销和反补贴税。经美国国际贸易委员会和美国商务部审理后,美国商务部最终裁定对我国输美电扇征收反倾销税,但对美国 LASKO 金属产品公司的反补贴请求,美国商务部最终于 1992 年 6 月作出了不适用美国反补贴法的裁定。

此案给人们留下了一个深刻的印象,即美国政府不会再对它所认定的非市场经济国家进行反补贴调查。正是基于这样一种认识,中国政府有关机构和人士,中国相当一部分企业以及许多有关研究该问题的学者,几乎都放松了对美国有可能对中国出口产品进行反补贴调查的警惕。

就在 2007 年 3 月美国尚在审理铜版纸反补贴案期间,美国国内就已响起了一片"叫好"之声。2007 年 3 月 30 日,美国众议院筹款委员会主席兰格尔和筹款委员会贸易分委会主席莱文表示:"我们欢迎美国商务部继续对中国铜版纸进行反补贴调查的裁定。该裁定说明对非市场经济国家不适用反补贴税的政策需要调整。我们计划通过引入众议员戴维斯和英格利希的法案,确保打击不公平贸易(倾销和补贴),避免美国工人、农民和商人处于劣势。修改法律需要取消任何疑虑和法律诉讼,确保任何行业在受到损害时均可以提起诉讼。"

美国民主党参议员舒默则表示:"如果让保尔森处理该问题,其就会认为应与中国进行有逻辑性的对话。但对话的结果给其'泼了一盆冷水',美国现在意识到了,必须强硬。这与高盛投资公司的风格不同。"美国商务部负责进口事务的前官员詹姆斯·约胡姆认为:"美国方面的动作不会就此停止……这是美国方面迈出的重要的一步,但绝不是最后一步。"

不仅如此,包括钢铁、纺织、家具、化工等在内的美国产业界也对此感到欢欣鼓舞,接二连三地向美国当局提起针对中国的反补贴诉讼。根据美国国际贸易委员会网站提供的资料,截至 2007 年 8 月,该委员会共受理了美国企业针对中国产品提起的 5 起反补贴调查的案件。

由此可以预计,美国企业针对中国产品的反补贴指控决不会到此为止。尤其如果美国当局对中国产品的反补贴调查案件继续作出肯定性的裁决,美国企业一定会备受鼓舞,针对中国产品的反补贴指控也会越来越多。

二、反补贴争端必将影响中美经贸

美国政府对中国产品适用反补贴法,必将影响到中国的国内经济政策,也必将对当前的中美两国经济贸易关系产生负面的影响。中国政府认为,美国在不承认中国市场经济地位的条件下,开启反补贴调查并采取反补贴措施,违反了美国自身既定的法院判例,也违背了已经遵循23年不对所谓"非市场经济国家"适用反补贴的惯例。

对中国适用反补贴法开启了美国就贸易问题向中国施压的新手段,反补贴措施比反倾销措施更加严厉,影响的层面也更广更深。众所周知,美国是世界上对中国输美产品进行反倾销调查最多的国家,也是对中国输美产品进行特别保障措施调查最多的国家,同时对中国输美产品也进行过多次的一般保障措施的调查,包括406条款和2002年的中国输美钢铁产品的201条款的保障措施调查。现在,美国又启动了反补贴,而且直接与反倾销合并调查,因此可以说,美国已经使用了其国内贸易救济措施的全部"武器",这在美国对外贸易历史上是空前的,在世界贸易历史上也是数一数二的。

美国著名经济学家费尔德曼说,这是一个对中国影响深远的决定,"将会看到针对中国各种产品的同类诉讼的浪潮"。美国虽然不是世界上第一个对中国适用反补贴法的国家(加拿大在2004年内对中国发起了3起反补贴调查),但因美国在世界政治、经济、外交和军事等方面的地位,美国对中国产品开征反补贴税影响深远。据笔者估计,美国今后一段时期,会更多地使用反倾销和反补贴调查,尤其是反补贴调查。美国的做法也将对欧盟和其他国家产生影响,这些国家也可能改变在补贴问题上对中国等"非市场经济体"较为宽松的立场。

值得注意的是,目前仍不能排除美国滥用反补贴法的可能性,并以此作为制约中国发展的武器。不仅中国涉案企业将疲于应付,承受经济上的重大负担,政府也将不得不提供材料、提交问卷、与调查国政府当局进行交涉和谈判,牵涉政府过多的行政资源和精力,并带来政府的财政负担。正因为如此,对待美国和其他国家对我国出口产品的反补贴调查,中国政府和企业必须高度重视,决不能掉以轻心。

三、我国应尽快专门立法规制政府补贴行为

美国对中国产品适用反补贴法能够在多大程度上有利于美国的产业,进而推动美国产业的发展?对此,美国国内的认识并不统一。一部分国会议员和产业界代表认为,美国政府应该对中国产品适用反补贴法,"确保在同等水平上展

开竞争,保护工人权益";另一部分国会议员和多数美国经济学家则主张,美国大规模征收反补贴税将会给美国经济带来巨大的风险,"美国如果退缩(指从奉行自由贸易退缩),将为贸易战升级打开大门,引发通货膨胀,惊扰金融市场"。

总体来看,美国当前贸易保护政策进一步抬头,目前正在进行的总统大选又以国内经济和社会政策为重点,势必使自由贸易主张者处于被动地位。当然,我们也应从美国和其他国家对我国出口产品的反补贴调查中得到一些启示,变坏事为好事。

当前,我们应正确认识补贴在一国经济发展中的地位与作用,使补贴遵循"合法、必要、临时和补充"的原则;同时尽快修改、完善我国的相关法律,调整和制定我国的产业发展方向和政策,取消和调整企业出口补贴、进口替代补贴的规定和政策,调整、取消目前众多的企业和产品税收优惠法律和政策。

我国应尽快制定专门法律,对各级政府对企业补贴行为进行规制,各级政府在已有的或将要制定的政府规章和具体政策措施中,必须考虑与 WTO 规则《补贴与反补贴措施协定》的一致性;要认真应对国外的反补贴诉讼,协调好应诉中政府、行业协会和企业的关系;我国政府、企业和行业协会还要注重国际市场调研,了解其他国家与出口产品相关产业的情况,实施出口产品优质化、出口市场多元化战略,努力避免或减少反补贴案的产生。

最后,中国政府应充分利用高级别的高层对话机会,比如中美战略经济对话、中美商贸联委会会议等,在探讨中美经济贸易战略重大问题时,不妨也讨论一些特别的具体问题,再如反补贴和中国的市场经济地位问题,从更高的层次解决某些具体问题,从中美经贸关系发展的大局出发,通过平等磋商和扩大合作加以解决。在对待来自美国压力的问题上,我们要有正确和清醒的认识。

评中美铜版纸反补贴争端[*]

前　　言

21 世纪以来,中美两国贸易得到了快速的发展,据中国海关统计,双边贸易额在 2007 年已达 3020.8 亿关元,美国成了中国的全球第二大贸易伙伴,仅次于欧盟。随着两国贸易的发展,两国之间的贸易争端也日渐频繁,不断增加。通常来说,这也符合贸易发展的一般规律,也不值得大惊小怪。然而,此次美国对中国适用反补贴法却有着深刻的背景,中美反补贴争端已成为美国实施对中国贸易保护新的内容和形式,中美铜版纸反补贴争端是双方众多贸易争端中的非常突出的事件。

一、中美反补贴争端的起源和发展

中美贸易随着 1979 年两国的正式建交逐步得到发展和扩大,随着两国贸易的不断发展,贸易纠纷也随之产生。不过,当时的贸易争端主要集中在反倾销问题上。直到 20 世纪 90 年代初,中美之间才产生第一起反补贴案。美国 LASKO 金属产品公司分别于 1990 年 10 月和 1991 年 10 月向美国政府相关部门提出反倾销和反补贴请求,要求对中国江苏无锡电扇厂输美电扇征收反倾销和反补贴税。经美国国际贸易委员会和美国商务部审理后,美国商务部最终裁定对我国输美电扇征收反倾销税,但对美国 LASKO 金属产品公司的反补贴请求,美国商务部最终于 1992 年 6 月作出了不适用美国反补贴法的裁定。至此,中美之间的第一起反补贴案,双方没有展开实质上的较量就匆匆结束了。美国商务部之所以驳回美国 LASKO 金属产品公司的反补贴调查的请求,原因有二:

---

* 本文刊载于《国际贸易》2008 年第 3 期。

一是美国商务部遵循了 1984 年乔治城钢铁(Georgetown Steel)案的判例所确定的原则,不对非市场经济国家实施反补贴调查;二是美国商务部认定中国的电扇行业不是市场导向产业,故不适用反补贴法。此案结果出来之后,给人们留下了一个深刻的印象,即美国政府不会再对它所认定的非市场经济国家进行反补贴调查了。正是基于这样一种认识,中国政府有关机构和人士,中国相当一部分企业以及许多有关研究该问题的学者,几乎都放松了对美国有可能对中国出口产品进行反补贴调查的警惕。

中美两国之间的贸易争端随着两国贸易的不断扩大也日益增多,尤其是中国加入 WTO 以来,有关两国贸易逆差和人民币汇率问题成了众多贸易争端中的突出问题。美国国会中一小部分戴着有色眼镜看问题的议员和一些产业协会组织代表,出于政治偏见和自身利益与选票的需要,不断地在美国国会内向美国政府提出有关针对中国的议案和投诉。

美国政府虽然并不完全赞同美国国会的有关针对中国的议案,并拒绝接受有关人民币汇率和劳工问题为主要内容的投诉申请,但显然受到了国会巨大的压力以及美国一部分企业和企业团体的影响。同时,政府一些官员和学者呼吁,要求美国政府改变以往"不把美国反补贴法律适用于非市场经济国家"的政策。

正是在这样的背景下,美国商务部在美国新页(New Page)公司于 2006 年 10 月 31 日向美国国际贸易委员会提出申请,要求对从中国、印尼、韩国进口的铜版纸进行反补贴调查后,美国商务部于 2006 年 11 月 20 日,正式决定对来自印尼、中国和韩国的铜版纸进行反补贴调查。

二、从铜版纸反补贴案看美国商务部立场

美国商务部对铜版纸的反补贴调查是非常"小心"和颇费周折的。第一,美国商务部决定受理该案后,于 2006 年 12 月 15 日发布通知,要求公众对中国进口产品实施反补贴措施的适用性进行评论,并要求评论人以书面的形式提交评论意见,提交的截止日期为通知发布之日起 30 日内。第二,2007 年 1 月 9 日,中国商务部、江苏金东纸业公司和美国相关进口商聘请美国律师向美国国际贸易法院提出动议,要求颁布临时禁令,禁止美国商务部对来自中国的铜版纸进行反补贴调查。同时要求加速对法律要点的审理。美国商务部 1 月 10 日提出了反驳。美国国际贸易法院 1 月 10 日,拒绝了中方临时限制性的要求,但同意

就初步禁令的加速法律要点的审议。第三,2007 年 3 月 15 日,美国商务部负责进口管理事务的助理部长大卫·斯伯纳在美国国会举行的要求美国商务部修改反补贴法的听证会上表示,美国商务部正在修改旧的贸易政策,将在存在相关事实的情况下对非市场经济国家(如中国)的进口产品征收反补贴税;并且还说"美国商务部对非市场经济国家(包括中国)征收反补贴税不存在法律障碍,如果存在相关事实,我们将对其征收反补贴税"。美国商务部助理部长大卫·斯伯纳这一说法,既是为美国商务部进行反补贴调查制造舆论,又公开讨好美国国会。第四,2007 年 3 月 29 日,美国国际贸易法院作出裁定,认为"美国商务部有权考虑是否对中国企业启动反补贴调查"。第五,就在美国国际贸易法院作出裁定的第二天,2007 年 3 月 30 日,美国商务部正式发布了对原产于中国的铜版纸作出反补贴初裁的决定,认定中国企业的净补贴率为 10.9% ~ 20.35%。为此,美国商务部长古铁雷斯还专门发表讲话,他说:"中国的经济发展已经达到我们可以适用另一种贸易救济手段(反补贴法)的程度了。现在的中国已今非昔比。随着中国经济的发展,我们确保美国企业得到平等待遇的手段也要增加。反补贴初裁表明美国商务部将继续履行为美国制造商、工人和农民创造公平竞争的环境。"至此,从美国方面来说,对中国适用反补贴法在法律上和程序上的障碍完全清除。因此,时隔半年之后,即 2007 年 10 月 18 日,美国商务部正式发布了对原产于中国的铜版纸作出反补贴终裁的决定,最终认定中国企业的净补贴率为 7.4% ~44.25%,美国实行了 23 年的不对非市场经济国家适用反补贴法的政策就此结束。

三、美国国际贸易委员会对铜版纸反补贴案的审理

美国国际贸易委员会在收到美国新页公司的申请后,就着手进行反补贴调查,于 2006 年 11 月 21 日举行听证会,并很快于当年 12 月 15 日作出了"有合理的证据表明原产于中国、印尼和韩国的铜版纸的补贴行为给美国国内产业造成了实质性的损害"的初步裁定。然而,颇有点让人意外的是,美国国际贸易委员会在其 2007 年 11 月 20 日的终裁中认定,被调查的进口产品对美国国内产业没有造成实质性的损害和损害威胁。美国国际贸易委员会之所以在其终裁中推翻了初裁时的认定,就技术层面而言,主要是在下述一些事实认定上发生了变化。

1. 美国国际贸易委员会终裁认定被调查进口产品(主要是"平板铜版纸")和美国国内同类产品(主要是"卷筒铜版纸")之间总体上只存在着有限的竞争,推翻了初裁认为两者有替代关系、存在着直接竞争的认定。其具体理由是:(1)被调查进口产品主要集中在占铜版纸市场很小一块的卷筒铜版纸市场中;(2)平板铜版纸和卷筒铜版纸之间只有有限的替代关系;(3)被调查进口产品和国内同类产品在美国西部地区的竞争程度有限。

2. 美国国际贸易委员会终裁认为不论是被调查进口产品的数量还是进口的增长速度都处于一种平稳的状态,认定无论被调查进口产品的数量还是数量的增幅(包括绝对增幅和相对于消费或产量的相对增幅)都未达到重大的程度。

3. 美国国际贸易委员会终裁认为大部分美国制造的产品的加权平均价格在整个调查期内,平板铜版纸(大部分被调查进口产品为此类型)的价格涨幅低于卷筒铜版纸。虽然该委员会认为被调查进口产品的价格显著低于实际价格,但是"未发现被调查进口产品在很大程度上促使国内同类产品价格下跌或阻碍了国内同类产品的价格上涨,几乎所有国内产品的价格都在上涨的事实否定了被调查进口产品压制美国国内价格的观点。"

4. 美国国际贸易委员会终裁认为被调查的进口产品在调查期内对美国国内产业没有造成不利的影响。该委员会是在考察了涉及产业状况的所有相关经济因素,包括产出、销售、存货、产能利用率、市场份额、就业状况、工资、生产率、利润、现金流、投资回报率、融资能力、研发状况以及影响国内价格的因素后得出这一结论的。尤其是该委员会发现:"2005—2006年间被调查进口产品的增长与在此期间内国内产业金融状况的改善有内在联系。被调查进口产品数量从2005年的 *[1] 短吨增长至2006年的 * 短吨,增幅达 * % 。同时被调查进口产品市场份额从2005的 * % 上升至2006年的 * % ,国内产业的营业收入从2005年的7610万美元增长至2006年的1.67亿美元,营业利润率从1.8%上升至3.8% 。"

此外,涉及此案的"几家大型的韩国企业在美国商务部终裁时获得了零税率,因此他们的进口量不属于美国国际贸易委员会计算产业损害的范畴,这大大降低了累计进口渗透率水平",也是美国国际贸易委员会终裁认定被调查的进口产品对美国国内产业没有造成实质性的损害和损害威胁的重要原因。

---

[1] 因具体数字为商业秘密,材料上为空白,下同。

四、反补贴成为美国对华贸易保护的新形式

　　虽然美国国际贸易委员会的终裁认定进口铜版纸"并未给美国国内产业造成实质性的损害",从而不对包括中国在内的铜版纸征收反补贴税,但美国商务部认定的存在补贴的终裁决定却改变了 23 年来美国不对"非市场经济国家"适用反补贴法的政策。美国政府的这一做法,必将使中美反补贴争端愈演愈烈。美国对中国输美产品进行的反补贴调查正在成为美国对中国实行贸易保护的新形式。

　　就在美国政府当局尚在审理针对中国第一起反补贴案期间,美国国内就响起了一片"叫好"声。2007 年 3 月 30 日,美国众议院筹款委员会主席兰格尔和筹款委员会贸易分委会主席莱文表示:"我们欢迎美国商务部继续对中国铜版纸进行反补贴调查的裁定。该裁定说明对非市场经济国家不适用反补贴税的政策需要调整。我们计划通过引入众议员戴维斯和英格利希的法案,确保打击不公平贸易(倾销和补贴),避免美国工人、农民和商人处于劣势。修改法律需要取消任何疑虑和法律诉讼,确保任何行业在受到损害时均可以提起诉讼。"美国民主党参议员舒默认为,"如果让保尔森处理该问题,其就会认为应与中国进行有逻辑性的对话。但对话的结果给其'泼了一盆冷水',美国现在意识到了,必须强硬。这与高盛投资公司的风格不同。"美国商务部负责进口事务的前官员詹姆斯·约胡姆表示,"美国方面的动作不会就此停止,""这是美国方面迈出的重要的一步,但绝不是最后一步。"就在美国商务部公布其终裁的文告中,负责进口贸易署的助理部长 David Spooner 说:"为确保美国贸易得到公平对待,美国将执行其贸易法。中国的补贴阻止美国的出口,扰乱了全球贸易流动。美国将继续有力地执行反补贴和反倾销法,并将根据个案的事实采取适当的救济措施。"美国产业界,如钢铁、纺织、家具、化工等,也感到欢欣鼓舞,接二连三地向美国当局提起针对中国的反补贴诉讼。截至 2007 年底,根据美国国际贸易委员会网站的资料,除上述提及的铜版纸反补贴案外,该委员会还受理了美国企业针对中国产品提起的另外 7 起反补贴调查案件。

　　尤其值得注意的是,在美国商务部作出肯定性的反补贴初裁后不久,在2007 年 6 月的短短一个月内,美国产业界针对单个国家连续提起 4 起反补贴调查的申请,在美国反补贴调查的历史上,极为罕见,而且,所有的案件又都是"双

反"调查,即反倾销和反补贴的合并调查。可以预计,美国企业针对中国产品的反补贴指控,决不会到此为止,针对中国产品的反补贴指控会越来越多。

五、评中美反补贴争端

中美贸易争端众多,反补贴争端仅是其中之一。然而,中美反补贴争端的兴起和发展,将影响到两国国内经济政策和经济发展方向,也将对中美两国经济贸易关系产生不利的影响。

美国布什政府执政期间,经济发展一般。美国国内贸易保护主义再度抬头,特别是在美国国会内,不少议员将美国国内经济的不景气归咎于美国的主要贸易伙伴,尤其是中国。这样,中国就成了美国贸易保护主义者的主要攻击对象。正是在这一大背景下,美国政府改变了其实行了 20 多年的不对"非市场经济国家"适用反补贴法的政策。

美国政府对中国产品实施反补贴法,会在多大程度上有利于美国的产业,进而推动美国产业的发展?对此,美国国内认识并不统一。国会不少议员和产业界的一些代表人士认为,应该"确保在同等水平上展开竞争,保护工人权益","近年来全球化使美国人失去就业机会的速度加快,尤其在工会林立的部门,如制造业,民主党对贸易产生更多怀疑"。而美国多数经济学家和一部分国会议员认为,美国在第二次世界大战结束后推动资本自由化和鼓励跨国贸易对全球经济增长发挥了有利作用。取消关税和其他贸易壁垒使美国企业能够扩展海外市场,寻求最廉价生产商,向消费者提供价格更低、选择更多的商品。他们担心,"美国如果退缩(指从奉行自由贸易退缩),将为贸易战升级打开大门,引发通货膨胀,惊扰金融市场"。美国一些业内人士说得更直接,美国大规模征收反补贴税将会给美国经济带来巨大的风险。

总体来看,美国当前贸易保护政策进一步抬头,目前正在进行的总统大选又以国内经济和社会政策为重点,势必使自由贸易主张者处于被动地位。然而,无论 2009 年是共和党继续执政还是民主党上台,美国产业政策改变和产业结构调整在所难免。因为大家都明白,一国的经济发展,如果不提高产业和产品自身的竞争力,仅靠政策保护是不会有出路的。

美国政府对中国产品适用反补贴法,必将影响到中国国内经济政策和经济发展方向,也必将对当前的中美两国经济贸易关系产生负面的影响。

第一，中国政府认为，美国在不承认中国市场经济地位的条件下，开启反补贴调查，尽管因美国国际贸易委员会的损害否定的终裁而未采取反补贴措施，但对非市场经济国家进行反补贴调查本身就违反了美国自身既定的法院判例，也违背了已经遵循二十多年的不对所谓"非市场经济国家"适用反补贴的惯例。虽然美国的反补贴法并未作出不对"非市场经济国家"适用反补贴法的规定，但中国这一抗辩的事实是客观存在的。正因为如此，美国接二连三地针对中国产品的反补贴调查势必会对中美两国经济贸易关系产生负面影响。

第二，对中国适用反补贴法开启了美国就贸易问题向中国施压的新手段，措施比反倾销会更严厉，影响的层面也更广更深。我们知道，反倾销针对的是企业的某个（些）具体产品，而反补贴从本质上来说，则针对的是政府的某项（些）经济产业政策，涉及面更大更广。我国政府和企业应该尽快适应这一形势，修改和完善国内的相关法律，调整相关的产业政策和发展方向，主动积极应对反补贴争端。仅仅抱怨、愤怒、抗议是不能解决问题的。

第三，对中国适用反补贴法为美国和其他一些国家对中国出口产品征收反补贴税开创了一个先例。美国虽然不是世界上第一个对中国适用反补贴法的国家，加拿大在2004年内就对中国发起了3起反补贴的调查，但因加拿大在世界上的政治、经济、外交和军事地位远不如美国，影响有限。美国此次选择对铜版纸征收反补贴税只是一个开端，从未来一段时间看，美国政府的征收反补贴税的决定会让许多美国其他行业效仿，比如像目前形势比较严峻的钢铁、纺织、化工、家具等美国制造业，也会通过这个方法来寻求美国商务部的支持，上文所述及的在2007年6月的短短一个月内，美国产业界针对中国连续提起4起反补贴调查的申请就是明证。美国著名经济学家费尔德曼说，这是一个对中国影响深远的决定，"将会看到针对中国各种产品的同类诉讼的浪潮"。

此外，据国外部分媒体报道称，就在美方宣布对中国适用反补贴法后不久，有欧盟官员透露，欧盟方面也在考虑重新修订对中国等国家的反倾销政策，并可能改变在补贴问题上对中国等"非市场经济体"较为宽松的立场。笔者认为，欧盟和其他国家，包括一些承认中国是市场经济的发展中国家，对中国适用反补贴法的时间是不会太长的，我国政府和企业要未雨绸缪。

第四，美国将采取双重或多重贸易保护措施来对付中国输美产品。众所周知，美国是世界上对中国输美产品进行反倾销调查最多的国家，也是对中国输美产品进行特别保障措施调查最多的国家，历史上也对中国输美产品进行过多次的一般保障措施的调查,包括 406 条款和 2002 年的中国输美钢铁产品的 201 条款的保障措施调查。现在,美国又使用了反补贴调查,而且直接与反倾销合并调查,可以说,美国已经使用了其国内贸易救济措施的全部"武器",这在美国对外贸易历史上是空前的,在世界贸易历史上也是数一数二的。据笔者估计,美国今后一段时期,会更多地使用反倾销和反补贴调查,尤其是反补贴调查,因为,他们认为,这样对中国产品的"杀伤力"更大,效果会更好。

第五,不排除美国会滥用反补贴法的可能,把它作为制约中国发展的武器;并由此给中国企业和政府带来沉重的诉讼负担。如果这样,我国企业将面临一系列的反补贴调查,而且,经常是反补贴和反倾销同时适用,企业就会疲于应付,包括带来经济上的重大负担;另外,反补贴被调查的重点是政府的补贴,因此,政府将不得不对此提供材料,提交问卷,与调查国政府当局进行交涉和谈判,不但会牵涉政府的行政资源和精力,也会带来政府财政上的负担。事实上,反补贴的结果客观上会导致一国政府的经济政策受到他国的间接干涉。正因为如此,中国政府和企业必须高度重视,认真对待美国和其他国家对我国出口产品的反补贴调查。

同时,我们也应从美国和其他国家对我国出口产品的反补贴调查中得到一些启示,化不利为有利,包括在微观层面上,从美国商务部和国际贸易委员会对铜版纸反补贴案的审理中,认真研究,吸取经验和教训。依笔者之见,这些启示主要有以下方面。

一是要正确认识补贴在一国经济发展中的地位与作用,因此,补贴应符合"合法、必要、临时和补充"的原则,将补贴视为"灵丹妙药",认为补贴就能使某个(些)产业立足于市场,就能提高其产品的竞争力,这种想法至少是片面的。

二是要尽快修改、完善我国的相关法律,调整和制定我国的产业发展方向和政策,取消和调整企业出口补贴、进口替代补贴的规定和政策,调整、取消目前众多的企业和产品税收优惠的法律和政策。我国已将"两税"合一,从 2008 年起实施统一的税法,这既解决了我国外商企业所得税法中不符合 WTO《补贴与反补贴措施协定》规则的问题,又解决了国内企业与外商投资企业不公平竞争的问题。

三是要制定专门的法律,对各级政府对企业补贴行为进行规制;中央政府要加强对地方各级政府的培训和指导,要求其在已有的或将要制定的政府规章和具体政策措施中,必须考虑与 WTO 规则《补贴与反补贴措施协定》的一致性。

四是要认真应对国外的反补贴诉讼,充分发挥政府的作用,并协调好应诉中政府、行业协会和企业的关系。此次铜版纸反补贴案发生后,中国政府十分重视,一方面与相关企业在美国法院状告美国政府,另一方面又在 WTO 规则内利用争端解决机制要求与美国政府进行磋商。这样做,不能不对美国有关政府当局处理铜版纸反补贴案产生影响。美国国际贸易委员会之所以终裁认定未对美国产业造成损害,很大程度上是我们涉案企业应诉的结果。而其中有一个企业在应诉过程中撤诉,美国商务部根据不利信息(铜版纸案原告提交的信息)裁定其在 20 个项目中构成最高幅度的补贴。虽然此案因美国国际贸易委员会的"无损害"终裁而该企业未被征收最高幅度的反补贴税,但却可能为将来留下了隐患。

五是我国政府、企业和行业协会要注重国际市场调研,了解其他国家与出口产品相关产业的情况,实施出口产品优质化、出口市场多元化战略,努力避免或减少反补贴案的产生。面对如此众多的贸易争端和贸易摩擦,是政府、企业和行业协会拿出具体实施办法的时候了。

六是中国政府要充分利用高级别的高层对话机会,如中美战略经济对话,中美商贸联委会会议,在探讨中美经济贸易战略重大问题时,不妨也讨论一些特别的具体问题,如反补贴和中国的市场经济地位问题,从更高的层次解决某些具体问题。"我们认为,中美两国贸易中出现一些问题和摩擦是正常的,双方都要有高瞻远瞩的战略眼光,从中美经贸关系发展的大局出发,通过平等磋商和扩大合作加以解决。"然而,在对待来自美国压力的问题上,我们要有正确和清醒的认识,必要时,我们就要针锋相对,就如在这次铜版纸反补贴案上的作为。

论中美反补贴争端及其解决途径选择[*]

摘　要:中美两国有关反补贴争端是近些年来新产生的一种贸易争端,并且已成为双方众多贸易争端中非常突出的事件。美国国内贸易保护主义进一步抬头必将使中美之间反补贴争端愈演愈烈。鉴于反补贴争端自身具有的特点,本文概述了补贴的双重性质和反补贴的特点,简要地介绍了中美反补贴争端的基本情况,分析产生的原因和背景,指出了反补贴争端的主要问题,并且提出了避免使中美反补贴争端愈演愈烈和尽可能解决两国之间反补贴争端的若干具体途径和建议。

关键词:补贴　反补贴争端　解决途径

前　　言

中美两国之间的贸易争端随着两国贸易的快速发展也日渐频繁,不断增加。其中,中美两国有关反补贴争端尤为突出。中美两国反补贴争端发端于2006年11月[1],是新产生的一种贸易争端。然而,3年不到,中美之间反补贴争端已成为双方众多贸易争端中非常突出的事件。两国之间反补贴争端不仅在国内法层面上展开,而且也在WTO争端解决机制层面上产生和发展,并且是中美双方在WTO争端解决机制层面上数量最多的争端。[2]　毫无疑问,对中国而言,反补贴争端已成为美国对中国实施贸易保护的新的内容和形式。本文就中美反补贴争端作一些探讨和评析。

＊　本文与冯军合作,发表于《世界经济研究》2009年第11期。

〔1〕　按照中美两国国内法规定,政府也可主动对进口产品进行反补贴调查,但在两国的实践上还没有先例。

〔2〕　截至2009年7月,中美之间在WTO争端解决机制层面上共发生12起案件,其中,有关反补贴争端为4起,占案件总数的1/3。

一、补贴与反补贴

补贴，在国际贸易领域和世贸组织规则的范围内，均是指一国政府对该国一些企业进行财政上的资助。鉴于补贴在一国经济发展中具有双重性质[3]，世贸组织在其制定的《补贴与反补贴措施协定》规则中，对补贴进行分类，将补贴分成 3 类，即禁止性补贴、可诉补贴和不可诉补贴[4]，并规范了有区别的反补贴纪律。补贴和倾销虽然都被列入"不公平贸易行为"范畴，但在具体规则适用上是有很大区别的。简言之，凡是倾销，都在可"反"范围之内；但对补贴，就应区别对待，不全是都在可"反"范围之内。因此，反补贴争端处理就显得较为复杂和困难。

二、中美反补贴争端的两个层面与主要案例

中美反补贴争端错综复杂，但主要表现在两个层面上：一个是在 WTO 争端解决机制的层面上，两国政府就反补贴贸易争端各自向世贸组织提出争端解决要求，由世贸组织争端解决机构审理双方的争端；另一个是在中美两国国内法层面上，即由两国国内企业分别向各自政府提出对对方出口产品的反补贴调查要求，而由政府主管部门进行反补贴调查。[5]

（一）WTO 争端解决机制层面

自中国于 2001 年 12 月正式成为 WTO 成员后，中美在 WTO 内利用其争端

---

　〔3〕　一般认为，补贴具有双重性质：一方面，企业从政府获得财政资助，可以改善生产和销售条件，降低生产和销售成本，发展生产，扩大销售，创造更多的赢利，从而推动一国社会、经济的繁荣和发展；另一方面，政府对企业的财政资助，会扰乱社会资源的优化配置，破坏市场价值规则，导致企业产品市场价格的扭曲，产生不公平竞争，从而给社会、经济的繁荣和发展、特别是国际贸易带来负面影响。

　〔4〕　一是禁止性补贴，凡是政府给企业提供的形形色色的出口补贴和国内含量的补贴都属于禁止性补贴，各成员方均"不得给予或维持"；二是可诉补贴，原则上，各成员方可实施除了禁止性补贴以外的所有其他形式的补贴，但规定了限制条件，主要是：(1)补贴不应具有专向性，(2)补贴实施和实施的结果不得"对其他成员的利益造成不利影响"；三是不可诉补贴，即 WTO 反补贴协定允许成员方实施的补贴。该协定规定成员方政府可实施非专向性补贴，同时，对企业从事研发活动，对成员方领土落后地区以及对环境维持和改造，在符合一定的条件下，成员方政府可进行补贴。

　〔5〕　按照中美两国国内法规定，政府也可主动对进口产品进行反补贴调查，但在两国的实践上还没有先例。

解决机制解决双方之间的贸易争端案件不断上升,截至 2009 年 7 月,双方共发生 12 起[6]WTO 贸易争端案件,美国成为中国在 WTO 争端解决机制内案件最多的成员。[7] 其中,有关反补贴争端最多,共有 4 起,占全部争端案的 1/3。其中,美国诉中国 2 起,中国诉美国 2 起。

1. 美国诉中国反补贴案件

(1)2007 年 2 月 2 日,美国政府正式就"中国对企业退减免税措施"(DS358)向世贸组织提出诉讼,要求与中国在世贸组织争端解决机制下展开磋商。2007 年 3 月 20 日和 6 月 22 日,中美在日内瓦进行了建设性的磋商,同年11 月 29 日,中国常驻世界贸易组织大使孙振宇在日内瓦与美国驻世贸组织大使签署了有关磋商解决双方补贴争端案的谅解备忘录。双方通过协商解决了此争议。

(2)2008 年 12 月 19 日,美国政府要求就"出口实绩补贴措施案"(DS387)与中国进行 WTO 争端解决机制项下的磋商。美方认为,中国对"知名品牌"项目的出口现金奖励、为出口商提供优惠贷款、为出口新产品的研发提供资金以及降低出口信贷保险费用等措施违反世贸组织的规则。2009 年 2 月 3 日,世贸组织发布中国接受磋商的文件。目前,自请求磋商后处于既未请求设立专家组,也未通知进一步进展的状态。

2. 中国诉美国反补贴案件

(1)2007 年 9 月 14 日,应中国政府的要求,WTO 散发了中国就铜版纸反倾销和反补贴案提请与美国在 WTO 内进行磋商的请求,后此案因美国国际贸易委员会于 2007 年 11 月 20 日对中国铜版纸案作出美国产业没有受到损害的裁决而至今无进一步的发展。该案实际处于既未申请设立专家组,也未通知进一步进展的休眠状态。

(2)2008 年 9 月 19 日,中国政府通过常驻 WTO 代表团致函美方,就美国对中国标准钢管、矩形钢管、复合编织袋和非公路用轮胎采取的反补贴和反倾销措施提起了 WTO 争端解决项下的磋商请求。双方于 2008 年 11 月 14 日就此案进行了磋商,但磋商未能解决中国重点关注的问题。中国于 2008 年 12 月 22 日要求世界贸易组织设立专家组,美国按照相关程序阻止了专家组的设立。经中

---

〔6〕 这 12 起案件中美国诉中国 8 起,中国诉美国 4 起。资料来源:http://www.wto.org/english/tratope/dispu_by_country_e.html。

〔7〕 资料来源:根据世贸组织网站资料统计整理所得。

国再次要求，2009 年 1 月 20 日，世贸组织决定设立专家小组，调查美国对华出口产品实施反倾销和反补贴措施的合法性。目前，该案仍在审理中。

（二）国内法层面

在国内法层面上，中美两国也进行了反补贴的较量。

1. 美国诉中国反补贴案件

2006 年 10 月 31 日，美国新页（New Page）公司向美国国际贸易委员会提出申请，要求对从中国进口的铜版纸进行反倾销和反补贴调查[8]，从而拉开了对中国产品进行反补贴调查的序幕[9]。短短不到 3 年时间，截至 2009 年 7 月 31 日，美国对中国产品共进行了 19 起反补贴调查[10]，中国是美国同期针对国外产品进行反补贴调查力度最强的国家，也是数量最多的国家。例如，美国相关企业在 2007 年 6 月的 1 个月内就提起 4 起针对中国的反补贴调查[11]，在 2009 年 6 月美国政府就决定对中国发起 3 起反补贴调查[12]，这在美国反补贴调查历史上实为罕见。调查产品涉及钢铁、化工、轻工等产业，尤其是钢铁产业；在已完成调查的案件中，大多数被调查的中国产品被课以征收高额的反补贴税。

2. 中国诉美国反补贴案件

中国于 1997 年制定了第一个反倾销和反补贴条例，并于同年进行了针对外国进口产品的第一起反倾销调查，但从未进行过反补贴调查。然而，2009 年 6 月 1 日，中国商务部决定对原产于美国的进口取向电工钢进行反补贴调查。[13] 这是中国自颁布反补贴法律以来，第一次针对外国进口产品的反补贴调查，而这个第一次恰恰又是针对美国产品。目前该案正在审理中。

---

〔8〕 迄今为止，美国对中国产品进行的反补贴调查，也都进行反倾销调查，即所谓的"双反"调查，为本文主题需要，以下均简称反补贴或反补贴调查。

〔9〕 此前，尽管美国对中国产品进行反倾销调查非常频繁，但从未对中国产品进行反补贴调查。然而，2007 年 3 月 30 日，美国商务部正式发布了对原产于中国的铜版纸作出反补贴初裁的决定，此案初裁结果的正式发布，标志着美国政府已经实行 23 年的不对"非市场经济国家"适用反补贴法的政策发生了重大改变。

〔10〕 资料来源：根据美国商务部网站（http://www.commerce.gov/）和中国贸易救济信息网（http://www.cacs.gov.cn/）资料整理。

〔11〕 这 4 起针对中国的反补贴调查是：焊缝钢管案（2007-6-7）、工程轮胎案（2007-6-8）、薄壁矩形管案（2007-6-27）和复合编织袋案（2007-6-28）。

〔12〕 这 3 起针对中国的反补贴调查是：预应力混凝土结构用钢绞线案（2009-6-17）、钢格板案（2009-6-19）和钢丝层板案（2009-6-26）。

〔13〕 资料来源：参见中国商务部公告 2009 年第 41 号，载中国商务部网站。

三、中美反补贴争端的政治经济背景

中美建交 30 年来,特别是 21 世纪以来,中美两国贸易得到了快速的发展,据美国商务部统计,双边贸易额在 2008 年已达 4092.0 亿美元,中国已成了美国的全球第三大贸易伙伴[14];据我国海关统计数据显示,美国是中国的全球第二大贸易伙伴,仅次于欧盟。随着两国贸易的发展,两国之间的贸易争端也不断产生。通常来说,这也符合贸易发展的一般规律,也不值得大惊小怪。然而,中美反补贴争端产生和发展的背景及原因比较复杂,尤其对美国而言,更是如此。

1. 美国对中国反补贴的背景

（1）美国国会的政治压力

从 2003 年起,美国国会的一些议员就开始不断提出有关中国的贸易提案。在提案中,先是迫使中国执行贸易协定,然后是要求指控中国操纵汇率,并以此为由要对中国商品征收反补贴关税。2005 年 7 月,一个内容广泛的综合性法案,即《美国贸易权利执行法案》被提出,要求扩大反补贴法的适用范围,使之可以应用到中国等"非市场经济国家"的商品。该法案以 255：168 的投票结果在美国众议院获得通过。[15] 美国国会一些参议员也提交多项向中国进口产品征收反补贴税的议案,如《2005 年制止海外补贴税法案》等。[16] 美国国会参、众两院主要针对中国的频繁立法活动,无疑是美国挑起反补贴争端的重要原因。

（2）巨大的贸易逆差

中美两国之间的贸易逆差问题一直伴随着中美贸易的整个过程,并随着中美贸易的发展而发展,而且矛盾日益突出和尖锐,已经成了中美两国之间贸易争议的焦点。长期以来,虽然两国政府对贸易不平衡问题都想方设法加以解决,但双方在逆差产生、逆差幅度、产生原因以及解决办法等方面还存在巨大的差异。[17] 中美双方最近 4 年贸易统计的差别情况如表 1 所示。

---

〔14〕 根据美国商务部的统计资料,美国前三大贸易伙伴是（欧盟不作为独立的贸易伙伴）：（1）加拿大;（2）墨西哥;（3）中国。

〔15〕 参见高永富:《中美反补贴争端的起源与发展趋势》,载《世界经济研究》2007 年第 10 期。

〔16〕 同上。

〔17〕 参见高永富:《中美贸易不平衡问题及其解决途径研究》,载《国际贸易》2009 年第 2 期。

表1　2005—2008年中美贸易双方统计情况

（单位:亿美元）

年份	中方统计				美方统计[18]			
	贸易总额	自美进口	对美出口	差额	贸易总额	自华进口	对华出口	差额
2005[19]	2116.3	487.3	1629.0	1141.7	2902	2435	418	-2017
2006[20]	2626.8	592.1	2034.7	1442.6	3430	2878	552	-2326
2007[21]	3020.8	693.8	2327.0	1633.2	3867.5	3215.1	652.4	-2562.7
2008[22]	3337.4	814.4	2523.0	1708.6	4092.0	3378.0	715.0	-2663.0

从表1可以看出,2005—2008年4年双方关于美国贸易逆差的统计相差分别是2005年为875.3亿美元,2006年为883.4亿美元,2007年为929.2亿美元,2008年双方统计相差954.4亿美元,呈连续递增的趋势。当然,中美贸易不平衡是客观存在的,美国的贸易逆差也是比较大的。美国,尤其是美国国会和美国政府的一些人士认为,中美贸易逆差问题主要是中国采取的不公平贸易行为造成的,如倾销、补贴、政府操纵人民币汇率等,因此,美国除对中国产品反倾销外,还要进行反补贴等贸易救济措施。美国前商务部长古铁雷斯明确表示说:"中国的经济发展已经达到我们可以适用另一种贸易救济手段(反补贴法)的程度了。现在的中国已今非昔比。随着中国经济的发展,我们确保美国企业得到平等待遇的手段也要增加。反补贴初裁表明美国商务部将继续履行为美国制造商、工人和农民创造公平竞争的环境。"[23]

(3)美国一些产业产品竞争力下降

众所周知,迄今为止美国依然是世界上的制造业大国,尤其是在一些高技

---

〔18〕　资料来源:美国统计总署外国贸易统计主要贸易伙伴统计数据,Top Trading Partners-Total Trade, Exports, Imports Year-to-Date 2004-2008, http://www.census.gov/foreign-trade/statistics/highlights/top/top0612.html。

〔19〕　参见中华人民共和国商务部编:《国别贸易投资环境报告2006》,人民出版社2006年版,"美国"部分,第79页。

〔20〕　参见中华人民共和国商务部编:《国别贸易投资环境报告2007》,"美国"部分,第102页。

〔21〕　参见中华人民共和国商务部编:《国别贸易投资环境报告2008》,"美国"部分,第91页。

〔22〕　参见中华人民共和国商务部编:《国别贸易投资环境报告2009》,"美国"部分,第104页。

〔23〕　资料来源:见美国商务部网站(http://www.commerce.gov/"Press Release"),"Commerce Applies Anti-Subsidy Law to China",2007年3月30日。

术、高附加值产品领域,如集成电路、微电子组件及航空航天器及运载工具、机器、设备及其部件等资本技术密集型产品方面,具有极强的竞争力。但也不可否认,随着世界经济的发展、发展中国家经济的不断发展以及美国产业结构的调整,美国某些领域的一些产品,如某些钢铁、化工、纺织、服装等劳动密集型产品,其竞争力下降。为了保护美国这些产业,防止失业率上升,美国政府频繁采取各种贸易救济措施和贸易保护做法,包括反倾销、反补贴、保障措施、特别保障措施、进口限制甚至"购买美国货"等,在近两年的金融和经济危机期间更是如此。

(4)美国政府政策的变化

1984 年,美国商务部就认为,反补贴法作为一部法律,不适用于非市场经济国家,因为补贴是一种市场经济现象,不可能存在于非市场经济国家。[24] 20 世纪 90 年代初,发生在中美之间的第一起电扇反补贴案,也被美国商务部最终裁定不适用美国反补贴法。[25]然而,随着中美贸易的迅速增长,贸易争端的日益尖锐,美国政府受到了国会巨大的压力以及美国一部分企业和企业团体的强烈要求,再加上政府一些官员和学者的呼吁,要求美国政府改变以往"不把美国反补贴法律适用于非市场经济国家"政策的情况下,美国商务部改变了 23 年来美国不对"非市场经济国家"适用反补贴法的政策,于 2006 年 11 月开始对从中国进口的铜版纸进行反补贴调查。这是美国首次对中国进口产品适用反补贴法。至此,反补贴也就成为美国针对中国进行贸易保护的新的形式和手段。

此外,美国不仅在国内法层面上针对中国的进口产品进行反补贴调查,为了更好地和在更大的范围内保护美国产业的利益,美国还利用 WTO 争端解决机制,在中国政府于 2006 年 4 月向世贸组织通报了近 80 项政府补贴后,美国在 WTO 提出新的反补贴磋商的可能性就迅速增加了。同年 7 月,美国贸易代表一直在分析中国关于补贴的通报,并且开始与中国进行对话,同时为向世贸组织申诉做准备。8 月,美国正式向中国发出一份要求中国减少约 6 项出口补贴的谅解备忘录,中国拒绝了这一要求。2007 年 1 月,当时的布什政府在征求欧盟和美国产业界团体是否将支持其针对中国出口补贴提起 WTO 争端解决案

---

〔24〕 参见高永富:《中美反补贴争端的起源与发展趋势》,载《世界经济研究》2007 年第 10 期。

〔25〕 参见高永富、张玉卿主编:《国际反倾销法》,复旦大学出版社 2001 年版,第 471 页。

件后,美国终于获得了时机,于 2 月 2 日在 WTO 层面上针对中国有关补贴的政策和法律,提出磋商和解决争端的请求。这样,中美在 WTO 层面上也拉开了反补贴争端的序幕。

2. 中国对美国反补贴的背景与主要案例

不可否认,相比较美国对中国反补贴的背景,中国对美国反补贴的背景就要简单得多。

如前所述,美国商务部 2006 年 11 月决定对中国铜版纸进行反补贴调查,并于 2007 年 3 月 30 日正式发布了反补贴初裁的决定,认定中国企业的净补贴率为 10.9% ~20.35% 。中国政府认为,美国这一做法违背了美国政府长期以来不对"非市场经济国家"进行反补贴的政策,中国还认为这一做法对中国不公平,美国既不承认中国的市场经济地位,又对中国进行反补贴调查。经过一段时间的准备,中国政府于 2007 年 9 月 14 日,向 WTO 就铜版纸反倾销和反补贴案提请与美国在 WTO 内进行磋商的请求。这也是中国政府首次就美国反补贴问题诉诸 WTO 争端解决机制,但这是被美国政府"逼"出来的。中国政府第二次将美国反补贴问题诉诸 WTO 争端解决机制也是如此。[26]

在中国国内法层面上,如前所述,中国自 1997 年颁布反倾销和反补贴条例以来,从未对外国进口产品进行过反补贴调查。但中国政府和企业对美国的补贴做法,尤其是美国对其钢铁行业的补贴,历来有不同看法。特别在金融危机发生后,美国政府的补贴做法更是变本加厉。[27] 因此,2009 年 4 月 29 日,当中国商务部收到了国内钢铁企业递交的申请书,要求对自美国进口的取向电工钢进行"双反"调查,中国商务部经审查并采取适当程序后,于 2009 年 6 月 1 日发布 40 号公告和 41 号公告对原产美国的进口取向电工钢(硅钢)进行反倾销和反补贴调查。[28] 这是中国首次对进口产品进行反补贴调查,也是首次对来自一个国家的进口产品同时进行反倾销和反补贴调查("双反"调查)。

---

〔26〕 在美国于 2008 年 9 月初前已对中国标准钢管、矩形钢管、复合编织袋和非公路用轮胎等 4 起反补贴案作出肯定裁决后,中国政府于 2008 年 9 月 19 日致函美方,提起了 WTO 争端解决项下的磋商请求。

〔27〕 美国总统奥巴马于 2009 年 2 月 16 日签署生效的《2009 年美国复兴与再投资法》就含有对美国钢铁行业的补贴规定,即所谓的"购买美国货"条款。此外,还包括了要求美国国土安全部购买美国生产的纺织品和服装的内容。

〔28〕 资料来源:中国贸易救济信息网,《商务部负责人介绍我国首起"双反"调查案的有关情况》,2009 年 7 月 6 日。

四、中美反补贴争端与国际贸易规则

中美反补贴争端涉及的问题多而复杂,面也较广,中美双方的观点也针锋相对。总体而言,有关中美反补贴争端涉及的国际贸易规则在多边贸易体系中就是 WTO 协定以及 WTO 的反补贴规则,双方的观点和主要问题如下。

1. 美国关于反补贴争端的观点和主要问题

美国认为中国的补贴政策和做法既不符合 WTO 的规则,又违反了中国政府入世的承诺。例如,在美国政府于 2008 年 12 月 19 日要求就出口实绩补贴措施与中国进行 WTO 争端解决机制项下的磋商中,美国认为中国的出口实绩补贴措施:[29](1)不符合 1994 年关贸总协定第 3 条关于国民待遇的规定;(2)不符合 WTO 反补贴协定第 3 条关于禁止性补贴的规定;(3)不符合农业协定第 3 条(减让和承诺的并入)、第 9 条(出口补贴承诺)和第 10 条(防止规避出口补贴承诺)的规定;(4)违反了《入世议定书》第 1 条(总体情况)和第 12 条(农业)规定;(5)违反了中国加入(世贸组织)工作组报告书第 234 段(农业出口补贴)的规定。

美国商务部在裁定中国企业存在补贴所涉及的主要问题有:中国政府对企业生产投入的补贴,企业政策性贷款补贴,政府税收减免优惠,债务豁免或债转股措施以及政府低价出让土地使用权等。[30]

2. 中国关于反补贴争端的观点和主要问题

中国认为美国的反补贴政策和做法既不符合 WTO 的规则,又违反了《入世议定书》的规定。例如,在中国政府于 2008 年 9 月 19 日要求就美国对中国标准钢管、矩形钢管、复合编织袋和非公路用轮胎采取的反补贴和反倾销措施提起的 WTO 争端解决项下的磋商请求中,中国认为美国针对中国产品的"双反"调查和裁决存在的问题是[31]:(1)不符合 1994 年关贸总协定第 1 条(普遍最惠国待遇)和第 6 条(反倾销税和反补贴税)的规定;(2)不符合 WTO 反补贴协定

---

〔29〕 参见世界贸易组织文件:WT/DS387/1;G/L/879;G/SCM/D81/1;G/AG/GEN/79,第 11 页,2009 年 1 月 7 日。

〔30〕 资料来源:根据美国商务部在 2008 年 7 月 31 日前已作出最终裁决的 7 起案件公告材料整理而成。

〔31〕 参见世界贸易组织文件:WT/DS379/1;G/L/854;G/SCM/D78/1;G/ADP/D74/1,第 3 页,2008 年 9 月 22 日。

第 1、2、10、12、13、14、19 和 32 条的规定[32];(3)不符合 WTO 反倾销协定第 1、2、6、9 和 18 条规定[33];(4)违反了《入世议定书》第 15 条规定[34]。

中国商务部于 2009 年 6 月 1 日决定对原产于美国的进口取向电工钢进行反补贴调查所涉及的补贴项目有 22 项,既包括美国联邦政府层面的补贴项目,也包括美国州政府层面的补贴项目;其中不少是涉及美国立法方面的规定,也有一些是美国政府所采取的做法和措施。[35]

中美关于反补贴争端的一些观点和主要问题,从法律上来说,目前还很难断定孰是孰非,因为中美在 WTO 层面 4 起有关反补贴的争端,双方磋商解决的有 1 起[36],1 起处于事实上的休眠状态[37],另外 2 起尚在处理中[38]。美国政府对中国产品的反补贴调查和裁决,其自称是合法的,也是不违反 WTO 规则的,但受到中国政府针锋相对的挑战,如前所述,WTO 尚在处理中。而中国政府对美国产品的反补贴调查还在进行中,尚未作出裁决,美国也未对此采取任何行动。因此,从法律上来说,美国对中国产品的反补贴调查和裁决的合法性和合规性待定。

五、解决中美反补贴争端的途径选择

中美反补贴争端的产生时间不长,但其产生的背景很复杂,涉及的问题也比较多,利益冲突也很大,因而也增大了中美反补贴争端解决的难度。笔者作为研究中美贸易和法律的人士,愿就解决中美反补贴争端的途径提出一些粗浅的建议,供中美两国政府有关部门参考。

第一,借用国外一位研究贸易争端解决专家的观点,他认为,解决争端的最佳方法就是不让争端事项产生。因此,解决中美反补贴争端的最佳途径就是尽一切可能防止和避免补贴争端的产生。如何才能做到防止和避免补贴争端的

---

〔32〕 见 WTO 反补贴协定。

〔33〕 见 WTO 反倾销协定。

〔34〕 见《入世议定书》第 15 条。

〔35〕 中国商务部对补贴的调查有 22 项;美国地方(州)政府项目 6 项;中国商务部对申请人指控的补贴项目不予调查的有 5 项。资料来源:中国商务部公告 2009 年第 41 号。

〔36〕 见 WT/DS358,2007 年 2 月 7 日。

〔37〕 见 WT/DS368,2007 年 9 月 18 日。

〔38〕 即 WT/DS379 和 WT/DS387。

产生呢？笔者认为，至少要做到以下 3 点。

首先，尊重并充分考虑贸易对方的利益。应该承认，一国政府完全有权利主张并维护本国的利益[39]，在反补贴领域也是如此；但在经济全球化的今天，也应承认，一国政府在主张并维护本国利益的同时，也应尊重并充分考虑贸易对方的利益。以邻为壑不应成为当今世界一国政府制定和实施政策的首选。经济全球化下的中美贸易，应以贸易利益双赢作为贸易政策的首选目标。

其次，充分认识补贴的双重特性，尤其是补贴的负面作用。一方面，补贴不仅会扰乱社会资源的优化配置，破坏市场价值规则，导致企业产品市场价格的扭曲，产生不公平竞争；而且会导致企业不思进取，依靠或完全依靠政府补贴，违反市场价值规律，丧失产品市场竞争力，走向补贴者和受补贴者初衷的反面。世界经济发展的历史证明，没有哪一个国家经济的发展和壮大是靠政府补贴而发展和壮大的。因此，中美两国政府都要尽可能减少补贴，甚至不补贴。即使实施补贴，也要考虑补贴的适当性和合规性，将补贴限制在一定的范围内和一定的程度上，即确保该补贴既不会导致扭曲产品的价格，也不会对进口国相同产品的产业造成重大损害。该补贴既要符合 WTO 促进国际贸易发展的宗旨，也不能违反 WTO 反补贴协定的精神和规定。

再次，处理中美两国经济贸易问题，应具有长远眼光、大局观念。中美两国建交 30 年来，两国关系虽有起伏，但总体上得到了较大的发展，尤其是在经济贸易领域。美国已成为中国的第二大贸易伙伴，中国也已成为美国的第三大贸易伙伴，两国贸易有着较大的互补性。据美国商务部统计，中国是美国第三大出口市场，而且是美国出口市场增长最快的国家。美国是世界上经济最强、最大的发达国家，中国是世界上最大也是经济发展最快的发展中国家，尽管两国之间存在矛盾，贸易纠纷也不少，但大多数都是属于正常发展中的问题，包括反补贴争端，只要双方具有长远眼光、大局观念，两国关系，特别是经济贸易领域发展的空间和余地都很大。

第二，两国政府主管部门都应克制并慎用反补贴措施。中美两国互为主要贸易伙伴，双边贸易量日益增加，因而，产生众多的贸易纠纷从一定意义上来说也属正常，不值得大惊小怪。历史上，美日之间、欧日之间的贸易争端在相当一

---

〔39〕 美国学者路易斯·亨金（Louis H enkin）国家"主权"的五要素是：国家独立、国家平等、国家自治、国家的不可干涉性和国家致力于实现自己所认同的国家利益。参见〔美〕路易斯·亨金：《国际法：政治与价值》，张乃根等译，中国政法大学出版社 2005 年版，第 146—148 页。

段时期内几乎占据了全球贸易争端的主要部分，但最终不是也过来了吗？时至今日，美欧之间的贸易争端也还是经常发生。也可以说，贸易的增长和发展是随着贸易争端的产生和解决而实现的。当然，这样说并不是说贸易纠纷越多越好，不需要重视贸易争端的产生和解决。恰恰相反，要使两国间贸易更快更好地健康发展，要尽可能防止和避免贸易纠纷的产生，如果纠纷产生了，也应想方设法尽快解决，这也是双方贸易关系成熟的表现。因此，两国政府主管部门都应克制并慎用贸易救济措施，特别是反补贴措施。笔者认为，这是因为反补贴措施较之反倾销和保障措施有其自身特点：一是补贴的双重特性（本文已述）；二是反补贴调查主要针对的是出口国政府的补贴政策、做法和措施，证据不易获得，其准确性和可靠性不易掌握，从而导致双方争议的可能性也大；三是反补贴措施影响面大，涉及范围广。

第三，处理反补贴争端既要依法又要客观。如前所述，反补贴措施虽也是一种贸易救济措施，但与反倾销和保障措施有较大不同，因此，进口国在处理反补贴争端时更要克制和慎重，即处理反补贴争端既要依法又要客观。所谓依法，就是要严格按照法律要求办理，包括实体规则的适用，也包括具体程序的安排，而且要确保适用的国内法与 WTO 规则一致。所谓客观，即实事求是，不能仅听一面之词，偏听偏信；证据材料要确凿，要质证；判断要准确，要有依据，要经得起推敲；不要轻易适用所谓"最佳可获得资料"，排斥事实上的材料和证据。只要进口国政府依法而又客观地处理反补贴争端，即使出口国产品被采取反补贴措施，出口国政府和涉案的企业也会心服口服的。

第四，力争在 WTO 层面上解决中美双方的反补贴争端。当前，中美反补贴争端已经在 WTO 和国内法层面上全面展开，对此状况，两国政府要有一个全面的、正确的评判。不可否认，政府在国内法层面上处理反补贴争端时，较之于处理其他贸易争端而言，其自由裁量权是比较大的。正因为如此，笔者担心，中美两国在国内法层面上的反补贴争端会越来越多，这对中美两国而言，不见得是好事，尤其是在当前国际金融危机的影响还远未消除之际，更是如此。依笔者之见，虽然不能排除美国会继续对中国采取反补贴措施，因为中国还存在某些补贴的做法会受到美国企业的反补贴投诉；但是，也不难发现，美国国内一些法律、政策和做法，有不少也是可以质疑的，中国企业第一次提起的对美国反补贴调查也充分说明了这一问题。笔者主张，与其双方在国内法层面上相互进行反补贴"诉讼"，还不如中美双方在 WTO 层面上解决中美双方的反补贴争端。这样做,双方所花成本小,问题解决快且深入,影响面也大,这对中美双方都有利。

第五,中美双方要尽可能将协商作为解决反补贴争端的首选。协商解决争端这一中国解决问题的方式方法,已经得到国际社会广泛的认同并采纳。例如,中美两国的民间机构,中国国际经济贸易仲裁委员会和美国仲裁协会就签订并建立了协商解决两国间贸易纠纷的协议和机制。令人可喜的是,中美两国在 WTO 中的一些争端就是通过磋商解决的,其中就包括了本文提及的反补贴争端。笔者有理由相信,鉴于处理反补贴争端规则要求,不论是在国内法层面上还是在 WTO 层面上,两国政府都需经过磋商阶段,这为中美双方将协商作为解决反补贴争端的首选提供了天然的良机;再加上中美两国之间存在多种渠道,如中美两国高层战略和经济对话[40]以及中美商贸联合委员会等,都为中美双方将协商作为解决反补贴争端的首选提供了非常适用、有效和客观的条件。那种对待贸易争端非要拼得你死我活的态度,笔者认为是不可取的。当然,将协商作为中美两国解决反补贴争端的首选,并不排斥任何一方在国内法层面上进行反补贴调查和采取反补贴措施,也不排斥任何一方利用 WTO 争端解决机制解决反补贴争端,因为这不仅是两国固有的权利,也是中美在 WTO 多边贸易制度下解决贸易争端的有效和合理途径。

中美反补贴争端产生时间不长,但来势迅猛,已成为双方众多贸易争端中非常突出的事件。在当前美国国内贸易保护主义进一步抬头的背景下,使中美反补贴争端有愈演愈烈之势,如不尽快依法并合理协商解决,必将给两国经贸关系带来消极的负面影响。针对这一情况,相信两国政府有足够的智慧和能力来解决反补贴争端,创造一个互利双赢的局面。

---

　[40]　2009 年 4 月 1 日,出席 G20 峰会的中国国家主席胡锦涛与美国总统奥巴马在伦敦举行首次会晤,两人宣布建立中美战略和经济对话。中美战略对话迄今已举行 6 次,后者则举行了 5 次。

附录一 国外发表论文（英文）

Economic Contract Laws in China *

Introduction

In China, The Term "economic contracts" refers to a broad range of business-related agreements, including purchase and sales, construction projects, material processing, freight transportation, electricity supply, warehouse storage, property rental, money borrowing, property insurance, and scientific and technical cooperation. [1] Thus, because they deal with so many vital areas of commercial interest, economic contracts are an essential element in conducting economic activities in China.

The Economic Contract Law of the People's Republic of China ("Economic Contract Law") was adopted by the National People's Congress on December 13, 1981, and it became effective on July 1, 1982. [2] This body of law governs contracts between "legal persons" in China. [3] The term "legal person" generally refers to one of five Chinese entities: (1) an organization with independent autonomy, separately owned assets, a budget, and the capacity to engage in economic activities; (2) agricultural bodies; (3) government departments; (4) business units; and (5) social organizations. [4] Foreign economic and trade contracts are governed by regulations based on the principles of the Economic Contract Law and international practice. [5]

---

* UNIVERSITY OF SAN FRANCISCO LAW REVIEW, 1987, Vol. 21 Number 2/3, Winter/Spring, p. 317-344.

[1] The Economic Contract Law of the People's Republic of China, art. 8, reprinted in LAW ANNUAL REPORT OF CHINA 1982/3, at 308-15 (Editorial Committee of the Law Annual Report of China ed. 1982) [hereinafter Economic Contract Law].

[2] *Id.*

[3] *Id.*, art. 2.

[4] P. CHAN, CHINA MODERNIZATION AND ITS ECONOMIC LAWS 274-75 (1982).

[5] Economic Contract Law, *supra* note 1, art. 55.

However, in 1985, the National People's Congress promulgated the Foreign Economic Contract Law of the People's Republic of China ("Foreign Economic Contract Law"). [6] This separate law was deemed necessary by the Chinese to implement its new policy of opening the Chinese economy to foreign contacts and to further expand China's economic cooperation with other countries. [7] The Foreign Economic Contract Law applies to contracts between Chinese enterprises or business institutions and foreign businesses or individuals, but it does not apply to international transport contracts. [8]

This Article will examine the provisions of the Economic Contract Law, the Foreign Economic Contract Law, and related regulations. It is hoped that this analysis will help familiarize international business people with the specific provisions of the contract laws and the underlying policies governing China's modernization upon which the laws are based.

The Economic Contract Law defines an economic contract as "an agreement between legal persons for achieving a specific economic purpose and for defining each other's rights and obligations." [9] Its fifty-seven articles are divided into seven chapters: General Principles, Formulating and Fulfilling Economic Contracts, Change or Cancellation of Economic Contracts, Responsibilities for Breaking an Economic Contract, Mediation and Arbitration for Economic Contract Disputes, Management of Economic Contracts, and a Supplementary Article. [10]

In 1979, China promulgated its first foreign economic law, "The Law of the People's Republic of China on Chinese-Foreign Joint Ventures" ("Joint Venture Law"). [11] Though its fifteen articles are comparatively simple, the law was a pioneer

---

[6] Foreign Economic Contract Law of the People's Republic of China (1985) (adopted at the Tenth Session of the Standing Committee of the Sixth National People's Congress on Mar. 21, 1985, effective on July 1, 1985), reprinted in BEIJING REVIEW, July 8, 1985, at Supp. 1 [hereinafter Foreign Economic Contract Law].

[7] Liu Yiming, NPC Passes Law on Sino-Foreign Contracts, BEIJING REVIEW, Apr. 29, 1985, at 21.

[8] Foreign Economic Contract Law, supra note 6, art. 2.

[9] Economic Contract Law, supra note 1, art. 2.

[10] Id.

[11] The Law of the People's Republic of China on Chinese-Foreign Joint Ventures, reprinted in CHINA'S FOREIGN ECONOMIC LEGISLATION (1982) [hereinafter Joint Venture Law].

in the area of foreign economic law. [12] This law resulted, in part, from China's study of the successful administrative experiences of other countries, and it was designed to help China acquire foreign funds and technology in order to speed up the implementation of the "Four Modernizations. "[13]

In 1980, as China developed an "open door" policy, the government began to draft China's Foreign Economic Contract Law. [14] After approximately one year, the first draft was completed and opinions were solicited on the draft. At that time, the new "open door" policy was still in its infancy, and there was insufficient experience in handling foreign contracts. Differing views arose, and for five years, from 1980 to 1985, the approval of China's draft contract law was delayed as Chinese officials gained experience in commercial matters.

In 1983, the "Regulations for the Implementation of the Law of the People's Republic of China on Joint Venture Using Chinese and Foreign Investment" ("Joint Venture Regulations") were issued along with a series of other laws and regulations governing foreign commercial relationships. [15] China's investment climate has also improved with the enactment of trademark and patent laws. [16] The introduction of these new laws has helped to improve the climate for increased foreign investment in

---

[12] The law was adopted at the Second Session of the Fifth National People's Congress on July 1, 1979 and entered into effect on July 8, 1979.

[13] The current economic policy in China is to strive for the "Four Modernizations": improvement of industry, agriculture, defense, and science and technology. The Chinese commitment to the "Four Modernizations" and to improvement of the socialist legal system has been incorporated into the Chinese Constitution. CONSTITUTION OF THE PEOPLE'S REPUBLIC OF CHINA preamble.

[14] The Foreign Economic Contract Law was called the "Regulations For Foreign Economic Trade Contracts" in its initial stage of drafting. See Economic Contract Law, *supra* note 1, art. 55.

[15] Regulations for the Implementation of the Law of the People's Republic of China on Joint Ventures Using Chinese and Foreign Investment (promulgated by the State Council and effective on Sept. 20, 1983), reprinted in THE EDITORIAL BOARD OF THE ALMANAC OF CHINA'S FOREIGN ECONOMIC RELATIONS AND TRADE 1984, at 430 (1984) [hereinafter Joint Venture Regulations].

[16] Trademark Law of the People's Republic of China, (promulgated at the 24th Session of the Standing Committee of the Fifth National People's Congress on Aug. 23, 1982, effective on Mar. 1, 1983) reprinted in THE EDITORIAL BOARD OF THE ALMANAC OF CHINA'S FOREIGN ECONOMIC RELATIONS AND TRADE 1984, at 417 (1984). Patent Law of the People's Republic of China (adopted at the Fourth Session of the Standing Committee of the Sixth National People's Congress on Mar. 12, 1984, effective on Apr. 1, 1985), reprinted in I COMMERCIAL, BUSINESS AND TRADE LAWS-PEOPLE'S REPUBLIC OF CHINA, Booklet 9, at 53 (O. Nee ed. 1985).

China and has stimulated economic cooperation between Chinese and foreign businesses.[17] The successes spawned from this new environment have spurred China to further perfect its foreign economic legislation, and this, in turn, has alleviated some apprehensions held by foreign investors concerning investment in China.

As foreign investment has increased, the Chinese authorities have accumulated a great deal of experience in foreign trade, which has facilitated legal and commercial problem solving.[18] After five years of effort, the time was at last ripe for promulgating China's Foreign Economic Contract Law. The law was adopted at the Tenth Session of the Standing Committee of the Sixth National People's Congress on March 21, 1985 and became effective on July 1, 1985.[19]

I. GENERAL PRINCIPLES OF CHINA'S CONTRACT LAWS

As is generally the case in civil law countries, China does not rely on the precedential value of published cases. For those accustomed to the common law system, this feature may make it difficult to anticipate the application of the law in a given case. Therefore, before discussing the specific provisions of the Economic Contract Law and Foreign Economic Contract Law, it is helpful to consider the various principles that unify and explicate these laws.

A. The Principle of Equality and Mutual Benefit

The principle of equality and mutual benefit is of primary importance in conduc-

---

[17] During the seven and one-half years from 1979 to mid-1986, China approved the establishment of 2, 645 joint ventures, 4,075 cooperative joint ventures, and 130 foreign ventures. Li Rongxia, Foreign Loans On the Rise, BEIJING REVIEW, Aug. 11, 1986, at 30. The improved climate was also reflected in the increase in China's import and export trade, which realized a 100% increase during the period of the Sixth Five-Year Plan (1981-85). Yue Haitao, Foreign Trade Logs Record Year, BEIJING REVIEW, Feb. 3, 1986, at 28. During the period of the Fifth Five-Year Plan the total volume of China's import and export trade was $114.7 billion U. S. dollars and increased to $229.37 billion U. S. dollars during the Sixth Five-Year Plan. *Id.*

[18] For example, under the Joint Venture Regulations of 1983, all joint ventures required approval by the central government through the Ministry of Foreign Economic Relations and Trade ("MOFERT"). Joint Venture Regulations, *supra* note 15, at 430. Recently, such approval-granting power has been decentralized. Certificates of ratification for Chinese-foreign joint ventures may now be issued at the regional, provincial, and municipal levels. See BEIJING REVIEW, Apr. 21, 1986, at 26.

[19] Foreign Economic Contract Law, *supra* note 6, at Documents 1.

ting commercial activities in China and abroad. Both the Economic Contract Law and the Foreign Economic Contract Law explicitly stipulate that the terms of all contracts should follow this principle.[20] The spirit embodied in this principle can be found throughout the articles of these laws. For example, article 5 of the Economic Contract Law states that "neither party to the contract is permitted to impose its own will on the other party and no unit or individual is allowed to interfere illegally."[21] The Foreign Economic Contract Law contains a similar provision.[22] Equality is also manifested in the provisions governing violation of contracts. Specifically, in the case of a breach of a contract by both parties, each party takes responsibility accordingly.[23]

The principle of equality and mutual benefit is infused throughout the Foreign Economic Contact Law. Article 16 of the Foreign Economic Contract Law reflects this principle by providing that "no party should arbitrarily alter or terminate the contract."[24] Article 20 continues this theme by stipulating that "the parties may... agree upon a method for calculating the damages arising over... a breach of contract."[25] The parties may also request an adjustment from a court or arbitration agency when the liquidated damages vary significantly from the actual damages.[26] Mutual benefit may also be found in article 21 of the Foreign Economic Contract Law, which provides that "in case both parties are in breach of the contract, each shall bear the corresponding liabilities respectively."[27] Similarly, article 22 interjects the theme of equality into the mitigation of damages provision by requiring "a party who suffers losses arising from a breach of contract by the other party shall take

---

[20]　Article 5 of the Economic Contract Law states, "An economic contract shall be made of the basis of the principle of equality and mutual benefit, unanimity of views through consultation and compensation for equal value." Economic Contract Law, *supra* note 1, art. 5. Article 3 of the Foreign Economic Contract Law provides that "contracts should be made in conformity with the principles of equality and mutual benefit, and of achieving unanimity through consultations." Foreign Economic Contract Law, *supra* note 6, art. 3.

[21]　Economic Contract Law, *supra* note 1, art. 5.

[22]　Foreign Economic Contract Law, *supra* note 6, art. 10. Article 10 of the Foreign Economic Contract Law provides, "Contracts concluded by means of fraud or under duress are invalid." *Id.*

[23]　Economic Contract Law, *supra* note 1, art. 16; Foreign Economic Contract Law, *supra* note 6, art. 21.

[24]　Foreign Economic Contract Law, *supra* note 6, art. 16.

[25]　*Id.*, art. 20.

[26]　*Id.*

[27]　Foreign Economic Contract Law, *supra* note 6, art. 21.

appropriate measures in time to prevent the loss from aggravating. "[28] Otherwise, "he shall lose the right to claim damages for the aggravated part of the loss. "[29]

B. The Principle of Achieving Unanimity Through Consultations

The principle of achieving unanimity through consultations is another major principle of Chinese foreign and domestic contract law. The achievement of unanimity through consultation is crucial to the agreement of the parties in forming a contract. This principle comes into play when a contract is established and the terms of the contract are agreed upon by the parties.[30] Similarly, an agreement by consultation between the parties is required for any subsequent modification of the contract terms.[31] Other examples of the requirement of unanimity through consultations are when the parties agree to liquidated damages in the event of violation of the contractual obligations, or when they agree upon a method for calculating the damages arising upon breach.[32]

C. The Principle that Contracts are to be Made in Accordance with Chinese Law

The principle that contracts are to made in accordance with Chinese law is one of the requirements for a valid contract in China.[33] Chinese law follows the universal principle, found both in common law and civil law systems, that contracts must abide by the law of the countries concerned. However, the Chinese contract law goes further to provide that contracts should be in accord with state policies and plans or risk being held invalid.[34] The Foreign Economic Contract Law adds that contracts should not

---

[28]　Foreign Economic Contract Law, *supra* note 6, art. 22.

[29]　*Id.*

[30]　Economic Contract Law, *supra* note 1, art. 9; Foreign Economic Contract Law, *supra* note 6, art. 7.

[31]　Economic Contract Law, *supra* note 1, art. 27; Foreign Economic Contract Law, *supra* note 6, art. 28.

[32]　Economic Contract Law, *supra* note 1, art. 38; Foreign Economic Contract Law, *supra* note 6, art. 20. Other articles of both the Economic and Foreign Economic Contract Laws also embody this principle. *See*, *e. g.*, Economic Contract Law, *supra* note 1, art. 3 (revisions agreed upon by consultation is evidenced by documents, telegrams, and charts, etc. that become component parts of a written contract); *id.*, art. 27, para. 1 (cancellation after agreement and mutual consultation); *id.*, art. 48 (disputes should be settled by consultation); Foreign Economic Contract Law, *supra* note 6, art. 28 (modification upon agreement through consultation); *id.*, art. 31 (the parties may agree, through consultation, to terminate the contract); *id.*, art. 37 (the parties must try to settle any disputes through consultation); *id.*, art. 40 (the parties may agree to have the law apply retroactively).

[33]　Economic Contract Law, *supra* note 1, arts. 4, 7; Foreign Economic Contract Law, *supra* note 6, arts. 4, 9.

[34]　Foreign Economic Contract Law, *supra* note 6, art. 4.

be prejudicial to the public interest of China or they will be deemed invalid.[35]

D. The Principle of Equal Rewards

The three principles discussed above are common to both the Economic and Foreign Economic Contract Laws, but each of these laws also has certain distinctive principles as well.

In the Economic Contract Law, article 5 expressly establishes the principle of equal rewards.[36] Thus, parity is required in contracts formed between domestic enterprises subject to the law. In the event of a dispute, inequality in the making of the contract may be the basis for voiding the contract. This concept departs greatly from the common law notion of consideration.

E. The Principle of Following Established International Practices and the Priority of International Treaties

One of the principles particular to the Foreign Economic Contract Law is the principle of following established international practices. In the area of foreign economic activity and trade, China has always followed international practices to the extent such practices are generally recognized and well established. The choice of law provision in the Foreign Economic Contact Law provides a good example. It provides that parties to a foreign trade contract may generally choose the applicable law for settlement of any dispute arising under the contract.[37] Exceptions exist for equity joint ventures, cooperative joint ventures, and natural resource development contracts in which Chinese law is mandatory.[38] The Foreign Economic Contract Law also applies the "closest connection" choice of law rule; the law of the country most closely related to the contract shall apply if the parties do not stipulate otherwise.[39] In addition, when a con-

---

[35] *Id.*, art. 9. This raises the question of whether a contract will be held invalid under this section when it has been approved by the appropriate government authority or when the Chinese party is a state enterprise.

[36] Economic Contract Law, *supra* note 1, art. 5.

[37] Foreign Economic Contract Law, *supra* note 6, art. 5.

[38] *Id.*

[39] *Id.* One commentator raises the issue of which country would have the closest connection to the contract in the common case where a Hong Kong agent is signing the contract for the Chinese party. In such a situation, does Hong Kong or Chinese law become the *lex loci contractus* (law of the place of contracting)? If Hong Kong law applies, then, for instance, the common law rule for formation would apply. Smith, *Standard Form Contracts in the International Commercial Transactions of the People's* Republic of China, 21 *INT'L & COMP. L. Q.* 133, 137-38 (1972).

tract is governed by the law of China, the law explicitly provides that international practices may apply in the absence of a relevant provision in Chinese law.[40]

In international trade, China also has a reputation for "respecting contracts and keeping promises" (*zhang hetong*, *shou xinyong*), which is an attitude reflected in the priority treatment afforded international treaties. Article 6 of the Foreign Economic Contract Law provides, "When an international treaty that relates to a contract and which the People's Republic of China has concluded or participated into [sic] has provision(s) that differ from the law of the People's Republic of China, the provision (s) of the said treaty shall be applied... "[41] This reflects the attitude that China must fulfill its obligations under international law to ensure a treaty's effect. If such a treaty conflicts with Chinese law, China must make adjustments to accommodate its obligations under international law.[42] Of course, an exception is made for treaty clauses or provisions to which China has publicly stated its reservations.[43]

II. THE OPERATING PROVISIONS OF THE ECONOMIC CONTRACT LAW OF CHINA

The Economic Contract Law of China is the basic law governing contractual relations in China. Chapter II of the law subdivides economic contracts into ten categories: contracts governing purchase and sale, construction, processing, shipping, property leasing, loans, property insurance, and scientific and technological cooperation.[44] The specific requirements for each kind of contract are also set forth in this chapter.[45]

The Economic Contract Law defines an economic contract as an agreement setting forth the rights and duties between legal persons in order to realize a specific economic goal.[46] Although the statute is primarily designed to regulate contracts between state

---

[40] Foreign Economic Contract Law, *supra* note 6, art. 5.

[41] *Id.*, art. 6.

[42] *Id.*

[43] *Id.*

[44] Economic Contract Law, *supra* note 3, arts. 7-15.

[45] *Id.*

[46] *Id.*, art. 2.

enterprises as well as contracts between private individuals and legal entities, it also provides some guidance as to the present practice of contract law in China. [47] Generally, economic contracts must be in writing except for those that are to be fulfilled immediately. [48] Thus, the law implicitly recognizes both oral and written contracts. This is in conformity with traditional Chinese practice, especially in rural areas where Chinese farmers are accustomed to oral agreements. [49]

The standard-form contract has been widely used in China for many years. The Economic Contract Law reflects this tradition by requiring various contracts to be in certain designated forms with specified provisions. For example, contractual provisions governing product packaging and packaging quality must meet state standards. [50] Specific provisions are also required for construction contracts, which must include substantial detail, including specifics as to the time for providing design data, the time for commencement and completion of construction, and provisions governing work quality. [51] Similarly, lease contracts are required to state the size of the leased premises, use period of lease, rental price of the property concerned, and the times for payment of rent. [52] Lease contracts also must include stipulations as to property maintenance and the responsibilities of each party in the event of breach. [53]

The most common type of bilateral contract is the purchase and sale contract. This type of contract must also be formed in accordance with existing state plans. If the purchase and sale contract involves items covered by mandatory state plans, [54]

---

[47]   *See* Economic Contract Law, *supra* note 1, arts. 2, 4. *See generally* Feng Jixin, *Bring Out the Superiority of the System Contracted Responsibilities on the Household Basis*, PEOPLE'S DAILY, Feb. 24, 1983, at 5, *reprinted in* CHINESE ECONOMIC STUDIES, Spring 1984, at 18.

[48]   Economic Contract Law, *supra* note 3, art. 3.

[49]   *Cf.* Crook, *The Baogan Daohu Incentive System: Translation and Analysis of a Model Contract*, 102 CHINA Q. 291 (1985) (current practice favors a written contract, in contrast to the traditional oral contracts, for agricultural production).

[50]   Economic Contract Law, *supra* note 1, art. 17, para. 2.

[51]   *Id.*, art. 18.

[52]   *Id.*, art. 23.

[53]   *Id.*

[54]   China is a socialist country with a planned economy. Article 11 of the Economic Contract Law describes the consideration that must be given to existing state quotas devised by the responsible state planning departments when the subject of the contract concerns economic dealings in items covered by state plans.

the contract must be in accordance with the quotas assigned by the state.[55] Contract provisions governing product quantity, quality, price or price range, and packaging standards must also conform to existing state plans and standards.[56] If no such state-imposed rules exist, these particulars may be agreed upon by the parties.[57]

A. Contract Formation

The formation of contracts in China is the result of a consensual agreement based upon mutuality. As in common law systems, the Chinese law makes offer and acceptance two essential elements of a contract. An offer requires the offeror to express his intent to conclude a contact. The offer should contain the principal elements of the contract and the time period during which the offer will remain open. An offer is regarded as a juristic act under Chinese law; the person who makes the offer is legally bound and must bear the consequences thereof. Within the time period designated in the offer, the offeror "must be bound by the offer; that is (1) the offeror has the obligation to enter into a contract with the party accepting the offer; and (2) the offeror may not make the same offer or enter into the same contract with a third party."[58] If the duration of the offer is not specified in the offer, a reasonable period is imposed.[59]

Acceptance in Chinese law can only be made without conditions and within the time period specified in the offer.[60] If acceptance is made with conditions, or if it is made after the offer expires, it is deemed to be a refusal and the subsequent making of a new offer or counteroffer. No contract is made until the parties reach unanimity of agreement.

Unlike the common law contract, the Chinese system, consistent with other Marxist systems, does not specifically require consideration for contract forma-

---

[55] *Id.*, art. 11.

[56] *Id.*, art. 17.

[57] *Id.*

[58] OFFICE OF ECONOMIC LAW STUDY CENTER OF THE STATE COUNCIL, INTERPRETATIONS OF THE ECONOMIC CONTRACT LAW OF THE PEOPLE'S REPUBLIC OF CHINA 28 (1982). The office is in charge of studying and drafting economic laws and regulations. Although the People's Congress is vested with the right to interpret Chinese Law, the interpretations offered by the above office may carry authoritative force.

[59] *Id.*

[60] *Id.*

tion. Agreement and sufficient specificity of terms to allow enforcement of the contract are all that is expressly required.[61] However, an inference that consideration is necessary can be drawn from the principles of equality, mutual benefit, and equal rewards found in articles 2 and 5 of the Economic Contract Law.[62]

Contracts that violate the law, state policies or plans, or state or public interest are deemed void *ab initio*.[63] For example, certain property, such as opium or other illegal narcotics, cannot be the object of a sales contract. Similarly, a contract for the sale of state-owned land or natural resources is void if it conflicts with the constitutional limit on such sales.[64] However, this does not limit the long-term leasing of land or entering into joint ventures with state entities to exploit natural resources.

B. The Termination, Cancellation, and Amendment of Contracts

Unilateral termination, alteration of contractual terms, or failure to perform result in a breach of contract.[65] Further, performance of obligations must be timely, at the agreed-upon place, and must satisfy the quality requirements in the contract or the controlling state standards.[66]

Contracts can be amended or cancelled by agreement of the parties concerned, provided such amendment or cancellation does not harm the interests of the state or impair the implementation of state plans.[67] A contract may also be amended or cancelled by the revision or cancellation of the state plan on which it is based.[68] Furthermore, a contract may become unenforceable because of *force majeure* or other factors that are beyond the control of either party.[69] A party may also change or cancel the contract when performance becomes unnecessary due to the failure of the other

---

[61]   J. HAZARD, COMMUNISTS AND THEIR LAW 315 (1969).

[62]   W. Wang, A Survey of China's Economic Contract Law, Presentation to AALS Annual Meeting 16 (Jan. 1986) (available in *University of San Francisco Law Review* office).

[63]   Economic Contract Law, *supra* note 1, art. 7.

[64]   CONSTITUTION OF THE PEOPLE'S REPUBLIC OF CHINA art. 10.

[65]   Economic Contract Law, *supra* note 1, art. 6.

[66]   *Id.*, arts. 9-26.

[67]   *Id.*, arts. 27-31.

[68]   *Id.*, art. 27, para. 2.

[69]   *Id.*, art. 27, para. 4.

party.[70] Any agreement reached by both parties on an amendment or cancellation of the contract must be in writing.[71]

C. Remedies

The Economic Contract Law provides for remedies for nonperformance or faulty performance. On one hand, every contract is required to include a specific penalty provision in the event of breach.[72] On the other hand, if the amount specified in the penalty clause is not sufficient to compensate for the losses sustained by the injured party, the defaulting party must pay additional compensation to make up the difference.[73] In addition, specific performance may be demanded by the non-defaulting party.[74] Specific performance is generally the preferred remedy.[75]

In addition to these general remedies, the Economic Contract Law provides specific remedies for certain types of contract breaches.[76] For example, in situations in which a deposit has been made, the breaching party has no right to its return unless and until its own obligations under the contract are fulfilled.[77] This is true even if no damages are suffered by the non-breaching party.[78] However, if the party who received a deposit breaches the contract, twice the amount of the deposit must be returned.[79] If a contract is deemed invalid, property that is the subject of the contract should be returned, and the defaulting party should compensate the other party for any losses incurred. If both parties are at fault, each must bear its aliquot responsibility

---

[70]　*Id.*, art. 27, para. 5.

[71]　*Id.*, art. 28.

[72]　*Id.*, arts. 12, 35.

[73]　*Id.*, art. 35.

[74]　*Id.*

[75]　Specific performance is emphasized in the law of most Romanist countries, as it is in the Soviet system. Generally, these systems hold that damages are not a substitute if performance is possible. J. HAZARD, *supra* note 61, at 320-21. In China, specific performance is granted more readily than it is under most Western systems. Smith, *supra* note 39, at 150. In minor disputes, the common method of resolution is adjustment through future business dealings rather than specific performance or money damages. Note, *An Analysis of Chinese Contractual Policy and Practice*, 27 WAYNE L. REV. 1229, 1245 (1981).

[76]　Economic Contract Law, *supra* note 1, arts. 38-47 (describing the responsibilities for breach of various types of contracts).

[77]　*Id.*, art. 14.

[78]　*Id.*

[79]　*Id.*

for its corresponding breach. [80] If major accidents or serious losses occur as a result of wrongdoing by the parties, or if illicit contracts are entered into, criminal liability may result. [81]

Breach of a specific type of contract may require payment of liquidated damages. [82] The payment does not depend on the actual damages the non-defaulting party incurs; rather, the defaulting party must pay the amount stipulated in the contract regardless of whether actual damages result. If there are actual damages, however, the stipulated amount may be insufficient to compensate for the total loss. In that case, the defaulting party must also pay the difference between the actual damages and the liquidated damages so that the injured party may be fully protected. [83]

In China, many contracts are entered into in accordance with state plans. Therefore, performance of contractual obligations is crucial to the state. As a result, although a penalty for nonperformance of a contract is available, the non-defaulting party may still request specific performance. [84]

D. Dispute Resolution

There are several means available to the parties to settle disputes arising from economic contracts. Chinese law encourages parties to settle disputes amicably through consultation; mediation or arbitration are favored means of dispute resolution in China through the long-established national system of mediation tribunals. [85]

---

[80] *Id.* , arts. 16, 32.

[81] *Id.* , arts. 32, 53.

[82] *Id.* , arts. 12, 35.

[83] *Id.* , art. 35.

[84] Gu Ming, then Vice-Deputy of the Legislative Affairs Commission of the National People's Congress Standing Committee, explained the emphasis placed on specific performance of contracts in socialist countries. *Economic Contract Law of the People*'s Republic of China (draft) (*Fourth Plenary Session of the Fifth National People*'s Congress on Dec. 7, 1981). He asserted that the emphasis on specific performance is mainly for ensuring the implementation of state plans. *Id.* Because large numbers of economic contracts in China are signed according to state plans, failure to fulfill contracts will adversely affect the fulfillment of those plans. *Id.* This principle of fulfillment in kind is an important characteristic that distinguishes the socialist contract law from any capitalist contract law. LAW ANNUAL REPORT OF CHINA 1982/3, at 316 (Editorial Committee of the Law Annual Report of China ed. 1982).

[85] The Provisional Organic Rules of the People's Mediation Committee were enacted on February 25, 1954. They provide for a national system of mediation tribunals. *Id.* at 218. The Chinese mediation organizations operate under the supervision of the courts and local governments. *Id.*

Under the Economic Contract Law, if the disputing parties come to an agreement through mediation or arbitration, a mediation or arbitration agreement should be drawn up and the parties concerned should abide by it.[86] Mediation and arbitration are non-compulsory, and parties are not required by law to utilize them. However, the parties to a dispute are required to engage in some form of consultation before any further remedies are pursued.[87] The alternative to mediation or arbitration is to take the dispute directly to the People's Court.[88] Also, if a party is not satisfied with an arbitration award, that party may appeal to a court within fifteen days of receipt of the arbitration judgment.[89]

Ⅲ. THE FOREIGN ECONOMIC CONTRACT LAW

The new Foreign Economic Contract Law has been praised for reflecting a spirit of flexibility and fairness.[90] This spirit of flexibility is part of China's "open door" policy, and it demonstrates the increasing sophistication of Chinese business practices. "It is a basic postulate of the Marxist and Chinese Communist concept of law, and a fact of societal life, that the role of law in any period is determined by the particular economic and political conditions then existing. "[91]

The new Foreign Economic Contract Law went into effect on July 1, 1985.[92] It has seven chapters and contains a total of forty-three articles.[93] Chapter one describes the aim of the Foreign Economic Contract Law, its applicable scope, and basic principles.[94] Chapters two through five deal with the detailed regulations concerning contracts, such as formation, performance, assignment, modification, cancellation and

---

[86]　Economic Contract Law, *supra* note 1, art. 49.

[87]　*Id.*, art. 48.

[88]　*Id.*

[89]　*Id.*, art. 49.

[90]　Cohen, *The New Foreign Contract Law*, CHINA BUS. REV., July-Aug. 1985, at 52.

[91]　Pfeffer, *The Institution of Contracts in the Chinese People's Republic*, CHINA Q., Apr. -June 1963, at 153, 157.

[92]　Foreign Economic Contract Law, *supra* note 6.

[93]　*Id.*

[94]　*Id.*, arts. 1-6.

termination , and liabilities for breach.[95] Chapter six concerns settlement of contract disputes.[96] Finally, chapter seven adds several important supplementary provisions.[97]

Many provisions and important principles contained in the Foreign Economic Contract Law are familiar to Western lawyers and businessmen because they are similar to those found in the laws of Western countries and in international practice. For instance, the regulations regarding the formation of contracts are fundamentally identical with that of most countries in the world and also with the United Nations Convention on Contracts for the International Sales of Goods ("U. N. Sales Contract Convention").[98] Some of the provisions found in the Foreign Economic Contract Law that are universally accepted include the notion that a contract is established after negotiation and agreement by the parties concerned; a contract must not violate the law; a contract cannot be created by fraud or under duress; and the parties concerned may agree upon guarantees in a contract and specify the limits of risks borne by each party.[99] The features of the Foreign Economic Contract Law governing performance, modification, and rescission of contracts also generally parallel the regulations on contracts of most Western countries and in international practice. For example, both parties should perform the contract; modification and rescission of contracts generally require the consent of both parties; and if an event of *force majeure* makes performance impossible, that party should be relieved of liability.[100]

In addition to the examples cited above, many other provisions of the Foreign Economic Contract Law are similar to those commonly found in the laws of Western countries. Many of these provisions are also similar to provisions found in the Eco-

---

[95]   *Id.* , arts. 7-36.

[96]   *Id.* , arts. 37-38.

[97]   *Id.* , arts. 39-43.

[98]   The U. N. Convention on Contract for the International Sales of Goods was adopted at the U. N. Conference on the Contract of the International Sales of Goods held in Vienna, Austria on April 11, 1980. Representatives from 62 countries including the United States, USSR, China, Japan, and the United Kingdom participated in the conference. The convention has not yet become effective at the date of this article.

[99]   Foreign Economic Contract Law, *supra* note 6, arts. 2, 4, 10, 15.

[100]   *Id.* , arts. 16, 24, 28.

nomic Contract Law discussed above. However, the Foreign Economic Contract Law also possesses unique characteristics. The following analysis will describe some important features of the Foreign Economic Contract Law, particularly those features that are of interest to foreigners doing, or preparing to do, business in China.

A. The Scope of the Foreign Economic Contract Law

"[The Foreign Economic Contract Law] applies to economic contracts... between enterprises or other economic organizations of the People's Republic of China and foreign enterprises, other foreign economic organizations or individuals... However, international transport contracts shall be excluded. "[101]

This statement of scope appears to be very straightforward, but at least two points merit attention. First, as a preliminary matter, one should determine whether a party has the requisite authority to enter into a contract under Chinese law. Before1979, the nine Chinese foreign trade corporations and their branches were the only parties in China authorized to sign contracts with foreign businesses. [102] Following the decentralization of foreign trade negotiations in 1982, many other Chinese entities at the provincial, municipal, and lower levels have been empowered through *neibu guiding* (internal regulations) to conduct trade directly with foreign firms. [103] Recently, many of the national ministries have established their own foreign trade companies. [104] There are now approximately one thousand Chinese, foreign-trade companies that are authorized to undertake import and export business. [105]

At present, only those Chinese entities that have been approved by the responsible government department may execute contracts directly with foreign businesses. [106] But, the number of these authorized entities is increasing rapidly. Natural

---

[101]   *Id.*, art. 2.

[102]   Monk & Rich, *Recent Developments in China's Foreign Trade Practices, 1978 -81 , in CHINA UNDER THE FOUR MODERNIZATIONS*, pt. 2, at 217 (*Joint Economic Committee, Congress of the United States, Comm. Print* 1982).

[103]   *See id.* at 228.

[104]   *See* INTERNATIONAL TRADE COMM'N, U. S. DEP'T OF COMMERCE, DOING BUSINESS WITH CHINA 41 app. (1980) (listing corporations affiliated with Chinese Ministries that are active in foreign business).

[105]   Liu Yushi, Trading Firms Must Undergo Tight Scrutiny, CHINA DAILY BUS. WEEK, Mar. 19, 1986.

[106]   *See* Foreign Economic Contract Law, *supra* note 6, art. 2.

persons, however, are rarely authorized to conduct foreign trade. [107] For enforcement purposes, the Ministry of Foreign Economic Relations and Trade ("MOFERT")[108] has the power to cancel the foreign trading rights held by a Chinese corporation that violate the government rules or becomes otherwise disqualified. [109]

As originally conceived, the Foreign Economic Contract Law was intended to regulate more than ten different types of contracts. As finally promulgated, however, the law addresses each of these categories under the single heading of "economic and trade contracts. "[110] As a result, virtually all contractual transactions in China between foreign and Chinese entities, except international transportation contracts, are affected by this law. [111] Transactions involving international transportation contracts were excluded from the law only because of the unique characteristics found in transportation contracts.

B. The Formation of Contracts under the Foreign Economic Contract Law

The Foreign Economic Contract Law prescribes some distinct requirements for the formation of contracts between Chinese and foreign parties. China requires that all contracts under the Foreign Economic Contract Law be in writing. [112] This differs from the Contract Law of many other countries and the U. N. Sales Contract Convention, which generally stipulate that a written agreement is not always necessary in order to enter into a binding contract, that is, many contracts can also be concluded o-

---

[107] Individual persons of China are specifically excluded. *See supra* note 101 and accompanying text.

[108] THE EDITORIAL BOARD OF THE ALMANAC OF CHINA'S FOREIGN ECONOMIC RELATIONS AND TRADE 1984, at 655 (1984). MOFERT is the head of China's foreign trade apparatus. MOFERT was established in March, 1982, by combining the former Ministry of Foreign Trade, the Foreign Economic Liaison Ministry, the State Commission for Foreign Investment Management, and the State Commission for Import and Export. Horsley, *The Regulation of China*'s Foreign Trade, *in FOREIGN TRADE, INVESTMENT AND THE LAW IN THE PEOPLE'S* REPUBLIC OF CHINA 9 (M. Moser ed. 1984).

[109] For example, the China International Technology Development Corporation had its authorization to engage in foreign trade revoked due to the disclosure of large deficits dating back 18 months, poor management practices, and unlawful business transactions. This came to light during the course of a general inspection of records and crackdown on organizations that are not "legitimate". CHINA DAILY, Mar. 19, 1986.

[110] Foreign Economic Contract Law, *supra* note 6, art. 2. This clause is "clearer and more liberal" than previous law and practice. Cohen, *supra* note 90, at 52.

[111] Foreign Economic Contract Law, *supra* note 6, art. 2.

[112] *Id.* , art. 7.

rally or may be implied from actions. However, the writing requirement may be satisfied under the Foreign Economic Contract Law through the exchange of letters, cables, or telex messages. [113] Further, either party to such an exchange may prevent a contract from being prematurely formed by requesting a signed letter of affirmation as a prerequisite to the execution of a formal contract. [114] Contracts subject to approval by the state as stipulated by the law or administrative regulations of China are concluded only upon the granting of approval by the competent authorities. [115]

In the past, it was a common practice for contracts with English-speaking countries to be written only in English or in English and Chinese with no specification as to which language would govern in the event of a discrepancy between the English and Chinese language texts. [116] Now, according to the new Foreign Economic Contract Law, the parties must stipulate the language to be used in the contract and which language version will govern in the event of a discrepancy. [117]

In addition to the specific requirements concerning writings and language, there are also a number of terms that must be included in all contracts governed by the Foreign Economic Contract Law. [118] This reliance on fixed terms in contracts is a reflection of the newness of the open door policy in China because Chinese business people have not had the benefit of long experience in negotiating foreign economic contracts. Also, people with the professional skills needed to facilitate foreign economic activity and trade are currently in short supply. The use of standard contract provisions is appropriate to meet conditions in China today.

C. Performance of Foreign Economic Contracts

The Foreign Economic Contract Law provides, "Contracts formed in accordance with law are legally binding. "[119] This provision requires the parties to fulfill all of the obligations stipulated to in the contract. If a party fails to perform, or performance does

---

[113]　*Id.*

[114]　*Id.*

[115]　*Id.*

[116]　Smith, *supra* note 39, at 139-40.

[117]　Foreign Economic Contract Law, *supra* note 6, art. 12, para. 10.

[118]　*Id.* , art. 12.

[119]　*Id.* , art. 16.

not conform to the agreed contractual obligations and the contract is breached, the breaching party must take responsibility for that breach. [120] This provision is consistent with the practice of most other countries and the U. N. Sales Contract Convention.

D. Breach of Foreign Economic Contracts and Remedies for Breach

The provisions regulating the breach of contract and remedial measures are found in chapter 3 of the Foreign Economic Contract Law. [121] In addition, some related rules are stipulated in chapter 5, which governs modification, cancellation, and termination of contracts. [122] There are five basic remedial measures found in the Foreign Economic Contract Law: compensation for losses, [123] liquidated damages, [124] cancellation of contract, [125] suspension of performance, [126] and other reasonable remedial measures. [127] Apart from these, there is no indication that the established Chinese preference for specific performance or "settlement through future business dealings" has been altered in any way by the Foreign Economic Contract Law.

1. Compensation for Losses

Compensation for losses is a basic right given by the Foreign Economic Contract Law to the non-defaulting party. [128] That party also has the right to adopt other reasonable remedial measures that are appropriate to the situation. [129] The non-defaulting party retains the right to make a claim for damages if the remedial measures prove inadequate. [130]

The Foreign Economic Contract Law is not specific in describing the scope of allowable damages but merely provides damages for"the loss suffered. "[131] Article 19

---

[120]　*Id.* , art. 18.

[121]　*Id.* , arts. 16-25.

[122]　*Id.* , arts. 28-36.

[123]　*Id.* , art. 18.

[124]　*Id.* , art. 20.

[125]　*Id.* , art. 29.

[126]　*Id.* , art. 17.

[127]　*Id.* , art. 18.

[128]　*Id.*

[129]　*Id.*

[130]　*Id.*

[131]　*Id.* , art. 19.

provides: "The liability for Damages by a party for breach of contract should be e-qual to the loss suffered by the other party as a consequence of the breach. However, such damages may not exceed the loss which the party in breach ought to have fore-seen at the time of the conclusion of the contract as a possible consequence of the breach of the contract. "[132]

This provision reflects the import of article 74 of the U. N. Sales Contract Con-vention, and it is representative of the prevailing attitude toward damages in the inter-national community.

The law makes further restrictions on the scope of damages by requiring a non-breaching party who suffers a loss arising from a breach to take appropriate timely measures to mitigate the loss. [133] If failure to take such measures results in an aggra-vation of the loss, the non-breaching party loses the right to claim damages for the part of the loss resulting from the aggravation. [134] This provision serves to safeguard the interests of both parties. A similar provision is found in the U. N. Sales Contract Convention, and it is also frequently encountered in the contract laws of common law countries.

2. Liquidated Damages

Under the Foreign Economic Contract Law, the parties may include a liquidated damages clause in their contract, which stipulates a certain amount to be paid to the non-defaulting party in the event of breach. [135] The parties may also agree upon a method for calculating damages arising from such a breach. However, if the fixed a-mount of liquidated damages is substantially more or less than the actual loss in-curred as a result of the breach, the parties may request a court or arbitration agency to order an appropriate increase or decrease. [136]

These rules are similar to those of other countries, but they have their own dis-tinct characteristics within the context of Chinese contract law. Permitting the parties

---

[132]　*Id.*

[133]　*Id.* , art. 22.

[134]　*Id.*

[135]　*Id.* , art. 20.

[136]　*Id.*

to stipulate the measure of liquidated damages introduces a degree of flexibility into the law that is in contrast to the Chinese tendency to rely on fixed-term contracts described above.

The Foreign Economic Contract Law also differs from the domestic Economic Contract Law because liquidated damages are not considered a punishment under the Foreign Economic Contract Law, but they are under the Economic Contract Law. [137] This reflects the differing treatment given liquidated damages by the common law and civil law systems. The Economic Contract Law follows the civil law system by treating the liquidated damages as a form of punishment, while the Foreign Economic Contract Law, in line with the common law system, does not.

3. Cancellation of Foreign Economic Contracts

Article 29 of the Foreign Economic Contract Law describes four situations in which a contract can be cancelled. [138] First, cancellation may occur when the other party violates the contract and, as a result, the expected economic interests are seriously affected. [139] Second, if one party fails to perform the contract within the time specified and again fails to perform after a reasonable extension of time has been granted, the non-defaulting party can cancel the contract. [140] The third situation allowing cancellation is not automatic, it occurs only when the contract is not performed in its entirety due to the occurrence of *force majeure*. [141] The final situation giving rise to cancellation is when conditions stipulated to in the contract by parties occur. This situation differs from the first three because no breach of contract is required. [142]

Thus, China's laws concerning cancellation of contracts are stricter than those of countries applying the Continental law system, which allows contracts to be cancelled in almost all cases as soon as a breach of contract occurs. China's rules are also somewhat stricter than those found in the common law.

After the cancellation of a contract, the non-defaulting party can still make a

---

[137]   *Id.* ; Economic Contract Law, *supra* note 1, art. 35.

[138]   Foreign Economic Contract Law, *supra* note 1, art. 29.

[139]   *Id.* , art. 29, para. 1.

[140]   *Id.* , art. 29, para. 2.

[141]   *Id.* , art. 29, para. 3.

[142]   *Id.* , art. 29, para. 4.

claim for damages for losses incurred; "a party to a contract is not deprived of his right to claim damages in case of cancellation or termination of the contract. "[143] This rule differs from the rule applied in Germany, which allows a party to claim damages after a modification, but it conforms with the treatment provided under the contract laws of most other countries.

4. Suspension of Performance of Foreign Economic Contracts

Suspension of performance is another remedy provided for in the Foreign Economic Contract Law.[144] Suspension of performance can be considered a self-remedy because a party may invoke this remedy only "if it is proved by conclusive evidence that the other party cannot perform his obligations. "[145] Furthermore, the other party must be promptly notified of the suspension of performance.[146]

A party who suspends performance without furnishing conclusive evidence that the other party cannot perform its obligations runs the risk of becoming liable for breach of contract.[147] Also, even if the suspending party has conclusive evidence, failure to promptly notify the other party may result in a finding that both parties breached the contract.[148] In that event, each party would bear the relevant losses in accordance with the responsibilities due them.[149] However, when the party suspected of failure to perform provides a full guarantee that it will perform, the other party should not suspend the contract; rather, it should resume performance.[150]

5. Other Reasonable Remedial Measures For Foreign Economic Contracts

In addition to the four explicit damage remedies, the non-defaulting party may also "adopt other reasonable remedial measures. "[151] These "other reasonable remedial measures" have not yet been explained by regulations or pronouncements, but the

---

[143]   *Id.*, art. 34.

[144]   *Id.*, art. 17.

[145]   *Id.*

[146]   *Id.*

[147]   *Id.*

[148]   *Id.*

[149]   *Id.*, art. 21

[150]   *Id.*, arts. 17, 21.

[151]   *Id.*, art. 18.

term suggests a degree of flexibility in determining remedies. This flexibility is circumscribed by the principles of equality and mutual benefit, international norms, and the characteristics of independence and fitness to the current conditions of China. [152]

E. Assignment of Foreign Economic Contracts

One of the basic rules of international practice is that contract rights may be assigned to third parties. This rule has been incorporated into chapter 4 of the Chinese Foreign Economic Contract Law. Two aspects of this rule merit further attention. First, when one party assigns his contractual rights and obligations, whether in whole or in part, he should obtain the consent of the other party. [153] Second, where the signing of a contract requires the approval of a state agency, approval of a subsequent assignment of rights and obligations under that contract is conditioned on the approval by that agency, unless otherwise stipulated in the original approved contract. [154]

F. Terminating or Rescinding a Foreign Economic Contract

There are several circumstances that can result in the termination of a foreign economic contract. The Foreign Economic Contract Law draws the distinction between "rescission" (*jiechu*) and "termination" (*zhongzhi*) of a contract. [155] Rescission means that a contract is terminated unilaterally by one party. Rescission must be in writing and reported to the original approving agency for the record. [156] Termination of a contract, however, does not require a writing or reporting for the record. The parties can simply "agree to terminate the contract through consultations," [157] or the contract may be terminated by an arbitration tribunal or court decision or because the contract has been fully performed. [158] Thus, it is apparent that termination is bilateral whereas rescission is unilateral.

In addition, the Foreign Economic Contract Law explicitly states that the rescission or termination of a contract shall not affect the ability of the concerned parties to

---

[152] *Id.*, arts. 1-6.

[153] *Id.*, art. 26.

[154] *Id.*, art. 27.

[155] *Id.*, arts. 29, 31-32.

[156] *Id.*, arts. 29, 32.

[157] *Id.*, art. 31, para. 3.

[158] *Id.*, art. 31, paras. 1-2.

make claims for damages or affect the procedures agreed upon in the contract for set-tling disputes or accounts. [159]

G. The Settlement of Disputes

Consultation or mediation is a traditional way of fairly and reasonably settling disputes among the people of China. The successful history of mediation is reflected in China's Law of Civil Procedure, which provides for mediation both directly be-tween the parties and by action of the courts. [160]

Mediation has also long been stressed as a means of solving disputes arising from foreign trade and economic transactions. This is reflected in the Foreign Economic Contract Law, which provides that the parties concerned should, to the extent possi-ble, settle disputes through consultation and mediation by third parties. [161]

Recently, the Chinese Foreign Economic and Trade Arbitration Commission ("FETAC") and the Chinese Maritime Arbitration Commission ("MAC")[162] have devised a new method of settling disputes in cooperation with foreign arbitral organi-zations known as "Joint Conciliation."[163] This method has proven to be highly effec-tive, and it is highly regarded in the economic and trade circles of many coun-tries. [164]

Of course, the method of conciliation expressed in the law is not compulsory. In the event parties concerned are not willing to enter into mediation or if the mediation fails, the dispute may be submitted to arbitration. [165] The appropriate arbitration body is chosen in accordance with any arbitration clauses included in the contract or in

---

[159]　*Id.*, arts. 34-36.

[160]　Civil Procedure Law of P. R. C. (C Trial) (adopted at the 22d Session of the Standing Committee of the Fifth National People's Congress on Mar. 8, 1982, effective on a trial basis on Oct. 1, 1982). Articles 97 to 102 deal with the mediation through courts.

[161]　Foreign Economic Contract Law, *supra* note 6, art. 37.

[162]　FETAC and MAC are China's arbitral bodies set up within the Legal Affairs Department of the China Council for the Promotion of International Trade ("CCPIT"), Beijing. Tseng Chun-wei, *China Council for the Pro-motion of International Trade-Its Functions and Activities*, in CHINA'S FOREIGN TRADE AND ITS MANAGE-MENT 120 (1978).

[163]　*See* Tang Houzhi, *Arbitration-A Method Used by China to Settle Foreign Trade and Economic Disputes* PACE L. REV. 519, 522 (1984) (Mr. Tang is Deputy Secretary-General of FETAC).

[164]　*Id.*

[165]　Foreign Economic Contract Law, *supra* note 6, art. 37.

any written arbitration agreement reached after the dispute arises. Disputes may be submitted either to China's arbitration agency or to an arbitration agency of another country. [166] Under the Foreign Economic Contract Law, in contrast to the domestic Economic Contract Law, arbitration awards are final. [167] The parties cannot submit a case that has been arbitrated by Chinese or foreign arbitration bodies to the People's Court for legal procedures. [168]

In addition to mediation and arbitration, the Foreign Economic Contract Law also provides that the parties may have their cases adjudicated by a People's Court. [169] This is a proper means of settling disputes when an arbitration clause has not been stipulated in the contract and no later arbitration agreement has been reached. [170] Of course, the parties concerned may, in the original contract, choose the law applicable to the settlement of disputes arising over the contract. [171] Jurisdiction by courts of foreign countries may also be designated. [172]

A four-year statute of limitations applies to lawsuits arising from contracts for the sale of goods under the Foreign Economic Contract Law beginning from the time the party knows or ought to know that his rights have been infringed. [173] The statute does not provide a limitations period for other types of contracts; it states merely that the time limit for other contracts shall be stipulated separately by law. [174]

H. Relationship of the New Foreign Economic Contract Law to Existing Contracts

Chinese leaders have frequently suggested that foreign investors who enter into contracts without waiting for enactment of relevant legislation need not fear that future

---

[166]   *Id.* , arts. 37-38.

[167]   *Id.* ; Economic Contract Law, *supra* note 1, art. 48.

[168]   Foreign Economic Contract Law, *supra* note 6, art. 38.

[169]   *Id.*

[170]   *Id.* ; Civil Procedure Law of P. R. C. , art. 192.

[171]   Foreign Economic Contract Law, *supra* note 6, art. 5.

[172]   *See* Civil Procedure Law of P. R. C. , art. 193.

[173]   Foreign Economic Contract Law, *supra* note 6, art. 39.

[174]   *Id.* Despite the availability of mediation and arbitration, most international disputes are probably settled through informal negotiation. Note, *supra* note 75, at 1246.

laws will harm their contractual rights. [175] This attitude is reflected in the Foreign E-conomic Contract Law, which states that, when new laws appear, contracts for Chinese-foreign equity or contractual joint ventures, cooperative exploration, or development of natural resources "may still be implemented according to the provisions of the contracts. "[176]

For contracts entered into before July 1, 1985, article 41 of the Foreign Economic Contract Law provides that if the parties consult and so agree, the law may be applied to contracts formed before enactment of the law. [177] These provisions, which protect existing contracts from subsequent law changes while providing the parties with an election to be bound by a new law, demonstrate that the Chinese legislature has carefully considered the realities of the current business climate in China, and it is committed to protecting the interests of the contracting parties, especially the foreign parties.

IV. Conclusion

The Economic Contract Law is continually being supplemented by regulationsgoverning specific areas of contracts. [178] In addition, other laws governing economic relations between foreign and domestic entities are being promulgated at a rapid rate. Recently, important legislation has been enacted to govern Chinese-foreign joint ventures, [179] taxation

---

[175]　See Cohen, *The New Foreign Contract Law*, CHINA BUS. REV. , Jul. -Aug. 1985, at 52.

[176]　Foreign Economic Contract Law, *supra* note 6, art. 40.

[177]　*Id.* , art. 41.

[178]　These regulations were promulgated pursuant to authority granted to government organs by the domestic Economic Contract Law. Economic Contract Law, *supra* note 1, arts. 5-6. To date, these include, inter alia, Regulations of the People's Republic of China on the Arbitration of Disputes over Economic Contracts (1983), *reprinted in* THE EDITORIAL BOARD OF THE ALMANAC OF CHINA'S FOREIGN ECONOMIC RELATIONS AND TRADE 1984, at 571 (1984).

[179]　The most important of these regulations governing joint ventures are the Law of the People's Republic of China on Chinese Foreign Joint Ventures (1979), *reprinted in* CHINA'S FOREIGN ECONOMIC LEGISLATION (1982) and Regulations for the Implementation of the Income Tax Law of the People's Republic of China Concerning Joint Ventures with NAC OF CHINA'S FOREIGN ECONOMIC RELATIONS AND TRADE 1984, at 460 (1984).

of foreign enterprises doing business in China,[180] foreign exchange control,[181] and wholly foreign-owned enterprises doing business in China.[182] As with the Foreign Economic Contract Law, regulations governing specific types of activities are being promulgated pursuant to the respective statutes.[183]

In addition to national regulations, local regulations governing contract relations between Chinese and foreign parties are being implemented in many areas, particularly in the special economic zones[184] and the economic and technological development areas of the fourteen coastal cities.[185] The result is a legislative framework that, while not comprehensive, covers a wide range of economic activity. The emphasis on contract rights and obligations under well-defined contract laws will stabilize the legal relationships of the parties concerned. While it is not a perfect system, these efforts on the part of the Chinese authorities are a positive step toward alleviating the apprehen-

---

[180]   The most important of these are the Income Tax Law of the People's Republic of China Concerning Chinese-Foreign Joint Ventures (1980), *reprinted in* CHINA'S FOREIGN ECONOMIC LEGISLATION 36 (1982), its implementing regulations, Detailed Rules and Regulations for the Implementation of the Income Tax Law of the People's Republic of China Concerning Joint Ventures with Chinese and Foreign Investment (1980), *reprinted in* THE EDITORIAL BOARD OF THE ALMANAC OF CHINA'S FOREIGN ECONOMIC RELATIONS AND TRADE 1984, at 460 (1984), and the Income Tax Law of the People's Republic of China Concerning Foreign Enterprises (1981), *reprinted in* CHINA'S FOREIGN ECONOMIC LEGISLATION 64 (1982), and its implementing regulations, Detailed Rules and Regulations for the Implementation of the Income Tax Law of the People's Republic of China Concerning Foreign Enterprises (1982), *reprinted in* THE EDITORIAL BOARD OF THE ALMANAC OF CHINA'S FOREIGN ECONOMIC RELATIONS AND TRADE 1984, at 470 (1984).

[181]   *E. g.* , Interim Regulations on Foreign Exchange Control of the People's Republic of China (1980), *reprinted in* 1 CHINA's FOREIGN ECONOMIC LEGISLATION 118 (1982).

[182]   *E. g.* , Law on Enterprises Operated Exclusively with Foreign Capital (1986), *reprinted in* BEIJING REVIEW, May 5, 1986, at 16.

[183]   *See, e. g.* , Regulations Governing Contracts for the Importation of Technology (May 24, 1985), *reprinted in* I COMMERCIAL, BUSINESS AND TRADE LAWS-PEOPLE'S REPUBLIC OF CHINA, Booklet 4, at 19 (O. Nee ed. 1985).

[184]   Experimental special economic zones to promote the development of technical cooperation and exchanges with the outside world have been established by China in Shenzhen, Zhuhai, and Shantou in Guongdong Province and Xiamen in Fujian Province. Sixth Five-year Plan of the People's Republic of China for Economic and Social Development, sec. 5 (1981), *reprinted in* THE EDITORIAL BOARD OF THE ALMANAC OF CHINA'S FOREIGN ECONOMIC RELATIONS AND TRADE 1984, at 391 (1984).

[185]   The 14 coastal cities are: Dalian, Qinhaungdao, Tianjin, Yantai, Qingdao, Lianyungang, Nantong, Shanghai, Ningbo, Wenzhou, Fuzhou, Guangzhou, Zhanjiang, and Beihai. Zhao Ziyang, Report to the Second Session of the Sixth National People's Congress (May 15, 1984), *reprinted in* THE EDITORIAL BOARD OF THE ALMANAC OF CHINA'S FOREIGN ECONOMIC RELATIONS AND TRADE 1984, at 392 (1984).

sion and frustration of the Western business community, encouraging participation in China's economic development.

The failings and differences in the legal systems, however, are not the sole source of the apprehensions and frustrations of the West. The law is only a symptom of the many cultural differences manifested in business methods, the restraints of the differing economic systems, and the differing traditions and expectations of the two legal systems. Promotion of cultural exchange and understanding is necessary to fully realize the potential for cooperation of East and West. China's reputation as a business partner who honors contracts and agreements and deals with others on the basis of equality and mutual benefit precedes her.

Foreign Trade Law in China
and its Revision *

The first Foreign Trade Law in China was enacted in 1994. Since then, the situation both at home and abroad has greatly changed. The changing trade landscape, together with China's accession and commitments to WTO have made the enactment of a new foreign trade law imperative. While many provisions in the 1994 Law have been revised, some useful provisions such as anti-dumping have been retained. This article comments on the revisions to the 1994 Law. The new Law was adopted on 6 April 2004 and became operational from 1 July 2004.

I. **China**'s Foreign Trade Law: Background

Before 1994, legally speaking, there were no special laws concerning foreign trade in China. What took on this function were some loose regulations and rules such as "Provisional Rules for the Foreign Trade Agency System", "Provisional Regulations for Permission to Import Commodities into the PRC", "Provisional Measures for the Export of Commodities", "Guidelines for Productive Enterprises on Trade Rights in Imports and Exports", etc. It was the then Ministry of Foreign Trade and Economic Co-operation (MOFTEC) which enacted most of these regulations.[1] There were no integrated and unified laws concerning foreign trade, and the restructured contents of these existing loose regulations and rules were not as effective as had been expected. This was due to China's backward economic situa-

* China: An International Journal, Vol. 3, No. 1, Mar. 2005, pp. 50-73.

[1] The State Council approved the institutional restructuring plan of the Tenth National People's Congress in Beijing 3-18 Mar. 2003. According to the plan, MOFTEC was withdrawn and a new ministry was established, i. e., the Ministry of Commerce (MOFCOM).

tion at that time. The legislation simply failed to keep up with the reality of economic development.[2]

In 1978, when China embarked on the open-door policy, total trade volume was only US $ 20. 6 billion.[3] Legislative work was just beginning and as a result, the efforts to develop laws concerning foreign economic affairs seriously lagged the development of foreign economic ties.

During the middle of the 1990s, it became urgent for the Chinese Legislature to enact an integrated and unified law concerning foreign trade. In 1994, total trade reached US $ 236. 7 billion, which was more than 11. 5 times that of 1978.[4] China was the 11th largest country in the world in terms of trade and the total represented 45 percent of the country's GNP. The foreign trade laws at that time could not match the development speed of international trade. The absence of integrated foreign trade laws was beginning to hinder the development of foreign trade. For these reasons, the legislative body finally passed the "Foreign Trade Law of the PRC". It took effect on 1 July 1994.

It was the first detailing of the rights and obligations between supervisors and subordinates in the form of law. That year was very important for people involved in the economic and trade fields. It signalled the beginning of China's putting foreign trade onto a legal track which created legal standards and effective safeguards for the continued stable development of foreign trade in China.

At that time, however, lawmaking techniques were not as sophisticated as today. China was in a transitional stage between a planned economy and a market economy. Not only did the lawmakers need to make a unified law for foreign trade, but they also needed to consider the many special circumstances and modus operandi al-

---

［2］ China's GDP in 1994 was RMB 4. 38 trillion (US $ 500 billion) or RMB 3 ,923 (US $ 451) per capita. (In the same year, Japan's total GDP was US $ 4. 2 trillion, and per capita GDP was US $ 34 ,000.)

［3］ Of this, imports totalled US $ 10. 9 billion and exports totalled US $ 9. 7 billion. See Editorial Board of the Almanac of China's Foreign Economic Relations and Trade, Almanac of China's Foreign Economic Relations and Trade (Beijing ,1985) , p. 793.

［4］ Of this, imports totalled US $ 115. 7 billion and exports totalled US $ 121 billion. See Editorial Board of the Almanac of China's Foreign Economic Relations and Trade, *Almanac of China*'s Foreign Economic Relations and Trade (*Beijing* ,1985) ,*p.* 487.

ready in place in the real-world economy. As a consequence, the Foreign Trade Law regulates many special and internal systems, such as the "Foreign Trade Agency System", "Foreign Exchange Rules on Import and Export Entity" and the "Regulations for Anti-dumping and Anti-subsidy".

The old "Foreign Trade Agency System" was the result of foreign trade practices during China's special history. At the start of the trade reforms when China was changing from a centralised system to a decentralised one, and just beginning to develop foreign economic and trade ties with more countries, most of the foreign trade companies and enterprises were not experienced in international transactions.[5] Their operations were at an infantile stage. These small-scale enterprises operated in a passive and inferior position to their foreign partners. Given such a reality, the Foreign Trade Law integrated and absorbed the Foreign Trade Agency System.

Under the Foreign Trade Agency System, the operators of small enterprises and companies could not engage in import and export trade independently. As a result, a large number of special and professional foreign trade companies were entrusted to act as agents for export consignors to conduct their import and export business. With the rapid development of China's modern international trade status and maturity of importers and exporters, the usefulness and functionality of this old system began to decline. Most companies and enterprises now have independent foreign trading rights. The system is no longer important as a special regulation in the Foreign Trade Law.

With entry into the World Trade Organisation (WTO), China must implement the WTO's obligations and ensure that every law and regulation is inline with interna-

---

[5] Before 1978 China had a highly centralised foreign trade system. Only the import and export companies in Beijing (the so-called professional foreign trade companies) and their branches at the provincial levels were authorised to carry out international trade. All companies carrying out foreign trade were the subordinate units of the Central Government. Since 1978, companies at different levels, even below the county level, were gradually authorised to do international trade. Now another reformation in foreign trade is going on. All companies and enterprises will have the "trading right" from 2005 according to the commitments in the Protocol of China's Accession to WTO.

tional rules and regulations. [6] The Foreign Trade Law in China will abolish any makeshift systems which are out of date by altering and amending laws so as to conform to the demands of the WTO.

II . Foreign Trade Law: Main Contents

The Foreign Trade Law of the PRC (hereinafter called "the Law" or 1994 Law) was adopted at the 7th Session of the Standing Committee of the Eighth National People's Congress on 12 May 1994, promulgated by Order No. 22 of the President of the PRC on the same date and took effect as of 1 July 1994. It contains 44 articles within eight separate chapters.

Chapter 1 contains the general principles. It certifies the aim of the Law [7] and declares that the scope includes the import and export of goods and technologies and international trade in services. [8] It establishes the basic system and principles of foreign trade in China. It dictates that the country has implemented a unified foreign trade system. It defines some important principles, such as implementing impartial and free foreign trade orders; safeguarding the foreign trade operator's right to make one's own management decisions; adhering to the principles of equality, mutual and reciprocal benefit; developing equal multilateral and bilateral trade relationships; and granting the most favoured nation and national treatment. [9]

Chapter 2 deals with foreign trade operators. It contains the definition of a foreign

---

[6]　See "Protocol on the Accession of the PRC" Part 1 — General Provisions, Article 2 (1) and (3). Article 2 (1) states: "The provisions of the WTO Agreement and this Protocol shall apply to the entire customs territory of China, including …", while Article 2 (3) states: "China's local regulations, rules and other measures of local governments at the sub-national level shall conform to the obligations under-taken in the WTO Agreement and this Protocol." See *Compilation of the Legal Instruments on China*'s Accession to the World Trade Organisation (*China Law Press*, 2002), *p.* 3.

[7]　The aim is to develop foreign trade, maintain order in foreign trade activities and promote a healthy development of the market economy. See Article 1 of the Law.

[8]　Article 2 of the Law indicates: "The term 'foreign trade' used in this Law refers to the import and export of goods and technologies and international service trade."

[9]　See Articles 4 to 7 of the Law, for instance, Article 4 paragraph 1 regulates: "The State adopts a unified foreign trade system and exercises a fair and free trade order."

trade operator,[10] the requirements and procedures for acquiring foreign trade licences (applications, qualifications, conditions, etc.) ,[11] the rights and obligations of the foreign trade operator [12] and the system of agencies and permission requirements. [13]

Chapter 3 regulates the import and export of goods and technologies. It details the State policy concerning commodities and technologies for import and export. [14] It establishes the basic criteria for restricting or prohibiting the import and export of certain goods and technologies,[15] methods for restricting and prohibiting the import and

----

[10]　Article 8 of the Law states: "The term 'foreign trade operator' used in this Law refers to a legal person or organisation engaging in foreign trade activities in compliance with the provisions of this Law. "

[11]　A foreign trade operator shall meet the requirements and get the license from the department in charge. Five requirements are listed in Article 9 of the Law:

"1) It shall have its own name and organisational setup;

2) It shall have a clearly defined scope of foreign trade operations;

3) It shall have the site, funds and professional personnel necessary for carrying out foreign trade activities;

4) The import and export operations handled by its agencies have reached the prescribed merit or it shall have the necessary sources of goods for import or export; and

5) It shall have other conditions as required by other laws or administrative decrees. "

[12]　For example, Article 12 of the Law states: "In carrying out foreign trade activities, the operators shall abide by contracts, ensure the quality of commodities and improve after-sale services. " Other related articles are Articles 11 and 13.

[13]　Article 13 paragraph 2 of the Law states: "A foreign trade operator acting as an agent shall provide appropriate information to the principal such as market prices and conditions of clients. The principal and the agent shall sign a contract which shall stipulate the rights and obligations of both sides. "

[14]　On the whole, China adopts the principle of free trade in foreign trade. Article 15 of the Law indicates: "The State shall allow the free import and export of goods and technologies, except otherwise provided for by other laws and administrative decrees. "

[15]　There are two articles (Articles 16 and 17) which refer to the restriction and prohibition of the goods and technologies in the Law. Article 16 states: "The State may restrict the import or export of the goods or technologies because:

1) they involve national security and public interest;

2) they are in short of supply at home or are important domestic resources that are in danger of being exhausted;

3) they have a limited market in import countries or regions;

4) it is necessary to protect the smooth or accelerated development of certain industries at home;

5) the State wishes to restrict imports of certain agricultural, animal husbandry and fishery products;

6) of the necessity to maintain a certain financial position of the nation in the world or ensure a balance of international payments; and

7) of international treaties or agreements to which the PRC is a signatory or has entered. "

Article 17 states: "The State shall ban the import or export of goods or technologies:

1) that are of jeopardy to national security or public interest;

2) to protect the life or health of the people;

3) endanger the ecological environment; and

4) which are banned by the provisions of international treaties or agreements to which the PRC is a signatory or has entered. "

export of certain goods and technologies, allocation of the import and export quota, application of administrative laws and other laws or regulations for restricting and prohibiting the import and export of certain goods and technologies.[16]

Chapter 4 addresses what the State promotes in international trade in services:

(1) development of international trade in services[17]

(2) market accession of international trade in services and national treatment[18]

(3) criteria for restricting or prohibiting certain international trade in services[19]

(4) supervisory authorities and the basis of supervisory authorities for international trade in services.[20]

Chapter 5 deals with the foreign trade order. It stipulates the basic rules concerning six areas of foreign trade:

(1) prohibited activities in foreign trade operations[21]

(2) settlement of foreign exchanges[22]

---

[16]　See Articles 18 to 21 of the Law respectively. For example, Article 19 paragraph 1 states: "Goods whose import or export is restricted shall be subject to quota or license management; technologies whose import or export is restricted shall be subject to license management. "

[17]　Article 22 of the Law states: "The State shall encourage development of international service trade in steps. "

[18]　China adopts the principle of reciprocity towards market access and national treatment in international service trade. See Article 23 of the Law.

[19]　The conditions for restricting or prohibiting some kinds of trade services are somewhat similar to those of trade in goods and technologies. See Articles 24 and 25 of the Law and also supra note 16.

[20]　The supervisory authorities for international trade services are the department in charge of foreign economic cooperation and trade and other relevant departments under the State Council. See Article 26 of the Law.

[21]　Article 27 of the Law strictly prohibits the following acts in foreign trade:

"1) Forge, modify or trade in certificates of place of origin and import and export licenses;

2) Infringe upon the intellectual property rights protected by the law of the PRC;

3) Expel competitors by resorting to unjustifiable means of competition;

4) Obtain export refunds from the State by deception; and

5) Commit acts that violate the provisions of other laws and administrative decrees. "

[22]　The settlement of foreign exchange is generally referred to in Article 28 of the Law. Actually the settlement of foreign exchange is strictly governed by the "Regulations of the PRC on the Foreign Exchange Control" which was promulgated by Decree No. 193 of the State Council of the PRC on 29 Jan. 1996 and revised according to the 14 Jan. 1997 "Decisions of the State Council on Revising the Regulations of the PRC on Foreign Exchange Control" and other relevant rules and regulations, such as "Provisional Regulations on the Management of Settlement, Sales, and Payment of Foreign Exchange" promulgated by the People's Bank of China, etc.

（3）safeguard measures[23]

（4）antidumping regulations[24]

（5）anti-subsidy regulations[25]

（6）procedures concerning safeguard measures, anti-dumping and anti-subsidy.[26]

Chapter 6 concerns the promotion of foreign trade:

（1）financing and funding measures to betaken to promote foreign trade by the State[27]

（2）development and function of the Import and Export Chamber of Commerce and the China Council for the Promotion of International Trade（CCPIT)[28]

（3）development of foreign trade in autonomous regions and economically under-developed areas.[29]

Chapter 7 deals with the legal liability. It defines the punishments for seven

---

[23]　This is the so-called "Safeguard Measures" clause in the Law. Article 29 states: "Should the normal production of some of the domestic goods be in great harm or under great threat of such harm due to the increasing import of the same kinds of goods or similar goods that are in severe competition with the domestic ones, the State may take any countermeasure to expel or mitigate such harm or threat." Actually China promulgated more detailed regulations just before accession to WTO, i. e. , the "Regulations of the PRC on Safeguard Measures" promulgated on 26 Nov. 2001 and took effect from 1 Jan. 2002.

[24]　This is the so-called "Anti-dumping" clause in the Law. Article 30 states: "Should a well established or fledgling industry at home be insubstantial harm or under threat of such harm due to the import of relative goods that are sold under normal value, the State may take any countermeasures to expel or mitigate such harm or threat." Actually China promulgated more detailed regulations just before accession to WTO, i. e. , the "Regulations of the PRC on Anti-dumping" which were promulgated on 26 Nov. 2001 and took effect as of 1 Jan. 2002.

[25]　This is the so-called "Anti-subsidy" clause in the Law. Article 31 states: "Should a well established or fledgling industry at home be insubstantial harm or under threat of such harm due to the import of goods that are exported under some kinds of subsidies of the exporting country or region, the State may take any countermeasures to expel or mitigate such harm or threat." Actually China promulgated more detailed regulations just before accession to WTO, i. e. , the "Regulations of the PRC on Anti-subsidy" promulgated on 26 Nov. 2001 and took effect from 1 Jan. 2002.

[26]　See Article 32 of the Law. In fact the Article does not provide a description of the procedures used by the investigation authorities. Please refer to the above-mentioned three regulations and other relevant rules for detailed procedures.

[27]　Articles 33 and 34 of the Law authorise the Chinese Government to set up special financial institutions, establish development and risk funds and adopt necessary measures to promote the development of foreign trade, for example, the policy bank（the Import and Export Bank of China）was set up on the basis of this Law afterward.

[28]　See Article 35 of the Law.

[29]　See Article 37 of the Law, but no detailed measures are mentioned.

kinds of activities that constitute breaches of the Law.[30] These activities include：

（1）smuggling of goods or technologies which are restricted or prohibited from import or export

（2）forgery of Certificates of Origin or Import or Export Licenses

（3）modification of Certificates of Origin or Import or Export Licenses

（4）knowingly using counterfeited or altered Licenses to import or export goods

（5）importing or exporting technologies which are prohibited or restricted, if such an act constitutes a crime

（6）corruption or bribery of government officials who are in charge of foreign trade

（7）negligent, fraudulent or abusive conduct by government officials who are in charge of foreign trade.

Chapter 8 contains supplementary provisions：

（1）two exemptions pertaining to the promotion of trade between China's frontier towns and the frontier towns of bordering countries. (These are to be formulated separately by the State Council.) This law does not apply to China's separate customs areas.[31]

（2）the effective date of the law.[32]

The Foreign Trade Law is a basic law governing China's international trade and contains only some general clauses for regulating foreign trade management activities in China. There are, however, quite a number of other rules and regulations in addition to the Law which address many specific professional management activities of foreign trade. Examples include："Regulations of the PRC on Administration of Product Imports and Exports",[33] "Regulations of the PRC on Administration of Imports

---

[30]　Articles 38 to 41 of the Law refer to the punishments for seven kinds of activities. Generally speaking, there are two kinds of responsibilities in accordance with this Law：criminal and administrative. "Criminal" refers to the smuggling of goods, forging or modifying of certificates of origin or of import and export licenses, importing or exporting technologies which are prohibited or restricted and corruption or bribery of government officials. "Administrative" refers to any smuggling of goods, importing or exporting of technologies which are prohibited or restricted and corruption or bribery of government officials when the cases are not serious enough to constitute crimes.

[31]　See Articles 42 and 43 of the Law.

[32]　The Law took effect as of 1 July 1994 in accordance with Article 44.

[33]　"Regulations of PRC on Administration of Product Imports and Exports" were promulgated by the State Council on 10 Dec. 2001 and came into effect on 1 Jan. 2002.

and Exports of Technologies",[34] "Regulations of the PRC on Anti-dumping",[35] and "Regulations of the PRC on Anti-Subsidy" (management of countervailing duties),[36] "Regulations of the PRC on Safeguard Measures",[37] "Provisional Regulations on the Settlement,Sale and Payment in Foreign Exchange" (management of import and export enterprise payment of foreign exchange),[38] "Rules on the Origin of Export Goods", etc.

III. Why Did the Foreign Trade Law Need to be Revised?

The Law in China needed to be revised due to China's rapid development in foreign trade and the multitude of new events which had occurred over the last decade.

China had become one of the biggest trading countries in the world. In 2003,the total volume of China's imports and exports reached US $851. 21billion,an increase of 37. 1 per cent (US $230. 4 billion) over 2002. Of this,the volume of exports was US $438. 37 billion,an increase of 34. 6 per cent over 2002,and the volume of imports reached US $412. 84 billion,an increase of 39. 9 per cent. This was the first time within the last decade that the increase in imports exceeded that of exports. Japan,the United States and European Union became the biggest trade partners of China and the bilateral trade volumes reached US $133. 58 billion,126. 33 billion and 125. 22 billion, respectively.[39] China's total trade volume in 2003 increased over 3. 6 times compared to 1994.

The trade volume between China and Asian countries reached US $78. 25 billion in 2003, an increase of 40 per cent over 2002. Imports from Asian countries

---

[34] "Regulations of the PRC on Administration of Imports and Exports of Technologies" were promulgated by the State Council on 10 Dec. 2001 and came into effect on 1 Jan. 2002.

[35] Supra note 25.

[36] Supra note 26.

[37] Supra note 24.

[38] "Provisional Regulations on the Settlement and Sale and Payment in Foreign Exchanges" were promulgated by Decree No. 3 of the People's Bank of China on 26 Mar. 1994 and came into force as of 1 Apr. 1994.

[39] From the news page on the Customs General Administration website, < http:// www. customs. gov. cn > [16 Jan. 2004].

reached US $ 47. 33 billion in 2003, an increase of 50 per cent while exports to Asian countries reached US $ 30. 93 billion, an increase of 30 per cent over 2002. China's trade deficit was US $ 16. 4 billion in 2003. Among the Asian countries, Malaysia and Singapore are among China's ten largest trading partners. [40]

Furthermore, China had witnessed a surge in trade friction. Since 1997, it had implemented anti-dumping measures 28 times, of which there was one instance of safeguard protection, but none for countervailing. According to WTO statistics, members of WTO initiated 2,416 anti-dumping investigations, among which 356 were related to China, accounting for nearly one-seventh of the total.

Such rapid development required new policies which should be embodied in the foreign trade law so as to regulate the relations between China and other trade nations, and between supervisory authorities and foreign trade companies and enterprises. In addition, trade disputes must be handled according to law. By 2004, some of the provisions in the 1994 Law were out of date and in need of amendment.

China's becoming a member of WTO also necessitated updating the law. Article 2 of the Marrakesh Agreement Establishing WTO stipulates: "The agreements and associated legal instruments included in Annexes 1,2 and 3 (hereinafter referred to as 'Multilateral Trade Agreements') are integral parts of this agreement, binding on all Members. "[41] Article 16 further regulates: "Each Member shall ensure the conformity of its laws, regulations and administrative procedures with its obligations as provided in the annexed Agreements. "[42] Thus, China had to amend its laws and regulations to ensure their conformity with the obligations as provided in the annexed Agreements as a Member of WTO.

In fact, China already amended many laws and regulations just before or after entry into WTO, for example, the Patent Law, Trademark Law, Copyright Law, Foreign Joint Venture Laws, etc. In order to implement WTO obligations, China had to improve the provisions in the Law which were not in full conformity with the provisions in the WTO Agreements and also add some useful provisions in the WTO Agreements

---

[40] "New High Trade Volume between China and Asian", *Lianhe zaobao*, 9 Feb. 2004.

[41] See supra note 6.

[42] Ibid.

which were not included in the Law.

China was obliged to implement the commitments in the Protocol on China's Accession to WTO. It made several commitments to WTO upon accession, including, but not limited to, the following:

The provisions of the WTO Agreement and this Protocol shall apply to the entire customs territory of China. WTO provisions on non-discrimination and national treatment shall be fully observed.[43]

China shall ensure that import purchasing procedures of state trading enterprises are fully transparent and in compliance with the WTO Agreement. China shall, upon accession, comply with the TRIMs Agreement, etc.[44]

China had also to further reform the foreign trade system. Since China's opening in 1978, a fundamental transformation had been achieved in China's foreign trade system. Direct administrative intervention had greatly diminished and macro-control had gradually given way to the use of economic and legal measures as the main tools of adjustment. A varied foreign trade administration system had already been established and the highly centralised foreign trade system had gradually changed, i. e. , it had become more decentralised. More and more corporations were authorised to do import and export business, even below the county level. For quite along time the right to do international trade was a privilege in China. Only those corporations given government approval and licensing were granted the right to do import and export business.[45]

By 2004 there were four kinds of corporations and enterprises that had the right to carry out international trade, namely:

(1) State owned corporations and enterprises

(2) foreign investment enterprises (equity joint ventures, contractual joint ventures and wholly owned foreign enterprises)

(3) private and collective-owned corporations and enterprises and

(4) scientific and research institutions.

---

[43] See supra note 7.

[44] Ibid.

[45] See supra note 12 and also Article 9 of the Foreign Trade Law.

In the Protocol on the accession to WTO, China promised to change the approved system in foreign trade within three years.[46] Before entry into WTO, China had some special trade arrangements with some countries such as in Eastern Europe, Vietnam, Mongolia, etc. Some special trade arrangements between China and these countries were not in conformity with the WTO provisions. The import and export licensing price controls and subsidies in the current foreign trade regime are other examples.

IV. Revision of the Foreign Trade Law

While foreign trade in China continues to flourish, and changes are being made to make the Law more applicable to new conditions, there appear to be some disadvantages and defects in the Law.

Amendments to the Law have been scheduled in response to strong criticism. After lengthy discussions in both professional and academic circles, the view is that there are some problems with the Law and that the modification is badly needed both at home and abroad. The Standing Committee of the Tenth National People's Congress passed the revised draft of the Foreign Trade Law on 6 April 2004 and the newly-revised Foreign Trade Law (hereinafter called the "new Law" or "revised Law") took effect on 1 July 2004.

Here are some thoughts on the new Law:

1. First of all, the legal nature of China's Foreign Trade Law should be clear and precise. However, it is in fact not clear on its scope because it defines and regulates both the supervisory role of the government and the rights and obligations of the individual foreign trade entities. In the author's view, as it is the basic law regulating and managing foreign trade activities, it should define only the management relationship between the government and foreign trade entities. It is not necessary for the Law to regulate the rights and obligations of the individual foreign trade entities. That is to

---

[46] "China shall progressively liberalise the availability and scope of the right to trade, so that, within three years after accession, all enterprises shall have the right to trade in all goods throughout the customs territory of China, except for. . . " See "5 Right to Trade" in the Protocol on the accession to WTO. *The Compilation of the Legal Instruments*, p. 5.

say that the Foreign Trade Law by its nature is one of the administrative laws.

International commercial law or international private law should govern the rights and obligations of individual foreign trade entities. Deregulating the rights and obligations of individual foreign trade entities would unify and clarify the scope and purpose of the Law.

2. Article 12 of the Law stipulates that foreign trade operators engaging in foreign trade activities shall honour contracts, guarantee the product quality and improve after-sale service.[47] However Article 13 paragraph 2, goes further by stating that foreign trade operators acting as an agent shall truthfully provide their commissioning party with accurate business information such as market quotations, commodity prices, conditions of clients and other relevant business information; and that the commission contract shall be signed by the commissioning party and shall stimulate the rights and obligations of both parties.[48]

It does not seem appropriate for the new Law to address these issues. It has not only deleted the above two articles but also lost Article 11 which was somewhat related to them. Only in this way does the new Law by its nature become one of the administrative laws.[49]

3. The provisions for management issues pertaining to international trade in services need to be more specific. Integration of the international trade in services with the trade in commodity and technology in the Law should be examined. The Law addresses the international trade regulations in commodity and technology more than it does the international trade in services. Furthermore, the international trade regulations in services are too general, ambiguous and obviously unbalanced in relation to the above-mentioned issues. In some places, they are self-contradictory in their logical structure. For example, Chapter 4 of the international trade in services only regulates, in principle, the issues of market accession of the international trade in services, national treatment and restricting or prohibiting the trade in services. It does not include

---

[47]   Supra note 13.

[48]   Supra note 14.

[49]   Article 11 of the Law states "Foreign trade operators shall operate independently according to law and be responsible for their own profits or losses."

specifics about the associated management system, thus making these regulations not entirely feasible. They should be rectified to include a feasible management system when modified. However, there does not seem to be any great improvement in the new Law in this respect. On the whole, the articles dealing with international trade in services are still too general.[50]

In addition, China should use the management measures of trade in services in the WTO General Agreement on Trade in Service (GATS) as a reference to establish a conforming management system of trade in services, especially after China's entry into WTO.

For instance, some provisions of Article 14 of GATS should be added to the relevant Articles of Chapter 4 of International Trade in Service in the Law, such as the necessity to protect public morals, health of human-beings, animals and plant life,[51] the country's essential security interests, etc.[52] Actually, the new Law has almost copied all the items from Article 14 of GATS which regulates the general exceptions and security exceptions[53] as well as Article 12 of GATS.[54]

4. The modification of the Law should embody certain historical innovations and ideas in economic management which have come to light over the last 25 years since China's reform and opening to the outside world. As for the management of foreign trade operating rights, China's Foreign Trade Agency System must be considered.

Article 9 of the Law states that foreign trade operators engaged in the import and export of goods or technologies shall meet the conditions and be licenced by the depart-

---

[50] Chapter Four of the new Law deals with International Trade in Services, that is from Article 24 to Article 28. Except Articles 26 and 27 which are the general exceptions, security exceptions and the restrictions to safeguard the balance of payments, Article 24 defines the basic treatment China shall accord in accordance with the commitments made in international treaties or agreements. Article 25 designates the State Council to administer the international trade in services, and Article 28 indicates that the State Council shall determine, adjust and publish the market access list of international trade in services.

[51] See Article 14 of GATS General Exceptions (a) and (b).

[52] See Article 14 of GATS Security Exceptions (a).

[53] See Article 26 of the new Foreign Trade Law.

[54] Article 12 of GATS regulates the restrictions to safeguard the balance of payments. Article 26 (4) of the new Law has embodied the main contents of Article 14 of GATS. Article 26 (4) of the new Law states that the State may impose restrictions on international trade in services for safeguarding the country's balance of international payments.

ment in charge of foreign trade and economic cooperation under the State Council.

Article 10 of the Law states that the establishment of international trading enterprises and organisations in services, and their business operations shall comply with the provisions of the Law and other relevant laws and statutory regulations.

The former MOFTEC issued the Notice concerning the "Relevant Rules on Management over Import and Export Operations Qualifications", which clarified that China had established the qualified registration and authorisation procedures concerning imports and exports. [55] In the legal documents for China's entry into WTO, China committed to liberalise the availability and scope of the right to trade progressively so that within three years after entry into WTO (on 11 December 2004), all enterprises in China will have the right to trade in all goods throughout the customs territory of China. Thus, Article 9 of the Law needs to be revised to reflect the current situation as well as the commitments. The new Law has formally established a registration system in which a foreign trade operator engaging in the import and export of goods or technologies shall be registered with the Administration of Industry and Commerce and then send the registration certification to the authorities concerned for reference. The foreign trade operator will not need to be approved and licensed by the authorities in charge of foreign trade and economic relations as before. That is to say the approval and licensing system in the foreign trade regime has been abolished in accordance with Articles 8 and 9 of the new Law.

Furthermore, the individual person ready to do international trade business can obtain the right to trade if he goes through the registrationprocedures based on the new Law. [56] China's commitment to WTO on the right to trade has been fully implemented ahead of schedule.

5. The modification to the Law should embody some commitments of the "Foreign Trade Management System" in the Protocol on the Accession of the PRC. Most of the provisions in the Protocol are concerned with this. For example, Article 2 is about

---

〔55〕 "The Notice Concerning the Relevant Rules on Management over Import and Export Operations Qualifications" was promulgated on 1 July 2001 and took effect on the same day.

〔56〕 Article 8 of the new Law states: "the term 'foreign trade operator' used in this Law refers to a legal person, organisation or individual person engaging in foreign trade activities in compliance with. . . "

the administration of the trade regime, and stipulates that the provisions of the WTO Agreement and this Protocol shall apply to the entire customs territory, and that China shall apply and administer all its laws, regulations and other measures of the central government, etc. , in a uniform, impartial and reasonable manner. [57]

Article 3 deals with the non-discriminatory treatment, i. e. , that foreign individuals and enterprises and foreign-funded enterprises shall be accorded treatment no less favourable than that accorded to other individuals and enterprises in respect of (a) the procurement of inputs and goods and services necessary for production and (b) the prices and availability of goods and services supplied by national and sub-national authorities and public or state enterprises in areas including transportation, energy, basic telecommunications, other utilities and factors of production. [58]

Article 4 pertains to China's eliminating or bringing into conformity with the WTO Agreement on all special trade arrangements. [59]

In addition, the text of the Protocol on the accession to WTO includes commitments on tariff, non-tariff measures, import and export licence procedures, state operating trade, technical barriers to trade, sanitary and phytosanitary measures and other important specific foreign trade measures. [60] Some of the above-mentioned commitments are regulated in specific laws, regulations and rules that appear in the foreign trade basic law. The modified Foreign Trade Law should additionally incorporate

---

[57]　Supra note 7.

[58]　See "Protocol on the Accession of the PRC" Part 1 — General Provisions, Article 3 Non-discrimination. It states: "Except as otherwise provided for in this Protocol, foreign individuals and enterprises and foreign-funded enterprises shall be accorded treatment no less favourable than that accorded to other individuals and enterprises in respect of: a) the procurement of inputs and goods and services necessary for production and the conditions under which their goods are produced, marketed or sold in the domestic market and for export; and b) the prices and availability of goods and services supplied by national and sub-national authorities and public or state enterprises in areas including transportation, energy, basic telecommunications, other utilities and factors of production. " See *The Compilation of the Legal Instruments*, p. 5.

[59]　See "Protocol on the Accession of the PRC" Part 1 — General Provisions, Article 4 Special Trade Arrangements. Article 4 states "Upon accession, China shall eliminate or bring into conformity with the WTO Agreement all special trade arrangements, including barter trade arrangements with third countries and separate customs territories which are not in conformity with the WTO Agreement. " See *The Compilation of the Legal Instruments*, p. 5.

[60]　See Articles 6 to 15 of the Protocol on the accession to WTO in *The Compilation of the Legal Instruments*, pp. 6-11.

these commitments. The principle of the non-discrimination treatment of WTO and al-most all of the basic commitments embodied in the Protocol of China's Accession to WTO are included in the new Law. For example, Article 6 of the new Law states that China shall, in accordance with international treaties or agreements signed or entered into, grant the counterparts which have signed or entered into such treaties or agree-ments most-favoured nation status, or on the basis of principles of mutual benefit and reciprocity, grant the counterparts most-favoured nation status or national treatment. It is the opinion of the author that detailed rules regarding the implementation of these principles of the new Law are needed.

6. China should examine mature foreign trade management and legislation for reference. On the one hand, China should make them compliant with every requirement of WTO, in order to prevent other WTO members from appealing any dispute resolution on the grounds of the new Law, namely being involved in a dispute settlement mecha-nism in WTO. On the other, China should make full use of the margins in international rules. In light of the trade barriers imposed by foreign countries against Chinese prod-ucts and the increasing number of anti-dumping investigations, China should make skilful use of the permitted WTO trade provisions and establish corresponding investi-gations on trade barriers to protect the legal benefits of China as well as the interests of the enterprises in China.[61] Thus, some very useful provisions in the Law, for exam-ple, Articles 29,30,31 and 32 which deal with anti-dumping, anti-subsidy and safe-guard measures must be retained.[62] Furthermore, China should establish specific and effective safeguard systems for foreign trade within the permitted range of the WTO to make use of the rights, especially the developing countries' rights as author-ised by WTO, to protect the safety of the state, public interest and infantry industries.

Two new chapters are added to the revised Foreign Trade Law, i. e. , Chapters Seven and Eight. Chapter Seven, entitled "Foreign Trade Investigation" specifies sev-eral measures which initiate the investigations. This is what China has learned from the practices of the US, EU and other trading powers. Chapter Eight, entitled "Foreign

---

[61] On 23 Sep. 2002 the former MOFTEC promulgated the "Provisional Rules for the Investigation of For-eign Trade Barriers" which took effect from 1 Nov. 2002.

[62] See supra notes 24,25,26 and 27.

Trade Remedy" regulates all the import trade remedies, including anti-dumping, anti-subsidy and safeguard measures. One of the very important and attractive articles included in this chapter in the new Law, is the so-called trade diversion clause. The term "trade diversion" which was first seen in Article 16 of the Protocol of China's Accession to WTO drew great attention from trade circles around the world when it came into being.[63] Now China has the term "trade diversion" in the new Law. It may lead to different views on the trade diversion clause.[64]

In fact, the Law regulates the general exemptions, security exemptions, exemption for protection of infantry industries and international balance of payment exemption in a very confusing manner. They are different in the WTO agreements and practice of international trade policy. Consequently, regulations on issues in ambiguous and general ways are very unadvisable. For example, some of the provisions in Articles 20 and 21 of the General Agreement on Tariff and Trade (GATT) should be added to the restriction provisions of the Law, such as required to protect public morals, the health of human beings, animals or plant life, and relating to the import or export of gold or silver. One may easily find that most of the provisions in Articles 20 and 21 of the GATT concerning the general exemptions and security exemptions are included. Article 16 in the new Law has 11 items which regulate the prohibition and restriction of the import or export of goods and technologies.

7. As the basic law in the foreign trade field, the Law should reflect current practices and development in world trade. When the conditions are met, China should make use of advanced foreign ideas of trade management as a reference to formulate future regulations on certain issues with foresight. Examples include the issues pertaining to development of e-business, trade facilitation and others concerning trade which were set at the WTO Ministerial Conference in Doha in 2001 and are being negotiated in the Doha Development Agenda, such as environment and trade, etc. The author knows very clearly that it is not easy to embody these kinds of provisions in the revised Foreign Trade Law at present since China has never made any kind of

---

[63] See *The Compilation of the Legal Instruments*, pp. 12 and 818.

[64] See Article 46 of Chapter Eight in the revised Foreign Trade Law.

similar provisions in other laws and also lacks of any experience in practice. Not a single sentence concerning the aforesaid subjects appears in the new Law. It is hoped that some, for example the e-business, would come into being soon either in the new Law or other laws or regulations because of its importance in modern international trade.

8. Some provisions regulated in the WTO agreements need to be added to the Law as follows:

(1) *Provision for state trading enterprises*

Based on the documents for China's entry into the WTO, the state trading enterprises have the sole right to import and export certain products listed, such as grain products, vegetable oil, sugar, tobacco, processed oil, chemical fertiliser, tea, soy bean, coal, silk, cotton, etc.[65] There is no reason for China not to consider using the legal rights permitted, at least during the transitional period of reforming the trade regime. The author is very glad to find that the state trading provisions in the Protocol of China's Accession to WTO were added.[66] The competent authorities under the State Council will make detailed rules to implement the State Trading provision in the new Law.

(2) *Definition of* "foreign trade"

The definition of "foreign trade" should be expanded in accordance with the WTO regulations. The one given in the new Law is too narrow. Article 2 of the new Law should be amended as follows:

The term foreign trade used in this Law refers to the import and export of goods, technologies, international trade in services, trade-related investment measures and

---

[65] Concerning the right to trade, the Protocol on the Accession to WTO states:

... China shall progressively liberalise the availability and scope of the right to trade, so that within three years after accession, all enterprises in China shall have the right to trade in all goods throughout the customs territory of China, except for those goods listed in Annex 2A which continue to be subject to state trading in accordance with this Protocol. ... For those goods listed in Annex 2B, China shall phase out limitation on the grant of trading rights pursuant to the schedule in that Annex. ...

And "State Trading" in the Protocol on the accession to WTO states:

China shall ensure that import purchasing procedures of state trading enterprises are fully transparent, and in compliance with the WTO Agreement. ... .

See Annex 2 A1 "Products Subject to State Trading (Import)", Annex 2 A2 "Products Subject to State Trading (Export)" and Annex 2 B "Products Subject to Designated Trading", *The Compilation of the Legal Instruments*, pp. 5-6 and 23-51.

[66] See Article 11 of the new Law.

trade-related aspects of intellectual property rights.

That is to say two very important aspects of two agreements in WTO should be embodied in the new Law.[67] However, the trade-related aspects of intellectual property rights are included in the new Law, one special chapter is added and the trade-related investment measures are gone.[68] The author does not think it is justifiable to say that the problem of trade-related investment measures is too complicated to deal with in the foreign trade law, or that there already exists a whole series of laws and regulations on foreign investment.

(3) *Administration of sanitary and phytosanitary measures*

The Chinese Government has the right to administer sanitary and phytosanitary measures as do all the WTO Members for the purpose of protection of human beings, animals, plant life, health, etc.[69] This is becoming an increasingly important aspect of modern international trade. Article 21 of the new Law deals with them, but only in a very general manner.

(4) *Formulating and applying technical regulations and standards* The state shall have the right to formulate and apply the technical regulations, standards and procedures to ensure the quality of its imports and exports, protect the health of human beings, animals or plant life, the environment and essential security interests, or to prevent deceptive practices in trade, etc.[70] These requirements can also be found in Article 21 of the newly-revised Foreign Trade Law.

---

[67]　Two agreements in WTO are "Agreement on Trade-Related Investment Measures" and "Agreement on Trade-Related Aspects of Intellectual Property Rights". See *The Legal Text: The Result*, pp. 143 and 321.

[68]　See Chapter Five entitled "The Protection on Trade-related Aspects of Intellectual Property Rights".

[69]　Article 2.1 of "Agreement on the Application of Sanitary and Phytosanitary Measures" states "Members have the right to take sanitary and phytosanitary measures necessary for the protection of human, animal or plant life or health, provided that such measures are not inconsistent with the provisions of this Agreement." See *The Legal Text: The Result*, p. 60.

[70]　At the beginning of the "Agreement on Technical Barriers to Trade", it states that "the important contribution that international standards and conformity assessment systems can make in this regard is by improving efficiency of production and facilitating the conduct of international trade and therefore to encourage the development of such international standards and conformity assessment systems. No country should be prevented from taking the measures necessary to ensure the quality of its exports, or for the protection of human, animal or plant life, health, the environment, or for the prevention of deceptive practices at the levels it considers appropriate,..." See *The Legal Text: The Result*, p. 121.

9. Some aims or principles which WTO pursues and advocates, such as to develop and maintain fair trade, promote the development of free trade, etc. , should be included in the Law. For example, Article 1 of the Law should be amended by adding "to develop and maintain the fair trade" , and Article 4 of the Law should be amended by adding "to promote the development of free trade". These expressions have been added to the new Law.[71]

In addition, WTO's principle of transparency should be included in the general provisions of the Law. For example, "All laws, regulations and other measures pertaining to or affecting foreign trade shall be published in the official journal and provide a reasonable time for comment to the appropriate authorities before such measures are implemented. " This is actually one of China's commitments in the Protocol on the Accession to WTO.[72] China has done a lot on the issue of transparency in practice because it is well known that there exists a big gap in this area. Take the amendment to the Foreign Trade Law. For example, as far as the author is aware, not only the people from professional, academic and practical circles in China, but also professors, lawyers and even governmental officers abroad have been invited to make comments and suggestions on its revision. It has become official procedure to solicit opinions from the public on the draft when China's legislative body makes laws.

10. The Law lacks regulations concerning rules of origin. This should be added to the Law since it is very important in foreign trade, arbitrating the market access of goods and guiding firms' outsourcing, export, and investment decisions in the world. For instance, in almost every bilateral or regional free trade agreement there must be a provision or provisions to regulate the rules of origin. Only goods which are produced in the contracting party can be exported to the territory of another contracting party free of import tariffs based on the preferential rules of origin.[73] There is

---

[71]   Article 4 of the new Law states: "The State shall carry out the unified foreign trade system, encourage and promote development foreign trade and maintain the order of fair and free trade. "

[72]   See "Administration of the Trade Regime" (C) Transparency. *The Compilation of the Legal Instruments*, p. 4.

[73]   See Antonni Estevadeordal and Kati Suominen, "Rules of Origin in the World Trading System", paper presented for the Seminar on Regional Trade Agreements and the WTO, Centre William Rappard World Trade Organisation, 14 Nov. 2003.

one article concerning the rules of origin included in the new Law, but it is very simple and general.[74]

V. Impact of the New Foreign Trade Law

The intended impact of the new Foreign Trade Law, according to the Chinese legislative body, is to perfect and expand China's reforms and openness further, and better use the markets and sources both at home and abroad.[75]

The new revisions have reaffirmed China's progress towards full participation in WTO and "will bring Chinese law into closer conformity with WTO obligations, sooner or later".[76] Additionally, the revised Law has embraced more detailed investigations and legal liabilities compared with the 1994 Law which "may result in more aggressive investigations and stronger penalties and corrective measures".[77] In the meantime, foreign companies will benefit from a narrower range of trade barriers and a somewhat more predictable environment,[78] for "the revised Law makes China better able to stand on its own feet without government intervention in the future".[79] Professor Michael P. Malloy of the McGeorge School of Law at the University of the Pacific told *Asia Times Online*,

The new trade law is a very encouraging sign that China is serious about its commitment to the principle of free trade.... The resulting competition-based foreign-trade activity should make China a stronger and more secure participant in for-

---

[74]　Article 22 of the new Law states: "The State shall carry out the administration on rules of origin to the import and export goods. The detailed regulations on it shall be enacted by the State Council. "

[75]　See comments addressed by Wu Bangguo, Chairman of the National People's Congress of the PRC. *Xinhua News Agency* at < www. cctv. com/news/xwlb/20040406/102281. shtml >. Article 1 of the New Law states: "This Law is formulated with a view to expanding the opening to the outside world, developing foreign trade, maintaining foreign trade order, protecting the legitimate rights and interests of foreign trade dealers and promoting the sound development of the socialist market economy. "

[76]　See Dieter De Smet, *The New Foreign Trade Law of the PRC*, China Legal Report, May 2004.

[77]　See articles related to China's New Foreign Trade Law, published by *China Daily*.

[78]　See Neal Stender, Matthew McConkey and Bi Xing, "China's Foreign Trade Law Revised for WTO Era", *China Law and Practice*, 18 May 2004.

[79]　Daniel Rosen, a New York-based expert specialising in Sino-US trade issues.

eign trade under the free-trade system of the WTO. The new law is consistent with China's commitments to the WTO to create a "transparent" legal system with respect to foreign trade — a system where the official rules governing participation in the trade sector are public and fair in their application.

However, he said, the technical standards imposed by China need to be adjusted to eliminate distorting trade effects that exclude imports from the Chinese markets. More effective protection for foreign intellectual property and more openness in trade in services originating in other WTO member must be achieved before China can be said to be in full compliance with WTO principles. ···It is important to realize that healthy and mutually respectful US-China trade relations are vital to the interests of both countries. The two countries are important trading partners for each other, and improvement in one aspect of their trade relations will encourage each to continue to work cooperatively towards resolution of concerns that may still exist in other aspects of those relations.

In conclusion, the 1994 Foreign Trade Law of China was enacted while China was at a critical juncture on the road to economic development. It needs to be amended and modified in order to cope with the current trade situations both at home and abroad. Domestically, a series of reforms to the foreign trade system have been carried out, gradually progressing away from a system monopolized by the state. However, there is still along way to go for China to form a fully market economy. After accession to WTO, the reforms that China needs to undertake are more urgent. The revision of its Foreign Trade Law at present seems more important than ever.

Internationally, China has made enormous efforts towards putting in order, amending and abolishing domestic laws and regulations after accession to WTO. The revision of its Foreign Trade Law shows that China is seriously trying to implement the obligations of WTO membership. After several careful and thoughtful discussions and solicitation from the public, the Ministry of Commerce submitted the revised draft of the Foreign Trade Law to the State Council for examination. On 6 April 2004, the Standing Committee of the Tenth National People's Congress finally examined and adopted that draft. The newly-revised China's Foreign Trade Law took effect on 1 July 2004.

附录二 高永富教授作品目录

一、论文

序号	名　称	刊物(报纸)	年份—期	备注
1	产品责任法简介	外贸教学与研究	1984-2	戴国荣
2	新兴的澳大利亚产品责任法	上海外贸调研	1984-7	
3	美国商标法及其实践	上海国际经贸	1985-1	
4	试论我国涉外经济合同法的违约补救	法学评论	1986-4	
5	美国专利法及其实践	国际商务研究	1986-6	
6	技术引进中的法律问题(上)	技术引进与开发	1987-4	
7	美国吸收外资中有关法律限制	国际商务研究	1987-5	
8	技术引进中的法律问题(下)	技术引进与开发	1987-6	
9	美国的反倾销和我们的对策	国际商务研究	1988-2	
10	南朝鲜知识产权法律的新变化	上海国际经贸	1988-8	
11	西方国家反规避措施及其立法	国际商务研究	1992-3	刘永伟
12	乌拉圭回合反倾销守则的新文本(草案)简介	国际商务研究	1993-2	
13	试论中国的反倾销立法	国际商务研究	1993-6	
14	为"复关"作准备,加快制定我国的保障措施立法	上海外贸之窗	1994-2	
15	我国与西方发达国家有关竞争立法之比较初探	国际商务研究	1994-3	
16	世界贸易组织适用的基本法律原则(上)	世界贸易组织动态与研究	1995-11	戴芷华
17	世界贸易组织适用的基本法律原则(下)	世界贸易组织动态与研究	1995-12	戴芷华
18	欧共体反倾销法对我国的适用及对策	上海机电进出口贸易	1996-3	

序号	名　称	刊物（报纸）	年份—期	备注
19	欧共体反倾销法及其对中国进口商品的适用（上）	世界贸易组织动态与研究	1996-7	
20	欧共体反倾销法及其对中国进口商品的适用（中）	世界贸易组织动态与研究	1996-8	
21	欧共体反倾销法及其对中国进口商品的适用（下）	世界贸易组织动态与研究	1996-9	
22	欧盟反倾销条例简介	国际商业技术	1997-4	
23	欧盟关于贸易与竞争政策工作的建议	世界贸易组织动态与研究	1998-1	高璐
24	欧盟竞争法理论与实践及其对贸易的影响	国际商务研究	1998-5	
25	亚太经合组织关于贸易与竞争政策的基本方针	世界贸易组织动态与研究	1998-2	樊晓娟
26	关于"无单放货"若干法律问题的探讨——从一具体案例看"无单放货"的理论与实践	国际商务研究	1998-3	赵宏明
27	世界银行关于政府采购的指导原则	世界贸易组织动态与研究	1998-3	樊晓娟
28	印度反倾销法简评	世界贸易组织动态与研究	1999-1	课题组
29	反倾销调查当局披露重要事实规定的比较研究	国际商务研究	1999-5	
30	欧盟反倾销条例（上）	世界贸易组织动态与研究	1998-11	
31	欧盟反倾销条例（下）	世界贸易组织动态与研究	1998-12	
32	关于反倾销调查中听证制度的比较研究	世界贸易组织动态与研究	1999-12	课题组戴芷华

续表

序号	名　　称	刊物(报纸)	年份—期	备注
33	巴西反倾销法简评	世界贸易组织动态与研究	1999-2	课题组
34	印尼反倾销法综述	世界贸易组织动态与研究	1999-3	课题组
35	反倾销反补贴研究中心成立	世界贸易组织动态与研究	1999-4	
36	WTO反倾销措施委员会1998年度报告	世界贸易组织动态与研究	1999-4	课题组
37	南非共和国反倾销法简介	世界贸易组织动态与研究	1999-5	课题组
38	泰国反倾销条例	世界贸易组织动态与研究	1999-7	课题组
39	中国反倾销的实践	世界贸易组织动态与研究	2000-12	高璐
40	多哈部长级会议与新的多边贸易谈判	世界贸易组织动态与研究	2002-1	
41	试论我国反倾销司法审查制度的完善	世界贸易组织动态与研究	2003-5	
42	美对中特保措施:WTO游戏规则老手的谋略	WTO经济导刊	2004-11	
43	美国对中国特别保障措施立法与案例研究	世界贸易组织动态与研究	2004-11	
44	中国入世法律文件中若干对华不利条款评析	国际经济法学刊	2004-4	
45	与中国纺织品有关的"特保措施"解读与评价	国际商务研究	2004-3	熊志坚
46	美国对中国"特殊保障措施"立法与案例研究	国际经济法学刊	2005-2	

续表

序号	名　称	刊物（报纸）	年份—期	备注
47	关于海峡两岸建立自由贸易安排之思考	国际贸易法论丛	2006-1	
48	贸易救济措施中产业损害认定研究	国际贸易法论丛	2006-1	戴正青
49	浅析美国总统布什对对华特别保障措施案的否决	国际商务研究	2006-4	
50	试论欧盟环保新指令对我国出口贸易的影响	国际商务研究	2006-6	
51	我国贸易救济措施实施情况评估	世界贸易组织动态与研究	2006-6	
52	中美反补贴争端的起源与发展趋势	世界经济研究	2007-10	
53	中美反补贴争端的起源与发展趋势	中华纸业	2007-12	
54	2007：中美反补贴争端愈演愈烈	法制日报	2007-12-9	
55	评美国贸易代表对 301 条款调查申请的拒绝	世界贸易组织动态与研究	2007-2	
56	建立检察机关反垄断公诉权的思考	中国国情国力	2007-6	
57	中国参与制定区域贸易协定争端解决机制初探	世界经济研究	2007-6	
58	论欧盟环保新指令对我国出口贸易的影响	上海大学学报（社会科学版）	2008-1	
59	评美国贸易代表对人民币汇率调查申请的拒绝	世界经济研究	2008-10	冯军
60	评中美铜版纸反补贴争端	国际贸易	2008-3	
61	评中美反补贴争端	国际贸易法论丛	2008-3	
62	中美反补贴争端的启示（一）	上海中小企业	2008-5	
63	中美反补贴争端的启示（二）	上海中小企业	2008-6	
64	中国参与制定区域贸易协定争端解决机制初探	世界经济研究	2008-7	
65	论法律服务市场进一步开放的若干问题	国际服务贸易评论	2009-1	

续表

序号	名　称	刊物(报纸)	年份一期	备注
66	浅论"购买美国货"条款的保护主义实质	世界贸易组织动态与研究	2009-10	
67	论中美反补贴争端及其解决途径选择	世界经济研究	2009-11	冯军
68	国际金融危机与"购买美国货"条款	国际商务研究	2009-2	
69	中美贸易不平衡问题及其解决途径研究	国际贸易	2009-2	
70	中美贸易不平衡问题及其解决途径研究	国际贸易法论丛	2009-1	
71	美国国会关于货币立法违反 WTO 规则	世界经济研究	2009-4	
72	贸易保护不是一条好出路——兼评美国"购买美国货"条款	江西社会科学	2010-1	
73	论欧盟环保新指令对我国出口贸易的影响	绿叶	2011-11	
74	我国三类特殊涉外经济合同纠纷专属管辖条款之重构	国际商务研究	2013-4	陶立峰
75	美国贸易法 301 条款与中美贸易争端	国际经济法学刊	2017-1	

二、著作

序号	书　名		出版社	时间	备注
1	国际货物买卖的法律制度	专著	河南人民出版社	1987	戴国荣
2	对外经济贸易案例分析	参编	复旦大学出版社	1991	
3	海外投资贸易法律指南	参编	同济大学出版社	1993	
4	国际经济法	主编	立信会计图书用品社	1993	
5	国际经济法	主编	杭州大学出版社	1993	

续表

序号	书　名		出版社	时间	备注
6	关贸总协定与中国经济	参编	中国对外经济贸易出版社	1993	
7	对外经济贸易案例	参编	立信会计出版社	1993	
8	外商投资企业管理实务	参编	机械工业出版社	1994	
9	中国对外经济贸易实务问答	参编	中信出版社	1994	
10	世界贸易组织知识问答	参编	上海辞书出版社	2000	
11	WTO 反倾销协议:规范与承诺	主编	黄山书社	2000	
12	国际反倾销法实用大全	主编	立信会计出版社	2001	张玉卿
13	国际商法学	主编	中国财政经济出版社	2002	
14	加入 WTO 与中国化学工业	主编	化学工业出版社	2003	
15	WTO AND EAST ASIA(Chapter 9)	参编	英国 Cameron May Ltd.	2004	
16	美国——对进口欧共体面筋实施最终保障措施案	主编	上海人民出版社	2004	陈晶莹
17	世界贸易组织十周年:回顾与前瞻	参编	人民出版社	2005	
18	国际贸易法论丛(第 1 卷)	主编	北京大学出版社	2006	陈晶莹
19	国际贸易法论丛(第 2 卷)	主编	北京大学出版社	2007	陈晶莹
20	国际贸易法论丛(第 3 卷)	主编	北京大学出版社	2008	陈晶莹
21	国际贸易法论丛(第 4 卷)	主编	北京大学出版社	2009	陈晶莹
22	国际贸易法学	主编	北京大学出版社	2007	余先予、陈晶莹
23	WTO 法与中国论丛(2010 年卷)	主编	知识产权出版社	2010	孙琬钟

三、译文

序号	名　　称	刊物/出版社/机构	时间	备注
1	1990 年美国主要行业展望	国际商务译丛	1990	
2	欧盟反倾销条例（上）	世界贸易组织动态与研究	1998	
3	欧盟反倾销条例（下）	世界贸易组织动态与研究	1998	
4	从东京回合到乌拉圭回合	GATT 上海研究中心	1989	
5	关税与贸易总协定乌拉圭回合最终协议文件（草案）	华东师范大学出版社	1993	参译
6	乌拉圭回合谈判最终文件草案	中国对外经济贸易出版社	1993	参译

四、论文（国外发表）

序号	名　　称	刊　物	时间	备注
1	Australian Anti-dumping Law and Sino-Australia Trade	International Business Research	1984	
2	The Legal Framework for Foreign Investment in Shanghai	Asia Pacific Lawyers Association	1987	
3	Economic Contract Laws in China	Law Review in USF （U. S. A.）	1987	University of San Francisco in U. S. A
4	The Recent Development of Investment Law in China	Asia Pacific Lawyers Association	1988	
5	A Brief Summary of Contract Laws in China	Law Review Digest	1988	

续表

序号	名　称	刊　物	时间	备注
6	美国对中国特别保障措施立法与案例研究	东亚论文 第46期	2004	新加坡国立大学
7	Foreign Trade Law in China and its Revision	China：An International Journal	2005	National University of Singapore

五、工具书

序号	名　称	出版社	时间	备注
1	中国对外经济贸易实用大辞典	上海社会科学院出版社	1989	国际商法与中国涉外经济法分主编
2	对外经济贸易新规范	复旦大学出版社	1995	第五、十二章
3	WTO法律大辞典	法律出版社	2006	参编、编委、校对

六、其他

序号	名　称	刊　物	年份—期	备注
1	要加强涉外经贸领域内的律师工作	上海外贸调研	1983-11	
2	诉讼之邦——美国	上海法苑	1987-2	
3	涉外诉讼中担任外方代理人的几点体会	上海律师	1988-1	戴国荣

后　记

在退休近十年的今日，还要拿起笔写点东西。这次不是如在职时撰写学术专题论文，而是为将要出版的国际贸易法方面的文集动笔。

在本人昔日学生刘永伟、方健等人的倡导以及上海对外经贸大学法学院院长乔宝杰教授和法学院党委书记黄静女士的支持和关心下，经过一段时间的共同努力，文集"大功告成"。在此，我要感谢刘永伟、方健等同学，感谢院长乔宝杰教授和黄静书记，没有他们的倡导、支持和关心，本文集就不会领到"准生证"而"面世"。

文集的出版也要感谢法学院国际法学系主任吴岚副教授、谢宝朝和胡卯辰老师，是他们负责指导文集文章的收集、整理、编排，选择并联系出版社，组织并指导研究生志愿者工作。同时要感谢本校国际经贸学院教授、博士生导师，学术期刊社副社长、执行主编高运胜先生，是他多次收集了本人50多篇论文原文的照片版。没有这几位老师的辛勤付出，文集就不会"面世"。

此外，还要感谢参与工作的五位国际法专业研究生志愿者和她们的导师，是她们在繁忙的学习之际，抽出宝贵的时间，进行收集、整理、打印、校对、编排，甚至到上海图书馆查验、核实。没有她们的努力和导师的支持，文集就不会交付出版。五位研究生和她们的导师是：张涵媚（导师张庆麟教授）、余冰和王静静（导师陶立峰教授）、向斯年（导师蔺捷教授）、刘智睿（导师吴岚副教授）。

最后，著者要感谢中国民主法制出版社，是他们在当前中美关系的大背景下，勇于并果断接受中美贸易争端与发展这一主题文集的出版工作。感谢编辑李郎的仔细工作和辛勤付出，是他们为文集的最终"面世"画下了一个圆满的句号。

高永富

二〇二四年一月于上海